Amulett · Magie
Talisman

Liselotte Hansmann · Lenz Kriss-Rettenbeck

Amulett · Magie Talisman

Das Standardwerk mit fast 1000 Abbildungen

Nikol Verlagsgesellschaft mbH & Co. KG
Hamburg

Optische Präsentation *Claus Hansmann*

TARANTULEN

Der vorliegende Band ist eine Neuauflage der längst vergriffenen Originalausgabe des Werkes. Leider war es aus technischen Gründen nicht möglich, Text und Abbildungen in der ursprünglichen Reihenfolge anzuordnen. Verlag und Autoren bitten daher um Verständnis, wenn gelegentlich Abbildungshinweise und Bildstand seitenmäßig nicht ganz übereinstimmen. Wesentlich erschien, diese Ausgabe überhaupt neu herauszubringen.

Amulett · Magie · Talisman

Lizenzausabe (1999) für Nikol Verlagsgesellschaft mbH & Co. KG, Hamburg
Mit freundlicher Genehmigung des Verlags Georg D. W. Callwey, München

Lithos: Brend'amour, Simhart & Co., München
Umschlaggestaltung: Callena Creativ GmbH, Jülchendorf
Druck: Westermann Druck, Zwickau
Printed in Germany

ISBN 3-933203-21-X

Inhaltsverzeichnis

LENZ KRISS-RETTENBECK

LENZ KRISS-RETTENBECK

LISELOTTE HANSMANN

LISELOTTE HANSMANN
LENZ KRISS-RETTENBECK

Exercitatio,
De
AMVLETIS,
æneis figuris illustrata

ARGENTORATI,
Apud JOH. FRID. SPOOR, & REINHARD. WECHTLER.
Anno CIϽ IϽC LXXVI.

1 *Titel zu J. Reichelt 1676*

1

Seit dem 15. Jahrhundert waren sich die Wissenschaftler der einschlägigen Fakultäten über den Gebrauch des Wortes *amuletum* ziemlich einig. Danach bezeichnet *amuletum* – ganz im Sinne der immer wieder zitierten Naturgeschichte des Plinius – *Omne id, quod collo, vel reliquae corporis parti adligant homines, vel quomodocumque adjungunt, vel etiam in vestimentis secum gestant, vel certo loco ponunt, ad depellandos morbos, corporis firmitatem roborandam, vel ad alia comparanda, sive id fiat licito et naturali modo, sive superstitioso. Strictius significat, Corpus aliquod Characteribus, imagine vel figura certa insignitum, ad singulares effectus virtute quadam caelesti praestandos.* Martinus Fridericus Blumler, der 1710 diese Formulierung sub praesidio Augusti Nathanaelis Hubneri an der königlichen Fridericianischen Akademie in seiner Geschichte der Amulette in teilweise wörtlicher Zitierung von Julius Reichelt und Jakob Wolff bietet, weiß sich da nicht nur einig mit dem Humanisten Erasmus von Rotterdam, mit berühmten Ärzten wie Theophrastus Bombastus Paracelsus von Hohenheim, mit Alchemisten und Magiern wie Cornelius Agrippa von Nettesheim, Leonhard Thurneisser, Oswald Croll, den Bearbeitern und Übersetzern des Picatrix, dem Amulettspezialisten Israel Hiebner, dem Doktor der Theologie und des Rechts Jacobus Gaffarellus, dem Archäologen Laurentius Pignorius, Ramirez de Prado, dem Spezialisten für Zauberei und Hexerei Delrio, Geistesgrößen der lateinischen, griechischen und orientalischen Antike und ihren Vermittlern – den arabischen Ärzten, Philosophen und Naturwissenschaftlern –, sondern auch mit den Theologen seit der Väterzeit. Vereinzelt wird das Wort amuletum auch für prophylaktische Medikamente gebraucht. Den Forschern des 16. und 17. Jahrhunderts waren auch die entsprechenden Bezeichnungen im Griechischen, Lateinischen, Hebräischen, Aramäischen und Arabischen geläufig. Und keiner, der sich mit der Materie des Amulettbrauchtums befaßte – sei es unter medizinischen, juristischen, botanisch-pharmazeutischen, mineralogischen und bergbaukundlichen, theologischen und historischen Gesichtspunkten oder auch in der meist als exzentrisch, der Häresie und der Hexerei verdächtig empfundenen Überzeugung von den hilfreichen Kräften bestimmter Amulette – versäumte, die philologischen und etymologischen Kenntnisse des langen und breiten darzulegen. Hier erfahren wir auch, wie bei Georg Phaedrus, daß die Deutschen im 16. und 17. Jahrhundert für Amulette die Bezeichnungen »Giftsteine / Säcklein und Schildlein / Hertz - Schildlein / Artzney - oder etwas äußerlich an den Leib / Hals / oder Brust zu hängen / oder bey sich zu tragen –« benützten, je nach »conditio« und Art ihrer Anbringung. In gleicher Bedeutung wurde hier das Wort Talisman oder figura talismanica gebraucht und das griechische φυλακτέριον und περίαπτον, das Thurneisser in seinem Onomasticum und – mit dessen Worten – Julius Reichelt in seiner Exercitatio de Amuletis 1676 von einem chaldäischen Wort ableitet. Danach sind Periapta ganz unter dem Einfluß der Astrologie »Zeichen / Siegel / sonst Ligaturen oder Amuleten genannt», die «von mancherley sachen / als Metall / Steinen / Wurtzen / und anderen specien nach den ständen der Gestirn / für mancherley Fell und Mengel bereitet / wie dann Alexand. Trallianus ein herrlich Bildnuß in Agtstein / fürs Krimmen im Leib gebraucht«.

Blumler gibt dann noch eine ausführlichere Materialliste. Danach können Amulette sein: picta, sculpta, scripta, dicta, caelo delapsa, ex terra effossa, casu inventa, arte confecta, antiqua, recentiora, magna, parva, obscura, plana, metallica, lignea, cartacea, lapidea, jocosa, seria, Germanica denique gallica, quae Jettons dicuntur. Ferner seien diese Amulette je nach ethnisch-kulturellen Voraussetzungen engstens verbunden mit Praktiken und Operationen, die ihre Grundlagen in einem analogistischen oder astralischen Weltbild hätten, in der Überzeugung von der Macht der Imagination oder des Magnetismus und in Handlungen und Veranlassungen, die auf natürlichen und praktischen Erfahrungen und Kenntnissen beruhen. Mit souveräner Kritik hat hier Blumler wichtige Prinzipien des Amulettbrauchtums, die sich auch als entscheidende Komponenten des jeweiligen Weltbildes aktualisieren, zusammengefaßt. Die neuere Forschung kann hierüber nichts Besseres aussagen. Im Gegenteil: In einer meist unbewußten Abhängigkeit von der Deszendenztheorie glaubte man gerade im Amulettbrauchtum als der unmittelbarsten Äußerung des magischen Weltbildes Ursprungsformen bald humanen Denkens, bald religiösen, beziehungsweise vorreligiösen Welthabens und Weltinnewerdens zu finden. Der Religionswissenschaftler und Philosoph Lévy-Bruhl konzipierte zum Beispiel als Ausgangspunkt jeglichen Denkens, Handelns und der Objektivierungen der Gemütskräfte die participation mystique, das mystische Erlebnis der Verbundenheit von Dingen dieser Welt, die sich deshalb im Guten wie im Bösen wirkungsvoll beeinflussen können. Ohne Schwierigkeit lassen sich Erfindung und Gebrauch fast aller abendländischen Amulette von dieser participation mystique ableiten, aber nur dann, wenn nur oberflächlich die äußere Erscheinung interpretiert und jede Geschichtlichkeit verneint und einem naiven Psychologismus gehuldigt wird. Die Geschichte der konkreten Dinge führt uns aber auf explizierte Lehren und vielschichtige Überlieferungen, das heißt auf geistige Leistungen, nach denen zwar nicht alle Dinge dieser Welt, aber doch sehr viele auf »mystische« oder besser gesagt auf okkulte Weise miteinander verbunden sind. Dies sind besonders die astrologischen Systeme, die Lehre von der Sympathie und Antipathie und die Signaturenlehre, deren materieller Ausgangspunkt ein struktureller und optischer Analogismus ist, wie sie in einer Spätphase besonders von den Paracelsisten praktiziert wurden. Von hier aus ließen sich vielleicht Erlebnis- und Denkschemata konzipieren – wie es Arnold Gehlen versuchte – die dem Menschen vom Ursprung her und durch seine Natur vorgegeben sind. Es scheint sich aber doch um nichts mehr als um eine Vielzahl prägebereiter Systeme zu handeln, die die materielle Grundlage für die geistige Leistung bieten.

Die im Sinne der Sympathielehre entwickelte Amulettpraxis erweist sich aber als späte und degenerierte Frucht einer komplizierten Ideologieentwicklung, man kann sagen: als einer fakultativen Disziplin, die bereits in der Spätantike ihr geschlossenes Gepräge erhalten hatte, im Abendland aber nur in disparater, meist literarischer Form überliefert wurde.

»Amulett ist alles das, was sich die Menschen um den Hals oder an irgend einen anderen Körperteil anhängen oder auf irgend eine Weise anbinden, auch in den Kleidern bei sich tragen, oder an einem bestimmten Ort aufstellen, um Krankheiten zu vertreiben, die körperliche Verfassung zu kräftigen, oder anderes zu gewinnen; mag dies geschehen auf anständige, erlaubte und natürliche Weise oder auf superstitiöse (in Abfall oder Abweichung vom wahren Glauben). Im engeren Sinn bezeichnet das Wort Amulett irgend einen Körper, der mit Charakteren, mit einem Bilde oder einer bestimmten Figur gezeichnet ist, um sich mit Hilfe überirdischer Kraft außerordentlicher Wirkungen zu versichern.«

Blumler 1710 S. 4

»Es gibt gemalte, bildhauerisch geformte, geschriebene, gesprochene, vom Himmel herabgefallene, aus der Erde gegrabene, durch Zufall ausfindig gemachte, künstlich angefertigte, alte, neue, große, kleine, unverständliche, metallische, hölzerne, papierne, steinerne, witzig-spielerische, ernste, germanische (deutsche) und letztlich französische, die Jetons genannt werden.«

Blumler 1710 S. 2

Pentacula, sind grosse Medailles, wie Schau-Müntzen, von einem magnetischen Teig formiret, zwischen 2. Crystalle eingefasset / mit einem güldenen oder silbernen Reiffen oder Circul umgeben, auff der äusserlichen Seite gestochen / vor Standes-Personen / oder zwischen 2 Stückgen Tuch / wie ein Agnus oder Scapular, vor gemeine geringe Leute. Und dieses träget man zwischen denen Kleidern und dem Hembde zur Seiten des Hertzen.

Die Periapta sind Knöpffe / Säcklein oder Medaillen, äusserlich gestochen / mit Pulvern / Thieren oder magnetischen Teig angefüllet mit einem Bande an dem Halse angehenget / zutragen.

Die Amuletæ sind eben solche Dinge / zwischen 2. Stückgen gantz dünner Leinwad / oder Tafft eingewickelt / an dem Halse oder an denen Armen / wie Armbänder zutragen. Es sind sonst noch allerhand Præservativ-Armbänder / als: die von Eichbaum-Mistel / oder Elends-Klauen, wider die schwere Noth oder hinfallende Sucht.

J. D. Schneider »Geheimnisse« 1696

Ein anderer Weg zur Amulettpraxis führt über die Schöpfungstheorie, wie sie Hildegard von Bingen entwarf, nach der durch den Willen des Schöpfergottes und durch das Heilsgeschehen segen- und heilbringende, aber auch gefährdende Kräfte die Einzeldinge des Kosmos miteinander in Beziehung bringen können. Aber nicht nur monotheistische, auch henotheistische und pantheistische Kosmologien, ja auch wissenschaftliche Systeme lassen Praktiken zu, die der äußeren Erscheinung nach zur Anwendung natürlicher wie artifizieller Dinge als Amulette führen. Eine der vielfach bemühten religionswissenschaftlichen Theorien, Magie und damit das Amulettbrauchtum zu erklären, war auch der Dynamismus: die Lehre vom angeborenen Glaubens- und Erlebnisschema einer geheimnisvollen Macht, die von vorneherein mit bestimmten Dingen verbunden ist durch bestimmte Maßnahmen, oder durch bestimmte Ereignisse in sie eingeht. Diese Theorie wurde dann noch modifiziert durch die Einführung der Vorstellung vom »Heiligen« und von der »Heiligkeit«. Da ist dann nicht nur von »heiligen« Personen die Rede, sondern auch von »heiligen« Handlungen, Materialheiligkeit und Gestaltheiligkeit und vom »Heiligen« schlechthin. Rudolph Otto, van der Leeuw, Mircéa Eliade und Leopold Schmidt widmeten diesem Aspekt fundierte Untersuchungen. In der Konsequenz scheinen aber nur die Worte »Heilig« und »Heiligkeit« als Synonyme für »Magisch« und »Magie« zu stehen, so wie diese in der Praxis vom 15. bis zur Mitte des 19. Jahrhunderts verstanden wurden und im allgemeinen Sprachgebrauch zum Teil heute noch verstanden werden: als die erlebnismäßige Verifizierung des Außerordentlichen hinsichtlich der Wirkungsmöglichkeiten und Beschaffenheiten – die Alten sprachen da nicht von Macht und Kraft, sondern von den virtutes –, die zwar eingekleidet in natürliche Erscheinungen ihre Wurzeln und Quellen doch in Bereichen hatten, an denen der Mensch und seine sichtbare und faßbare Umwelt nicht unmittelbar oder nur in außerordentlichen Zuständen oder im paradiesischen Zustand teilhatte. »*Magie beruht auf der im Unbewußten geschöpften Erkenntnis der naturseelenhaften Zusammenhänge des Daseins; sie beruht auf einer dem Frühmenschen noch angeborenen, nach und nach mehr erloschenen Fähigkeit, in das Unbewußte einzudringen und von dort Mittel herüberzubringen, diese naturseelenhaften Zusammenhänge zu beeinflussen.*« Diese grandiose Fiktion Edgar Dacques vom magischen Leben im »verlorenen Paradies« der vorchristlichen Heiden charakterisiert ein Menschen-, Welt- und Gottesbild, das offensichtlich immer wieder seine Anhänger zu finden vermag. Im Sinne der aufklärerischen Wissenschaft wäre aber Magie nichts anderes als die materialistische, pragmatische, auf Vorteil und Wirkung im nächsten Bereich der Umwelt und des eigenen Ichs bedachte Verwendung und Umsetzung des »Heiligen« oder des sensus numinis, um den bewegenden Terminus von Rudolf Otto zu gebrauchen, ein Vorgang, der in Zauberei und Hexerei hybride und pervertierte Formen annimmt. In oberflächlicher Analogie würde sich das »Heilige«, das im religiösen und frommen Erleben zur Realität geworden ist, zur Magie verhalten wie die Wissenschaft zur mehr oder weniger kritiklosen Anwendung und Verwendung einzelner ihrer Einsichten oder Teile ihrer Systeme. Wie Magie würde dann auch die ars amuletica ihr Material gewissermaßen aus dem Bereich des »Heiligen«, der Frömmigkeit und der Religion auf ihre pragmatische Ebene transponieren; denn Magie sei von Anfang an eo ipso auf Instrumentalität und Manipulation ausgerichtet.

Es läßt sich aber auch in vielen Beispielen zeigen, wie Blumler bereits anmerkte, daß nicht nur dem Bereiche der religio Materialien entnommen werden, um magisch gebraucht und angewendet zu werden, sondern auch den Wissenschaften. Diese »Anwendung« – ein Begriff, den A. E. Jensen mit Erfolg in die wissenschaftliche Diskussion eingeführt hat – erfolgt nun auf völlig irrationale, ja zum Teil irrsinnige Weise. Manche Wissenschaftler versuchten auch hierin Methode oder zumindest Mechanismen zu finden. Bei genauerem Zusehen scheinen sie aber alle nicht zu überzeugen. Denn es zeigt sich immer wieder, daß – wie überall, wo menschliche Hilfsbedürftigkeit, bitternotwendiger Glaube an und Trachten nach Hilfe die Kräfte des Gemüts entzünden und nach allem greifen lassen, was Überlieferung und Rat der Ratenden an Hilfsmittel bereitstellen – eine schier unerschöpfliche Vielfalt von vitalen, psychologischen und kulturellen Faktoren zu berücksichtigen ist.

Ferner ist nicht zu verkennen, daß Magie und Amulettbrauchtum ihre spezifischen Praktikanten und Träger haben. Es gibt Individuen, denen alles zum Amulett werden kann, und andere, die des Amulettes und der Magie in keiner Weise bedürftig sind, ja die völlig unfähig erscheinen, sich derartiger Mittel der Weltbewältigung bedienen zu können. Dies scheint aber weniger mit dem Wissen und mit der Bildung der einzelnen Person zusammenzuhängen, sondern ein charakterologisches Problem zu sein. Psychologische Teste, durch die Personen auf ihre Neigung zu Ersatzhandlungen und Entlastungshandlungen – die vielfach in magische und zauberische Handlungen münden – geprüft werden, bestätigen, was sich in der Volksglaubensforschung zur Genüge erwiesen hat. Magie ist weder eine historische Vorform der Religion noch eine Vorstufe der Wissenschaft, sondern ein stets möglicher Irrweg und in ausgeprägter Form eine Krankheit des Geistes und des Gemütes, die in den verschiedenen Graden der Stärke sowohl Individuen wie ganze Traditionskreise befallen kann. In der Entwicklung des Individuums können Störungen dieser Art immer wieder festgestellt werden. Nur so wird verständlich, daß es immer wieder Epochen gab, in denen sich großartige Leistungen auf allen Gebieten menschlichen Vermögens vollzogen, aber auch Magie, Zauberei und Amulettbrauchtum eine Hochblüte erlebten. Bestimmte Beschaffenheiten in den Wissenschaften, in der Theologie, der technischen Weltbeherrschung scheinen gerade hierfür ein günstiges Klima zu schaffen und eine Vielzahl manipulierbarer Materialien anzubieten. Im Abendlande trat dies mit der Renaissance und mit der Vulgarisierung der Bildungsgüter des Humanismus ein. Spätantike Astrologie, Dämonologie, Wissen von Naturdingen drang vorwiegend über die Araber und über die jüdische Literatur zunehmend in die abendländische Kultur ein und erreichte häufig in korrupter Form in Übersetzungen durch den Buchdruck weite Kreise der Bevölkerung. Bereits im 16. Jahrhundert erreichten die »popularwissenschaftlichen« Erzeugnisse, die Monstrositäten- und Sensationsliteratur und das sogenannte Aufklärungsschrifttum über den Aberglauben, das dieser Gattung entsprechend weniger aufklärte als dem Aberglauben immer mehr Nahrung gab, einen beachtlichen Umfang. Mit fortschreitender Säkularisierung der Bildung durch den Humanismus reduzierte sich, ja verkehrte sich die mittelalterliche Lehre von der Geisterwelt in eine Dämonologie, die seit dem letzten Viertel des 15. Jahrhunderts in einem perversen Hexen- und Teufelsglauben zunehmend grauenhaftere Formen annahm und durch phantasiereiche Erzeugnisse in Wort und Bild und durch eine unmenschliche, rabulistische Juristerei immer wieder neue phantastische Blüten trieb.

Bezeichnend ist, daß die Verwendung der Steine, Halbedelsteine und Edelsteine als Amulette erst im 15. Jahrhundert populärer wird und erst im 16. und 17. Jahrhundert breiteste Kreise zu erfassen vermag. Zwar wurden die wunderbaren Kräfte der Edelsteine sowohl im griechischen wie im lateinischen Schrifttum und darin meist auch die amulettartige Verwendung immer wieder erwähnt, so zum Beispiel von Epiphanius von Constantia († 403). Aber vieles von dem, was aus der Antike überliefert wurde, bezeichnete er wie Plinius als Fabel. Seine Schrift erwähnt lobend Hieronymus, und Übersetzungen ins Lateinische lagen bereits im 6. Jahrhundert vor. Isidor von Sevilla und Rhabanus Maurus übernehmen Berichte, die von Plinius stammen, während im Schrifttum des 11. Jahrhunderts zwar Anschauungen der Alten, des Physiologus und der Kirchenväter auftauchen und zitiert werden, aber damit auch die symbolische und typologische Betrachtungsweise analog zu anderen Wissensgebieten und zur Kunst. Die medizinale Indikation tritt bei Hugo von St. Viktor, weniger bei Marbod von Rennes († 1123) in den Hintergrund. Offensichtlich erst mit der Verbreitung des »Steinbuches« in lateinischer und später auch deutscher Übersetzung, durch die Kosmologie der Hildegard von Bingen und durch die rege Übersetzertätigkeit am Hofe Alfonso X. in Spanien wird die medizinale und die amulettartige Verwendung der Steine in weiteren Kreisen Gegenstand des Interesses. In der Praxis dürfte aber die medikamentöse wie amulettartige Verwendung beschränktes Überlieferungsgut geblieben sein. Gervasius von Tilbury, Thomas von Chantimpré – der Folklorist des 13. Jahrhunderts – Arnoldus Saxo und Vincenz von Beauvais bereiten das Material auf, das im 14. Jahrhundert besonders durch das »Buch der Natur« des Konrad von Megenberg folgerichtig für breite Kreise zum legitimen Sachwissen werden sollte. Andererseits sind immer wieder Meinungen vertreten, nach denen das Wissen um die Tugenden der Steine als problematisch angesehen wurde und als nahe der superstitio stehend. Gottschalk Hollen ist z. B. später Zeuge dieser Tradition. Er vertritt die Ansicht der Moralisten, daß das Tragen der Steine zwar nicht unbedingt zu verdammen sei, aber doch gefährlich nahe an den Aberglauben heranführt. Mit Petrarca ist er der Überzeugung, daß vielen Steinen völlig unbegründet heilkräftige Wirkungen zuerkannt werden und daß der Glaube daran eine Erfindung der heidnischen Griechen, der Schreiberlinge und der interessierten Händlerkreise sei. Vieles, was durch Grimm an Steinsagen und Pflanzensagen als germanisch bezeichnet wird und gewissermaßen völkische Tradition sein soll, ist erst durch Literatur und wissenschaftliche Tradition aus der Antike in das Hohe Mittelalter verbracht worden, wie gerade die jüngsten Forschungen um den Picatrix zeigen.

Die mit »Charakteren« beschriebenen Metall-, Papier- und Pergamentamulette erleben erst im 16. Jahrhundert ihre Hochblüte, gewissermaßen als Irrläufer und Wildtriebe von Alchemie, Astronomie, Astrologie und Medizin. Im Traité des Superstitions vermerkt Thiers 1679: *Les Talismans . . . certaines figures, qui sont l'invention des Philosophes arabes . . . Elles sont faites sur les pierres ou sur les métaux de sympathie, qui repondent a certaines constellations.* Frühere Berichte lassen erkennen, wie Wolfgang Brückner nachweisen kann, daß der Gebrauch von Amuletten, die mit Bildern und Charakteren beschrieben waren, immer auf engere, sektenhaft erscheinende Personenkreise beschränkt blieb. Ähnlich verhält es sich mit pflanzlichen, tierischen und vom Menschen stammenden Substanzen in der Verwendung als Amulette. Zwar ist amulettartige Verwendung von Dingen dieser Art immer wieder feststellbar – Hildegard von Bingen empfiehlt neben mineralischen auch tierische und pflanzliche Substanzen als Hilfsmittel, die durch physischen, äußerlichen Kontakt oder allein durch das Getragenwerden Heil und Segen bringen und vor Dämonen schützen – aber das

2

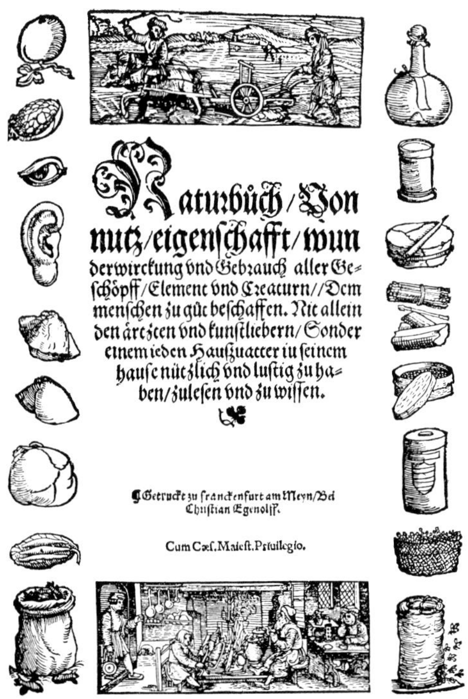
Natúrbůch/Von nutz/eigenschafft/wunderwirckung vnd Gebrauch aller Geschöpff/Element vnd Creaturn//Dem menschen zu gůt beschaffen. Nit allein den ärtzten vnd kunstliebern/Sonder einem ieden Haußvatter in seinem hause nützlich vnd lustig zu haben/zulesen vnd zu wissen.

Getruckt zu Franckenfurt am Meyn/Bei Christian Egenolff.

Cum Cæs. Maiest. Priuilegio.

2 *Titelblatt aus dem Frankfurter Nachdruck Konrad von Megenbergs (1309–1374) »Buch von der Natur« durch Egenolf 1535/40. GN NW 7*

3

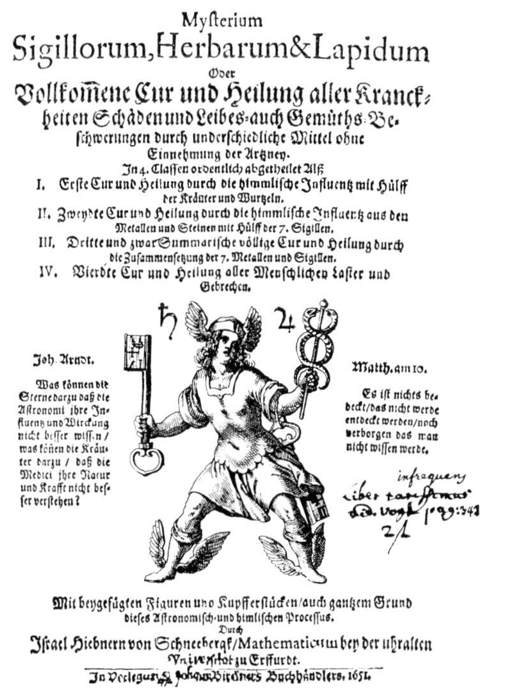
Mysterium
Sigillorum, Herbarum & Lapidum
Oder
Vollkommene Cur und Heilung aller Kranckheiten Schäden und Leibes- auch Gemüths-Beschwerungen durch underschiedliche Mittel ohne Einnehmung der Artzney.
In 4. Classen ordentlich abgetheilet Alß
I. Erste Cur und Heilung durch die himmlische Influentz mit Hülff der Kräuter und Wurtzeln.
II. Zweyte Cur und Heilung durch die himmlische Influentz aus den Metallen und Steinen mit Hülff der 7. Sigillen.
III. Dritte und zwar Summarische völlige Cur und Heilung durch die Zusammensetzung der 7. Metallen und Sigillen.
IV. Vierdte Cur und Heilung aller Menschlichen Laster und Gebrechen.

Joh. Arndt.
Was können die Sterne darzu daß die Astronomi ihre Influentz und Wirckung nicht besser wissen / was können die Kräuter darzu / daß die Medici ihre Natur und Krafft nicht besser verstehen?

Matth. am 10.
Es ist nichts bedeckt/das nicht werde entdeckt werden/noch verborgen das man nicht wissen werde.

Mit beygefügten Figuren und Kupfferstücken/auch gantzem Grund dieses Astronomisch- und himlischen Processus.
Durch
Israel Hiebnern von Schneebergk/Mathematicum bey der uhralten Universitet zu Erffurdt.
In Verlegung Johann Birckners Buchhändlers, 1651.

3 *Titelblatt zu Israel Hiebners »Mysterium«, Erfurt 1651*

wesentliche Material wird erst durch die literarische, wissenschaftliche und pseudowissenschaftliche Publizistik aufbereitet und dadurch volksläufig.

Anders verhält es sich offensichtlich mit Segens- und Zaubersprüchen, Gebeten, Hymnen, liturgischen Texten und deren abgekürzter Aufschreibung, die auf irgendwelche Materialien geschrieben wurden und dadurch schützen, fördern und Macht verleihen sollten. Synodalbeschlüsse gegen diese Praxis und die reiche Zauber- und Segenliteratur lassen darauf schließen, daß sie seit der Antike bei entsprechend veranlagten Personen immer wieder ihre Anhänger fanden.

Was sich bis zum 14. und 15. Jahrhundert aus einer unüberschaubaren Vielfalt von Quellen entfaltete, wurde im 16. Jahrhundert systematisiert und mit Theorie durchdrungen. Alchemie, Astrologie, Dämonologie und Magie werden zum Religionsersatz, zur Pseudoreligion, wie in unseren Tagen der Chiliasmus politischer Systeme, der Rassismus und Biologismus. Durch die Theoretiker und Systematiker erhielten sie einen gesellschaftlichen Wert, den abzustreiten nur wenige – und dann nur in Einzelheiten – den Mut, die Kraft und das Wissen hatten. Diese Situation spiegelt sich auch in der Stellungnahme zum Amulettbrauchtum. Ein kritischer Kopf wie Blumler vermag sich hier der Tradition und dem, was als »Erfahrung« überliefert ist, ebensowenig zu entziehen wie die berühmtesten Ärzte, Theologen und Naturwissenschaftler und die noch berühmteren Träger von Amuletten wie Katharina von Medici, Wallenstein, Pascal, König Christian IV. von Dänemark. Er verbleibt in bewährter, mehr als zweihundertjähriger wissenschaftlicher Lehre – obwohl er ein klarsichtiger Gegner jeglicher Schulmagie ist –, wenn er bei den Amuletten es für gut hält zu unterscheiden: »*inter Amuleta medica, eaque licita et integra, et superstitiosa eaque illicita et corrupta*«; oder urteilt: »*amuleta physica, medica, licita & naturalia, quae occulta sua proprietate divinitus in prima sui creatione indita, semper eodem modo agunt in corpora, quibus adplicantur sive sua sympathia, sive antipathia, non simpliciter reprobanda sunt ... Verum vitia, variaque superstitionis genera, non possunt rei veritati ac naturali efficaciae derogare omnem vim ac virtutem.*«

Doch das meiste am Amulettbrauchtum ist nach seinem Dafürhalten von allzu dunkler Beschaffenheit, kommt der Unwissenheit und Dummheit allzusehr entgegen. Zwar würden die meisten Amulette überhaupt nichts bewirken, weder im Guten noch im Schlechten, so daß manche Amuletträger sich mit Recht mit dem Spruch »hilfts nicht, so schadets doch nicht« trösten, doch ist mit dem Tragen mancher Amulette der erste Schritt zum verderblichen Aberglauben getan. Und hier ist superstitio nicht als Aberglaube im modernen Sinne zu verstehen, sondern als ein Glauben, Tun und Handeln abseits des legitimen und rechten Glaubens, die nicht nur leerem Wahn entspringen, sondern denen Realitäten entsprechen. Superstitio ist Abfall von Gott und gläubige Bindung an dessen Widerpart, an den Satan, an die Dämonen oder die vergötzte Macht der eigenen Person. »*Pessime hinc illi agunt, qui admodum credunt Satanae, tot effectus ipsi adscribunt, DEUM vero negligunt, et in daemone*

Die Quellenangabe aus »Der auffrichtige Juwelier« Anonym 1729 S. 1

Verzeichnüß einiger Schrifften / so von Edelgesteinen und Perlen handeln.

Aurelii Gemmæ Kunstmäßiger Unterricht von Edelgesteine.
Balbini Historia Naturalis Bohemiæ.
Bartholini Tract. de Lapide Nephritico.
Becheri Physica subterranea
Boetii de Boot Tractatus de Lapidibus.
Catelani Tract. vom Bezoarstein.
Cuno Bericht von allerhand Edelgesteinen.
Gilberti Tractatus de Magnete.
Hieble Tractat vom Bezoarstein.
Kircheri Ars Magnetica.
—— Ejusd. Mundus subterraneus.
Kunckels Ars vitraria Experimentalis, oder vollkommene Glaßmacher-Kunst.
Kunst und Werck-Schuhle.
Lachmundi Tractatus de Lapide judaico.
Liceti Tract. de Lapide Bononiensi.
Martels Pierre de Mexique.
Merreti Anmerckungen über des Neri Glaßmacher-Kunst.
Valentini Museum Museorum oder Schaubühne der Naturalien ꝛc.
Vallemont de Magnete in Turri invent.
Ursini Tractatus de Gemmis Biblicis.

Zwei Doppelseiten aus der dem Paracelsus unterschobenen »Archidoxa« 1570, Teil III »De occulta Philosophia«. Einen völlig anderen Inhalt hat die Handschrift Archidoxis GN HS 9829 von 1570, die 1590 auch im Druck erschien. Sie ist ein Anleitungsbuch, Amulette mit Siegeln und Charakteren herzustellen.

DE OCCVLTA

verzaubert ist/es sei im sinn vñ gedanckẽ/
dz ist/ so eyner eyn ding thuen muß wider
seinen willen vnnd Natur/ oder in Leibs
versörung/ so sie administriert werden/
vnd zu rechter stund vnd zeyt zu essen ge-
ben werden/auff eynem Lebkuchen/ oder
dergleichen/Er ist auch also vier vñ zwen
stund sicher daruor. Wiewol nuh diser
ding mehr seind/ die ebẽ so wol in solchen
nötẽ helffen/welche ich dañ hernach anzei
ge/da ich võ vngewitter schreiben werde.
In suña/dise character,seind so einer
grossen macht (das ich sag) so die Nigro-
mantici jhr macht vnnd tugent wißten/
vnd glaubten auch denselben/sie wurden
alle and' characteres, wörter vñ namen/
Zeychen/Figuren/ Pentacula,die conse-
crierten sigilla Salomonis, Kron/ Sce-
ptra/Ring/Gürtel/vnd alle andere der-
gleichen ceremonias fahren lassen/ zer-
reissen/vnd wegwerffen / darinn sie biß-
her so lang jhr vertrawen gesetzt / das sie
in jhren operationen der gefärlichen ex-
perimenten præseruieren vnd gewiß be-

PHILOSOPHIA.

schützen soll / das ist wann sie eyn Geyst
berüffen/ beschweren / oder bezwingen
wöllen. Dañ diß seind die rechten wahrẽ
pentacula für die bösen Geyster gehaltẽ/
daruor sie sich alle entsetzen/vnd förchten
werden/so vil jhr seind / vnnd alle die in
den vier Elementen wohnen/ doch der
glaub bestätigts alles.
Nuh möcht aber eyner hierauff sagen/
vnd mich (doch vnbillich) beschulden/ich
were eyn brecher des tritten gebotts Got-
tes in der erstẽ tafel Mosi/ da Gott sagt/
Du solt den namen Gottes nicht vergeb
lich führẽ. Welcher verständiger Mensch
kan aber mit warheyt sagen / das ich hie
den namen Gottes vergeblich geführt/
mißbraucht / od' Gott mit erzürnet hab/
dieweil dz ich nit mißbrauch wie die zaube
rer/Sond' allein dem Menschẽ/gleich in
seinẽ höchstẽ nöten mit hülff/da sonst mit
nichten mehr zuhelffen ist: dann hie für
mag nicht das aurum potabile quinta
essentia auri,quinta essentia,oder tinctu-
ra antimonij,noch andere dergleichen ar-

confidunt, cumtamen absque permissu DEI ne quidem in porcos grassari possit.« So sind – wie schon im Konzil von Laodicea – alle Amulette zu verurteilen, die mit geheimen und magischen Zeichen und Charakteren versehen sind, denn ihr Vermögen hat keinen von Gott gewollten natürlichen Ursprung wie manche Steine und Pflanzen, sondern ist trügerische Erfindung oder gar des Teufels. In diesem Sinne bekundet auch der alles andere als kritische Verfasser der »hundertzweiunddreißig Geheimnisse« von 1732 die größten Bedenken gegen mit Bildern und Zeichen versehene Amulette, und zwar deswegen, weil sie einen Pakt mit dem Teufel oder mit Dämonen beinhalten könnten, oder weil sie einfach Unsinn sind oder gefährliche Nekromantie. Kühner verfährt hier die dem Paracelsus unterschobene Archidoxa von 1570. Sie zieht den Kreis der erlaubten Amulette, insbesondere jener, die dem astralischen Sympathieglauben entstammen, weiter: »*Dann magia is eyn solche Kunst, die ihr macht und stercke durch den Glauben erzeygt. Aber Zauberey mag auß ihr geboren werden, das ist wann sie mißbraucht wird / jetzt ist zu eyner Zauberey geworden.«* Und sie denkt nicht daran, unter diesem Glauben etwas anderes zu verstehen als den

aber dem selbigen vnd allen denen / so jhnen in disem Proceß nachuolgen / wie wird jhn solches so saur vnd schwer werden an jhrem letsten end / wie wirdt jhn so eyn grewlichs Register des zorns Gottes vom Teuffel verkündigt / vnnd fürgehalten / das offt eyner so er nach so vernünfftig were / vñ reden köndte / eyn solchē elenden erbärmlichen jamer wurde anzeygē / das sich wol vil tausent daran wurden kehren vnd buß thuen.

III. De characteribus.

ALlen characteribus ist auch nicht zu uertrawen / auch sich in nichten darauff zuuerlassen / deßgleichen auch den wörtern. Dann die Nigromantischē Poeten haben sich dermassen darinn gebraucht vnnd bemühet / vnnd alle Nigromantische bücher mit angefült / da sie also selbs freuenlich vnnd vngegründt auß jhren köpffen erdicht haben / in denen we-

der grundt noch warheyt ist / deren vil tausent nicht eyner nußschalen werdt seind / Ich geschweig des guten papirs vnd pergamen / so damit vnnutzlich versudlet vñ verwüstet wird. Also ists der brauch bei solchen Leuthen gewesen / vnd ist noch nit bei vilen abgangē / die eynander dz maul auffspreissen / vnnd eyn anreytzung machē / sagend ich hab noch wunderbarliche character oder wörter bekommen / deren du ohne zweiuel nye würst gesehen habē / sagt aber nicht das er jhm es selbs erdichtet hat.

Darumb soll eyn jeder alle caracter vñ wörter wol wissen zu vnderscheiden / dañ also werden auch vil wörter gefunden / die keyner sprach gemäß seind / die keyn Latinus, Græcus, Hebreus, noch keyner eyner andern spraach / so vil jhr seind / verstehen noch Teutsch machen kan. Derhalben sag ich / das nit allen characteribus oder wörtern zuglauben ist / Sonder man soll alleyn bei denen bleiben / die alleyn gerecht / vñ auß dem grundt d' warheyt kom

Zu erwägen ist noch, in wie weit man sich auf Amulette verlassen kann. Es gibt viele, die eine Theorie der Amulette in Bausch und Bogen ablehnen und mit Theophrast alles als nichtig und abergläubisch verspotten. Andere sprechen den Amuletten jede Wirkmöglichkeit ab, weil ja nicht wenige Anhängsel ihre Entstehung ungebildeten Weiblein verdanken, zumal das schwächere Geschlecht wie sonst kein anderes dem Aberglauben zugeneigt ist. Und so scheinen Herrscher und Verwaltung den Gebrauch von Amuletten bei Strafe verboten zu haben, weil sich eben viel Wahnhaftes und Verdächtiges mit an sich Erlaubtem und Vernünftigem zu vermischen anfing. Alsdann treten viele der Anwendung von Amluetten entgegen, sofern sie einfach aus Jux erfunden wurden.
Blumler 1710 S. 23

Videndum nunc erit, quomodo *diffidendum*, ac *fidendum*, ſit amuletis. Multi ſunt, qui doctrinam amuletorum plane reprobant, & cum Theophrasto (h) omnia ſimul derident, ceu vana & ſuperſtitioſa, alii efficaciam amuletorum infringunt, quod non pauca periammata, ortū ſuum debeant mulierculis imperitis, cum ſequior ſexus nimium quantum in ſuperſtitionem pronus fuerit. Ex quo fortaſſis Imperatores & Magiſtratus, vſum amuletorum penitus prohibuiſſe videntur, quia multa uana & ſuſpecta licitis alias admiſceri coeperunt. Exinde multi etiam contra amuletorum vſum obiiciunt, inuentionem illorum per iocum.

»Es ist zu unterscheiden zwischen medizinischen Amuletten – die sind erlaubt und unverdorben – und abergläubischen Amuletten – die sind nicht erlaubt und verdorben«
Blumler 1710 S. 11

»Physikalische, medizinische, erlaubte und natürliche Amulette, die gerade dadurch, daß ihnen ihre geheime Eigenschaft bei ihrer ersten Erschaffung durch göttliche Fügung eingegeben ist, auf die Körper, denen sie angehängt sind, sei es durch Sympathie, sei es durch Antipathie einwirken, sind nicht einfach zurückzuweisen ...«
Blumler 1710 S. 24

»Gewiß können aber Mißgriffe und verschiedene Arten des Aberglaubens der Wahrhaftigkeit des Dinges und der natürlichen Wirkung nicht jegliche Kraft und jegliches Vermögen entziehen.
Blumler 1710 S. 23

Äußerst schlecht handeln dann jene, die auf diese Weise an den Satan glauben, ihm alle Wirkung zuschreiben, Gott aber nicht achten, und sich auf einen Dämon verlassen, obwohl er ohne Erlaubnis Gottes nicht einmal in Schweine hineinfahren könnte«
Blumler 1710 S. 27

4

CURIOSUS
AMULETORUM
SCRUTATOR
In quo
De natura & attributis illorum, uti & plurimis illis, quæ paſſim in uſum tam in theoria quàm praxi vocari ſveverunt,
ac in ſpecie
DE
ZENECHTIS,
Vel quæ peſti opponuntur, agitur;
Superſtitioſa atque illicita notantur,
rejiciuntur, & utilia illuſtrantur
Theologis, Juris-Conſultis, Medicis, Phyſicis,
Philoſophis ac quibuscunq; in ſpecie
CURIOSIS
apprimè inſerviens accommodatus & ad normam
Academ. Leopoldino-Imper. Curioſ.
adornatus
à
JACOBO WOLFF. Philoſ. & Medicin.
Doct. Prof. Publ. Jenenſ.
Cui acceſſit
JULII REICHELTI
Exercitatio,
DE
AMVLETIS,
Liber utiliſſimus, æneisque figuris inſtructus.
FRANCOFURTI & LIPSIÆ,
Apud FRIDERICUM GROSCHUFFIUM Bibl.
Anno M.D.C. XCII.

4 *Titelblatt des »Curiosus Amuletorum Scrutator« des Jakob Wolff 1692 und Seite 19: Auszug aus dem Sachwortregister desselben Buches: Eigenschaften der Amulette und der Gemmen*

legitimen Kirchenglauben: »*Das is auff Gottes wort und verheissung von Gott mit unseren Gebett recht in vesten glauben ersuchen.*« Hier macht sich geltend, was in der Verteidigung der »Magie« seit dem ausgehenden 15. Jahrhundert als mögliche Lösung aus dem Dilemma gefunden wurde, nämlich die Unterscheidung, die bis in die Spätromantik Leute wie Görres, Friedrich Schlegel, Hufeland u. a. beschäftigte, zwischen magia naturalis und der Hexerei und Zauberei. In Theorie und Praxis werden hier die Grenzen fließend.

Der magische Mensch versucht hier immer mehr den Bereich seiner Welt auszudehnen und teilzuhaben – und zwar beherrschend und manipulierend – an der Welt der Geister, Dämonen, Sterne und an den geheimen Kräften und Fähigkeiten seiner Natur und der Erscheinungswelt im allgemeinen. Aber Paracelsus hatte neben den astrologischen Theorien – gleich Gaffarellus und Agrippa – noch andere parat, die amuleta magica zu legitimieren, so die Imaginationstheorie und die Signaturenlehre. Und hier muß vermerkt werden, daß es völlig an der Sache vorbeigeht, wenn das Amulettbrauchtum nur als pragmatisches, nur auf materiellen Zweck ausgerichtetes Handeln, Tun, Wissen, Glauben betrachtet wird. Das Amulett muß auch als Darstellung und Ausdruck eines besonderen Sich-Befindens gesehen werden. Als ein sichtbares Zeichen oder auch als Symbol für die Verbindung mit außermenschlichen Bereichen, je nach der vorherrschenden theologischen Idee: mit dem Reich der Engel, der Dämonen, Intelligentien und Geister, oder mit den okkulten Kräften der Natur, oder mit der Naturseele, oder mit dem Weltgeist. Das Amulett kann aber dadurch auch zum Kommunikationsmittel zwischen Menschenwelt und diesen Bereichen werden. Und dieser Erlebnisbereich, der gewissermaßen als pervertierter Frömmigkeitsstil betrachtet wird, ist es, der die Theologen zum Kampf wider das Amulett aufruft.

Während sich aber die Gelehrten, Literaten und Sinnierer ihre Köpfe darüber zerbrechen, welche Amulette auf welche Weise wirksam und nützlich oder welche eitel oder superstitiös sind, pochen Praktiker auf ihre sogenannte Erfahrung, pflegen amulettträchtige Personen das Amulettbrauchtum ganz schlicht in typischer Form des Volksglaubens, nämlich als Glaube ohne Lehre, als Praxis ohne Theorie. Sie nehmen an, was vom Tisch der Reichen fällt. So bleibt es bis in unsere Tage typisch für die Amulettträger, daß sie sich in vielem als Aufklärer und als Kämpfer wider superstitio oder Aberglaube als eitlen Wahn gebärden, um dann auf einmal über überlieferte und vermeintliche eigene Erfahrungen und Vorstellungen zu stolpern, wie jener lutherische Magister Lehmann in Sachsen zur Zeit des Dreißigjährigen Krieges, der sich in flammender Rede wider nach seiner Meinung allzu rationalistische Aufklärer einerseits und Abergläubische andererseits richtet und dann aber ausrief: »Es sage mir doch der allerklügste Naturforscher: Woher kommt es, daß eine Habichtsklaue Geld an sich zieht?«

INDEX RERUM ET VERBORUM.

mone 536. ſq.

propter tractoriam vim, & an hæc detur 472. 479. 487. ſq.
operandi modus 467. ſqq.
origo vide inventio.
patroni 628
phyſica quid? 12
concedenda 529. 624. ſq.
prohibitio 654. ſq.
quantitas ſufficiens 684. 491. ſqq.
quid? 4
ratio in his ſemper attendenda (627
ſimplicia 26
ſuſpecta 653
ſcriptores illa approbantes 613
refutantes 611. ſqq.
ſynonymia Arabica 15. ſqq.
Germanica 20.
Græca 1. 4. 7. 8. 10. ſq.
Hebraica 19. ſq.
Latina 5. 7. 12. 14. 16
Tractatus promiſſi 537. ſq.
tractoria vis an detur 477
ex triplici fonte pharmaceutico petuntur 465. 673
varia ſcriptio 1. 2
venenata malè audiunt 628. 652
verbis peracta 580
vis unde? 627. ſqq. 536. ſq.
uſus 29. ſqq.

●Gemmæ abortum præcavent 32
æſtimium 562. ſqq.
in armillis & annulis pro amuletis commendantur 570
colorem amittentes prodigia dicunt 572
Diabolus ejusque mancipia iis delectantur 572
an eum fugeat 547
Elogia 564
Excidente ex annulis prodigioſum qvid 572
Exterius appenſæ an mortem inferant propter frigiditatem 564
fabuloſa multa de his ſcribuntur 567. ſqq.
figuræ ſuperſtitioſæ 560. ſq.
fraudes circa veras & falſas 565. ſq.
futura, præterita & alia, concurrente Diabolo, prædicunt 572
Henrico II. Gal. Reg. oblata terrâ obrui neqvivit 573
integræ, & niſi in propria reſolutæ, parum juvant 567. ſq.
Judicium de earum uſu 631
luſus Rhetorici & poetici de iis 564. ſqq.
maculas contrahunt à geſtantibus immundis 472
de metallis participant 482
mutatio in annulis prodigioſa eſt 572
non nimium nec minimum iis tribuendum 563
operandi modus 569
rimam concipientes ex immundis geſtantibus 474
& cur 566 ſqq.
ſculpturæ ſuperſtitioſæ 560 ſq.
â ſubmerſione tuentes 40
tilſemis materiam præbent 559. ſq.
negatur ibid. ſqq.
veræ & factitiæ quæ 565
vis & efficacia 433. 550. ſqq. 631 561
vis alexipharmaca 452. 559 560. ſqq.
in animam agens ibid.
dæmonē profligans 547
nō omnis neganda 569 ſq.
occulta 452. 459
tanta qvanta pecuniæ & argenti ibid.
uſus medicus 562. ſqq.

5 *Titelkupfer zu Oswald Croll »Basilica Chymica« 1629*

Franckfuhrt beÿ Gottfried Tampachen

Stein

Zeichen für den »Stein der Weisen«
Aus Reusner »Pandora« Basel, Henrie Petri, 1578

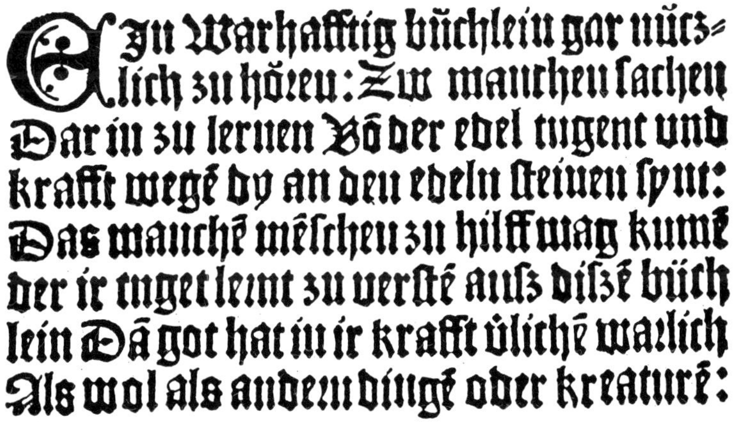

Ein Warhafftig büchlein gar nütz-
lich zu hören: Zw manchen sachen
Dar in zu lernen Võ der edel tugent und
krafft wegẽ dy an den edeln steinen synt:
Das manchẽ mẽschen zu hilff mag kumẽ
der ir tuget lernt zu verstẽ auß disẽ büch
lein Dã got hat in ir krafft ülichẽ warlich
Als wol als andern dingẽ oder kreaturẽ:

6 *»Ein wahrhaftig Büchlein, gar nützlich zu hören, zu manchen Sachen darin zu lernen von der edlen Tugend und Kraft, welche an den edlen Steinen sind, das manchen Menschen zu Hilf mag kommen, der ihre Tugend lernt zu verstehen. Denn Gott hat ihnen ihre Kraft verliehen, wahrlich sowohl als anderen Dingen und Kreaturen«*
Titel eines Druckes von Johann Sporer, Erfurt, Ende 15. Jh

Der Stein begleitet den Aufstieg der Menschheit wie kein anderer Stoff. Erst Faustkeil und Steinklinge befähigten den Menschen, die Herrschaft über das Tierreich anzutreten, in der Waffe und im Werkzeug die naturgegebene Schwäche an Reißgebiß und Krallen zu überwinden. In einem universalen Suchprozeß ohnegleichen gewinnt der Mensch Mittel und Methoden, sich zum Herren der Welt, zum Gestalter seines Lebensraumes aufzuschwingen. Die einzigartige Rolle, die dem Stein in diesem Hunderttausende von Jahren umfassenden Werdegang zukommt, veranlaßt den Menschen, ihn an vorgeordneter Stelle in seine vielfältigen Glaubensformen einzubauen, ihm in jeglichem Kult eine überragende Bedeutung zu übertragen. Die Kräfte, die dem Stein zugedacht wurden, sind so gewaltig und komplex, daß sie sich bis zum heutigen Tag in allen Religionen erhalten haben, wenn auch vielfach in allegorischer Überhöhung, wie im Christentum und in den Legitimitätsvorstellungen weltlicher Macht.

Es ist bemerkenswert, daß die Gesteinsarten, die sich zum vertrauten Werkstoff eigneten, ihre Faszinationskraft als heiliges Material ungebrochen durch die Zeiten bewahrt haben, während das Gewicht des Edelsteinglaubens erst mit einer gewissen Kulturhöhe zu beobachten ist. Es scheint, daß der einzelne, harte Kristall seine sichtbare oder unsichtbare Rolle erst antreten kann, wenn die Technik der Metallfassung oder zumindest die Bohrung kleiner Löcher das Tragen dieser spektakulären Stücke möglich macht.

Betrachten wir das Wachstum aller magischen Vorstellungen: Vorgänge, die man heute gerne als Prozesse einer logischen Entwicklung ansehen möchte, erweisen sich bei näherer Untersuchung als Konglomerate mit phantastischen Einschlüssen, manchmal befördert in sprunghafter Entwicklung, manchmal auch quasi im Tiefschlaf durch Jahrhunderte auf derselben Stufe verharrend. Alle mechanistische Geschichtsauffassung versagt bei der Interpretation der Geistigkeit der frühen Menschheit. Selbst in der antiken Welt, da durch die eratischen Blöcken gleichenden Vorsokratiker schon bedeutende kritische Maßstäbe und Katalogisierungsversuche der Umwelt des Menschen auf naturwissenschaftlicher Basis erfolgen, geht die Formung der Glaubensvorstellungen andere Wege. Sie wachsen in wildwuchernden Prozessen durch Einsprengsel aus fremden Kulturkreisen und aus abgesunkenen Frühschichten in ständiger Überlagerung. Nährboden dafür sind die vielen Entwicklungszentren der Stadtstaaten-Bildung und der Sippen-Gottheiten. Durch persönliche Stoßkraft der Priester und Herrscher werden solche Vorgänge einmal vorangetrieben, ein andermal in starrem Konservatismus behindert. Noch schwerer fällt die Analyse dieser Strömungen, wenn es sich um die expansiven Großreiche handelt. In den feudalistisch beherrschten, Sklaven haltenden Kulturen werden ja ganze Völkerschaften mit ihrem religiösen Konzept verschleppt. Beispiel: Das Schicksal der Juden zwischen Ägypten und Babylon spiegelt sich in der Ausprägung ihres Weltbildes. Deshalb sind die Gedankengänge so schwer zu entwirren, die zu den magischen Strukturen geführt haben, welche wir mit der Zeitenwende auch für unseren Bereich als fertig geformte Archetypen antreffen. Teilvorstellungen davon werden wir von der Antike bis zur Gegenwart immer wieder begegnen. Die überraschende Lebenskraft alter Denkvorgänge und Erlebnisformen durch die Wandlungen vieler soziologischer Umschichtung hindurch zeugt vom zwanghaften Fortwirken primitiver Kulterfahrung. Wenngleich Wandern und Wandlung magischen Denkens gewissen Ablösevorgängen unterliegt, wird es dennoch beflügelt durch Mode, durch Kolonisation oder durch Persönlichkeitskult, ebenso, wie es auch wieder für lange Zeit absinken kann, nur noch in Einzelträgern latent fortlebend, bis zu erneutem Aufflammen.

Vergleicht man den Steinglauben verschiedener Völker und Regionen, zeigt sich hier deutlich, wie sich verwandte Anwendungsformen, die rationalisiert als Analogiezauber erscheinen, durch die gesamte Kulturenbildung des Menschen ziehen. Selbst die Hochkulturen weisen in ihren Grundvorstellungen nur geringfügige Varianten auf, und je mehr wir uns dem Bereich mythischer Komplexe nähern, um so mehr fallen Übereinstimmungen auf, die vom Primitiven bis zum Menschen der Hochzivilisation reichen, in den Gebieten, in die kritische Einstellung keinen Einlaß findet.

Hier ist notwendig, einige Bereiche anklingen zu lassen aus dem großen Katalog der Eigenschaften, die dem Stein als heiligem Material zugewiesen wurden, die teils ins talismanische, teils ins amulett-trächtige weisen. Es würde den Rahmen dieses Buches sprengen, wollte man alles aufzeigen, etwa die gleich wichtigen Hochzeitssteine, Spursteine, Schalensteine, Näpfchensteine, Malsteine usw.

Stein – Zeugung und Mehrung:

Der Stein als der Bergende, der Schützende, der Unvergängliche und Hilfreiche, er spendet die Fruchtbarkeit! Die Zuordnung des Stalagmiten, der aus dem Höhlenboden wächst, zum Phallusbild – der Kuppelformungen im Gestein zum Ausgangspunkt der vielbrüstigen Magna Mater – der Lochsteine als Gestalt der Vulva, in deren Vorstellungsbereich bestimmte Formen des Höhlenkultes einmünden – sind die Urbilder, von denen her die Verschränkung von Stein und Mehrung zu verstehen ist. Auf diesen Ansatz deutet die griechische Version der Sündflutmythen: Deukalion und Pyrrha begründen das neue Menschengeschlecht, indem sie Steine hinter sich werfen, aus denen ihre Kinder entstehen. Im Sagengut vieler Völker finden sich ähnliche Bilder.

Steinhaufenlegenden, Steinhäufung als Weihehandlung, Steinwerfen als Kultformel und Steinsetzung ziehen sich durch die gesamte Glaubensgeschichte der Menschheit.

Die erste Kultgestalt, die wir kennen, sind die Steinkugeln des Moustérien (150000 bis 60000 J.). Sie wurden möglicherweise als kosmisches Symbol erlebt. Man deutet sie als Abbild der Sonne zur Zeit der kälteren Perioden. Diese sorgfältig zugerichteten Steinbälle fanden sich in gesicherten Fundschichten in der Charente und in Nordafrika in pyramidenförmigem Aufbau, über dreieckigen Steinplatten errichtet, die vielleicht schon Sinnzeichen des Weiblichen bedeuten. Hier handelt es sich erstmals um etwas, das nicht zur direkten Bewältigung des Lebens gehört. Von dieser Zeit an bis heute taucht die Steinkugel in amulettwertigem und direktem Amulettbrauch immer wieder auf. *A 73–76*

Jünger, aber ebenso über einen ungeheuren Zeitraum gültig, sind die »Kupules« und Perforationen = halbkugelförmige Segmente und Doppelsegmente mit Lochbildung, die sich seit dem Aurignacien (60 000 bis 40 000 J.) nachweisen lassen. Eine zweite Formung des Steins, deren Amulettcharakter gleichfalls unverändert erhalten blieb. *A 51*

Lochsteine, deren Öffnungen im Neolithikum außerordentliche Dimensionen erreichen, sind vielfach belegt. Die beiden berühmtesten befinden sich in Cornwall. Sie standen früher aufrecht und besitzen Bohrungen, deren Ausgangspunkt ebenfalls zwei kupulesartige Vertiefungen bilden. Durchmesser der Öffnungen: 40 und 53 cm. Sie hießen »Tolven« und »Menetol«, und die Überlieferung erzählt, daß schon immer der Menetol zur Heilung kranker Kinder benutzt worden ist, die man durchs Loch schob (Abstreifvorstellung).

Bedeutend ist die Stellung der durchbohrten Steinscheibe im chinesischen Kulturraum. Hier das Männliche und die Sonne symbolisierend, gilt sie als Glückszeichen und Haustalisman.

Wo natürliche Lochbildungen vorlagen, wie bei gewissen Schneckenversteinerungen und Belemniten, aber auch im amorphen Gestein durch Naturkräfte entstanden, galten sie immer als etwas Wunderbares. Ihr Gebrauch reicht bis ins Paläolithikum zurück, aus dem schon Funde an Halsketten belegt sind. Als Hexensteine, Trudensteine sind sie besonders im alpenländischen Raum getragen worden. *A 67*

Der Lochstein kann direkt als Musterbeispiel für die Ambivalenz der Amulettformen gelten. Vom Neolithikum bis in die frühgriechische Zeit (Homer), als die Technik der Steinbohrung durch Sandbohrer ermöglicht war, verloren die Lochsteine an magischer Bedeutung, weil sie als Spinnwirtel, als Gewicht im Hängewebstuhl und am Fischnetz Gebrauchsgut geworden waren. Später, nach der Erfindung des Rahmenwebstuhls und der Vervollkommnung metallurgischer Fähigkeiten, die den Lochstein entbehrlich machten, wird er wieder im Sinne des Paläolithikums als Amulett gewertet, zumal, wenn er aus tieferen Schichten dann als Naturstein erlebt ans Tageslicht trat.

Zu Kugel und Perforation tritt als dritte Gestaltung das Setzen des Steinmales in der Form der Menhire, Kegel, Säulen und Hermen. Sie deuten auf das männliche Prinzip. Es kann aber auch im Zusammenhang mit Steinhöhlungen Gestaltwandel erfahren, dessen Spannweite vom bisexuellen Symbol zum Magna-Mater-Bild reicht. *A 682*

Auch hier liegt wieder eine Amulettgrundform vor. Ob es sich nun im späteren Gebrauch um Kristalle, Donnerkeile, Pfeilspitzen und Zylinder handelt – die Konturen weisen in Richtung Zeugung und Kraft.

In der Bibel gibt es viele Hinweise der Verknüpfung von Stein und Zeugung z. B.:

5. Buch Mose, 32/18: »*Deinen Fels, der dich gezeuget hat, hast du aus der Acht gelassen, und hast vergessen Gottes, der dich gemacht hat.*«

Jeremias, 2. Buch, 26/27: »*Also wird das Haus Israel zu Schanden werden samt ihren Königen, Fürsten und Propheten, die zum Holz sagen: Du bist mein Vater und zum Stein: Du hast mich gezeuget!*«
Die Permanenz solcher Vorstellungen erweist sich wieder bei den Griechen sehr deutlich, wo die Hermen mit Geschlechtsmarkierung Glücks- und Fruchtbarkeitsfetische darstellen. Ursprünglich waren die Hermen ungestalte Menhire. Jeder Vorübergehende warf einen Stein dorthin, um sich persönlichen Glückes zu versichern – eine Weihehandlung, die im Totenkult und Wallfahrtsbrauch des Abend- und Morgenlandes bis in unsere Zeit lebt. Die Steinhaufen um die Säulen waren in der antiken Vorstellung Sinnbild der Mehrung. Politischer Umsturz und Schändung der Hermen scheinen im Rechtsbewußtsein des Volkes identisch gewesen zu sein. Bei politischen Prozessen wurden die Angeklagten beschuldigt, Hermen umgestürzt zu haben (Alkibiades).

Grabstein und Altar, Opferstein und Entsühnung

Der Stein gehört zum Totenkult. Platten, Dolmen, von der Steinkiste bis zur Pyramide, Stele, Grabstein, Mausoleum – all dies soll dem menschlichen Streben nach Verewigung seiner Existenz behilflich sein. Im Hintergrunde eine weitere Idee, der Funktion nämlich, den Totengeistern, denen man nicht durchwegs trauen darf, den Zutritt zur Welt der Lebenden zu verwehren. Doch häufiger ist der Grabstein im Sinne des Ahnenkults Garantie des Fortbestehens des Stammes, Ort aller Zeremonien, welche die Sippe angehen, wie Initiationsritus, Eheschließung und Rechtshandlung. Vom Grabstein her und der Parallelvorstellung, daß Felsen und Platten Götter- und Seelensitze sind, kommt es überall zum Opfertisch, zum Altar. Im frühchristlichen Brauch wird der Gottesdienst auf den Gräbern der Märtyrer gefeiert. Die steinerne Grabplatte lebt fort in der Mensa des katholischen Altars, im Sepulcrum. Reliquie und Stein sind nötig, um die Messe zelebrieren zu können. Selbst für den Feldgottesdienst im Zweiten Weltkrieg mußte der Geistliche einen konsekrierten Stein mit sich führen.
So seltsam es klingen mag, der Mensch hat immer von der »guten alten Zeit«, von der sittlichen Höhe der Alten geträumt. Im Bild vom Goldenen Zeitalter, vom Sündenfall, vom wachsenden Hochmut des Menschen und vom Göttergericht wurden meist in der Phantasie auch die Werkzeuge der Frühzeit glorifiziert. Wenn diese aus tieferen Schichten wieder gehoben wurden, konnten sie direkt als Mirakelsteine und heiliges Gerät wirken, da Geschichtskritik noch nicht ausgebildet war. Der Stein ist auch hier der Reine, der Entsühnende. Beim Opferkult ist seine Rolle ganz allgemein. Davon seien nur angeführt: die Steinbeile der Druiden und Maori, die Obsidianmesser der präkolumbischen Kulturen, wie die Steinklingen der Chinesen und die der jüdisch-arabischen Beschneidungsriten. Zum Altverwurzelten kultischen Zweck wird der Stein als das Urtümliche geheiligt, die prak-

tischen, aber jungen Metalle scheiden hier noch aus. Ihre magische Rangordnung bestimmt sich aber gleichfalls von den frühen Bearbeitungsmöglichkeiten her (Leopold Schmidt).

Die Entsühnung steht auch als heiligende Handlung im Mittelpunkt der Steinigung. Sie findet sich bei vielen Mittelmeervölkern als Rechtsbrauch, der wie die meisten frühen Strafarten nicht so sehr die Bestrafung als vielmehr die Wiederherstellung der göttlichen Ordnung will. Aufschlußreich ist, daß Steinigung nur vollzogen wurde bei Verbrechen, die die Sippe oder das Volk betrafen, so Ehebruch, Verrat und Gotteslästerung. Wenn man sich vor Augen hält, wie weitgehend die Gottheiten Sippengötter waren, versteht man die Gleichsetzung von Ehebruch und Abgötterei. Dazu Jeremias 3/9: »*Und von dem Geschrei ihrer Hurerei ist das Land verunreiniget; denn Israel treibt Ehebruch mit Stein und Holz*« (Allegorese für die fremden Götterbilder). Die Steinigung ist als Entsühnungsopfer aufgefaßt worden insofern, als alle an der Tötung teilnahmen und so vom Fluch der Tat gereinigt wurden. Sie lebte als Volksjustiz bis ins 20. Jahrhundert weiter, ein Zeichen dafür, wie das primitive Kollektiv bei Spontanhandlungen in magische Altbereiche zurückfällt.

Beispiele erweisen, über welch langen Zeitraum der Glaube an die entsühnende Kraft des Steines wirksam war und als religiöse Forderung erhoben worden ist: Für Orest, Muttermörder als Rächer seines Vaters, hat man Steinmale zur Entsühnung errichtet (Pausanias VIII, 34, 2). Herodot beschreibt die Steinigung des Lykias mit Frau und Kindern für seinen Rat, sich den Persern zu unterwerfen (IX, 5). Das Steinigen der Leiche, das noch deutlicher den Ritus der Entsühnung bezeugt, wurde von Platon in seinen Gesetzen für den Verwandtenmörder gefordert. Die Leiche König Manfreds von Sizilien wurde auf dem Schlachtfeld von Benevent 1266 gesteinigt und liegengelassen, da er im Kirchenbann starb. 1917 wurde Venizelos (griechischer Ministerpräsident) als Verräter in Ephigie gesteinigt.

Die hilastische Steinkraft soll noch an einem Beispiel anklingen, wo sie sich dem Amulettglauben nähert: Die Herzskarabäen der Ägypter. Nach den Jenseitsvorstellungen mußte der Tote Rechenschaft über sein Tun ablegen; das Herz wurde vom Totenrichter gewogen. Beim Einbalsamieren wurden aber alle Organe entfernt und in steinernen Kanopen gesondert beigesetzt. An Stelle des Herzens wurde dem Toten ein steinerner Skarabäus mit dem eingeritzten Totengebet eingefügt. Hier liegt eine dreifache Wertung vor: die Heiligkeit der Gestalt des Skarabäus als Träger des ewigen Lebens vollendet sich in der Hinzufügung der Formelmagie des ritualisierten Gebetes und der Steinheiligkeit.

A 528

Steinheiligtümer

Da sich jedes Volk als Mittelpunkt wähnt, sind seine Kultstätten Anker der Welt. In Delphi gab es zwei Steine der Verehrung. Der eine war jener, den Gäa dem unersättlichen Uranos an Stelle des Zeuskindes zum Fraße reichte. Dieser Stein wurde täglich mit Öl gesalbt und an

Festtagen mit Wolle bekränzt (Pausanias X, 24, 6). Mittelpunkt von Delphi und der antiken Welt war aber der »Omphalos« = Nabel. Von ihm aus sandte Zeus seine beiden Adler, um die Welt auszumessen.

In der Stadtgründungssage Roms versenkt Romulus in einer Erdhöhlung »von allen Dingen etwas« und verschließt sie mit dem »lapis manalis«, dem Seelenstein. Der Stein wurde der Mittelpunkt Roms und damit der ganzen Welt.

Ähnliche Gedanken eines Grundsteines finden wir im Talmud. Eine Interpretation der Genesis besagt: »*Einen Stein warf der Heilige, gepriesen sei er, ins Meer. Von ihm aus wurde die Welt gegründet. Mit seinem rechten Fuß senkte er den Stein bis zu den Tiefen der Urflut und machte ihn zum Schlußstein für die Welt.*«

Meteore als sichtbar »vom Himmel gekommene« Götterbilder versetzten die Menschen in Ehrfurcht und Schrecken. So genossen höchste Verehrung: das Ilische Palladion – die Artemis von Tauris – der Apollon Agyeus – in Pessinus Attis der Schwarze Stein der Kybele, der »mätär theon« (Mutter Gottes). Die Römer holten sich diesen »lapis niger« 204 v. Chr. in der Regierungszeit Attalos I. nach Rom.

Die erstaunliche Kultdauer eines solchen Heiligtums zeigt die Kaaba. Sie ist ein Steinbau im Hof der großen Moschee von Mekka, in dessen östlicher Ecke ein Meteor eingemauert ist, der sogenannte Schwarze Stein, den nach späterer Version der Engel Gabriel dem Erzvater Abraham brachte. Die vorislamische Heiligkeit dieses Ortes erwies sich als so lebenskräftig, daß Mohammed, der zunächst diese heidnische Weihestätte ablehnte, seine Ansicht korrigieren mußte. Die Bürger der geschäftstüchtigen Stadt hätten ihn fast erschlagen; er floh nach Medina. Nicht zuletzt, da die Kaaba zum Hauptheiligtum des Islam erhoben wurde, gewann Mohammeds Lehre ihre Stoßkraft, als er seine revolutionären Gedanken mit den altüberkommenen zu verbinden verstand, die Wallfahrt nach Mekka als Pflicht jedes Moslems proklamierte. Ein Vorgang, der sich in der Weltgeschichte öfters abgespielt hat, denken wir an Moses am Berge Sinai: Das Volk erhebt sich gegen die Zehn Gebote und im neuen Gesetz erhalten die alten tabuistischen Vorstellungen wieder Einlaß. Wo in den Hochreligionen die Vielzahl der Individuen sich wohnlich einrichtet, wird die spirituelle Konzeption von den »Herdenkonstanten« wieder unterwandert, umkleidet mit einem liebevollen, manchmal rücksichtslosen Gespinst von Praktikablem, von magischem Begehren, unterschwellig Altvertrautem. So füllt sich das klare Gefäß der Religionsstifter, dieser grandiosen ethischen Einzelgänger, immer wieder in erstaunlicher Geschwindigkeit mit den Überlieferungsfragmenten des nie ganz Überwundenen der frühen Religions- und Glaubensvorstellungen, ja mancher prähistorischen Magie. Auch eine unterlegene Religionsform, die den Sieg einer übergeordneten Gott- und Weltkonzeption anerkennen mußte, erhält sich nicht etwa in ihren logischeren Bereichen, sondern sie lebt gerade im Abstrusen fort, im »Aber-Glauben«.

Wundersteine als Götter und göttliche Manifestationen werden in späteren Säkularisierungsprozessen Abbild des Gottes und zur »Kunstform« im Sinne einer Darstellung. Diese heiligen

Bilder, die der Mensch Gott geschaffen hat, wurden ihm dann in einer großen Zeremonie angeboten: »*in diesem unvergänglichen Körper zu wohnen*« (Ägypten). Die Zerstörung und Fortführung der Götter war deshalb auch eine vielfach geübte Kriegshandlung, die oft die Niederlage eines Volkes besiegelte.
Dem Gottesbild gleich sind Tempel, aber auch Tore und Stadtmauern wesentliche Bollwerke der frühen Staatsmagie. Davon zeugen die Sagen der Städtegründung, die Zeremonien vom Grundsteinlegen, die göttliche Herkunft der Mauern, von Riesen getürmt (Zyklopenmauern), und vieles andere. Bei den Römern war die magische Kriegsführung der »Evokatio« üblich. Um eine fremde Stadt zu erobern, mußte erst in die Mauer ein Loch gebrochen werden und der Stadtgott durch kultische Handlungen und das Versprechen, in Rom einen Tempel zu erhalten, zum Verlassen der Stadt bewegt werden.
Durch die Identität von Gottesdienst und Astrologie, waren die Tempelstätten des Alten Orient gleichzeitig Zentren kosmogonischer Erforschung. Hier hat der Stein kraft seiner Heiligkeit und Unverrückbarkeit auch eine Funktion im Sinne des festgelegten Standpunktes zur Beobachtung der Planeten. Ihre auffallenden und später errechneten Umlaufbahnen ermöglichten dem Menschen erste exakte Zeitmaße. Observatorium und Tempelvorstellung haben sich in Europa besonders im keltischen Bereich verschmolzen und zeigen auch in den Sonnenuhrsteinen vieler mediterraner Kulturen eine andere Verbindung des Steines vom Magischen her zum Exakten, zu Zeitrechnung, zu astronomisch orientiertem Jahreslauf und damit zum kalkulierten, reflektierten Tätigwerden des Menschen.

Der steinerne Thron

Vom Göttersitz abgeleitet, ist der Priester- und Königsthron im besonderen ein Ort magischer Kraftzuweisung. Daß es sich in den Frühzeiten des Christentums ebenfalls um einen Steinthron handelt, ergibt sich aus der langen Tradition der antiken Welt, in der Porphyr den Herrschern als göttlichen Statthaltern vorbehalten blieb. Aus Stein war auch der Thron Karls des Großen im Aachener Münster. Damit nahm Karl bewußt die Tradition des römischen Imperiums auf, um im Zusammenwirken mit dem Papst den Führungsanspruch Byzanz' zu umgehen. An diesem Hochsitz ist einiges bemerkenswert. Im Aufbau folgt er dem, was die Bibel über den Thron Salomonis aussagt. Die Steinplatten hatten offensichtlich vorher eine andere Bestimmung. Vermutlich waren sie bedeutungsgeladen. Eine der Platten weist die gravierten Linien eines Mühlespieles auf. Leider ist die Überlieferung verlorengegangen. Im Jahre 1829 wurde die Sitzplatte (nach alten Quellen ein Eichenbrett der Arche Noah) ausgewechselt. Unter diesem Brett befindet sich ein Hohlraum, von dem man annimmt, daß er eine Reliquie barg. Man vermutet, daß es die »Stephans-Bursa« war, eines der Heiltümer des Reiches, heute in der Schatzkammer Wien. Die Stephans-Bursa ist ein reichgeschmücktes Reliquiar mit der blutgetränkten Erde von der Steinigung des ersten Märtyrers der Christenheit. Auch in die zwei Säulen vor dem Thron waren Reliquien eingelassen. Angeblich sollen die starken Abnutzungsstellen der vier Thronsockel vom Brauch herrühren, daß Pilger zwischen den Pfosten des Thrones durchkrochen. Krankheiten beim Durchzwängen durch Steinöffnungen abzustreifen, ist ein Glaube, der vielfach bezeugt und noch lebendig ist: am Grabe des Heiligen Ronan in Locronan (Bretagne), am Nonnosus-Grab in der Domkrypta zu Freising u. a.

In den frühen romanischen Domen Süditaliens sind mehrere steinerne Königs- und Bischofssitze erhalten. Steinthrone spielen bei der Inthronisation im weltlichen und kirchlichen Bereich ihre fortdauernde Rolle. Das mittelalterliche Denken, in dem sich christliche Vorstellungen mit älteren Legitimitätsanschauungen vereinigen, baut in Brauch und Krönungsordo ein Zeremoniengehäuse, dessen strenge Einhaltung den echten Herrschaftsanspruch begründet. Die mannigfachen Gegenkaiser und Könige scheiterten häufig daran, daß sie nicht nach dem rechten Brauch gekrönt oder nicht im Besitz der notwendigen Herrschaftsinsignien waren. Edward I. (1272–1307) ließ nach der Schlacht von Dunbar 1296, in der er die schottische Rebellion zerschlug, den Steinthron in Scone abbrechen. Um die Ansprüche des englischen Königtums auf Schottland zu bekräftigen, ließ er die Steinplatte des Sitzes in einen neuen Coronation Chair in Westminster einbauen (1299), der seither King Edwards Chair genannt wird. Er ist aus Holz, der »Stone of Scone« befindet sich unter dem Sitz. Im Jahre 1950 haben schottische Legitimisten den Stein entführt. Die Aufregung um diesen Raub war im englischen Volk ungeheuer und drängte alle Probleme der Weltpolitik in den Hintergrund. Der Stein tauchte dann nach einiger Zeit in Scone mit der Fahne von St. Andrew bedeckt wieder auf und wurde zurückgebracht. Heute ist er mit einem Schutzgitter versehen und kann seine Rolle in der englischen Staatssymbolik weiterspielen. Der Legende nach soll es sich um den Stein handeln, auf dem Jakobs Haupt ruhte, als er den Traum von der Himmelsleiter, von der Erhöhung seines Samens erfuhr. Engel haben diesen Stein zum Krönungsplatz der Iren gebracht, dem »Rath na Riogh« = Hügel der Könige, bei Tara. Er erhielt den Namen »Lia Fail« = Stein des Schicksals. Auf ihm wurden Irlands Könige gekrönt. Er wurde nach Dunstaffnage entführt als Stein der Schottenkönige, bis ihn Keneth I. Macalpin 850 n. Chr. nach dem neuen Krönungsort Scone bei Perth brachte.

In allen Feudalkulturen finden wir die Herrschaftsbedeutung des Hochsitzes. Auch dem Papstthron kommt ja besonderes Gewicht zu. Die Lehrmeinung »Ex Cathedra« gesprochen hat erst die volle Legitimität. Hier ist gleichfalls der Sitz mit dem höchsten geistigen Machtanspruch allegorisch verbunden.

Amulettsteine

Untersucht man die Vielzahl der Steinamulette, so sind solche am verständlichsten, die durch seltene Struktur und Gestalt dem Finder als etwas Besonderes auffallen. Im Außerordent-

lichen hat der Mensch immer deutliche Kräfte gesehen: wenn etwa der Kristall sich nach Aufbau, Symmetrie und Lichtbrechung vom amorphen Gestein abhebt, wenn Einschlüsse, Versteinerungen und Erosion Formen bilden, die sonst nur Lebendem eignen, wenn durch Prozesse der Stoff Stein ungewöhnliche Gestalt zeigt (Beispiel: Kugeln durch Gletschermühlen und andere sogenannte Naturspiele). Im Anblick der unendlichen Gestaltungskraft der Natur, dem unausschöpflichen Formungsvermögen steht der Mensch zu allen Zeiten im wahrsten Sinne ergriffen und im Staunen befangen. Er vermag selbst im kleinsten Teil die Dynamik des Ganzen zu erkennen und versucht, indem er sich einen Partikel aneignet, an der großen Potenz teilzuhaben.
Man entdeckt bei den verschiedenen Amulettwertigkeiten, daß die Denkkategorien durchsetzt sind von Analogievorstellungen, vermutlich auch dort, wo wir nicht mehr klärenden Einblick gewinnen können in die frühschichtliche Imagination. So simpel diese Ideenwelt auch erscheinen mag, sie hat im historischen Wachstum menschlicher Begriffsbildung durchaus einen legitimen Platz, zeigt sie doch, daß die Wahrnehmung paralleler Eigenschaften, daß das Erbe einer unendlichen Beobachtungskraft hier zu Resultaten geführt hat, die in sich durchaus konsequent sind. Die Rätsel des Kosmos, der Natur als Umwelt und des sozialen Verhaltens nötigen den Menschen zu einer solchen Fülle von Einschätzungen und Handlungsformen, daß man die Magie als »die Wissenschaft des Primitiven« bezeichnet hat. Aus der Situation der Bedrohung greift der Mensch aus seiner Sicht durchaus folgerichtig nach Hilfsmitteln, die für den Außenstehenden oder Späterkommenden jeden Sinnes bar nur verdunkelten Aberglauben darstellen.

Bernstein, Magnetit, Gagat

Dort, wo verschiedene Gesteinsarten sichtbare rätselhafte Eigenschaften zeigen, ist deren Verwendung im Amulettgebrauch durchaus naheliegend. So erklärt sich die weite Verbreitung des Bernsteins (alter Name = Brennstein) über ganz Europa. Die elektrostatische Aufladefähigkeit (griechisch heißt er »Elektron«), die leichte Formbarkeit und natürlich auch Farbe und Einschlüsse haben Bernstein als Amulett, Heilmittel und Weihe-Rauch begehrt gemacht. Vom magischen Brauch überleitend erhält er in den Volkstrachten dann eine dauernde Schmuckfunktion. Da sich in frühen Zeiten keine plausible Erklärung der fossilen Harze anbot, wurde der Bernstein als Stein gesehen. Die ersten Ansätze von Tauschhandel und die Setzung von Wertmaßstäben merkantiler Art lassen sich ableiten vom Bedarf amulettwertiger Stoffe. Wenn man auch annimmt, daß die primitiven Lebensgemeinschaften der Jäger und Sammler etwa in Sommer- und Winterwanderung in der Verfolgung ihrer Beutetiere große Räume durchmessen haben, so ist es doch unwahrscheinlich, daß alle z. B. im Samland waren. Finden wir doch immer wieder in den Gräbern Mineralien, deren Herkunftsorte ziemlich einwandfrei zu ermitteln sind. Der Tauschweg ist hier die einzige Erklärung.

So steht am Anfang des menschlichen Austausches das Amulett. In der antiken Welt hören wir dann aus den verschiedensten Quellen von der Entstehung und dem Ausbau der Handelswege. Nach Süden gingen Bernstein und Zinn als begehrteste Ware, nach Norden das Gold, das zum wichtigsten Herrschaftsabzeichen erhoben wurde. Bernstein, roh, bearbeitet, als Perlen finden wir in Höhlen der Pyrenäen, in den Königsgräbern von Mykene, in den Pfahlbauten Mitteleuropas, in den Dolmen der Bretagne, in den Gräbern der ältesten Eisenzeit, bei den Etruskern und natürlich in Rom. Homer erwähnt den Bernstein als Halsschmuck Penelopes (Odyssee 12), Assurbanipal (669-633 v. Chr.) rühmt sich, daß seine Völker (wahrscheinlich die Phönizier) ihn aus dem Nordmeer bringen.

Im gleichen Sinne des Unerklärbaren versteht es sich, daß Magneteisen die Phantasie der Menschen auf wunderbare Kräfte hingeleitet hat. Der Magnetismus kann bei Primitiven den Glauben erwecken, daß im Stein ein lebendiger Geist wohne oder daß »der Teufel darin sei, weshalb man ihn nicht bei sich tragen darf, wenn man zur Messe geht«. Daß Magneteisen imstande ist, einen unsteten Ehemann wieder zu seinem Weibe zurückzuführen, gehört in den Bereich des aitiologischen Analogiedenkens.

Nicht minder geheimnisumwittert war für die Alten der Gagat (schwarzer Bernstein, Azabache, Jet), eine polierfähige Braunkohlenart, die brennbar und leicht zu bearbeiten ist. Da der Stein nach dem Glauben der antiken Ärzte zur Diagnose der Epilepsie und zur Feststellung der Virginität verhalf, erweiterte sich im Volksglauben sein Erscheinungsbild dann zur Abwehr von Betrug und schließlich aller Zauberei. Die alten Steinbücher führen eine Fülle von Wirkungen an als Heilstein, Räuchermittel und Amulett, welche die Araber übernahmen und dem Abendlande weitergaben. Da sich Gagat auch in Südfrankreich und Spanien fand, kam er im Mittelalter zu weitverbreiteter Anwendung. In Italien als Material
A 651-670 für die Fica und Mano Cornuta verwendet, wurde er in Spanien geradezu zum Weihestein.

Meteorstein, Petrefakte, Artefakte

A 91 Augenzeugenberichte vom Meteorfall machen verständlich, daß die Erscheinungen zum Wunderglauben verführten, nicht nur solange Unkenntnis über die astrophysikalischen Zusammenhänge herrscht: eine kleine schwarze Wolke am ungetrübten Himmel, dann das blitzartige Aufglühen, Donnerknall, Zischen und Siedegeräusche, schließlich der Aufprall auf der Erde, wo dann die ausgeglühten Fragmente gefunden werden. Namen wie Donnerstein, Donnerkeil, Blitzstein umfassen aber nicht nur Meteoriten, sondern auch eine große Gruppe von Petrefakten und Artefakten. Hier hat man vermutet und mythologisch interpretiert, daß mit Blitz und Donner die keilförmigen Stücke vom Himmel geschleudert wurden oder daß es sich um Relikte dieser beiden Erscheinungen handelt. Die prähistorischen
A 83–90 Lanzenspitzen, Steinkeile, Pfeilspitzen und Steinäxte ebenso wie die Belemniten wurden überall als Kraftträger angesehen. In manchen Gegenden, z. B. Schottland, Irland usw.

wurden sie als Geschosse der Feen auf Menschen und Tiere gedeutet. An der Goldküste »Gottesäxte« benannt, brachten ihnen als Manifestation des Donnergottes die Benin blutige Opfer dar. Schon in der Antike wurden Steinklingen als Amulett getragen. An goldenen etruskischen Halsbändern fanden sich steinerne Pfeilspitzen. Am höchsten schätzte man den Betulus (Steinaxt), denn nach Sotakos (griechischer Steinkundiger, zweite Hälfte 4. Jh. v. Chr.) konnte man mit einem solchen Amulett Städte und Flotten erobern. Die Entdeckung von zwölf Steinbeilen nach einem Blitzschlag in einen See von Kantabrien (nördliches Spanien) war für Galba (68–69 n. Chr.) ein deutliches Zeichen seiner Kaisergewalt.

Koralle

Farbe, Form und Konsistenz verhalfen der in allen wärmeren Meeren heimischen Edelkoralle zu ihrem Nimbus als Amulett. Nach der griechischen Mythologie sind Korallen Blutspritzer, die im Meer versteinerten, als Perseus das Haupt der Gorgo abschlug. Farbe und Entstehungssage begründen die Hauptanwendungsgebiete: Blut = Leben, Gorgonenhaupt = Abwehr des bösen Blicks. In Ägypten wurden die Korallen als magischer Schutz den Toten *A 586* gegeben und wie schon der frühe Steinzeitmensch die Abgeschiedenen mit Rötel bestreut, gilt immer wieder die Blutfarbe auf der Reise in die Unterwelt als unheilabwehrend. Auch in gallisch-römischen Gräbern fanden sich durchlochte Korallenäste.

Die Kinder, bei denen das Wachstum und das junge Leben Stärkung erfahren soll, sind seit *A 739* je mit Korallen behängt worden, da sie auch gegen allen Zauber schützen. Solinus (römischer *A 743* Schriftsteller) gab im 3. Jahrhundert n. Chr. eine Sammlung von Merkwürdigkeiten, »Collectanea rerum memorabilium«, heraus, die sich hauptsächlich auf Plinius bezieht. Er zitiert auch Zoroaster (um 900 v. Chr.) als Autorität für die Heilkraft der Korallen und sagt, man habe sie deshalb zum Schmuck verarbeitet. Jene Quellen benutzte der Scholastiker Cassianus Bassus (Mitte 10. Jh.) in seiner »Geoponica«. Mit diesem Werk gewann der antike Korallenglaube erneut Einfluß auf das Abendland. Korallenamulette haben im Italien der frühen Renaissance ihre starke Verbreitung gefunden, die über die Alpen strahlend, auch den Norden erfaßt hat. Die Funktion der Korallengehänge auf Heiligenbildern (manchmal auch abwechselnd mit Bergkristallkugeln) ist noch nicht geklärt, sie deuten aber auf die materia sacra. In dieser Zeit, in der alles Okkulte eine bedeutende Popularisierung erfuhr, begann dann das Sammeln von Korallen und maritimen Raritäten, die sich in den Schatzkammern, Wunderkammern, Kuriositätenkabinetten erhalten haben. Hierher gehören die gift- *A 216* abwehrenden Natternzungenbäume, bei denen der Stamm immer aus Koralle gebildet war, *A 258* und andere Tafelaufsätze, deren magische Funktionen uns heute wieder stärker bewußt *A 11* werden. Ein so revolutionärer Kopf wie Paracelsus war – hier noch ganz Kind seiner Zeit – im Steinglauben befangen und rühmt die Koralle als Schutz gegen alle Zauberei. So nimmt es nicht wunder, daß von König Ferdinand I. von Neapel (1479–1516) bezeugt ist, daß er ständig seinen Korallenast mit sich trug, den er gegen jeden richtete, den er als »Jettatore« verdächtigte (Schleuderer des bösen Blicks). Der hervorragenden Wirkung gegen den bösen Blick verdankt die Koralle ihre Bevorzugung als Material für die Fica, wo wieder zwei Faktoren – Gebärde und Material – gegen das Übel aufgeboten werden.

Der Edelsteinglaube

Die vielen Schriften, die sich in der Antike immer wieder mit der Kraft der Steine beschäftigen, gehen stets auf ältere Kulturquellen zurück. In Mesopotamien und Ägypten erfährt der Stein schon in den frühen Schichten heilige Achtung als Siegel, als persönlichstes Besitz- und Stellvertretungssymbol. Von dort haben alle Anrainer-Kulturen die Hochschätzung übernommen und an uns weitergereicht. Wer sich mit den Lapidarien (Steinbücher) der antiken Welt auseinandersetzt und die vielen alten Weisheiten und Deutungen, aber auch durch Abschriften verfälschenden Kolportagen des Themas betrachtet, wird am Anfang überwältigt von der Fülle des scheinbaren Widersinns und der Unbelehrbarkeit, die sich hier durch die Jahrtausende akkumuliert zeigt. So schwer es uns fällt, in vorwissenschaftliche Gedankengänge zurückzufinden, so gibt es doch einen Schlüssel zur Bewältigung dieser geheimen Lehren und mystifizierenden Vorstellungen: der Sympathieglaube der Alten. Darin münden wieder durchaus exakte Beobachtungen ein, durch Analogien zu jenem Gebäude ausgeweitet, das uns heute so durch und durch phantastisch vorkommt. Diese Sympathievorstellungen schrieben jedem Material, jedem Körper, sogar den Himmelskörpern, jedem Organ, den vier Temperamenten Gruppen von Eigenschaften zu. So entsteht Sympathie und Verwandtschaft zwischen den Dingen, aber auch Antipathie und Feindschaft. Alte, längst versunkene Tabuierungsideen haben so im pseudowissenschaftlichen Gewand fortgewirkt. Um scheinbare Widersprüche des Weltbildes zu lösen, erwuchs dieses ganze Hilfsgerüst mit seinen gewaltsamen Kategorisierungen im Zwange, alle Erscheinungsformen wiederum den vier Elementen einordnen zu müssen. Die neu in das Kraftfeld der alten Mittelmeerkulturen eintretenden Völker haben durch das ständige Wiederholen, Kopieren und Umdeuten in neue Religionsformen jene weitere Vertrübung und Verschiebung der Optik verursacht, die Mitschuld trägt am gestaltlos gewordenen Gemengsel. Wenn wir bei Plinius lesen, daß der Adamas (der Diamant) der härteste Stein ist und der mit den größten Kräften begabte, daß er der Stein der Sonne ist und anderes mehr, so verwundert die Feststellung, daß er mit warmem Bocksblut bestrichen, gesprengt werden könne. Hier liegt ein Vorstellungsbereich des Sympathie–Antipathie-Zyklus zugrunde, wobei vielleicht sogar Ableitungen aus der Astrologie den Angelpunkt bilden. Daß solche Mystifikationen immer weiter verbreitet worden sind und sich anscheinend jeder praktischen Erprobung zuwider im gleichen Sinne bis in unsere Zeit hinein erhalten haben, erklärt sich wohl allein daraus,
A 157 daß die Eingeweihten, die Adepten, von jeher ihre Berufsgeheimnisse, ihre Rezepturen und

magischen Mittel nur in Gleichnissen verschlüsselt und im Gewand einer Geheimwissenschaft ihren Schülern weitergaben. In den Urtexten handelt es sich wahrscheinlich oft um Decknamen und Begriffe, die in der späteren Vulgarisierung für bare Münze genommen wurden. Objektiv gesehen zeigt die Geschichte der Alchemie neben dem Abstrusen viel praktische Kenntnisse und Erkenntnis. Es ist uns ein brauchbares technologisches Instrumentarium überliefert, das sich in vielen Bereichen nur vergrößert, aber im Prinzip kaum verändert hat. Die geistigen Ausgangspositionen sind jedoch von den Vorstellungen der Antike durchdrungen. Der Blick ging in Richtung der mystischen Erfahrbarkeit der Welträtsel.

Schon in den frühen Gottvorstellungen des alten Orients sind Edelsteine als göttliche Attribute, als Früchte von den Bäumen des Paradieses, zu erfahren. Durch Steinheiligkeit und Zeichenheiligkeit miteinander verbunden, haben die mesopotamischen Rollsiegel im großen Schmelztiegel der Völker und Einflüsse weitergewirkt. Dort haben auch die alten Juden ihre Edelsteinfaszination entzündet, die, ins Christentum fortzeugend, zu uns gekommen ist. Auf den großen Handelsstraßen sind schon immer aus Indien, aus Ceylon und der arabischen Halbinsel die begehrten Steine und mit ihnen die Vorstellungen von ihrer Macht in den mediterranen Raum geströmt. Durch alle Zeiten wurde Unglaubliches gewagt und Unglaubliches bezahlt um der kleinen Kristalle willen. Aus dem Erinnerungsschatz, den die vielformigen Mythen des Zweistromlandes gebildet haben, fließen viele Ideen ein in das gesamte magische Verhalten des Abendlandes. »Ischtar's Höllenfahrt«, das Epos der großen babylonisch-assyrischen Muttergöttin, besingt den kostbaren Edelsteinschmuck (Tiara, Ohrgehänge, Brustschmuck, Hüftgürtel, Arm- und Fußspangen mit herrlichen Steinen besetzt) und ihren Gebärgürtel aus Nephrit mit den Geburtssteinen (Adlerstein). Hier münden in die allgemeinen Magna-Mater-Vorstellungen Fruchtbarkeitsversicherung und Gebäramulett *A 265–268*
ebenso ein wie weibliche Verführungsmacht im Sinne der Schmuckschönheit.

Die Assyrer, in vielen Bereichen auf den älteren sumerischen und babylonischen Traditionen fußend, aber in einer männlicheren Herrschaftssphäre sich dokumentierend, haben ihre Priesterkönige dargestellt im Prunk und im Schutzgewand ihrer Amulettketten. Die Doppelwertigkeit dieser Ausrüstung – königlicher Zierat und machtvoller magischer Schutz durch die Steine – hat sich ihre Strahlkraft bis in unseren Bereich erhalten. Der Königsschmuck und die Kleinodienschätze sind den Griechen und Römern zunächst noch fremd. Erst Alexander der Große, die Diadochen und Byzanz als Bindeglieder zum alten Orient verschaffen diesem Pomp Eingang nach Europa. Dabei laufen durch die Jahrtausende zwei Vorstellungen von der Kraft des Edelsteines nebeneinander her, im modischen Wechsel an- und abschwellend: Die eine – je größer das Stück Materie, desto stärker die innewohnende Macht – sieht in Steinbearbeitung, Schliff und Gravur nur eine Schwächung der Steinpotenz. Die andere gibt der Gemme den Vorzug, denn hier wird der Stoff noch um die Kräfte der Gestaltmagie von Bild und Zeichen bereichert.

Pektorale

A 82 Im ganzen Orient zeigt sich die Sitte der edelsteinbesetzten Pektorale, des Brustschmuckes am Gewand von Königen, Priestern und Hoheitsträgern beheimatet. Wir kennen das Pektorale des Pharaonen Sesostris III (1878–1842 v. Chr.), das dem ägyptisch-kretischen Kulturkreis zugeschrieben wird. Ein ähnlicher Schmuck hat sich aus den Geschenken des Mitannifürsten Tusrasta an Amenophis III (um 1470–1375 v. Chr.) erhalten. Wertvolle Brustschilde finden sich auch unter den Schmuckgegenständen, die in den Gräbern bei Dahschuhs von Flinders Petrie gefunden wurden. Ägyptische Prinzessinnen der 12. Dynastie (um 1880 v. Chr.) waren dort beigesetzt. Von hoher kultischer Bedeutung war der mit 12 Edelsteinen besetzte Brustschmuck der Hohenpriester mosaischer und nachmosaischer Zeit. Der mannigfache Glaube, der sich daran anschloß, scheint in dem besonderen Edelsteinorakel der Urim und Thummim gegipfelt zu haben, über das wir leider keine exakten Quellen mehr besitzen. Zweifellos aber diente es zur Erforschung des Willens Gottes im Judentum vor der babylonischen Gefangenschaft. Im 2. Buch Mose, Kapitel 28, ist das Brustschild beschrieben, wie es nach dem Willen Jahwes beschaffen sein soll: »*Das Amtsschildlein sollst du machen nach der Kunst, wie den Leibrock, von Gold, blauem und rotem Purpur, Scharlach und gezwirnter weißer Leinwand. Viereckig soll es sein und zwiefach; eine Spanne breit soll seine Länge sein und eine Spanne breit seine Breite. und sollst's füllen mit vier Reihen voll Steine. Die erste Reihe sei ein Sarder, Topas, Smaragd, die andre ein Rubin, Saphir, Demant, die dritte ein Lynkurer, Achat, Amethyst, die vierte ein Türkis, Onyx, Jaspis. In Gold sollen sie gefasset sein in allen Reihen und sollen nach den zwölf Namen der Kinder Israel stehen, gegraben vom Steinschneider, daß auf einem jeglichen ein Name stehe nach den zwölf Stämmen.*«

Aus biblischer Überlieferung sind die Brustschilde der Bischöfe Frankreichs im Mittelalter zu denken. Auf dem Rationale getragen, gleichwie auf dem hohenpriesterlichen Ephod, waren sie mit 12 Edelsteinen besetzt und mit den Namen der Stämme Israels graviert. In einem Inventar (1470–1518) der Kathedrale von Reims sind zwei solcher Stücke erwähnt, die uns in der Kunst der Romanik und Gotik oft begegnen.

Die heilige Zwölfzahl der Steine, die für die Stämme Israels steht, ist im ganzen Mittelmeerraum als Leitzahl bezeugt, wie die 12 Tierkreiszeichen, die 12 olympischen Götter, die 12-Zahl als Maßeinheit. Von den 12 Aposteln her hat diese Zahl dann ebenfalls im Mittelalter immer wieder eine Rolle gespielt, wo die Zahlenmystik eine Sinnbereicherung und Heiligung des Inhalts bedeuten konnte: Die 12 Ritter der Tafelrunde des Königs Artus, die 12 Palladine Karls des Großen usw. Mesopotamien hat hier wieder den ursächlichen Anstoß geliefert und auch die Ägypter hatten diesen Vorstellungen in ihre religiöse Sphäre Eingang gewährt. So ist man z. B. überzeugt, daß den Maßen der Pyramiden magische Zahlkryptogramme zugrunde liegen. Die Einsetzung der Zahl 12 ist gleich der heiligen 7 zweifellos aus der astrologischen Sicht entstanden.

Über die Stellung des Steinschneiders bzw. Goldschmiedes lesen wir ebenfalls in der Bibel:
2. Buch Mose, 31.1: »*Und der Herr redete mit Mose und sprach: ‚Siehe, ich habe mit Namen
berufen Bezaleel, den Sohn Uris, des Sohns Hurs, vom Stamm Juda, und habe ihn erfüllet mit
dem Geiste Gottes, mit Weisheit und Verstand und Erkenntnis und mit allerlei Geschicklichkeit,
künstlich zu arbeiten am Gold, Silber, Erz, künstlich Stein zu schneiden und einzusetzen*'.«
Die Mittlerrolle, die dem Goldschmied zugeteilt wird, der das göttliche Material in sinn- *A 33*
kräftiger Form zu fassen versteht, zeigt sich später im Christentum etwa in der Person des
heiligen Eligius. Die mittelalterlichen Künstler haben die Heiligen und die Figur des Erlösers
verschwenderisch mit Edelsteinen, Kronen und Kleinodien geschmückt. Das zeigt uns, wie
innig verschmolzen die Vorstellung der Glaubensbeseelung mit den läuternden Eigen-
schaften der Steine verknüpft war. Auch die Kodizes im kostbaren Prunk ihrer Steine, die sie
als Gebrauchsgegenstand unhandlich machen, bekunden dasselbe.
Die Bibel ist reich an Zeugnissen der Auseinandersetzung um Stein- und Edelsteinkult.
3. Buch Mose, 26/1: »*Ihr sollt Euch keinen Götzen machen, noch Bild und sollt Euch keine
Säulen aufrichten, noch keinen Malstein setzen in Eurem Land, dass Ihr davor anbetet* ...«
Jeremias, 2. Buch, 26/27: »*Also wird das Haus Israel zu Schanden werden samt ihren Königen,
Fürsten und Propheten, die zum Holz sagen: Du bist mein Vater und zum Stein: Du hast
mich gezeuget!*« Diese Textstellen belegen die Vorstellung, die der gesamten Megalithkul-
tur zugrundeliegen. Hier ist der Stein noch unmittelbar als zeugungspotent angesprochen.
Jesaja, 54/11 in der Schilderung des messianischen Gottesreiches auf Erden: »*Siehe, ich bette
Deinen Stein in Bleiglanz und gründe Dich aus Saphiren. Ich baue Deine Zinnen aus Rubinen,
Deine Tore aus Karfunkelsteinen und Deine Umfriedung aus Edelgestein.*« Daniel 10./5 in
seiner Vision des Göttlichen »... *und hatte einen güldenen Gürtel um seine Lenden, sein Leib
war wie ein Türkis, sein Antlitz sah wie ein Blitz, seine Arme und Füße wie hell, glatt Erz* ...«
In diesen beiden Texten deutet sich bereits eine Überhöhung der Edelstein-Allegorese an.
Da aber dem Menschen der Edelstein nur in bezug auf das Göttliche zu tragen erlaubt ist,
wendet sich die Bibel gegen jegliche Putzsucht und Profanierung des heiligen Materials:
Jesaja, 3. 27/21: »... *und der Herr wird ihr Geschmeide wegnehmen ... und die Hefte, die
Spangen, die Kettlein, Armspangen, die Hauben, die Flitter, die Gebräme, die Schnürlein, die
Bisamäpfel, die Ohrenspangen, die Ringe, die Haarbänder* ...« Wir sehen deutlich, wie aus *A 135*
dem Für und Wider allegorische Denkgebäude entstehen, die auch das Christentum ver-
pflichten. Besonders die zu allen Zeiten zu Deutung und Auslegung herausfordernde Apoka-
lypse schildert das himmlische Jerusalem aus Edelsteinen erbaut; die Herrlichkeit Gottes
wird verglichen mit Diamant und Rubin. Johannes sieht einen Regenbogen rings um den
Thron wie Smaragd und »*davor lag es wie ein gläsernes Meer, wie Kristall*«. An diesen
Visionen hat sich die Edelsteinmystik in der Dichtung der Minnesänger entflammt und
auch durch das ganze Werk Dantes ziehen sich die prismatischen Strahlungen dieses Themas.

Edelstein und Herrschaftsanspruch

Das germanische Königtum der Goten und Franken tritt in die Nachfolge der byzantinischen Kaiser ein. Der doppelte Machtanspruch im Weltlichen und im Geistlichen, wie er hier überliefert ist, blieb als Leitbild erhalten, verpflichtend für Papst und Kaiser. So erklären sich die Zusammenstöße während vieler Jahrhunderte um die Verwirklichung solcher Machtkonzeption. In den Kaisergewändern zeigt sich, wie der Legitimitätsanspruch durch Übernahme der hohenpriesterlichen Gewänder auch als geistlicher Führer zu gelten, dargetan wird. Die spätantike Welt hat hier nur noch an Außerbiblischem die Herrschaftssymbole Diadem, Stab, Zepter und Apfel beigesteuert. Der Schmuck der Krönungsornate gilt nicht als weltliche Zier, der reiche Gebrauch numinoser Stoffe soll die Vervielfachung der Kraft bewirken. Diese Idee gipfelt in der edelsteinbesetzten Krone. Ihre Beschaffenheit kennzeichnete nach einem strengen Protokoll die Machtstellung des Trägers, nach Zahl und Gruppierung der Steine, nach Art des Reifens, der Zacken, nach offener oder geschlossener Form. Im System der Steinkomposition fallen die sogenannten Leitsteine auf, denen sich die übrigen Juwelen unterordnen. Die mystische Bedeutung der Zahlen- und Steinwerte ist uns teilweise verlorengegangen. Aber auch hier fällt die Anwendung der Zwölferreihung auf. Die Geschichte vieler Länder ist durchwoben von Sagen und Legenden um diese machtvollen Leitsteine: Die deutsche Kaiserkrone zierte früher auf der vorderen Platte unter dem Stirnkreuz ein großer Milchopal, der sogenannte »Waise«, der Dichter und Gelehrte gleichermaßen erregt hat. Herzog Ernst II. von Schwaben (1007–1030) soll ihn auf einer abenteuerlichen Orientfahrt selbst aus dem Fels gebrochen und nach der glücklichen Rückkehr seinem Stiefvater Konrad II. zur Entsühnung zu Füßen gelegt haben. Die Hochschätzung des »Waisen«, »Orphanus« oder des »Einzigen« als leitendes Machtsymbol besingt Walther von der Vogelweide (1170–1230) zur Krönung Philipps von Schwaben in Mainz am 8. 9. 1198:

»Sie leuchten beid' einander an,
Die edlen Steine und der junge, süße Mann:
Der Anblick muß den Fürsten wohl gefallen.

Wer nun nach anderen Herrn verlangt,
Der schaue, wem der Waise überm Scheitel prangt:
Der mag ein Leitstern sein den Fürsten allen.«

Auch der »Doctor universalis« Albertus Magnus (1193–1280) setzt diesem Juwel in seinem Steinbuch ein Denkmal, derart, daß er *»nirgendswo anders mehr gesehen und deshalb orphanus, der ‚Waise' genannt werde, der selbst in die Nacht hinein sein Licht erstrahlen lasse, und wenn er auch von seiner Leuchtkraft eingebüßt habe, so wahre er doch noch durch seine einzigartige Schönheit die Ehre des Königs«*. Seit dem 14. Jahrhundert ist der »Waise« aus der Krone verschwunden und durch einen indischen Saphir ersetzt. Man fragt sich, wieso bei den Heiltümern des deutsch-römischen Kaisertums ein solcher Verlust eintreten konnte. Durch die Machtstellung der Kurfürsten, die immer dem schwächeren Kandidaten den Vorzug gaben, hat es sich öfters ereignet, daß der neue Kaiser zur Beschaffung von Geldern Krone und

Reichsinsignien verpfänden mußte. Der Nachfolger konnte sehen, wie er wieder in den Besitz der zur Krönung notwendigen Insignien kam.
Eine englische Parallele zum »Waisen« bildet der in Gold gefaßte Stein, den König Johann (1199–1216) um den Hals trug; er war der Sage nach einem Vorfahren vom Himmel gegeben worden mit der Prophezeiung, die Herrschaft werde dem Geschlecht solange erhalten bleiben, als es den Stein besitze.
Ein Beispiel mehr um die Verquickung Steinbesitz und Herrschaftsanspruch gibt uns die Geschichte um den berühmten »Koh-i-nûr«, zu deutsch »Berg des Lichts«. Die Fama verbindet diesen Diamanten mit dem sagenhaften König Karna (3000 v. Chr.), dessen Weissagung lautete: Wer den Koh-i-nûr besitze, sei Herrscher über Indien! Tatsächlich ist der Koh-i-nûr erst seit der Mitte des 15. Jahrhunderts nachweisbar. Von da an durchläuft sein unheilschwangeres Schicksal so sensationelle Stationen, daß die Inder ihm das Odium anhängten, Männern bringe er Unglück. Nach vielen Wechselfällen konnte ihn die Britisch-Ostindische Handesgesellschaft erwerben, die ihn Königin Victoria schenkte. Der Queen wird nachgerühmt, sie sei von »Aberglauben« frei gewesen, dennoch beugte sie sich dem Omen und ließ den Stein nicht in die Staatskrone sondern in die der Königin einsetzen mit dem Vermächtnis, daß er jeweils der Gemahlin des Königs zu eigen sei.
In der ganzen alten Welt gilt der Edelstein als Talisman der Macht, bezeugt in Märchen und Mythen. An Maharadscha- und Sultansthronen mit ihrem ans Phantastische grenzenden Steinschmuck lassen sich ähnliche Legitimitätsvorstellungen ablesen wie im Abendland.

Schmuckstein und Schutzstein

Die Ambivalenz Schmuck und Amulett begleitet von jeher alle Angehänge. Der Träger erlebt eine Steigerung seines Ich im Bewußtsein, ein kostbares Stück zu besitzen. Sinn des Schmuckes ist ja, vor anderen herausgestellt zu sein, die eigenen Vorzüge zu erhöhen. Das Amulett verleiht ähnliche Hebung des Selbstgefühls, wenn sie auch mehr in Richtung der unsichtbaren Rüstung erlebt wird. Die Bewertungsmaßstäbe der Edelsteine, die uns im Schaugepränge der Großen der Welt entgegentreten, beruhen auf beiden Grundlagen, die im Wandel der Zeiten manchmal einander ablösen, manchmal ineinanderfließen. Deshalb lassen sich in diesem Bereich so wenig Normen aufstellen und so schwer die Grenze abstecken, wo im einzelnen Amulett und Talisman in allen Konsequenzen oder reine Schmuck- und Besitzfunktion zu sehen ist. Die individuelle Einstellung des Trägers setzt die Akzente. Was dem einen magischer Schutz bedeutet, kann für den anderen nur Zier, Andenken, Kuriosität oder Demonstration von Reichtum sein. Betrachten wir die Bildnisse der Vergangenheit, so können wir selten mit Bestimmtheit sagen, welche Seite der Träger vertreten hat. Wenn uns aber z. B. in der Renaissance die Menschen so außerordentlich mit Edelsteinen, Ketten, Gemmen, Ringen und Anhängern ausgestattet entgegentreten, ist es gut, wenn wir diese Doppelwertigkeit auch dort sehen, wo wir zunächst nur Schmuck vermuten. Der Glaube an die Macht der Steine ist in der Renaissance legitimes Wissen, den führenden Köpfen genauso selbstverständlich wie dem Volke.

Bergkristall

In der neubelebten Orphik (um 400 n. Chr.), als sich zum letztenmal die antike Welt dem Ansturm des Christentums stellt, versammelt sich die Fülle des alten okkulten Wissens der magischen und mantischen Systeme zu einer geheimnisträchtigen Erlösungsmystik. Der Steinglaube spielt hier eine große Rolle zu Götteranruf, zu Medizin und Amulett. Eine solche Hochblüte der Steinweisheit bezeugen die Orphischen Steinbücher (Orphei Lithika). Dort steht der Kristall an der Spitze der Edelsteine, er stammt vom »feuerstrahlenden Himmelsglanze«. Wer mit ihm in der Hand den Tempel betritt, dessen Gebet wird erhört. Mit Kristallinsen wurde heiliges Opferfeuer erzeugt und wurden Krankheiten behandelt. Das griechische Wort Krystallos heißt »Gefrorenes«. Auch Plinius glaubt in ihm versteinertes Eis zu sehen. Die Römer benutzten Bergkristallkugeln zur Kühlung, auch in therapeutischer Anwendung. In der christlichen Symbolik wird er als reinster Lichtstoff mystisch gedeutet, gleichgesetzt mit der Klarheit des Heiligen Wortes und der Jungfräulichkeit Mariens. Als Reliquienbehältnis ist der Bergkristall bevorzugt angewandt worden. Solche Gefäße, die im Mittelalter dem sakramentalen Bereich vorbehalten waren, entwickelten sich mit steigendem Prunkbedürfnis in der Renaissance zu viel bewunderten Schaustücken der Schatzkammern, wobei man immer noch die fortlebende Materialfaszination im Auge behalten sollte. Die ungeheuren Preise, die erlegt wurden, bekunden deutlich die Wertung über das Kunstwerk hinaus. Vollends die Amulettgeltung des Stoffes macht den Bergkristall bis in unsere Zeit hinein zum vielgetragenen Anhänger.

A 73–75 Besondere Vorstellungen kreisen um Kristallschnitte in Kugelform. Die »Sphaira« der byzantinischen Kaiser war Herrschaftszeichen, aus dem sich unser Reichsapfel entwickelt hat. Das ungarische Königszepter (10. Jahrhundert) trug die Kristallkugel als Bekrönung, eine Arbeit aus dem Ägypten der Fatimidenzeit. Aus diesen Werkstätten sind die berühmtesten Kristallschnitte hervorgegangen, die in vielen kirchlichen und weltlichen Geräten des frühen Mittelalters von nordischen Goldschmieden gefaßt wurden. Man nimmt an, daß diese Form der Zepter aus den Kultkeulen des alten Orients entstand. Ein weiteres bedeutendes Kristallzepter ist das der schottischen Könige, ein Geschenk Papst Alexanders VI. von 1494, das nur deshalb in Schottland verblieb, weil es mit anderen Kroninsignien nach dem Sieg der Engländer in einer Kirche vergraben war und vergessen wurde. Zu Anfang des 19. Jahrhunderts erweckte die Wiederentdeckung große Emphase bei den englischen Romantikern (Walter Scott u. a.). Aus dem Merowinger-frühfränkischen Raum ist eine weitere Sitte bezeugt: In etwa 60 Gräbern fanden sich Steinkugeln, vorwiegend aus Bergkristall, die durch

Kettchen oder Riemen mit dem Schwertgriff verbunden waren. Eine Fortsetzung und vielleicht schon Abwandlung ins Modische können wir auf Darstellungen der gotischen Malerei verfolgen. Ein Beispiel: die beiden Tafeln des Konrad Witz (Mitte 15. Jh., Kunsthalle Basel) »Abisai, Sabothai und Benaja kommen zu David«. Alle drei haben als Schwertknauf große geschliffene Kristalle. Die Inbrunst, mit der in der Hochblüte des Rittertums die Waffen verklärt werden, läßt als wahrscheinlich gelten, daß die Kraft des Steines dem geschmiedeten Stahl erst die volle Macht verlieh. Aus der mittelhochdeutschen Literatur wissen wir, daß auch Reliquien im Schwertgriff eingelassen waren und Edelsteine die Helme zierten.

In Schottland ist der Kult mit Kristallkugeln besonders lange wirksam geblieben. Berühmt ist der »Clach-na-Bratach« (»Standartenstein«), eine ungefaßte Kugel, etwa 4 cm Durchmesser, seit 1315 im Besitz des Clan Donnachaidh. Vor der Schlacht bei Bannockburn beim Errichten der Standarte in einem Erdklumpen gefunden, wurde die Kugel wegen ihres leuchtenden Glanzes als Vorzeichen des sicheren Sieges gedeutet. Auch fernerhin als »Siegstein« im Gebrauch, diente sie noch Anfang des 19. Jahrhunderts als Heilmittel bei Krankheiten von Mensch und Vieh. Gleich berühmt sind ähnliche Kristallkugeln wie der »Clach-Dearg« mit 4 cm Durchmesser, von vier Silberbändern gefaßt, und der »Clach-Bhuai« (»mächtiger Stein«), etwa $4\frac{1}{2}$ cm Durchmesser.

Aber auch in anderen Bereichen spielen diese Kugeln eine vielschichtige Rolle. In den okkulten Praktiken des 15., 16. und 17. Jahrhunderts dienen sie als Medium von Suggestion und Autosuggestion und auf dem Gebiete der Mantik, nicht zuletzt auch in der Alchemie. Das »reine Gefäß«, das integre Werkzeug aus Bergkristall sollten helfen, die »prima materia« oder den »Lapis Philosophorum« zu heben. Gelänge es, jegliche Verunreinigung der Ausgangsstoffe zu beseitigen, müßte aus dem Edelstein endlich das Arkanum erstehen, das die einen als Kristall im Sinne des Steins der Weisen, die anderen, mehr dem Irdischen zugewandt, in der Schaffung von Gold sahen. *A 23*

Lithotherapie

»Die Edl-Gestein zu praeparirn: Die Praetiosen Steiner / als Rubin / Smaragd / Hyacinth und Granaten / werden vorhero in einem Schmeltz-Tügl gebrennt / sodann in einem Rosen-Wasser abgelöscht / getrücknet / nachdem in einem Mörser zu Pulver gestossen / hernach erst auff einem Reibstein / mit Rosen-Boragen- und dergleichen Hertzstärckenden Wässern / subtiler abgeriben / und trücknen lassen. Aus »Granat-Apffel« von Eleonora Fürstin zu Eckenberg, 1696

Die Rechtfertigungsversuche der Steinarznei gehen bis in die Gegenwart. Man versucht, darzulegen, daß gerade die heute vielzitierten Spurenelemente schon immer intuitiv erahnt, die Zweckmäßigkeit der Lithotherapie bestätigen. Selbst dort, wo die Heilkunde vorwiegend auf empirischer Basis gegründet war, wie im alten Ägypten, hat sich durch Einflüsse aus Mesopotamien die therapeutische Anwendung der Steine auf Grund ihrer Bedeutung in den Kosmologien und Theologien Geltung errungen. Wenn dem Stein so fundamentale Eigenschaften wie Zeugung, Machterhöhung und Kraftzuwachs zugemessen werden, ist verständlich, daß sich in gradliniger Notwendigkeit auch die medizinische Anwendbarkeit seiner Heilkräfte einstellt. Da in den Kulten und Traditionen eine so phantastische Überhöhung des Steins erlebt wurde, mußte in Mythen und Märchen, aber auch in historischer Überlieferung die Begehrlichkeit nach den heilenden und fördernden Stücken ständig wachsen. Die Vorstellung, daß die Kraft der Materie auch im kleinsten Partikel wirksam sei, führte dazu, daß geschabte Steine jeglicher Provenienz (das Volk mußte sich mit weniger kostbaren begnügen) im medizinischen Gebrauch üblich wurden. Die Wandlungen im Kräftebild, das einzelnen Gesteinsarten im Laufe der Zeit zugedacht wurde, sind nur qualitativer, nie quantitativer Natur. Bei der Edelsteintherapie, deren Kenntnis dem Abendland durch die Mittlerrolle der Araber geläufig wurde, galt immer der Glaube, je kostspieliger die Medizin, desto stärker die Kraft. Welch ungeheure Karatzahlen teuerster Steine mögen so bis heute – in den Mörsern zerstampft, zerstoßen und zermahlen – den Weg alles Irdischen gegangen sein! Überall dort, wo gelehrte Sammler des Wissens ihrer Zeit vor Überdeutung, Marktgeschrei und Betrug warnten, zweifelten sie doch nie an den grundsätzlichen Kräften der Steine. Von Zoroaster über Theophrast und Plinius zu Albertus Magnus, Agrippa von Nettesheim bis zu den angesehenen Autoritäten des 19. Jahrhunderts (Görres) wurde Indikation und Gebrauch der einzelnen Materialien nur modifiziert.

PRACTICA

Von Krafft und Tugend der Edelgesteine insgemein.

§. I.

Weil die Erfahrung bezeuget, daß die Edelgesteine, so wohl mit heilsamen, als vielen andern Tugenden begabet seyn; so ist glaublich, daß solches so wohl der Edelgesteine eigenen Materie, als denen dazu gekommenen mineral- und metallischen Dünsten, so sich in derselben Fugen und Lufft-Löcher gesetzet, zuzuschreiben sey, indem nicht glaublich, daß die Natur, oder vielmehr der höchste GOTT, etwas umsonst, oder ja nur die menschliche Hoffahrt damit auszuputzen, erschaffen habe.

§. II.

Wann auch die Erfahrung lehret, daß die Edelgesteine, welche anfangs viele

Tugenden an den Tag gegeben, durch viele Zufälle derselben beraubet worden, so erweiset auch sothane Beraubung um so viel mehr die vorher gehabte Kräffte: wie dann dergleichen Exempel von dem Lapide Nephritico in dem Museo Wormiano Lib. I. cap. erzehlet wird.

§. III.

Jedoch ist man nicht so leichtgläubig, daß man alle Krafft, so den Steinen von etlichen, ohne gnugsamen Grund und Erfahrung, zugeschrieben wird, wahr heissen solte: Zumahl die ungemeine Schönheit und theurer Preiß, welchen derselben Wenigkeit, und der Menschen Wahn ihnen beygeleget, etliche zu glauben, andere zu schreiben, bewogen, daß solche ungemeine und edle Wercke der Natur nothwendig mit dergleichen Tugenden, so mit ihrem theuren Preiße überein stimmen, begabet seyn müssen.

Einige Steine geben ihre Krafft von selbsten gnugsam an den Tag, als wie der Magnet-Stein; andere müssen allererst gerieben werden, gleich wie viele Edelsteine, wann sie gerieben werden, kleine Stücken Stroh und Pappier an sich ziehen. Jmgleichen riechen andere Steine von selbsten, andere aber nur allein, wenn sie hefftig beweget werden; wie denn etliche Feuer-Steine durch das Zusammen-schlagen einen starcken Geruch zu geben pflegen. Daß aber bey einigen Steinen solche Bewegung vorher gehen muß, kommet daher, weil die herunter stehende Lufft stärcker ist, als die gelinde-strahlende Krafft des Steines. Wann nun sothane Lufft durch die Bewegung oder Reibung (als wodurch leicht einige Wärme, und folgends einige Rarefaction der Lufft erreget wird) ein wenig geferner ist, kan die Krafft des Steines sich besser hervor thun.

»Der aufrichtige Jubelier« 1729

Von den Corallen / Meer-Mooß- und Corallen-Stein.

Es ist unter den Gelehrten ein Streit / ob die Corallen unter die Vegetabilia oder Mineralia gehören? Davon kan besehen werden Hoffmannus de medic. officinal. Gansius de corall. c. 2. und Boet. de Boot. lib. de gemm. & lapid. allein daß sie keine vegetabile seyn / ist daher zu erweisen / weil sie weder Wurtzel / noch Kraut / noch Blumen / noch Früchte / noch Saamen haben / daher sie vielmehr zun Mineralibus, und zwar insonderheit zun Steinen gehören. Denn sie werden generiret aus einem succo viscoso minerali salino-sulphureo, welcher / vermöge des Erdfeuers / durch den Meeres-Grund hervorkommet / und von dem Meer-Saltz coaguliret und concresciret. Daß sie aber die Gestalt eines Bäumleins annehmen / geschiehet ex lusu naturæ.

Was ihre **Kräfften** und **Tugenden** belanget / so haben sie eine versüssende Krafft / womit sie alle Sauer im Leibe lindern und versüssen / und also alle Auffwallung und Effervescens in den Gedärmen und dem Geblüt verhindern; halten auch etwas an und stopffen in der Rothen Ruhr / Blut-Stürtzungen und dergleichen; weßwegen sie in sehr vielen Kranckheiten des gantzen Leibs gebraucht werden / wie *Gansius* in einem besondern **Buch von den Corallen** weitläufftig gezeiget hat / dessen Begriff kürtzlich in meiner *Historiâ Literariâ, in Append. Miscell. Acad. Nat. Cur. Dec. 2. A. 2.* zu finden ist. Einige wollen sie auch gegen die Hexerey und Zauber-Kranckheiten rühmen / und so wohl aus verschiedenen Welt-berühmten Scribenten / als *Zoroast. Metrodori, Orphei, Alberti Magni, Paracelsi, Libavii* und anderer Schrifften / als aus der täglichen Erfahrung solches behaupten.

Kurtze Beschreibung des edlen und kostbahren

Stern-Steins /

Von den alten Weltweisen erfunden / und zum besten des menschlichen Leibes ans öffentliche Liecht gegeben / durch den fürtrefflichen

D. Georg Transter.

DEr Stern-Stein ist mit vielen Farben unterschieden / als schwartz / weiß und andern Farben / welche alle doch einerley Kräfften haben: Ist mit wunderbahren Stüplein und Sternlein gezieret und bedecket / welche von der Natur daraus gebildet sind / und wird in Orient gefunden. Solches ist aus der alten Weltweisen Schrifften bekannt / als des Isidori, Avicennæ, Hermetis und Manardi; und obschon Ludovicus Dulcis einer von den neuen ist / so schreibet er doch / aus eigener Erfahrung / von dessen Krafft / bezeugens auch andere / daß wann man diesen Stein an den Halß hange / derselbige Tapferkeit zuwegen bringe / und den Menschen / mit der Hülffe Gottes unsers HErrn / wovon die Steine ihre Krafft haben / von allerhand Ubel befreyen thäten. Ferner hebt er das Zittern der Glieder / stärcket das Gesicht / zeuget kleine und zarte Haare am Haupt / befreyet den Menschen von der Pest und allen Pestilenzialischen Kranckheiten / wann man ihn an den Halß bindet. Uber dis ist er denjenigen schwangern Weibern gut / welche die Frucht nicht bey sich erhalten / und dienet auch sehr die Nachgeburt zu fördern / oder dieselben nach der Geburt zu reinigen / wann er vom Halß den Rücken hinunter gehänget wird / wie Plinius verordnet. Johannes Baptista Porta spricht / daß er alle Furcht wegtreibe / wie auch die Schrecken des Nachts / ein gutes ingenium mache / und die melancholy stärcke (vel potius vertreibe). Auch ist er denjenigen sehr vorträglich / welche die schwere Noth oder fallende Sucht haben / auf dem Rücken getragen. Viele versichern / daß / wann er also auf den Rücken getragen werde / die Leute wachsam mache / und daß solche von keinem vergifften Thier verletzet würden. Matthiolus schreibet / daß er das Nasen-Bluten stille / auch den Schwindel / und Nieren- oder Lenden-Wehe heile. So man im übrigen von dem Pulver dieses Steins trincket / stärcket Lung und Leber / und reiniget das Geblüt. Endlich beweget sich dieser Stein von sich selbsten / und gehet von einem Ort zum andern / wann er in Essig auf einem Teller / oder auf einem Tische / welcher aus Nuß-baum-Holtz und Citronen-Safft gemacht ist / geleget wird. Von diesem allem ist an vielen Menschen die Prob genommen worden / und zwar von dem vortrefflichen Herrn Georgio Transter, berühmten Artzney-Doctor, auch anderen Doctoren von der Universität zu Wien.

Gedruckt zu Rom / Peru und Bononien / von Jacob Montir, mit Vergünstigung der Obrigkeit.

Valentini »Museum Museorum« 1704

Bernstein, so auch Agtstein genennet, und vornemlich an den Preussischen Küsten in der Ost-See gefunden wird, ist entweder weiß oder gelb, oder aus beyden Farben vermischt und geflammet, davon aber der weisse vor den besten gehalten wird. Es müssen alle drey aus einer hartzigten Feuchtigkeit ihren Ursprung haben, dann sie nicht gar hart, dahero leicht zu schneiden und zu arbeiten, auch zu verbrennen sind, wie dann dieser Stein auch innerlich als eine Artzney eingenommen werden kan, vor viele Kranckheiten dienet, und das beste Räucher-Pulver gegen die Pest ist. Man pflegt allerhand Dinge als Körner wie Corallen um den Hals zu tragen.

»Der aufrichtige Jubelier« 1729

7. Von Agtstein allerhand Gattung / als runde Kugeln / in der Grösse wie Indianische Nüsse &c.

Agtstein heisst nach Helmontii Meynung so viel als Augenstein / weil er wider die Flüsse der Augen gebrauchet wird / er heisset auch Bornstein / besiehe Benedict. Curtium l. 27. hort. c. 19. p. 616. Von dessen Natur und Ursprung aber Peucerum, Placotomum, und Ferrandum Imperatum in Hist. natur. p. 446. Die Alten hielten ihn vor ein Gummi eines Baums / welches in das Meer herab fliesset / davon handelt Encelius l. 3. de re metallic. c. 16. allein dieses wil die Grösse der Stücken nicht zulassen / so findet man es auch an etlichen Orten da kein hartzigter Baum stehet: andere halten ihn vor einen Edelgestein / als Francisc. Rueus tract. de gemm. l. 2. c. 26. Vielmehr ist es ein bitumen liquidum: also schreibet Sylvius Boccone in curiosen Anmerckungen p. 89. Daß der Bornstein seinen Ursprung habe von Petroleo, welches durch unterirdische Oerter bis zum Meer lauffet / und allda dicke wird: Anfangs ist es weich / hernach wird es im saltzigen Meere hart / und von dem Ungewitter und Wellen ans Land geworffen. Wie jetztgedachter Boccone berichtet / ist Ann. 1667. ein todter Cörper in der Gegend des Bergs Melone gefunden worden / welcher um den Hals und über der Brust viel Stücken Bernstein / so durchboret gewesen / von Grösse und Figur eines Hüner-Eyes / gehabt / so zusammen einen halben Scheffel ausgemachet / dahero gläublich / daß vor Alters ein gewisser Gebrauch gewesen die Cörper mit Bernstein zu zieren und zu beehren.

Valentini »Museum Museorum« 1704

Donnersteine, so insgemein auch Donneräxte genennet und von vielen vor Cörper, so in der Lufft generirt, gehalten werden, sind längliche schwartz-graue Steine, welche eigentlich von dem Blitz oder Strahl, wo derselbe in die Erden fähret, und allda kleine Kieselsteine, Sandkörner und dergleichen der Schmeltzung und Fluß unterworffene Materien antrifft, und durch sein hefftiges Feuer zusammen gerinnen macht, formiret werden. Dann wann sie aus der Lufft kämen, müste man an allen Orten etwelche finden, so aber trifft man sie nur an wenig Orten an, und werden deßwegen rar, auch vor allerhand Zufälle gut gehalten. Zuweilen künstelt man auch in der Mitten ein Loch dadurch, daß ein höltzerner Stiel oder Handgriff füglich darein kan befestiget, und selbige als ein Hammer geführet und gebraucht werden.

Lyncurer, so auch Luchsen- oder Schoß- und Pfeilstein genennet wird, ist von verschiedener Art, indem theils hohl, theils voll, theils bloß, theils mit einem Silber- oder Gold-Metall-Schaum überzogen, theils gantz dunckel, theils durchsichtig, theils weiß- theils gelb- theils grau- theils braun- theils schwärtzlich, allesamt aber eines Fingers lang und dick sind, und an einem End spitzig zu lauffen, durch die Mitte einen weissen Striemen oder Spalt haben, durch welchen sie sich leicht in 2. Theile zerschlagen lassen. Sie werden aller Orten in Teutschland, um Königsberg in Preussen, in der Schweitz, um Paris und in Sicilien gefunden, und vor allerhand Kranckheiten anzuhängen gut gehalten. Diejenige, welche gelblich und durchsichtig wie der Agtstein sind, werden besonders Lyncurer geheissen, und hat dieser Stein im Amt-Schildgen Aarons auch eine, nemlich die siebende Stelle angewiesen bekommen.

»Der aufrichtige Jubelier« 1729

Hexen-Pfeile

oder

LAPIDES LANCEÆ CUSPIDEM REFERENTES,

welche die Schottländer SAGITTAS LAMIARUM nennen / wie *Sibbaldus* in seiner Schottländischen *Historie p. 49.* bezeuget / Diese Steine nennet der gemeine Mann in seiner-Mutter-Sprach *Elf-Arrowheads*, welches Lateinisch so viel heisset / als ferreas Sagittarum Sagittas, das ist / eiserne Hexen-Pfeile / womit die Hexen schiessen: Dann die Hexen und dergleichen Geschmeiß man hier *Elfs* heisset. Von diesen und deren Pfeil-schiessen glauben viele dergleichen Sachen / welche hier anzuführen gantz undienlich wäre. Bis daher *Stralochius*. Obbelobter Herr Sibbaldus hält davor / daß es gemachte Steine seyn / und vielleicht des *Aldrovandi*

LAPIDES SAGITTARII

deren sich die Römer sollen gebrauchet haben / von welchen es die Schottländer vielleicht gelernet haben. Die Figur aus des *Aldrov. Museo Metall. p. 634.* haben wir am Ende der ersten Seite in der dritten Kupfer-Tafel / Fig. 13. Wobey dieses noch erinnern wollen / daß die bey uns so bekannte Donneraxte und Donnerkeile / (worvon wir schon im 1. *Tomo Mus. Museor.* gehandelt haben /) ohne Zweiffel auch also gekünstelt seyen / welches nicht allein an denen Löchern zu sehen / (so auf einer Seite / wo die Bohre angesetzet worden / glatt / auf der andern Seite / wo sie durchgegangen / abgebrochen und zerstückelt scheinen) sondern auch aus der Schärffe / so wohl der steinernen / als metallischen / (davon mir beyderseits einige / so hier zu Giessen gefunden worden / zugekommen sind /) abzunehmen ist: woraus Herr *D. Jacobæus* in dem Königl. Dänischen *Mus. p. 35.* schliesset / daß sie von den Alten vor diesem in dem Krieg entweder zur Gegenwehr / oder Holtz und andere Sachen damit zu spalten / oder / wie Hr. *D. Spener* ohnlängst an mich geschrieben / zu Opfer-Messern seyen gebraucht worden / indem man Nachricht findet / daß die Nordische Völcker sich vor alten Zeiten dergleichen bedienet hätten.

Valentini »Museum Museorum« 1704

XIV. Magnetstein / welcher die Krafft hat / nicht allein Eisen an sich zu ziehen / sondern auch die Gelegene der Welt zu weisen; ... welcher dem Eisen gleich siehet / ist der beste. Seine Krafft hat er mit dem Blutstein / indem er adstringiret / und das Blut stillet / führet die humores melancholicos & crassus aus / wird aber wenig gebrauchet / ausser zu dem ungvento Sympathetico, (dessen Composition bey den Medicis Autoribus zu sehen /) und in einem gewissen köstlichen Pflaster. Eusserlich angehänget / dienet er wider die Gicht.

L. C. Hellwig »Berg-Historien« 1702

Dieser von Eigenschafften recht wunderbahre Stein, verdiente billig, daß er wegen seiner vortrefflichen Tugend und dem gantzen menschlichen Geschlecht geschafften ungemeinen Nutzen, wo nicht die erste, doch die Stelle nach der ersten unter den Edelgesteinen zugeeignet bekäme, und siehet man an demselbigen in der Versammlung der Steine, was man auch in andern Arten der Geschöpffen wahrnimmt, daß nemlich diejenige, welche die geringsten scheinen, wegen ihres Nutzens vor die edelsten und besten gehalten werden solten, und billig zu halten sind. Es hat nemlich dieser Stein solche sonderbahre Eigenschafften, daß auch die allerklügste und erfahrenste Naturkündiger davor stutzen, und die Unbegreifflichkeit durch ihre

Muthmassungen bemänteln, inzwischen sich die Ungelehrige und Kunsterfahrne der bißhero entdeckten Tugenden dieses Steins zu ihrem Nutzen bedienen.

»Der aufrichtige Jubelier« 1729

Folget was sonsten die Edelgestein in Ringen oder Kleinoten eusserlich getragen für eigenschafft/krafft vnd tugenden haben.

1. DEr Turckis ist gut für fallen.
2. Saphir ist gut für Spinnen vnd Schlangenstich / vnd sterckt das gesichte / wann man den ort / da der Mensch vergifftet/damit streichet.
3. Schmaragd gibt vernunfft / weißheit vnd geschickligkeit.
4. Onichel bringet gunst.
5. Rubin macht frölich vnd sterckt das Hertz.
6. Perlin thun dergleichen.
7. Hyacint vertreibet böse vergiffte lufft.
8. Topasius öffnet die Lunge.
9. Alectorius leschet durst.
10. Æsmundus vertreibt Hauptwehe.
11. Crystall lescht böse lüste.
12. Calcedonius sterckt das Hirn.
13. Lyncurius vnd Schwalbenstein sind gut den augen.
14. Iaspis für die fallende sucht.
15. Lapis Lasuli kület alle entzündung.
16. Hæmathites ist für giecht.
17. Beryllus mehret sperma.
18. Lapis Assius oder Biment/heilet beinbrüche.
19. Zugstein gibt gunst / wie auch der Helitropius.
20. Demant wehret zorn vnd schrecken.
21. Granat macht frisch geblüt.
22. Chrysolithus ist für der Gallen vberlauff.
23. Spenol ist für den Schlag.
24. Amethystus ist für den Schlag vnd Paralysin.
25 Sardius giebet sieg vnd stellet Blut.
2 5 Sarcophagus etzet faul Fleisch hinweg.
27 Carniol stellet blut/leschet hitze/vnd verstopfft Menstruum.
28 Sentagrius töotet vngezieser.
29 Magnes zeucht pfeil/Dorn etc. auß den Wunden.
30 Achates stercket die Natur.

Diß alles habe ich Leonhard Thurneusser auß der erfahrung.

L. Thurneisser »Onomasticum« 1583

Solte nun jemand seyn/ der sich noch nicht zu frieden geben/und sich noch ferner an dieses stumme Heer der Steinfischen reiben wollen/so wird der grosse Crocodill aus der Reserve hervor kommen/ welchen der Königliche Preussische Ober-Herolds-Rath und Hof Medicus Herr D. Spener zu Felde führet/. Dieser rare Stein wurde vor einigen Jahren in den Suhlischen Bergwercken 3. Stund von Eisennach 14. Lachter tief unter der Erden zwischen noch vielen andern Fischsteinen gefunden / und zu des Berg-Verwalters / Herrn *Michaelis*, Händen gebracht/ nun der Crocodil nirgends / als in dem durch Aegypten fliessenden Nilo gefunden / wie der sel. *Jobus Ludolf.* in seiner *Æthiopi*schen Historie zur Genüge gezeiget hat / so kan es ja nicht anderst seyn / als daß diese Fisch durch die Sünd-oder andere dergleichen grosse Fluth so viel hundert Meil wegs in Europam geflösset worden / und also unter die Uberbleibseln der Sündflut zu rechnen seyn.

Valentini »Museum Museorum« 1704

INDEX RERUM ET VERBORUM

Jakob Wolff 1617 : Auszug Sachwortregister

Von Arcano, lapis Philosophorum.

VND wiewol wir des lapidis Philosophorum keyn Anfänger seind/ noch keyn Ender/ noch keyn Grübler darinnen/ das wir möchten denselbigē nachreden/ wie wir daruon gehört/ vnnd gelesen haben.

So ist doch zumercken/ das sein ingression durch gehet/ vnnd dringet durch den Leib/ vnnd alles das im leib ist/ durch welches durch dringen es restauriert vnd ernewert dasselbig/ Nicht das es das alt hinweg thue / vnnd eyn newes an die statt setze/ oder das es wie die prima materia die sperma auch eyn güsse / sonder es macht das alt also sauber / vnnd reyn / wie eyn Schlang mit seiner haut gereyniget wird / ohn allen schaden / vnnd faulen/ vnnd bleibt doch alle mal die alte haut/ in jhrem wesen/ vnnd formen. Also auch lapis Philosophorū der ist / der also das hertz reyniget / vnnd die haupt glider all/ darzu das geäder/ vnnd marck.

Nuh auß was vrsachen diser lapis in solchen kräfften ist/ das er so vil seltzamer/ vnnd wunderbarlicher kranckheyten soll vertreiben / das er dann nicht thut auß seiner complexen, oder auß seiner forma specifica, noch auß seiner proprietet, oder auß ander accidentischer Natur/ Sonder that das auß krafft der subtilen Practick / die in jhm gebraucht wird mit præparationibus, Darnach reuerberationibus, Darnach sublimationibus, Darnach digestionibus, Darnach separationibus, Darnach distillationibus, Darnach mancherley reductionibus, vnnd resolutionibus, die all disen lapidē in solchen kräfften bestätten/ vnd schöpffen. Nicht dz ers anfänglich gehabt hab/ sonder das jhm erst geben wird.

Paracelsus »Archidoxa« 1570

Der weit beruffene Helmontius, schreibt in seinem Buch vom ewigen Leben/ Er habe den Stein der Weisen offtmals gesehen/ vnd mit seinen Händen betastet/ ꝛc. Er habe ein Viertel von einem Gran/ in Papyr eingewiklet/ auf 16. Loth lebendig Quecksilber/ so heiß gewesen/ in einen schmeltz-Tiegel geworffen/ da sey das flüssige Quecksilber von Stund an/ mit einem Geräusch gestanden / habe sich zusammen getrieben wie gelb Wachs / vnd an den Boden gesezt. Nach dem man es wider gegossen/ vnd bey dem Blaßbalg abgeblasen/ habe man 16. Loth/ weniger 11. Gran/ gediegen Gold gefunden.

Herr Francisci meldet in seinem Kunst vnd Sittenspiegel pag. m. 1201. Als Anno 1648. Ihr Käiserl. Majest. Ferdinand/ der III. Glorwürdigster Gedächtnuß/ sich mit dero Hofstatt zu Prag eingefunden/ habe ein vnbekandter Philosophus, Ihr Käiserl. Majest. durch einen Edelmann von Richthausen / ein Pulfer zugeschikt / selbsten darmit eine Prob zuthun/ welches höchstgedachte Käiserl. Majest. desselben Jahrs / den 15. Tag Jenner gethan/ vnd dardurch eine Quantitet Quecksilber in gutes reines/ lauteres/ wahres vnd beständiges Gold verwandlet.

Paracelsus aus Archidoxa-Ausgabe München 1570

Theophrastus Paracelsus hat seinen geheimen Geist in seinem Degen Knopf mit sich herumb getragen.

Barth. Anhorn »Magiologia« 1674

g. Dieser weisse Stein/ allgemeine Tin=
ctur vnd Pulfer/ soll/ nach der Alchymisten für=
geben/ alle Krankheiten / wie die immer namen
haben/ gleich als durch ein vnsichtbares Fewr / ver=
zehren vnd heilen / nemlich den Außsatz / die
Franzosen/ Wassersucht/ Grimmen/ die hin=
fal=

SEHERSTEINE:

»... Er berichtete später, daß er im Alter von 15 Jahren eine Offenbarung vom Vater und vom Sohne erhielt. Noch etwas später sei er vom Engel Moroni besucht worden, der ihm gesagt habe, das »ewige Evangelium« sei auf goldene Platten geschrieben und diese seien im Hügel Cumorah, etwa vier Meilen südlich von Palmyra, verborgen worden. Elf Augenzeugen unterzeichneten Erklärungen, daß sie die goldenen Platten gesehen haben, die Joseph Smith mit der Hilfe des Urim und Thummim – der göttlichen Sehersteine, die im Alten Testament erwähnt sind – übersetzte. Aus dieser Übersetzung entstand das BUCH MORMON, das nach einem seiner Propheten benannt wurde ...«

Aus einer Schrift der Europäischen Mission, Frankfurt/Main, der Mormonen oder »der Kirche Jesu Christi der Heiligen der Letzten Tage« 1965.

»Gott, allmächtiger Vater, der Du auch durch die leblosen Geschöpfe Deine Macht den Menschen gezeigt hast, der Du Deinem Diener Moses die Anweisung gegeben hast, am hohenpriesterlichen Gewande das Brustschild der Gottesentscheidung mit zwölf Edelsteinen zu schmücken und dem hl. Evangelisten Johannes gezeigt hast, wie das himmlische Jerusalem mit Edelsteinen als wesentlichen Sinnbildern der Tugenden aufzubauen sei, wir bitten demütig Deine Majestät, daß Du diese Steine weihen und segnen mögest durch die Heiligkeit und Anrufung Deines heiligen Namens, daß sie, geheiligt und geweiht, die wirksamen Kräfte erlangen, die nach der Erfahrung weiser Männer ihnen innewohnen. Mögen alle, die sie bei sich tragen, durch sie Deinen mächtigen Schutz und Deine Gnade erlangen durch Jesum Christum Deinen Sohn ...«

Weiheformel für die Edelsteine an Epiphania

INVENTARIUM

Inventarj und beschreybung / der haab und guetter / so der Würdig hochgelehrt herr Doctor Theophrastus von Hohenhaim / der Freien künst und Artzney Doctor / hie zu Saltzburg nach seinem absterben verlassen hat:

... In einem peutelin vier und viertzig klain und groß sylberin Medeiien oder alt haidnisch pfenning / wegendt alle sammen achzehendthalb lot / Zween guldin Ring / ainer mit Topazion, und der ander mit einem geschmeltzten blauen Stain versetzt / wegen baide anderhalb lot / drey sechtzehentail. Drey stuck / so man für gedügen oder waschgold gehalten / wegent miteinander fünff lot. Aber ein Steuffel güldigs ärtz / wigt ein lot / ein quintl. Ein geschrauffte sylberine Kugel / an einem sylberin khettl / wigt acht lot und ein quintlin ... Ein sylberin Kölchel mit Löwenköpfflen / wigt achthalb lot / ein halb quintel ... Ein Coralln / gefaßt in vergült silber / wie ein schenckl geformbt / wigt anderhalb lot / trey sechzehen theil. Fünff stück Aingkhurn / und ein Behaimischer raucher Ametist / alles ungefaßt. Ein runde in silberin drät verfaßte Cristallen / wigt alles siben lot / und ein halb quintl. Ein ander runde und flache Cristalln / auch in silber gefaßt / wigt zey loth / und anderhalb quintel. Mehr ein runde flache ungefaßte Cristalln. In einem schwartzen liderin Säcklen drey zerprochne stuck von einer Cristalln. Drey Stüffel praun ärtz. In einem hültzin püchßlen / ein unbekhanter stain in grünem Wachs verfaßt (Nota / die bildnüß ist in das Inventarj in wachs gedruckt) ... Mehrgenannts Doctor Theophrasti täglicher Wätschger / darinn zwen schlüssel gefunden / darbei hangt auch ein klain unbeschlagen Prächsen (Knochen) ...

... Ein Füttral von einer Ellendshaut / darbey ein Ellend klau ...

Hans Kalbßor / auß Kaiserlicher gewalt offner und vorbeschribner Inventation berüffter und requirirter Notarj /

Aus: »Testamentum Philippi Theophrasti, edid. M. Toxites, Straßburg 1574«.

11 *Gefäß in Gestalt der Daphne, Detail, Silber, teilvergoldet, von Abraham Jamnitzer (Meister 1579, gest. 1600 in Nürnberg), mit abnehmbarem Oberkörper. DGG IV260 H 680*

Bei den Kredenzen und Tafelaufsätzen des 15., 16. und 17. Jahrhunderts hatten die Künstler mehreren Aufgaben gerecht zu werden. Neben dem Verlangen nach repräsentativer Form sollte ein geistiger Inhalt verbunden sein mit der Wirksamkeit der Materialien

7

7 *Holzschnittvignetten aus dem »Buch der Natur« von Konrad von Megenberg (1309–1374). Diese erste Naturgeschichte in deutscher Sprache, entstanden 1349/50, wurde bis ins 17. Jh. immer wieder neu aufgelegt. Postinkunabelausgabe, gedruckt in Frankfurt (M.) bei Christian Egenolff 1535/50. GN NW 7*

Die Griechen nannten die Koralle Lithodendron (Steinbaum). Seit dieser Definition, die der Entstehungssage (S. 34) nicht mehr Rechnung trägt, haben alle späteren Autoren bis ins 18. Jh. hinein die Edelkoralle und die Sternkoralle als Stein angesehen, wie sie auch den Bernstein (sogar die Perlen zeitweise) zu den Maneralien zählten. Die geringen Unterschiede zwischen fossilen und rezenten Korallen erschweren auch heute eine exakte Zuordnung zur Mineralogie bzw. Zoologie

8

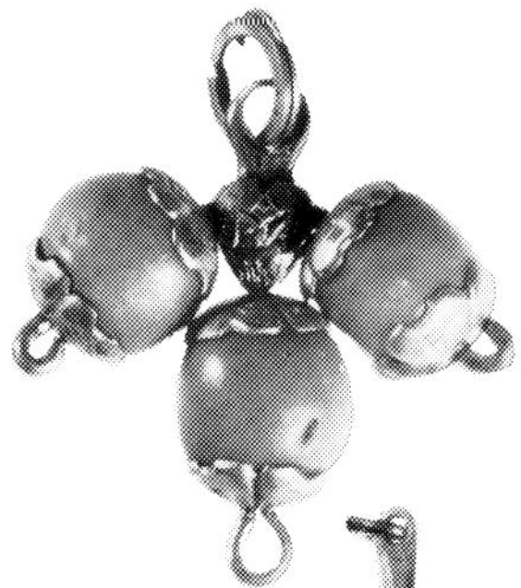

9

10

Korallenamulette:

8 *Drei Kugeln in silbervergoldeten Schalen an einem Herz mit Marien- und Jesusmonogramm, K A 167 H 34 18. Jh*

9 *Ast in silbervergoldeter Manschette, süddeutsch, BN R 316 H 49 16./17. Jh*

10 *Neun Ästchen als quastenförmiger Anhänger, K A 158 H 56 19. Jh. Florenz, modern*

12

12 *Korallenamulett, Hörnchenform, süddeutsch, datierte Silberfassung 1685 mit den Initialen R. H. GN 4870 Etwa 1/1*

Korallenäste und -kettchen als Kinderamulett:

13 *»Madonna von Sinigaglia«, Detail, Piero della Francesca (?–1492), Urbino Palazzo Ducale*
Das Jesuskind hat wie auf vielen Bildern der italienischen, flämischen und altdeutschen Meister eine Halskette aus roten Korallenperlen mit einem in goldener Manschette gefaßten Korallenast, der die Signatur des roten Lebensbaumes verkörpert. Im gleichen Bild trägt ein Engel, hinter der Madonna stehend, an schwerer goldener Kette eine prächtige Kristallkugel (Symbol der Sphären)

14 *»Die Anbetung der Hirten« (um 1440) Detail Pietro di Giovanni d'Ambrogio (1410–1448), Museum Aschiano*

15 *»Isenheimer Altar«, Detail der Mitteltafel, Matthias Grünewald (um 1460–1528), Colmar, Museum Unterlinden*
Das Kind spielt mit der Gebetsschnur, an der ein Korallenästchen hängt

13

14

15

16

16 *»Die Lebensalter der Frau«, Detail, Hans Baldung Grien (1485–1545), Museum der Bildenden Künste, Leipzig. Hier ist die Korallenkette mit dem Amulettanhänger (Hämatit?) Attribut des Kindesalters in apotropäischer Sicht gegen Schadenzauber und Behexung*

17 *Kupferstich, Meister der Nürnberger Passion, 15. Jh., Kupferstichkabinett Dresden, 170×131 Mandelförmiger Bergkristall am Rosenkranz*

18 *Bergkristallherz, südd. GN T969 H73 um 1500 Vergoldete Silberfassung als Pelikan und Kruzifixus auf der Vorderseite des Steins - eine Gestaltung, die wir an Kristallanhängern öfters finden können – verweisen uns auf die Hochschätzung des Kristalls und seine Einbindung in einen differenzierten Symbolglauben*

19 *Riechkapsel auf einem Bergkristall in Flakonform, in Silbermontierung, südd./alpenländisch 17./18. Jh K A 1 H 87*

17

18

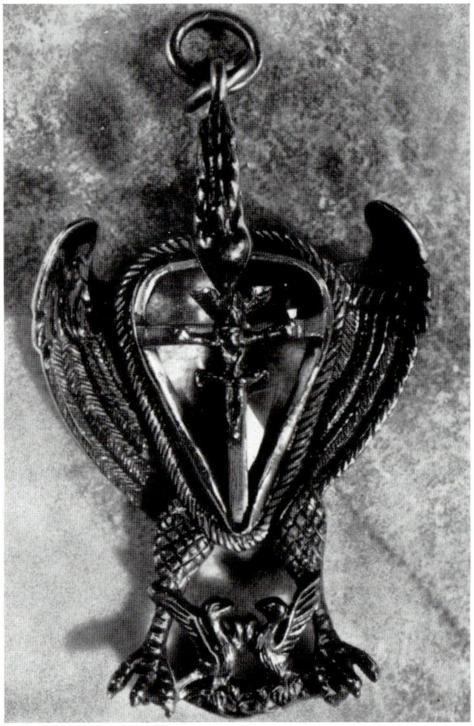

19

20

Der Bergkristall erfuhr besondere mystische Ausdeutung als Symbol göttlicher Klarheit und Reinheit. Der Gebrauch als Schwörstein (sog. Bürgereid-Kristalle) unterstreicht noch diese Geltung

20 *»Elisabetta Gonzaga«, Gattin des Guido Baldo da Montefeltro, Herzog von Urbino, Gian Francesco Caroto (um 1480–1555) zugeschrieben, Ausschnitt, Florenz, Galleria Palazzo Pitti*
Auf der Stirn der Herzogin Monatsstein mit dem Tierkreiszeichen Skorpion. In der Hochrenaissance ist in der profanen Kunst eine Fülle astronomischer und astrologischer Vorstellungen bezeugt, die besonders im Schmuck allegorischen Niederschlag finden

Amethist. Er wird mehrentheils nur in Ringen eingefast getragen, und insgemein gegen die Trunckenheit und Schwermuth gut gehalten: ob ihm auch gleich diese Tugend hinwiederum von vielen strittig gemacht wird, so kan er doch nicht ohne besondere Eigenschafften, ob sie uns gleich unbekandt seyn, weil er sowohl im Ambt-Schildgen Aarons die 9. als unter den Grund-Steinen des neuen Jerusalems die 12. Stelle zugeeignet bekommen.

»Der aufrichtige Jubelier« 1729

C. Die Spiegel- und Chrystall-Zauberey (κατοπτρομαντεία, χρυσταλλομαντεία.) ist einanderen sehr ähnlich:

Der Zauberer nimt einen schönen hellen Spiegel/ und beschweert darbey den Teuffel mit gewissen Worten und Ceremonien/ daß er jhme die Figuren und Bildnussen deren Dingen/ welche er zuwissen begehrt/ in demselbigen eigentlich und deutlich fürstelle.

Mit den Zauber-Chrystallen hat es eine gleiche Beschaffenheit/ in welchen der Teufel/ der solche Chrystall bewohnet/ den Zauberern als seinen Dieneren/ eintweders verborgene geschehene Ding/ als begangene Diebställ und anders dergleichen/ oder auch zukünfftige Begegnussen offenbaret.

Mit dieser Zauberey äffet der Teufel Gott den Herren nach sein dem Alten Jüdischen Volk im A. T. gegebenes Amptschildlein/ welches der Hohe Priester auf dem Herzen tragen müssen/ wann er in das Heilige gegangen/ Exod. 28. 25/29.

Barth. Anhorn »Magiologia« 1674

21

21 *»Die Cumäische Sibylle«, Detail, Andrea del Castagno (um 1410–1457), Fresko, Florenz, Villa della Legnaia*
Das edelsteinbesetzte Diadem mit einer Kristallkugel auf der Stirn, die heilige Zwölf bildend, wurde vom Künstler nach eigener Vorstellung gestaltet. Die christliche Überlieferung sah in den Sibyllen Künderinnen der Ankunft des Messias und stellte sie den Propheten gleich

22 *Reliquienmonstranz, Ring aus Bergkristall – ursprünglich Teil eines Pferdegeschirrs – mit eingeschnittener Inschrift auf den Kalifen as-Sahir (1020–1035). Fassung silbervergoldet, venezianisch um 1350. Aus der Wiener Hofburgkapelle. Erworben 1886, GN KG 695. H 420, Gewicht 1802 g*
Dieser fatimidische Steinschnitt kam auf ungeklärten Wegen nach dem Westen. Ein Zeugnis für die numinose Stellung des Nachfolgers des Propheten, zu dessen magischer Rüstung solch große Kristallstücke zählten, aber auch für die gleiche Hochschätzung im Abendland, die sogar vorgeformte Stücke einer fremden Kultur ihren Kultgeräten einfügte

23 *»Splendor Solis« Miniatur aus der alchimistischen Prunkhandschrift um 1600, Augsburg, GN »Der Zwiemensch« Hermaphrodit – die geflügelte mannweibliche zweiköpfige Figur mit dem Ei und dem Kreis der vier Elemente – Symbol der alchimistischen Polarität, dazu:*
Löffel aus Bergkristall, Freiburg, 16. Jh. GN HG 11145 etwa 1/1
In den esoterischen Alchimistenschulen wurden zur Sublimierung und Destillierung Werkzeug und Gefäße aus Edelmetall und Kristall gefordert

24 *Großer aufklappbarer Bergkristallanhänger mit sieben eingeschliffenen Mulden zur Aufnahme von amulettwertigen Stoffen. Goldfassung mit Niello, süddeutsch 16. Jh. H 55 Pr München*

25 *Allegorie des zwitterhaften »Stein der Weisen« mit seinen Entwicklungsstufen Doppeldrache, Mondbaum und Stein des Silbers, Sonnenbaum und Stein des Goldes*
Aus Reusner »Pandora« Basel, Henrie Petri, 1578

24

25

23

26 *»Tierkreismännchen«, eine Art der Aderlaßfiguren zur Bestimmung der besten »Laßzeiten«. Aus Joh. Blaubirers Kalender, Augsburg 1481*
Solche Aderlaßmännchen mit Tierkreiszeichen für die entsprechenden Aderlaßstellen bzw. die dem Zodiakus korrespondierenden Organe und Körperteile fußen auf spätantiken Vorbildern, die im Mittelalter wieder aufleben. Hier liegt die Annahme einer engen Beziehung zwischen menschlichem Organismus und Makrokosmos zugrunde, verbunden mit dem Glauben an die sogenannten Monatssteine. Danach werden schon seit den Hochkulturen Kleinasiens bestimmte Steine als den Sternbildern zugehörig erlebt. Der Name Monatsstein hat sich erst in jüngerer Zeit eingebürgert und ist in astrologischer Sicht fälschlich; sie müßten Tierkreissteine heißen, denn die zwölf Häuser des Zodiakus entsprechen nicht den Monaten unseres heutigen Kalenders. Die Sternbilder entstammen wohl altagrarischen Vorstellungen der Sumerer, sind Saat- und Erntezeichen, Signale für Trocken- und Regenzeit. Sie wurden, zu anderen Kulturen wandernd, in die dem dortigen Vorstellungskreis entsprechenden Begriffe umgeschmolzen oder in Symbole, die der jeweils eigenen Mythologie entstammten. Der »Monatsstein« fördert Gedeihen und Kraft des in dem bestimmten Sternbild Geborenen. Die Zuordnung änderte sich im Laufe der Zeiten, nicht zuletzt von Mode und merkantilen Interessen diktiert. Agrippa von Nettesheim (1486 bis 1535), dessen auf antiken Autoren fußendes Wissen jahrhundertelang für Astrologie und Mantik verpflichtend blieb, bringt folgende Konkordanz:

Widder	**— Sardonyx**
Stier	**— Karneol**
Zwillinge	**— Topas**
Krebs	**— Chalcedon**
Löwe	**— Jaspis**
Jungfrau	**— Smaragd**
Waage	**— Beryll**
Skorpion	**— Amethyst**
Schütze	**— Hyazinth**
Steinbock	**— Chrysopras**
Wassermann	**— Bergkristall**
Fische	**— Saphir**

Nach den Erfahrungen von Juwelieren und Goldschmieden scheint gegenwärtig das Interesse an den Monatssteinen im Vergleich zu den 30er Jahren wesentlich zurückgegangen zu sein. Dafür erleben wir eine Konjunktur der talismanischen Gestaltanhänger an Armband und Kette

6

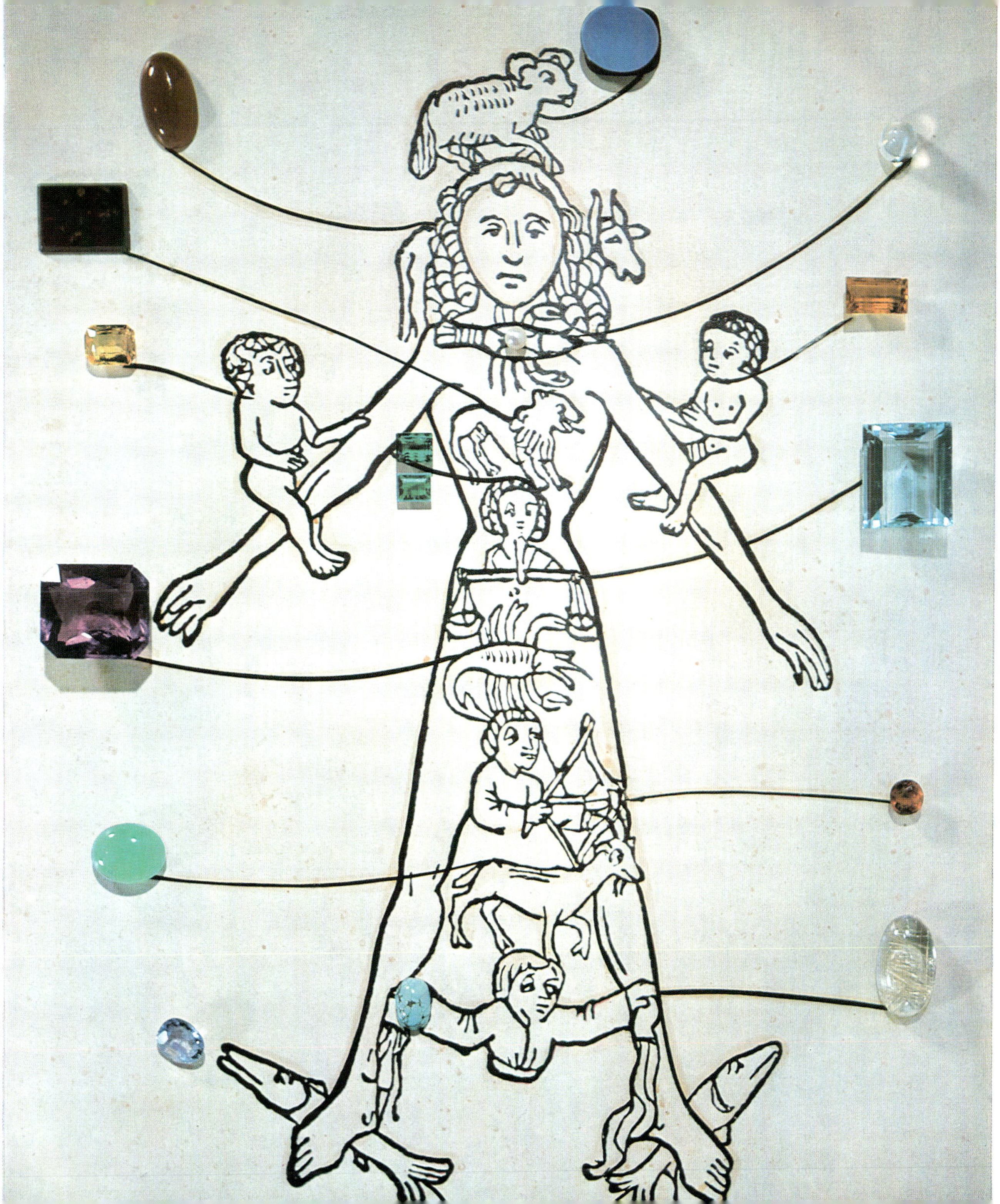

5

27

66

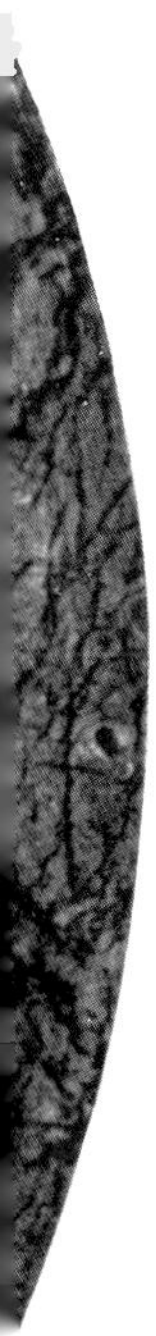

27 *Teller eines Prunkgeschirrs aus Serpentin. BN R 217 Dm 228 17. Jh*

28 *»Herme«. Zusammensetzung verschiedener Edelsteine auf hermenartigem Schaft. Granat, Onyx, Achat, Topase, Opale, Chrysolith, Perlen. Deutsch, wohl um 1660/70, Kopf vermutlich italienisch, 15. Jahrhundert. MR 400 H 246*
Hermen und Petschaftfiguren aus Edelsteinen kamen in einem vielleicht mehr historisierenden Sinne in der Renaissance in Mode. Die unbekümmerte Zusammenfügung von Stücken verschiedener Stile und Provenienzen verweist hier in die zweite Hälfte des 17. Jh

Serpentinstein ist eine Art von Marmor, siehe gantz dunckelgrün, mit dergleichen aber etwas schwärtzern Flecken, wie auff den Schlangenhäuten zu sehen, davon ihm auch der Nahme geworden. Man findet solchen häuffig in Meissen, und werden allerhand Geschirr, als Krüge, Schaalen, Becher, Schüsseln, Flaschen, Bixen, Schrecksteine und mehr anders davon gemacht, und durch gantz Teutsch- und andere Lande verführt, dabey die Verkauffer einen gantzen Catalogum von der Krafft und Würckung mit in den Kauff geben. Die vornehmste darunter bestehet darinn, daß er kein Gifft leyde, und so bald was gifftiges darein oder daran komme, zerspringe, daher es denjenigen, welche sich vor dem Tod fürchten, ein bewährtes Mittel ist, daß sie gutes Muths daraus trincken mögen.

»Der aufrichtige Jubelier« 1729

28

29

31

29 *Großer Pokal aus einem Stück Heliotrop geschnitten, sattgrün mit leuchtendroten Eisenoxydeinschlüssen, sogenannter Blutjaspis. Reliefschmuck und Deckelknauf in Form von Akanthusblättern. Berühmtestes Stück des Gasparo Merseroni, Mailand 1556. MR 422. H 390*
Nachdem in Burgund schon im 14. Jahrhundert Steinmühlen und Schleifereien entstehen, erfahren diese Möglichkeiten, den kostbaren Materialien ihre äußerste Prachtentfaltung abzugewinnen, den bedeutendsten Aufschwung in Oberitalien, besonders in Mailand

31 *Silberner Anhänger mit großem mugligem Bergkristall, auf dessen abgeflachter Rückseite ein silbergegossenes Christophorus-Figürchen steht. H 65, um 1500 (Nürnberg?), Eichelanhänger möglicherweise später. Pr München. Christophorus-Figürchen wurden als sakramentale Anhänger getragen. Der Heilige galt als Schutzpatron der Reisenden, als Pestheiliger und Todbanner. Sein Kult erlebte durch die zahlreichen Christophorus-Brüderschaften besonders im 14., 15. und 16. Jahrhundert eine hohe Blüte.*

Hämatit als roter Glaskopf war durch die Blutsignatur (Roteisen) Kindern und besonders Soldaten als Amulett zur Blutstillung und gegen Verwundung bestimmt. Siehe auch die Rezepte von Joh.v.Kuba und Oswald Croll S. 239/40

32

32 *Blutstein (Hämatit) in verzierter Silbermanschette, 16. Jh. süddeutsch, ehem. Slg. Figdor*

34 35 36 37 38 39

40 41 42 43 44

Verschiedene Amulettsteine, in der Naturform oder geschliffen, als Anhänger in Silber gefaßt. Gebrauchsgebiet Süddeutschland und Alpenländer, 15.–19. Jh:

34 *Festungsachat, K A 1948 H 32 18. Jh*
35 *Bernstein, rhomboid, K A 27 H 24 18. Jh*
36 *Bergkristall, BN 25/76/119 H 29 17. Jh*
37 *Bergkristall, Fassung vergoldet mit Filigranperle, K A 129 H 57 18. Jh*
38 *Gelber Jaspis (Wachsopal), Rückseite Pentagrammgravur, K A 96 H 38 17./18. Jh*
39 *Bergkristallstift, Messingfassung graviert, K A 121 H 41 16./17. Jh*
40 *Achat, sog. Gichtkugel, K A 21 Dm 27, 17. Jh*
41 *Speckstein, grün, K A 63 H 26 16. Jh*
42 *Bandachat Birnenform, K A 77 H 37 17./18. Jh*
43 *Bergkristall, GN 12878 H 25 15./16. Jh*
44 *Marmor, Gravur IHS, Rückseite MARIA, K A 125 H 44 15./16. Jh*

45 46 47 48 49

50 51 52 53 54

45 *Bergkristall Medaillon zum Öffnen, Fassung vergoldet, BN 25/76/144 H 35 16./17. Jh*
46 *Bernstein Trommelform, K A127 H25 16. Jh*
47 *Bandachat Stöpselform, K A 44 H 50 18. Jh*
48 *Bergkristall, K A 16 H 49 16./17. Jh*
49 *Blasenstein (siehe A 264; in der Gebrauchszeit ist die Tradition des Konkrements verlorengegangen, er kam als Naturstein in die Sammlung) BN R 2339 H 56 16. Jh*

50 *Bernstein Herzform, BN 25/76/2 H 60 18. Jh*
51 *Karneol, durchlochte Scheibe, Fassung vergoldet, K A 60 Dm 55 16.17. Jh*
52 *Bohnerz, braun, K A 263 H 38 16/17. Jh*
53 *Bohnerz, grünlich, K A 129 H 27 17./18. Jh*
54 *Hämatit (Blutstein) K A 138 H 33 16. Jh*

30

71

30 *Zwei Achatpokale aus der Schatzkammer der Münchener Residenz:*
Pokal aus Onyx (Achat), geschmelzte Goldfassung mit Edelsteinen, als Knauf eine männliche Halbfigur aus Onyx geschnitten, der Schaft in Form eines Löwen (Goldguß) mit onyxbesetztem Schild. Vermutlich Mailand um 1580. MR 379 H 180
Der Steinbesatz mit den Zahlen: 8 Diamanten, 8 Rubine, 12 Saphire, 4 Smaragde oben und 3 Diamanten, 7 Rubine, 6 Saphire, 2 Smaragde unten legt die Vermutung nahe, daß es sich nicht um zufällige Reihungen handelt, sondern um eine uns heute verborgene Zahlen- und Farbensymbolik
Pokal aus sogenanntem Trümmerachat. Italienisch um 1580, Fassung vermutlich deutsch, Gold mit aufgeschmelzten Rankenornamenten, MR 381 H 215
Die großen Mittel, die für solche Kabinettstücke ausgegeben wurden, zeugen von der Edelsteinfaszination in Renaissance und Barock, die sich aus der mystischen Orientierung der Gotik zu einer mehr okkulten Wertung wandelte. Dem entspricht auch das hohe gesellschaftliche Ansehen, das die Goldschmiede genossen, und der Ruf einzelner Werkstätten und Meister, die europäischen Rang erreichten

33 *»Der Heilige Eligius in seiner Werkstatt«, Petrus Christus (?–1472/73), Bilddatierung 1449, 980x850, New York, Sgl. Robert Lehmann*
Der Warenbestand im Laden des Goldschmiedes aus dem 15. Jahrhundert zeigt die Hochschätzung von Naturdingen, die nicht allein auf deren Eignung für Schmuck zurückzuführen ist, sondern auch auf ihre fördernden und heilbringenden Eigenschaften: Kugeln aus Kristall, Koralle, Achat, Topas, Karneol, gefaßte und ungefaßte Donnerkeile, Perlen und Edelsteine, Antimone, Becher aus Horn und Kokosnuß, Schleifsteine und Goldschmiedearbeiten, darunter ein Reliquienbehältnis aus Bergkristall

33 ▷

55

56

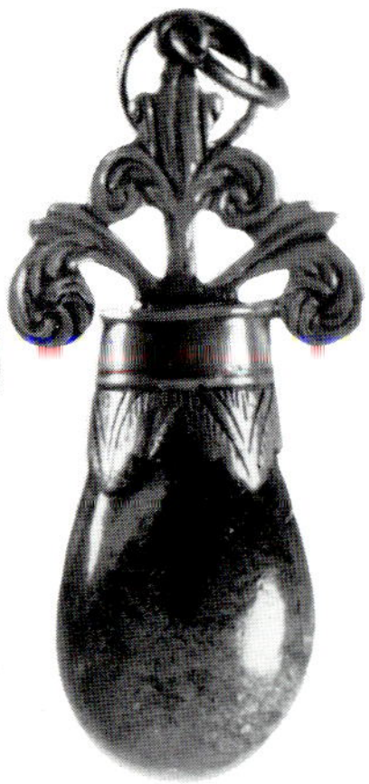

57

58

59

60

61

55 *Bergkristall, BN 25/76/65 H 42 17./18. Jh*
56 *Aventurit, K A 78 H 49 17. Jh*
57 *Muschelversteinerg., BN 25/76/15 H 27 18. Jh*
58 *Achat-Stöpselform, Marmorkugel, Achatkugel. Silberdraht, K A 61 H 70 18./19. Jh*
59 *Hämatit, BN 25/76/69 H 56 18./19. Jh*
60 *Achat, hohl, GN o. N., Dm 41, um 1500*
61 *Sternkoralle (Seeigelversteinerung), BN 25/76/16 H 26 17./18. Jh*

62 63 64 65 66

67 68 69

62 *Konglomeratstein (Kunststein), GN o. N. H 30 18./19. Jh*
63 *Bernstein transluzid, Rückseite vergoldet. Kreuz mit IHS, GN 9242 H 43 16./17. Jh*
64 *Karneol in Form der sog. Dirndlbirn, K A 84 H 24 19. Jh*
65 *Marmor, Herzform, Fassung vergoldet, BN 25/76/81 H 47 18. Jh*
66 *Hämatit, Bleimanschette, K A 140 H 92 16./17. Jh*
67 *Prähistorischer Lochstein, K A 1654 H 42*
68 *Serpentin, fünfeckig, durchlocht, BN 25/76/18 H 30 17./18. Jh*
69 *Serpentin, Herzform, durchlocht, BN 25/76/19 H 33 17./18. Jh*
70 *Pilgerhut, den Stephan Praun (Nürnberger Patrizierssohn 1544–1591), auf seinen Reisen nach Santiago di Compostella und Jerusalem getragen hat. Der Hut ist geschmückt mit Wallfahrtsandenken aus Azabache und Elfenbein und zahlreichen Muscheln. GN T 552*

◁ 70
71

72

73

74

75

76

71 *Azabacheplakette vom Hut des Stephan Praun mit der Darstellung des Hl. Jakobus major. H. etwa 65*
72 *Sechs Wallfahrtsandenken in Azabache geschnitten, aus Santiago di Compostella, 16. bis 20. Jh. BN, GN, K*

Frühmittelalterliche Kristallkugel-Anhänger, meist Frauenschmuck, am Gürtel getragen, mittelmeerischer Herkunft:

73 *Bergkristallkugel in Silberbändern gefaßt, mit Drahtöse, Dm 39, Fundort Andernach I Grab 16, frühmittelalterlich. RhL Bonn, Inv. 2470.*

74 *Bergkristallkugel in Silberbändern gefaßt, Dm 30, Fundort Bonn, Kölner Chaussee, frühmittelalterlich. RhL Bonn, Inv. 15739.*

75 *Bergkristallkugel in Silberbändern gefaßt, mit Drahtöse, Dm 55, Fundort Grab 42 Bifrons (Grafschaft Kent), England. Arch. Soc. Cell. Maidstone. Vielleicht wurde dieser Anhänger im Sinne eines weiblichen Hoheitszeichens erlebt, denn man fand die Kugel zusammen mit zwei fein gearbeiteten Löffeln, die wohl am Gürtel der Bestatteten befestigt waren und von denen man annimmt, daß sie kultische Bedeutung hatten, da sie siebähnlich durchbrochen sind.*

76 *Steinzepter von Sutton Hoo aus dem Schiffsgrab eines dänischen Königs des 6. Jahrhunderts. Achtgesichtig, in eine Steinkugel endend, die mit Bronzebändern befestigt ist. H etwa 460 BrM. Die große Bedeutung, die dem Zepter gleich Ahnenstab und Sippentalisman zukam, erhellt sich aus der Tatsache, daß der von Karl dem Großen bezwungene Agilolfinger Tassilo als Zeichen seiner Unterwerfung dem Franken seinen Herrschaftsstab auf dem Begräbnishügel seiner Vorfahren in Gunzenlee bei Augsburg überreichen mußte.*

81

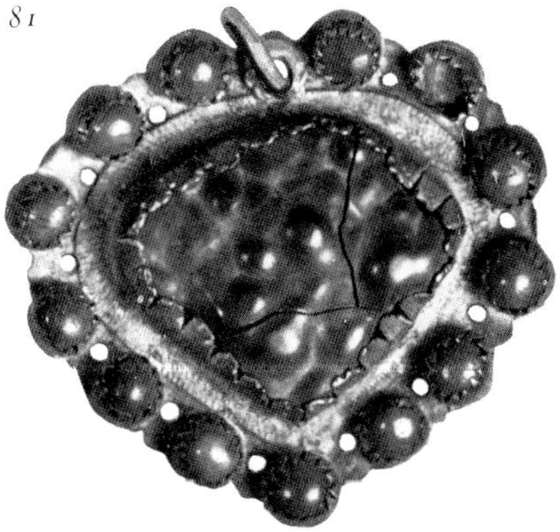

77

79

Malachitamulette, herzförmig als Fruchtbarkeitshilfe, in Kreuzform sog. Wehenkreuze zur Geburtserleichterung. Die grüne Farbe = Symbol allen Lebens und Wachstumssignatur. 16.–18. Jh, süddeutsch, alpenländisch

77 *Strahlenkreuzform mit neun Malachitperlen und einem Krötenstein, Silberfassung, 3-Ketten-Aufhängung, Rückseite reich graviert mit Jesus-Maria-Joseph-Monogrammligatur, drei Pfeile, Blumen- und Blattornamentik. BN R 2335 H 80*

78 *Kreuzbalken aus Malachit mit anhängender Malachitperle, in der Mitte des Kreuzes Silberbeschlag, Rückseite der Silberfassung graviert mit IHS und Blattornamenten. BN 25/76/24 H 60*

79 *Drei Malachitkugeln in blattförmiger doppelseitiger Silberfassung, rückwärts drei verfärbte Steine, vielleicht Korallen. BN 25/76/75 H 33*

80 *Doppelbalkenkreuz. K A1943 H 54*

80

Lendenstein ist eine Art vom Jaspis, blaugrünlicht / und wie ein Fett oder Talck anzufühlender Stein, so aus Indien kommt, und vor ein gewiß Mittel gegen die Stein-Schmertzen gehalten, wann er auch nur äusserlich auf die Hüffte gebunden, wiewohl er auch innerlich zu gebrauchen præpariret wird. Es soll sich aber niemand betrügen lassen / und etwa ein Stück grünen Marmor vor Lendenstein einhandeln, sonsten er den Glauben an dessen Eigenschafften bald verliehren wird.

»Der aufrichtige Jubelier« 1729

78

84

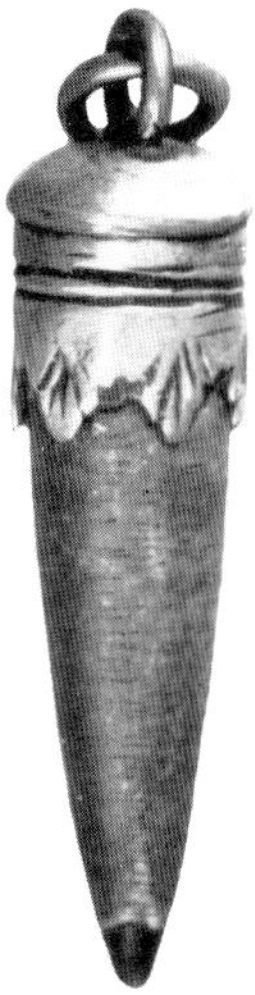

83

85

82

81 *Herzform mit großem Mittelstein und zwölf runden Malachiten, rechts oben ein Krebsauge. Silberfassung, Rückseite primitive Blattornamentik. BN R 2337 H 45*

82 *Statue Kaiser Otto I. im Dom zu Meißen. 2. H. 13. Jh. Hier ist dem Pektorale ein der Krone ebenbürtiges Gewicht beigemessen, worin sich der geistliche Herrschaftsanspruch spiegelt, den das frühe Kaisertum noch dem Papsttum streitig zu machen versuchte (S. 44)*

83 *KA 131 H 55* **84** u. **85** *GN 4877* u. *4878*
Prähistorische Steinspitzen:

Belemniten, sog. Donnerkeile, Hexenfinger, Teufelsfinger, Blitzsteine: fossile Schalenenden einer Tintenfischart, süddeutsch, Silberfassung, 17./18. Jh:

Von dem donnerstein gefallē im xcij. iar: vor Ensisheim.

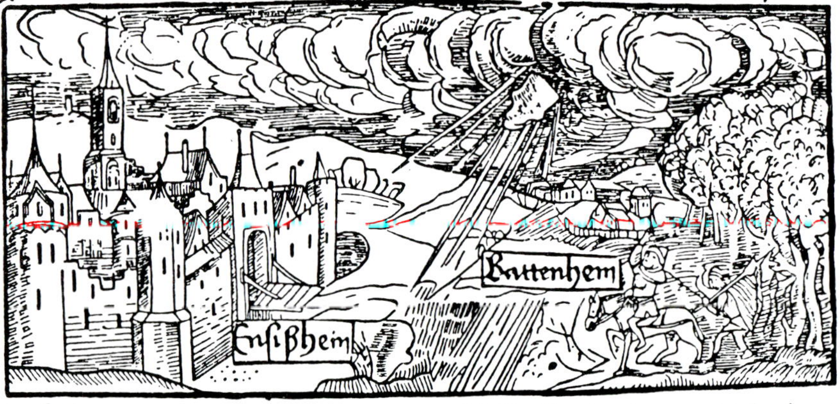

De fulgetra anni xcij. Sebastianus Brant.

Perlegat antiquis miracula facta sub annis
  Qui volet: et nostros comparet inde dies.
Visa licet fuerint portēta / horrēdaq3 mōstra
  Lucere e celo: flamma / corona / trabes /
Astra diurna / faces / tremor et telluris hyatus
  Et bolides / Typhon / sanguineus q3 polus
Circulus: et lumē nocturno tpe visum /
  Ardentes clypeict / nubigeneq3 fere
Montibus et visi quondā concurrere montes
  Armorū et crepitus / et tuba terribilis.
Lac pluere e celo visum est / fruges q3 calybsq3
  Ferrū etiam / et lateres / & caro / lana / cruor
Et sexcenta alijs / ostenta ascripta / libellis:
  Prodigijs ausim vix simulare novis.
Visio dira quidē Friderici tempore primi:
  Et tremor in terris / luna q3 / sol q3 triplex.
Hinc cruce signatus Friderico rege secundo
  Excidit inscript⁹ gramate / ab hymbre lapis.
Austria quē genuit senior Fridericⁿ / in agros
  Tercl⁹ hunc pprios. et cadere arua videt.
Nempe qdringētos / p⁹ mille pegerat annos
  Sol novies q3 decem signifer / atq3 duos.
Septē pterea dnt idus / metuenda novēbris:
  Ad mediū cursum tenderat illa dies.
Cum tonat horrēdū: crepuitq3 per aera fulmē
  Multisonū: hic ingens concidit atq3 lapis.
Cui spēs delte est / aciesq3 triangula: obustus
  Est color: / et terre forma metalligere.
Missus ab obliquo fertur: visusq3 sub auris
  Saturni qualem mittere sydus habet.
Sēserat hūc Ensheī. Sūtgaudia sēsit: i agros
  Illic insluit / depopulatus humum.
Qui licet in partes fuerit distractus vbiq3:
  Pond⁹ adhuc tamē hoc ptinet / ecce vides.
Qui mix est potuisse hyemis cecidisse dieb⁹:
  Aut fieri in tanto frigore pgeries?
Et nisi anaxagore referant monimēta: molarē
  Casurū lapidē. credere et ista negem.
Hic tn̄ auditus fragor vndiq3 littore Rheni:
  Audijt hunc Vri prim⁹ alpicola:
Norica vallis cū / Sueui / Rhetiq3 stupebāt:
  Allobroges timeant: Francia certe tremit.
Quicqd id ē / magnū portēdit (crede / futur
  Omen: at id veniat hostib⁹ oro malis.

Anno Dñi 1492

So ist wunder mancher frember gschicht,
  Der merck vnd leß ouch diß bericht.
Es sint gesehen wunder vil
  Im lufft / comet vnd füren pfil.
Brinnend fackel / flammē vnd kron.
  Wild kreiß vn d zirckel vmb den mon
Am hymel. blüt / vnd füren schilt,
  Regen noch form der thier gebildt.
Stoß bruch des hymels vnd der erd /
  Vnd ander vil seltzen geberd
Tratzlich zerstiessen sich zwen berg /
  Grüßlich trümett / vnd harnesch werck /
Isen / milch / regen stahel korn
  Ziegel / fleisch / woll / von hymels zorn
Als ouch ander der wunder glich
  Dann by dem ersten Friderich
Noch ert bydem vnd finsterniß
  Sach man drij sunn vnd mon gewiß
Vnd vnder keyser Friderich
  Dem andern / fiel ein stein grüßlich
Sin form was groß / ein crütz dar inn
  Vnd ander geschrifft vnd heimlich synn
By wil des dritten Friderich
  Geboren herr von Osterich
Regt har in diß sin eigen landt /
  Der stein der hie ligt an der wandt.
Als man zalt viertzehenhundert Jar,
  Vff sant Florentzen tag ist war
Nüntzig vnd zwei vmb mittentag
  Geschach ein grüsam donnerschlag /
Drij zentner schwer fiel diser stein
  Hie in dem feld vor Ensißhein /
Drij eck hat der verschwertzet gar
  Wie ertz gestalt vnd erdes var
Ouch ist gesehen in dem lufft
  Slymbes fiel er in erdes klufft
Clein stück sint komen hin vnd har
  Vnd wit zerfüert sust sichst in gar
Tünow / Necker / Arh / Ill / vnd Rin
  Swytz / Vri / hort den klapff der In /
Ouch doent er den Burgundern ver
  In forchten die Franzosen ser
Rechtlich sprich ich das es bedüt
  Ein bsunder plag der selben lut

Von Maximiliano. Romischem kuning:

Ich fur dich recht o Adler milt.
Erlich sint wapen in dim schilt
Brüch dich noch eren gen dim findt.
An dem all truw vnd ere ist blindt
Schl ag redlich vnd mit froiden dran
Trib vmb das radt Maximilian.
In dim geuell das glück setzt stat
Ach süm dich nit / küm nit zü spat
Mit sorg den vnfal vff diß Jar
Mit vorcht din findt als vmb ein har
Sig / seld / vnd heyl von Osterich

Bürgundisch hertz von dir nit wich
Romisch ere vnd tütscher nacion
An dir o höchster künig stan
Mein war der stein ist dir gesant
Dich mant gott in dim eigen lant
Das dü dich stellen solt zü wer
O küning milt für vß din her
Ding harnesch vnd der büchsen werck
Trumit herschöl / französisch berck
Dück mach den grossen hochmüt zagen
Rett schirm din ere vnd gütten namen

Füt on v sach
.J. .B.

◁ 91 ▷

91 *Sebastian Brandt: Einblattdruck vom Meteor von Ensisheim, 1492, Drucker Michael Greiff, Reutlingen*

86 *Mit Ringaufhängung, Pr H 60 19. Jh*

87 *Mit Silbermanschette, K A 558 H 70 17. Jh*

88 *Als Krawattennadel gefaßt, Pr H 35 19. Jh*

89 *Silbergefaßt, K A 124 H 50 17. Jh*

90 *Mit Silbermanschette, BN 25/76/68 H 47 17. Jh*

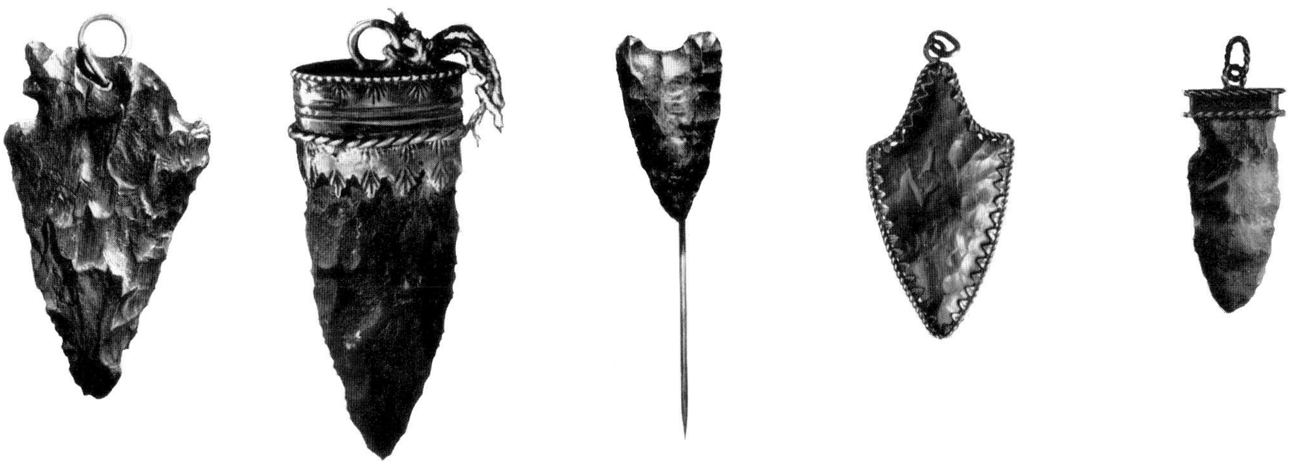

86 *87* *88* *89* *90*

95

92

93

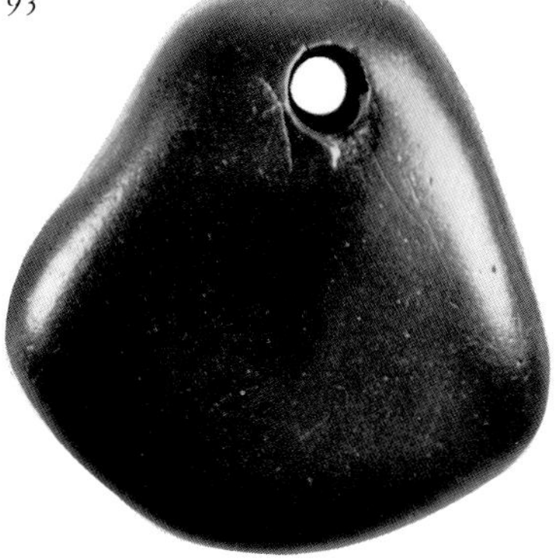

92 *Meteorit, silbergefaßt, süddeutsch. K A 260 H 33 16. Jh*

93 *Prähistorischer Lochstein, als Anhänger getragen, K A 137 H 32*

95 *Zu einer Scheibe geschliffene, versteinerte Schnecke in Silberfassung, Berchtesgaden. K A 118 Dm 42 18. Jh*

97 *Keltische, geprägte Goldmünze, 1. Jh. v. Chr., sog. Regenbogenschüsselchen, auch Sternschossen, Regenbogentröpfchen genannt. Gebrauchsgebiet Altbaiern. K A716. Dm. 19*

97a *Traktat über Regenbogenschüsselchen aus Valentini-Museum 1704*

Wie Belemniten, Steinspitzen und Steinäxte galten auch die »Regenbogenschüsselchen« als vom Himmel gefallen oder vom Regenbogen herabgetropft, wenn sie aus dem Boden ausgeschwemmt gefunden wurden. In Analogie zu dieser Vorstellung wurden sie bevorzugt als Heilmittel bei Fallsucht verwendet, aber auch als Gegenmittel bei krampfartigen Kinderkrankheiten, und deshalb an die »Fraiskette« gehängt

97a

Von

Dem natürlich- und gemachten / auch vermischten Indianischen Gold und Silber / Regenbogen-Schüsselein / und andern daraus bestehenden Raritäten.

§. 1.

Zweyerley natürlich Gold haben wir in dem ersten Tomo unserer Natur- und Material-Kammer vorgestellet/ nemlich eines/ so aus den Gold-Gruben und Gold-Ertzen geschmoltzen/ und das ander/ so aus dem Gold-Sand gewaschen und geschieden wird. Jetzo muß noch eine andere Art/welche ihrer Rarität wegen sehr hoch und theur geschätzet wird/ hinzuthun/ nemlich dasjenige Gold/ so nach dem gemeinen Wahn in der Lufft soll gezeuget werden; wodurch aber doch nicht dasjenige verborgene LUFT-GOLD/ welches die geheime Philosophi und Alchymisten in dem allgemeinen Welt-Geist suchen/ und von welchem *Balduinus* ein eigen Buch *Aurum Auræ* oder Lufft-Gold genant / hinterlassen hat / verstanden haben wil: sondern die so genante

Regenbogen-Schüsselein/

Oder

SCUTELLAS IRIDIS,

welche zuweilen in Teutschland von den Zacker- und Ackerleuten gefunden/ und deswegen so geheissen werden/ weilen insgemein dafür gehalten wird/ daß sie aus und von den Regenbögen/ und zwar an demjenigen Ort/ wo sie sich auff die Erde zu stützen scheinen / gezeuget würden; dahero dann auch solchen güldenen Schüsselein sehr viele und fast unbeschreibliche Kräfften und Tugenden zugeschrieben werden / so gar / daß ohnlängst auch ein junger D. Medicinæ, welcher eines bey sich truge / vorgabe / daß wer es von sich kommen und andern überliesse / dessen gantzes Geschlecht nicht bestehen könne / sondern vergehen müste: weswegen es auch um 400. und mehr Gülden / welche andere darauff geboten solten haben / nicht feil war. Damit dann der geehrte und curiose Leser auch einen gründlichen Nachricht von dieser Rarität habe / so wil eines vornehmen und gelehrten Medici Bericht und Urtheil von denselben/ welches der Weltberühmte und sehr curiose Berlinische Leib-Medicus *D. Christianus Menzelius* dem *III.* Jahrgang derer *Miscellan. Acad. Nat. Cur. Dec. 2. pag.* 33. einverleibet hat/ hier kürtzlich ausziehen und anführen/ welches er in 3. besonderen Fragen vorstellet/ als:

1. Ob es dergleichen guldene Schüsseln gebe / und solche in der That gefunden würden?
2. Woher sie ihren Ursprung hätten?
3. Wofür sie zu halten seyen?

Die ERSTE Frage betreffend / so ist gar nicht zu zweiffeln / daß dergleichen Schüsselein im Werck selbsten gefunden worden / indem man solche hin und wieder in den curio-

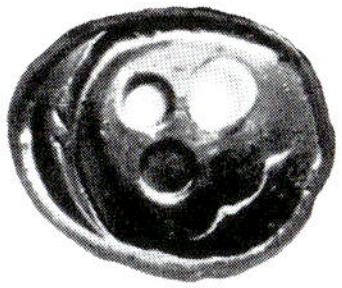

97

94 *Naturhistorisches Kabinett, Titelkupfer von P. Isselburg zu B. Beslers „Rariora Musei", Nürnberg 1622; daraufliegend:*
Nummuliten, sog. Münzensteine, Linsensteine, fossile Foraminiferen und Schwefelkies-Ammoniten, die durch ihre metallische Oberflächenschicht besonders begehrt sind

96 *Gefälschte Petrefakte:*

Das menschliche Erstaunen über die Petrefakte – Formen, die der organischen Welt zugehören, aber dann in hartem Stein vorliegen – hat von jeher die Frage aufgeworfen nach dem Woher und Warum. Der formende Wille, der sich in diesen Stücken so deutlich dokumentiert, ist überall auf dem Erdball als kraftgeladene Partikel des Kosmos interpretiert worden. So erklärt sich die Sammelleidenschaft für solche »Wundersteine«, die wir bis in die Steinzeit zurückverfolgen können. Die ersten »Museen« glaubt man in prähistorischen Höhlen entdeckt zu haben, in denen ganze Sammlungen von Ammoniten gefunden werden konnten.

Das Begehren nach den Wundersteinen hat Manipulationen hervorgerufen von der Retusche bis zur plumpen Fälschung. Hier ein Studentenulk, der in die Wissenschaftsgeschichte eingegangen ist. Der hochgelehrte Professor der Medizin an der Würzburger Universität, Leibphysikus am Hofe, J. B. A. Beringer ließ im Jahre 1726 eine Dissertation erscheinen unter dem Titel »Lithographia Wirceburgensis«, in der mit Kupferstichen (siehe Abbildung) zahlreiche Objekte beschrieben und wissenschaftlich erläutert werden, die Studenten den strebsamen Professor in der Umgebung finden ließen. Die Schrift spiegelt den Widerstreit in der Brust des Gelehrten, darin Naturgebilde oder Artefakte zu erkennen. Er endet in der Meinung, die Versteinerungen mit den hebräischen Zeichen und Gestalten seien eine »göttliche Äußerung«

30. Minora amuleta cœlitus demissa dicuntur nummi, quorum meminit Thurneisserus in Onomastico suo pag. 44. hisce verbis: [illegible] [illegible]: Dieses sind güldene gantz dicke geformirte und runde/unn wie ein Schüsselin holechtige Groschen oder Pfenning: Sie werden etwan Guttæ Apollinis und Spermata Solis & Iridis genennt. Sollen von krafft der Sonnen (durch würckung influentischer natürlicher und Elementischer Krafft) wann Sol die Regenbogen bescheinet/in puncto der Zusammenkunfft der radiorum Solis & Iridis gehling erschaffen und also geformirt werden/und hernacher herab fallen. Es werden darauff wunderbarliche Figuren und Bildnüssen/deren selten zwo einander ehnlich judicirt und mit gar widerwertigen Sententzen außgesprochen. Sie werden auch [illegible] von der Sonnen und einer heimlichen spiritualischen præparation herbenamset/wie dann das Griechisch auch von παρασκευή und ἥλιος versammlet/herkomt. Paracelsus schreibt weitläufftig davon in Büchern de Impressionibus cœlestibus lib. 4. cap. 15.

J. Reichelt »De Amuletis« 1676

96

Baum und Kraut

Alraunmännchen aus Valentini 1704

98 *Idealbild antiker Naturphilosophen im Disput über die Pflanze, aus dem »Herbarius« von Konrad Dinckmut, Ulm 1487*

98

Anders tritt uns das Erscheinungsbild der Pflanze im Amulett entgegen. Ist es beim Stein mehr Vorstellung und Wille des Menschen nach Verewigung – denn alle Formen des Gebrauchs sind gewählt, um konstanter Kraftzuweisung teilhaftig zu werden – so mag hier die Übertragung des zyklischen Prinzips walten, der Wiederkehr, der Überwindung von Krankheit und Tod. Der Schritt vom Glauben an die geheimen Kräfte des Steins zu Pflanze und Tier ist keineswegs groß. »*Der Primitive hält sich beim Unterschied zwischen anorganischer und organischer Natur gar nicht auf; worauf es ihm ankommt, ist nicht das Leben, das ihm als selbstverständlich gilt, sondern die Macht, welche rein empirisch von Fall zu Fall konstatiert wird*« (van der Leeuw). Uns aber ist die Verehrung der Pflanze greifbarer durch ihre unmittelbaren Phänomene: die latente Keimfähigkeit der Samen, die Sprengkraft der Keime, die beharrliche Funktion der Wurzel im dunklen Schoß der Erde, die wunderbare Organisation des Pflanzenhaushalts, Form und Farbe der Blüten, die betäubenden Düfte, die heilenden Kräfte, die berauschenden und tödlichen Gifte, endlich der Gestaltreichtum von der winzigsten Flechte bis zum Mammutbaum, und ihre Nutzbarkeit, dem Menschen Nahrung und Medizin, Werkzeug und Schutz zu sein. All dies Vermögen gipfelt in den Vorstellungen vom »Kraut des Lebens«, von Götterfrucht und Zauberkraft der Pflanze. Schon die Ernährungsbasis der Hominiden beruht vornehmlich auf der Pflanzenkost. Auch im Stadium des Wildbeuters verliert sie ihre Bedeutung nie. Es will nach den auffälligen Bildzeugnissen dieser Gesellschaftsform scheinen, daß die Pflanze im Kult und Phantasiebereich jener Menschen eine geringe Rolle spielt. Dominierend wird aber die Empfindung einer Allbeseelung der Natur auf der Stufe der Agrikulturen. Hier setzt die Vergöttlichung der Pflanze ein. Vegetationsgeister, Baum- und Flurnymphen, Wasser- und Flußgötter scharen sich um den Menschen, der nun planend sein Wohl dem Erdreich anvertraut. Saatgut und Pflanzmethoden wechseln in den verschiedenen Klimata, auch die Bedeutung des Wassers und der Wärme. Aber in allen Bauernkulturen gleichermaßen beheimatet sind Grundformen geistiger Besitzergreifung der pflanzlichen Fruchtbarkeit, die sich dem Amulett mitteilen.

Weltenbaum Götterbaum Lebensbaum

Der Baum wird als Abbild des Kosmos erlebt. Seine Wurzeln sind die Erde, die Nahrung und Halt gewährt, die Krone mit Blättern und Blüten ist das gestirnte Firmament. Kraft der Periodizität von Wachstum, Reife und Ruhe ist der Baum das Symbol des Lebens schlechthin. Doch er ist nicht Gott. In ihm manifestieren sich die Gottheit (der brennende Dornbusch) oder freundliche Geister (Nymphen und Dryaden), und seine Früchte sind Brot des Lebens oder Partikel seiner zauberischen Kraft. Der Baum ist aber auch Kommunikationsmittel zwischen Gott und Mensch, Orakelstimme und Medium. Das geheimnisvolle Raunen der Blätter ebenso wie die in seine Zweige gehängten ehernen Stimmen (Becken und Glocken) künden den Willen der Überirdischen. Opfer und Gaben werden auf die Äste ge-

A 101–106

A 745

legt und der Stamm wird rituellen Salbungen unterzogen. Viele frühe Göttergestalten haben ihren heiligen Baum: Zeus – Donar die Eiche, Wotan die Esche, Athene den Ölbaum, Apoll den Lorbeer, Pan den Efeu usw. Im alten Orient ist dem Götterbaum und der im Baum inkarnierten Gottheit auch das Wasser des Lebens zugeordnet. Eine enge Verbindung von Wasser und Vegetationsdämon ist dort naturgegeben, der machtvolle Baum ist ganz einfach an den oasengestaltigen Ort gebunden. In Ägypten wird die Göttermutter Hathor, die lebenspendende Allerneuerin, im Feigenbaum (Sykomore) dargestellt, von dem aus sie das Wasser des Lebens reicht. Der Baum der Erkenntnis, die Speise, die es dem Menschen ermöglichen könnte zu sein wie Gott, die mesopotamische Vorstellung, daß Edelsteine Früchte der Paradiesbäume sind, die goldenen Äpfel der Hesperiden, die den Göttern Hellas ewige Jugend verleihen – all diese Objektivierungen zeigen deutlich, wie der Baum als Lebensspender geheiligt wird. Auch das Kreuzesholz ist in mystisch überhöhter Schau immer wieder mit den Signaturen früherer mythischer Baumerfahrung ausgestattet und seine Heiligung mündet in Gebet und Dichtung in die Kategorie vom Baum des Lebens ein.

A 330 Die Kraft des Baumes, die im Zweig (Lebensrute), in den Früchten und Samen als ganz selbstverständlich erlebt wird, ruht ebenso im Holz. Orakelstäbe und Runenhölzer künden direkt den Willen der Gottheit. In mediterranen Kulten ist oft auch der dürre und tote Baum geheiligtes Objekt. Bis heute ist gegen das »Berufen« Holz anfassen und beklopfen (touch wood, toucher du bois) allverbreitet. Wir können annehmen, daß Holzamulette, die sich wie alle floralischen Kraftstoffe nur in geringem Maße erhalten haben, zahlreich waren. Wir
A 448 kennen hauptsächlich die Hexenhölzer in Kreuzform, Rindenknoten, Birkenrindenkreuze. In vielerlei Form bestand auch magische Lebensbindung an den Baum, der mit der Geburt eines Kindes gepflanzt wurde (mancherorts wurde die Nachgeburt zu seinen Wurzeln eingegraben). Mit dem ersten Fruchttragen fanden Initiationsriten statt. Die griechische Heroensage kennt in der Gestalt des Meleager eine solche Verknüpfung von Lebenskraft und Holz: die eigene Mutter verbrennt im Zorn die Scheite seines Lebensholzes und tötet so den Sohn (in Blutrachebindung an ihre Brüder, den älteren matriarchalischen Typus vertretend). Im Totenkult spielte der Baumsarg eine Rolle, von dem her sich möglicherweise auch der Brauch
A 823 hölzerner Toten- und Seelenschiffchen ableitet bis hin zum Toten-Einbaum und zu den großen Schiffsgräbern der Pharaonen, der Wikinger und Dänen. In Württemberg und im Montafon heißt einsargen »einbaumen«, Sarg »Totenbaum«. Wie diese Form des Grabkultes als Rückkehr des Individuums in einen mütterlichen Schoß zu neuer Geburt gefühlt werden kann, zeigt die Auffassung von der Entstehung des ersten Menschenpaares im Baum
A 155 (Edda) und dem Kinderbaum mit seinen stark märchenhaften Zügen. Neben der persönlichen Bindung an eine Pflanze hat sich auch die Annahme des Schicksalsbaumes geformt, der für Volk und Land stellvertretend Wohl und Wehe anzeigt: Auf der Akropolis der Ölbaum, die beiden Myrthen im Quirinustempel von Rom, der Feigenbaum im Forum, die Kornelkirsche am Palatin, bis in unser Jahrhundert der verdorrte Birnbaum auf dem Walser-

feld, die Birke bei Soest, und viele andere, in denen sich Mythos, historische Reminiszenz und Prophezeiung verbinden. Von den Welten- und Götterbäumen weiterwirkend in den Heilbäumen (Tempelbezirk, Wallfahrt), wird das Baumerlebnis übertragen auf kleinste Teile, Blatt, Rinde, Holz, Samen. Heiligen Ortes an Pilger und Gläubige verkauft und von *A 130*
der Priesterschaft zu sakramentalem Gebrauch wohlgelitten, teils als Andenken, teils als Kraftträger des Numens von Ort, Gott oder Heiligengestalt, hat sich das Tragen solcher heilsgeladenen Stückchen bis heute erhalten. So wurden in einer der jüngsten Marienwallfahrten Süddeutschlands, in Heroldsbach, von einem Apfelbaum, in dem das Jesuskind erschienen sein soll, und von einer Eiche, vor der die Seherkinder spielten, Zweige, Blätter, Rinden und Ästchen als geistliche Medizin mitgenommen.

Die Pflanze als Sinnzeichen

Die Kenntnis der Pflanzen und ihrer Nutzbarkeiten ist eine der großen Kulturleistungen zur Erhaltung menschlicher Existenz. Solange nur grobe Klassifizierung vorlag, entstanden immer neue Lehren von den Signaturen. Optische und okkulte Merkzeichen schienen auf geheime Wirkungszusammenhänge zu deuten. Immer »bewußter« wurde in die Naturform hineingesehen und gedeutet. Da der Mensch mit dem Sündenfall die Fähigkeit verloren habe, im »Buch der Natur« zu lesen, um wie »das Tier im Stande der Unschuld« zu wissen, was ihm jeweils fromme, sollte nun Beschäftigung und Forschung diese Zeichen entziffern helfen – denn in der Natur sei alles gleicherweise enthalten, was nützen, heilen, ja Tote erwecken könne, wie das, was Schaden, Krankheit und Tod zur Folge habe. So war jegliches Ringen um Erkenntnis der Natur zugleich bedroht vom Abirren in vergebliche Spekulation. Warum die Vielgestaltigkeit der Formen, wenn darin nicht Chiffren enthalten wären, die dem Weisen Aufschluß über den Charakter der Spezies zu geben vermöchten! Immer wieder blieben Sympathieglaube und Signaturenlehre als Ausweg, um exakte Beobachtung und empirische Erfahrung mit den Prämissen des Glaubens und den Traditionen von Bibel und antikem Wissen in Einklang zu bringen. Der Zeitraum, der von dieser geistigen Situation beherrscht wird, ist erstaunlich. Araber, Juden und die Interpreten der Natur durch das ganze Mittelalter hindurch bis zur zweiten Hälfte des 17. Jahrhunderts verharren bei dieser Ausgangsposition. Sie lebt in Einzelvertretern und in Teilgebieten bis ins 19. Jahrhundert. Originalität und Unabhängigkeit sind gering. Die Bearbeiter der Materie haben aus den Traditionen nach persönlichen Gesichtspunkten immer neue Zusammenstellungen publiziert. Dies macht den außerordentlichen Umfang der Literatur verständlich, die in immer neuen Auflagen bis ins 18. Jahrhundert hinein den Zusammenhang von Krankheit und Pflanze behandelt. Es entstehen ganze Sympathie-Reihungen mit der Pflanze, sie haben Bezug auf den Zeitpunkt von Saat oder Ernte, auf den Gestus beim Aussäen, nackt oder nüchtern, bei sexueller Enthaltsamkeit oder in Umkehrung der Reinheit unter Fluchen und obszönen

Gebärden usw. Beim Ausgraben wurden magische Kreise gezogen, Trankopfer dargebracht und Gaben in die entstandene Erdhöhlung gelegt. Die Art der Zubereitung der Medikamente war nicht weniger kompliziert. Sie erforderte vielerlei Vorsicht, daß nichts mit antipathischen Stoffen in Berührung kam. Der Zeitpunkt mußte unter dem rechten astrologischen Aspekt gewählt sein, eine Unzahl okkulter Fehlerquellen konnte den Erfolg in Frage stellen.

Wurzel

Wie die Wurzel als einer der Lebensmechanismen der Pflanze erkannt wird, gilt, daß auch die magischen Kräfte des Ortes, der Erde, des Gottes durch sie in die Pflanze gelangen. So dient sie dem Menschen als Heilsspeicher. Die Pflanzenseele – sie hat Denker und Wissenschafter bis heute in Bann gehalten (Fechner) – ist für den ursprünglichen Menschen eine Realität. Die Wirkungen der pflanzlichen Narkotika und Gifte in Trank, Dämpfen und Rauch konnten im Dämonenglauben eine Erklärung finden. Dem Pflanzendämon muß man mit Schmeicheln oder List begegnen, wenn man ihn mit der Pflanze gewinnen will. Viele Formeln sind notwendig, um den Geistern die Flucht in die Erde zurück zu verwehren. Das Unterirdische gilt, da den chthonischen Gottheiten benachbart, als besonderer Kraftquell. Keiner der pflanzlichen Talismane hat so sehr vom Orient bis zum Abendland den Wunder-
A 110–115 glauben beschäftigt, so viele Fabeln, auch Stoffe der Literatur gezeugt, wie die Alraune, die Mandragora (persisch = Liebeskraut). Zunächst als Narkotikum und Liebeszauber im Vorderen Orient, in Griechenland und Ägypten gebraucht, hat die Solanacee (Mandragora officinalis) in Mitteleuropa in der Wurzel vom Allermannsharnisch (allium victorialis bryonia), Gelben Enzian (gentiana lutea) und Zaunrübe (bryonia alba) ihre nördliche Entsprechung gefunden. Diesen Pflanzen eignen gespaltene Wurzelstöcke, die man mit Phantasie und oft bewußtem Nachhelfen als kleines Menschengebilde erkennen konnte. Während die Pflanze in der antiken Tradition – auch die Bibel kennt sie unter dem Namen »Dudaim« (1. Mose 30.) – mehr im Bereich der Liebesamulette und Geisteraustreibung beheimatet ist, wurde sie im Norden zum allmächtigen Talisman umgedeutet. Weil in der Vorstellung der Germanen die Welt der Zwerge und Kobolde so gestaltenreich ausgeprägt ist, hat das Wurzelmännchen hier seine Fähigkeiten viel mehr bei Schatzsuche, Geld- und Goldmehrung, als Schutzgeist der Unverwundbarkeit (Aller-Manns-Harnisch) und als Talisman der Macht über andere. Die Fabelfülle der Eigenschaften hat natürlich die Gier nach der Alraune ungeheuer angestachelt. Die Kirche allerdings sah darin Paktieren mit dem Bösen. Einer der Anklagepunkte im Prozeß gegen Jeanne d'Arc soll der Besitz einer Alraune gewesen sein. Als Kuriosa sind heute noch in der Wiener Hofbibliothek zwei Alraunen aus dem Nachlaß Kaiser Rudolfs II. erhalten, die als Männchen und Weibchen gekleidet sind. Ausdrücklich wird für die Alraune Wechsel der Kleidung und das Baden in Wein gefordert; die persönliche Wartung sollte den Geist bei Laune halten. Den komplizierten Pflegevorschriften ent-

sprachen auch solche der Gewinnung. Der Norden hat der Pflanze eine eigene Entstehungssage zugeordnet, die dem hier betonten homunculus-Charakter gemäß ist: Der Alraun entsteht aus dem Urin oder Sperma eines Gehenkten, eines Diebes, in anderer Version eines unschuldig Gehenkten – daher die übernatürlichen Kräfte.

Auch andere Wurzeln sind bedeutungsvoll, insbesondere Knollenwurzeln wie wilde Zwiebeln, Knoblauch, dessen Name allein schon die Geister schreckt. So wurde gegen das Verschreien »Knoblauch, Knoblauch« gerufen (Albanien, Italien, Lettland, Schlesien). Durch den scharfen Geruch vertreiben die Lauchgewächse die Hexen; als Apotropaion wurden ganze Kränze in Haus und Stall aufgehängt. Da sie andererseits auf den ursprünglichen Menschen über den Geruchssinn auch sexuell anregend wirkten, wurden sie als Talisman getragen und als Liebesspeise gerühmt. Am konzentrischen Schalenaufbau und der von Nahrungszufuhr unabhängigen Triebkraft hat sich wohl die Vorstellung besonderer Macht gebildet. Weit verbreitet war der Gebrauch der Wurzeln von Knabenkrautarten, wie auch anderer Orchideen, als potenzsteigernd und geschlechtsbestimmend. Durch die Form der zweifach vorhandenen Speicherwurzel (alte und junge) wurde diese Auffassung ausgelöst (griech. orchis = Hoden). Vielgebrauchte Amulette waren die handförmigen Wurzeln des gefleckten Knabenkrauts (orchis maculata). Der ganze Handzauber in Abwehrgeste und als Glücksamulett spielt hier hinein. Diese sogenannten Marien-, Gottes-, Johannis- oder Glückshändchen wurden bis zum Weltkrieg am Johannismorgen (24. 6.) öffentlich feilgeboten. Man trug sie im Geldbeutel. Eine weitere Art der Johannishand stammt vom fingerförmigen Wurzelstock des Adlerfarns, *A 125*
für den gleiche Vorstellungen galten. Die Farne galten wegen ihrer ungewöhnlichen Fortpflanzungsart als geheimnisumwittert. Die Sporen – in der Johannisnacht gesammelt – sollten Schützen und Jägern als Zutat zum Blei zu den »Freikugeln« verhelfen.

Die Frucht

Wie das Ei sind Frucht und Samen Keimkraft in ewiger Regeneration. Eingeschlossen im Kern liegen alle Möglichkeiten von Fruchtbarkeit, Überfluß und andauernder Lebenskraft. In vielen mythologischen Vorstellungen und Märchen führt die Bedeutungsgruppierung Gottheit–Fülle-Frucht mit dem Genuß und mit der Berührung zur Empfängnis. Im ganzen eurasischen Raum gilt der Apfel als Symbol der Lebenskraft, der Unsterblichkeit und ist weiblichen Gottheiten zugeordnet. Er ist auch Liebesgabe und -Orakel (Kerne) und über die Sinngestalt von Sphaira–Weltkugel–Reichsapfel endlich auch Abbild weltlicher Macht. Die Feige besitzt im gleichen räumlichen Bereich die Signatur des weiblichen Schosses und teilt mit dem ebenfalls zur Reife platzenden Granatapfel Liebes- und Fruchtbarkeitsinkarnation. *A 107*
Die Zeugnisse über diese »großen Drei« darf man als bekannt voraussetzen. Früchte, die mit der Erweiterung des europäischen Horizontes bekannt werden, finden sich fast alle in die alten magischen Bedeutungsreihen eingegliedert. Als Beispiel dafür kann die amerikanische

Tomate gelten, die als Paradeis-, als Liebesapfel, Aphrodisiakum und Liebesgabe in Volksbrauch und Medizin eingebürgert wurde.

Nüsse sind als Amulette hochgeschätzt. Die Walnuß (juglans regia), durch die Römer nach Norden verpflanzt, hat im Volksglauben eine große Rolle gespielt. Außer der Signatur von Schädel und Gehirn hat der kreuzförmige Keim die Phantasie bewegt. Die Schalen wurden wie die Kerne des Steinobstes (Aprikose, Pfirsich, Kirsche) als »Gebetsnüsse« mit feinsten Schnitzereien verziert. In der Symbolbindung von Schale = Erdenleben, Kern = ewige Seligkeit sind sie in mystischer Deutung bestimmt. Die Haselnuß (coryeus avellana) bildet mit Holunder und Wacholder ein weiteres Dreigestirn ungewöhnlicher magischer und volksmedizinischer Bedeutung. Weit mehr noch als heimische Nußarten haben auf die leicht entflammbare Vorstellungskraft des mittelalterlichen Menschen tropische Nüsse gewirkt. Die
A 123 Kokosnuß diente als Reliquienbehältnis und als Pokal, die Muskatnuß galt als Aphrodisiakum
A 122 und in Silber gefaßt als Liebesamulett. Solche Wertformen übertraf die Salomonsnuß (lodicea sechellarum), die als größte Baumfrucht (bis zu 25 kg Gewicht) alles in den Schatten stellte, was die Tropen sonst als »Heiltumb« noch zu bieten hatten. Nur drei Städte Europas konnten sich ihres Besitzes rühmen: Venedig, Lissabon und Antwerpen. Wallfahrten wurden von Heilungsuchenden unternommen und Tausende von Pilgern zogen dorthin. Rudolf von Habsburg bot vergeblich die phantastische Summe von 4000 Gulden für den Erwerb. Der merkwürdige Doppelkern der kokosartigen Frucht (Meerkokos) und die Seltenheit der vom Indischen Ozean angeschwemmten Nuß entfesselten die Spekulation. Von Indien aus wurden Suchexpeditionen ausgerüstet und Kriege geführt, um den Baum zu gewinnen – umsonst. Einmal jährlich zur Reife sollte der Wunderbaum aus den Meeresfluten auftauchen, um wieder zu versinken, gefährliche Strömungen und der fabelhafte Vogel Greif schützten die Palme. Erst im Jahre 1768 entdeckten Franzosen den Baum auf den Seychellen-Inseln. Der nun beginnende Handel mit ganzen Schiffsladungen voller Maledivennüsse zerstörte bald den Nimbus der Wunderkraft und den Handelswert.

Das Kraut des Lebens – Entsühnung, Heilung, Zauber

»Oh Kräuter! Oh ihr Mütter! Euch grüß ich wie Göttinnen« ... singt Yayur Veda (*N.* 2,6), einstimmend in die indoarische Heilighaltung der Kräuter. Die Kenntnis der Heilpflanzen erlebt in den antiken Hochkulturen religiös-mystische Verklärung. Die »Kräutertragende« ist hervorragendes Synonym der Mutter Erde als Fruchtbarkeitsgottheit. Hier findet eine Integration kosmischer und vegetabiler Bereiche statt. Mit der Ausprägung einer Heilpriesterschaft in Heiltempeln und des »freien Arztberufes« gleitet die archaische Vegetationserfahrung mit Elementen der Pflanzenhierophanie hinüber in Zonen empirischer Pflanzenbeobachtung. Dabei kommt es zwar vorübergehend zur Auflösung der einen oder anderen kosmologisch gestimmten Pflanzenverehrung, aber die Heilpflanze bewahrt sich bis ins

19. Jahrhundert die Ambivalenz zwischen Heiligung und Heilung. Kein magisches Rezept, kein Opfer-, Reinigungs- und Initiationsritus ohne Kräuter. Wird Baumheiligkeit mehr als »Vordergrund« der Gottheit metaphysisch erlebt und sind Früchte lebenspendende Gaben der Überirdischen, so sind die Kräuter real bestimmbare Kraftträger eigener Erfahrbarkeit. Dem Herzen des Volkes nahe haben sie auch in christlicher Vorstellung einen festen Platz im Sakramentalen, umrankt von unzähligen Legenden und Bräuchen. Die Kirche, die der gleichfalls pandaimonischen Urvorstellung von der Tierwelt reservierter gegenübersteht, hat hier, antiker Tradition folgend, die lange Bedeutungsreihung fortgeführt.

Wie der Wortbegriff »Kraut« ein Positivum umschließt (vergleiche »Unkraut«), so geben die Namen schon mancherlei Auskunft. Die germanischen, althochdeutschen Baumnamen sind in ihrer etymologischen Substanz kaum mehr deutbar. Jünger und sprechender sind dagegen Blumen- und Kräuternamen. Die Volksetymologie fügt hier ganz naiv oft weitere Wirkungen an, die aus dem Fremdnamen herausgehört werden. So wird aus dem lateinischen levisticum (Levisticum officinale) althochdeutsch lubistechal, von einer Sprachlandschaft zur nächsten etwas anderes: Liebstöckel (Bayern), Leibstockel (Erzgebirge), Ladstöckel (Böhmerwald), Lobstock (Elsaß), Lugstock (Österreich), Luststecken (Salzburg), Laubstäcka, Lewerstick, Luixenstichl usw.. Die aus dem Osten eingebürgerte Pflanze, deren Gebrauch wie der aller aromatischen Kräuter vorwiegend apotropäisch gestimmt war, wird so über die etymologische Wortbrücke zum Liebeszauber, Treue-Talisman und Aphrodisiakum. Solche Beispiele ließen sich zahlreich aufführen. Die Anwendung der Kräuter im Amulett läßt sich
kaum begrenzen. Sie wurden in der Kirche geweiht, in Büscheln, Kapseln und Säckchen *A 128*
getragen, in die Kleidung eingenäht, in Möbeln und Räumen aufbewahrt. Eine Form des Kräutertragens ist heute noch üblich: Der Kranz aus Blumen und Blättern. Es entsprach antiker Vorstellung, sich zu Feier und Gottesdienst zu bekränzen. »*Mit Blumen geschmückt gefällst Du den Göttern – sie wenden sich ab, opferst Du unbekränzt*« (Sappho). Der Kranz gehört zu Siegesfest, Triumphzug, Bittgang und Prozession. Im Stande erhöhter Be-
drohung oder Gottnähe (Kind, Bräutigam, Braut, Parlamentäre, Priester) kommt ihm *A 801*
besondere Schutzwirkung zu. Er verleiht aber auch Sehergabe und die Inspiration der Musen. Bekränzt erkennt man Hexen und Zauberer und ist gegen ihre Künste gefeit.

Das Pneuma der Pflanze

Ein guter Rauch vor die Pestilentz.

Kronabetbör/ Weinrauthen / Allant / Bürckene Rinden die mittere/ Seegenbaum/ Bocksthorn/ Roßhueff jedes 2. Hand voll / Aichenes Laub 1. Hand voll / rothe Myrrhen 4. Loth / Schweffel 1. Loth / dises alles untereinander groblecht zu einen Rauch geschnitten/ oder gestossen / wann die gifftige Kranckheit regiert/ soll man fleissig darmit im Hauß rauchen.

Rauch für die Mutter.

Nimb alte Schuch-Sohlen/ schneids klein/ Harlinsath/ wild Möhren-Saamen/ ein wenig rothe Myrrhen/ Agstein/ Mastix und Wolgemuth alles zu einen Rauch bereit/ und von unten auffgeraucht.

Aus »Granat-Apffel« von Fürstin zu Eckenberg, 1696

Duft und Aroma (griech.-lat.: Gewürz) enthalten ebenso wie Dämpfe und Rauch die vegetabilische Essenz. Die Wirkungen eingeatmeter Dämpfe und des Rauches von Hanf, Lorbeer, Stechapfel oder Bilsenkraut, mit denen exstatische Zustände hervorgerufen wurden (wie im Schamanismus), waren auch Priestern und Sehern der Antike vertraut. Solche Drogen, die »die Seele vom Körper befreien«, um telepathischer Erkundung oder des Rates der Götter teilhaftig zu werden, haben ihre subtilere Entsprechung im apotropäischen Komplex der Kräuter und Gewürze. Die gewaltigen Ausmaße des antiken und mittelalterlichen Gewürzhandels sind weniger kulinarisch als magisch bestimmt. Das Ausräuchern von Haus und Stall zur Entsühnung und Geisteraustreibung ist ebenfalls Allgemeinbrauch der eurasischen Völker, wie Weihrauch und Räuchergefäß. Opferrauch und Weiherauch ist den Göttern süß und zieht sie herbei, macht sie den Wünschen geneigt. Zu Anruf und Zitatio wurden alle sympathetischen Stoffe nach langen Prozeduren vermischt geräuchert oder verbrannt. Auch Zahlenmagie spielte dabei eine hervorragende Rolle. 3, 7, 9, 21, 49, ja 99 Einheiten der gleichen oder gar verschiedener Ingredienzien versprachen sicheren Erfolg. Auch im Amulettbrauch fanden solche Mixturen Anwendung.

DUFTKAPSELN und -röhrchen gibt es seit den Ägyptern, sie sind auch in der Bibel erwähnt. Hier verfließen die Grenzen von Pflanzen- und Tierreich – der Name »Bisamapfel« macht dies deutlich, denn der Inhalt solcher Anhänger konnte sowohl vegetabilischen als auch animalischen Ursprungs sein. Bibergeil, Bisam, Zibeth, Moschus (Drüsensekrete mancher Tierarten während der stark geruchsorientierten Brunft) waren gesucht, nicht minder das Ambra (Darmausscheidungen des Pottwals). Die hohe Macht der Riechstoffe als Apotropaion wandelt sich erst mit dem Schwinden der Dämonenfurcht in das Aphrodisiakum Parfum.

A 131–140

Die Meer- oder Mäuß-Zwibel/ Lateinisch SCILLA genandt/ ist eine frembde grosse Zwibel/ einer Faust dick/ hat einen sehr scharffen und bitteren/ doch schleimichten Geschmack/ aber keinen Geruch: wird aus Spanien überbracht/ vom *Pythagora* (dessen ersten Erfinder) vor ein Panacea und dergleichen Mittel/ welche zu einem langen Leben dienet/ gehalten worden/ wie in des *Tabernæmontani* andern Buch von den Kräutern *p.* 342. zu lesen. Ja es soll jetzt gemeldter *Pythagoras* diese superstition davon gehabt haben/ daß/ so man eine dergleiche Zwiebel über die Hauß-Thür hänge/ keine schädliche Artzney ins Hauß kommen könne. Man macht auch Trochiscos davon/ so mit zum Theriac kommen. So kommt sie auch unter einige äusserliche Mittel / als das Althä-Pflaster und Diachyl. magnum.

Valentini »Museum Museorum« 1704

PRACTICA

Adam den wir für den vernünfftigstẽ vñ kunstreichesten achten aller Menschen/ die da geborn seind / hat solcher dingen erkanntnuß gehabt. Wiewol er am letsten das lignum vitæ beraubt ward / vnnd starb vor dem / vnnd ehe es jhm geben ward. Ist nicht für eyn Theologey zu achten/ Sonder Medicin. Vnd ist lignum vitæ natürlich. Wiewol es ist auch lignũ Animæ.

Paracelsus »Archidoxa« 1570

Eine Schale von Tamarisken-Holtz / woraus S. Ludovicus zu trincken pflegte / um sich von Miltz-Beschwerung zu præserviren.

Französ. Schatzkammer St. Denis (Valentini 1704)

HEILIGES HOLZ: »Als mich auch noch ein Fieber befiel, gedachte ich wieder das Holz zu nehmen: die Ärzte aber verboten es und sagten, ich würde binnen acht Tagen sterben, wenn ich in meinem Zustande die Holzkur machte. Ich tat es trotz des Verbots. Ich hielt die Regeln ein wie beim erstenmal und nachdem ich vier Tage lang das heilige Holzwasser getrunken hatte, verließ mich das Fieber plötzlich . . .«
»Leben des Benvenuto Cellini, Goldschmiedes und Bildhauer, geschrieben von seiner eigenen Hand« (1500–1571). Das Holz = lignum vitae galt als Wundermittel gegen die Syphilis, es ist das westindische Guajak-Holz.

DAs Frantzosen-Holtz oder GUAJACUM Officinarum ist ein sehr hartes / dichtes und schweres Holtz / äusserlich weiß-gelb/ wie Buxbaum und an dem inwendigen Kern schwartz-braun und hartzicht anzusehen / hat einen schärff-bitteren Geschmack und

Was nun das

LIGNUM SANCTUM

anlanget/so kommt es zwar an den Kräfften mit dem vorigen überein/allein in vielen andern Stücken findet man doch daran einen ziemlichen Unterscheid/ . . . wie von beyden *Sartorius* im Frantzosen Artzt kan gelesen werden. In den Apothecken macht man einen Extract davon und können aus 1. ℔. des Holtzes Extracti ℥V. nach Vielhäuers Handgriff *l.c.* gebracht werden. Andere destilliren einen Spiritum und ∞. davon/ welche nebst dem ⊖. bey dem *Schrædero p. 77.* zu finden sind. Was die Ebenisten/ Drechsler/ Schreiner ꝛc. davon machen/ist bekandt und gehöret sonderlich hierzu nicht / ausser daß einige die Kugeln davon gegen die Festigkeit rühmen/ welches wir an seinem Ort gestelt seyn lassen.

Valentini »Museum Museorum« 1704

Es seynd auch viel der unsern Kräuter auch den Göttern zugeschrieben / Als so wir noch heute bey Tag etliche Kräuter und Blumen nennen/ Dreyfaltigkeit Blümlein unser Frawen Rößlein Heiligen Geistes Wurtz/ Magdalenen Blumen / S. Jacobs Kraut / S. Christoffels-Kraut / Marien Disteln / S. Peters Kraut / S. Lorentzen-Kraut / S. Johannes Kraut / und deren unzählig viel / die bey uns sonderlich berühmet/und kräfftig gerechnet/auss keiner andern Vrsach / dann dass solche die genanten Heiligen sollen erfunden/angezeiget/und gesegnet haben. Von dem Kräutlein Isop sagt man / dass unser HERR JEsus dasselbig mit seiner Göttlichen Hand selber gepflantzet/ Ist wol zwar lächerlich zu reden und zu gläuben/so aber derenthalben zu dem Lob der Kräuter dienet / dass unsere Vorfahren und Alten/ die Kräuter so hoch geacht und gepriesen / dass sie ihre Anzeigungen und Kräfft den Göttern und Allerheiligsten haben zugeeignet. Daher sie Esculus dem Jovi geheiliget/ den Lorbeerbaum Apollini / Minervo den öhlbaum / die Weinreben Bacho / Veneri Myrtus / Herculo den Albarbaum/und dergleichen/ etc.

Beonien Wurtzel haben sie bey Nacht gegraben. Wo das nicht geschehen/ hat der Specht / welcher der Wurtzel ein Hüter gewesen/dem Gräber die Augen aussgepickt.

Ebenfals haben sich die besorgen müssen des Habichts und Sperbers/so das Fieberkraut abgenommen.

Die Wurtzel Panax / so man Asclepia nennet / haben sie nicht können zuwegen bringen / wenn sie nicht zuvor mancherley Geschlechte der Früchte / zu einem Opffer/ und Wiederbesoldung ins Erdreich geworffen / darnach haben sie mit einem zweyschneydigten Schwerdt/ drey Circulkreise darumb geschnitten / und zuletzt sie entbor gehoben.

Mandragora ist auch dreymahl mit einem Schwerdt umbcirculiert worden / hat aber derselbe Beschwerer gegen Niedergang der Sonnen sich kehren/darnach darumb tanzen/und viel schandbarer und unzüchtiger Wort sprechen müssen/die sich nicht zuschreiben gebühren.

Violwurtz zugraben / hat ihnen grosse Arbeit gebracht / den dritten Monat zuvor musten sie das Erdreich mit Honigwasser besprengen / wie man den Gräbern und Bawren auff dem Kirchhoff das Weyhwasser zu geben pfleget/und durch dieses Besprengen/das Erdreich zu Frieden stellen. Folgends mit Schwerdtern Circul darumb gerissen/und die außgezogene Wurtzel gen Himmel gehoben/Es haben auch die Gräber zur selbigen Zeit sich keusch halten müssen.

Polium zugraben/haben sie ein Hüttlein darumb gebawet deßwegen solch Kraut köstlicher Krafft gewonnen wann sie es bey sich getragen.

Noch viel seltzamer ists / wenn Scribonius Largus von dem Eisenkraut/ und spitzen Klee / meldet / wie solcher Kräuter/örther/des ersten Tages / wenn sie selbe angetroffen zeichnen müssen/mit dem lincken Ohr einen Circul darumb machen / auch etliche Frücht legen / und des andern Tages/vor Auffgang der Sonnen mit der lincken Hand außsieden.

Es schreibt Theophrastus, vnd hats auch gegläubet Democritus/ daß ein Kräutlein sey / daß Vorzeiten die Hirten an einem Baum gehabt / in welchen geschlagen war ein Keil/der sey von stund herauß gesprungen / durch Krafft des Kräutleins. Deßgleichen sagt man von der Betonien/ wann man ein Ring daraus macht / vnd in denselbigen Ring Schlangen thue/ so können sie nicht heraus kommen/ sondern erwürgen einander selbst.

Item es sollen Kräutlein seyn/welches gantze Wasser vnd See außtrocknet/vnd alles auffthue/was es anrühret/

Israel Hiebner »Mysterium« 1651

1. Die Βοτανομαντέιαν, oder das warsagen auß den Kräuteren: zu welchem sonderlich gebraucht werden die Verbena oder Eisenkraut/die Arthemisia oder roten Buken / die Salvia oder Salbinen/vnd die blätter vom Feigenbaum.

2. Die Ραβδομαντέιαν, oder warsagen auß sonderbaren Heken/ Standen/ Steken/vnd Ruten. Die Scythischen Warsager / haben ihre Kunst zuüben allezeit Tamariscen Zweig gebraucht. Das Bild Apollinis soll selten ohne einen Tamariscen Ast gesehen worden seyn.

Barth. Anhorn »Magiologia« 1674

OSWALDI CROLLII

Tractat

Von den Signaturn

Oder

Zeichen der Gewächse / mit welchen sie sich den Gliedern deß Menschlichen Leibs vergleichen.

Von denen Kräutern vnd Gewächsen/so sich mit jhren Signaturn deß Menschen Haupt vergleichen.

1. DAs Gewächs deß Magsaamens vergleicht sich mit seiner Cronen dem Haupt vnd Hirn : Dannenhero das Wasser / in welchem solches wird gesotten zu vielerley Gebrechen deß Haupts mit grossem Nutzen wird gebraucht

2. Die Welsche Nüß haben die gantze Signatur oder Zeichen deß Haupts : Ihr eusserste Rinde oder Nußlauff / vergleichen sich dem Pericraneo oder Häutlein vber der Hirnschal : Dannenhero auch das Saltz auß solchen Rinden gemacht / zu den Wunden dieses Häutlins ein sonderbahr Mittel ist.

Die harte Schal vergleicht sich der Hirnschal.

Ohren: Dannenhero dann auß jren Blumen ein conserua bereitet wird/ die das Gehör vnd Gedächtnuß gewaltig stärckt.

2. Die Schnecken mit den langen Oehrlin werden mit Saltz in Wasser gesotten/ abgeschäumet/ nach dem sie abgetrücknet/in Augstein-Oele eingebeitzt vnd folgends distilliert : Dessen herauß tropffente Oele das verlohrne Gehör widerbringt. Es ist ein kriechent Thier einer vberauß scharpffen Empfindlichkeit.

Von denen Gewächsen / die sich den Augen vergleichen.

1. Die schwartze Beer deß Krauts Paris sind dem Augapffel ähnlich : Derowegen das auß denselbigen auff Chymische weise distillierte Oel oder außgepreste/ zu den Gebrechen der Augen eins der aller kräfftigsten Mittel ist. Vnd demnach von etlichen die Seele der Augen genennet wird.

2. Die Blume deß Krauts Augentrost hat ein Anatomi aller Gebrechen der Augen: Vnd ist demnach zu den Augen sehr bequem.

3. Wie gleichsfalls auch der Hundts Dill / oder Krotten Dill / Ringelblumen / Habbichkraut (mit welchem der Habbich die Nebel seiner Augen vertreibt) Anemonrößlin / Pastemenkraut / vnnd die Blum vom Sternkraut : Vnd solches alles von wegen jhrer Signatur oder Vergleichung.

4. Die Blum deß Genserichs vergleicht sich auch dem Apffel im Aug/vnd wird demnach das davon distillierte Wasser als ein sonderbahre Artzney zu den Augen gerümbt.

5. Der Stein Beloculus, so sich in einer weisen Rinde wie ein schwartzer Augapffel sehen läst/dannen er auch seinen Namen empfangen/macht in den Händen getragen/ ein klar Gesicht.

Von dem Krampff.

Wann man die Schnecken nur ein wenig bewegt/ so ziehen sie sich zusammen: Vnd wann man die weisse Schnecken in der Mitte von einander schneydet so findet sich ein klein Beinlin / welches in dem Krampff mit grossem Nutzen eingenommen wird.

Dergleichen dann der Hasensprung auch vermag.

Von den Strumosis oder Kröpffen.

Die Schwertel mit der Gleychichten Wurtzel/deren eine wie kleine Zwibeln auff der andern sitzt / da die vnterste dünn die öberst aber etwas stärcker / bekompt den strumis trefflich wol.

Das Feygwartzkraut oder klein Schöllkraut hat eine rauhe Wurtzel / welche mit rundten Knöpfflin behengt / vnd vnter denselbigen einen wie ein Kropff formiert / vnnd kompt den auß einer kalten Feuchtigkeit entstandenen kröpffichten Geschwären mit ihrer Weychung sehr fein zu Hülff.

Die Feygen sind dick vnd gleichsamb auffgeblasen / wie die Kröpff / vnd derowegen zu denselbigen sehr bequem.

Wie gleichsfalls auch die Meerschwämme / zusampt der Schwertelwurtzel.

Von dem Außsatz.

Die Erdbeern haben eine Signatur. Dannenhero jhr distilliert Wasser getruncken vnd gleichsfalls auch das Angesicht damit bestrichen die Außsätzige Röthe deß Angesichts ein wenig benimpt. Vmb welcher Vrsachen willen dann Raymundus Lullius solche in gebrannten Wein läst einbeitzen / vnd den Außsatz zuverbergen in seinem fünfften Buch De Quinta Essentia gewaltig rühmbt.

Das bereyte Fleisch der Nattern oder Heckenschlangen wird gleichsfalls mit grossem Nutz gebraucht.

Von den Würmen.

Die Wicken haben eine Signatur. Dannenhero dann jhre gesottene Brühe die Würm vertreibt.

In der jnnwendigen Hôle der wilden Rosen finden sich etwan weisse Würmlein einverschlossen: Deren Pulver sich jhrer viel wider die Würme mit grossem Nutz gebrauchen.

Von der Monatlichen Weiblichen Blum.

Der rothe Beyfuß stillet die vberflüssige Monatliche Blum.

Von den Schwindsüchtigen Gliedern.

Die Weiden bringen keinen Saamen / sondern wann man ein Reißlin oder Gerdte davon abschneid vnd ob sie schon welck worden / in die Erde steckt / so wächst sie in die Höhe: Dannenhero dann das Laub in Wasser wird gesotten vnd zu den Schwindsüchtigen Gliedern ein Bad darvon gemacht.

Von den Flecken.

Der Knoblauch / groß vnd klein Aaron / Schlangenkraut / Flöhkraut / klein Schwalbenwurtz vnd alle andere fleckechte Kräuter nemmen die Flecken vnsers Leibs hinweg.

Von den Hertzförmigen Kräutern.

1. Die Citronen sindt an Gestallt vnnd Form dem Hertzen ähnlich.

2. Die Wurtzeln deß Krauts Gifftheyl zeygen gleichsamb zwey kleine Hertzlin.

3. Das Kraut Alleluia oder Sawerklee hat oben an seinen Stenglin Hertzförmige Blätter.

4. Gleich wie sich dann die Blätter der Melissen /
Hertzgespann /
Narden /
Die Myrobolani
Vnd Kütten / allesampt einem Hertzen vergleichen / vnd derowegen für Artzneyen desselbigen sind zuhalten.

Von den Lungenförmigen Kräutern.

Das Lungenkraut / so wol das an den Felsen / als auch das an den Bäumen: Vnd sonderlich das mit den weißlichten Flecken. Aller deren gesottene Brühe wirdt zu allerley Gebrechen der Lungen gebraucht.

Von den Brustförmigen Mitteln.

Die Spiegel der Pfawen Federn haben die Form einer Weiblichen Brust: Vnnd werden demnach zu den Gebrechen derselbigen von den Weibsbildern getruncken.

Von den Gallförmigen Mitteln.

Der frisch außgepreste Safft der Welschen Nußlauff vergleicht sich dem Safft der Gall beydes an der Farb vnd Geschmack / vnd führt demnach dieselbige sehr fein auß.

Von den Magenförmigen Kräutern.

1. Die Blätter vom Schweinsbrot vergleichen sich allein dem Magen: Dann von der Wurtzel sagt man / sie läme die Glieder.

2. Der Jngber.

3. Der Galgant ist der eusserliche Mage / durch welchen der jnnerliche wird erhalten.

Von den Nabelförmigen Kräutern.

Das hole Nabelkraut bringt rundte vnd glatte Blätter / so sich einem Weiblichen Nabel vergleichen: Jst dick / fleischecht vnd voller Safft. Dienet nach deß Dioscoridis Zeugnuß zu dem Beyschlaff: Dieweil die Medici den Nabel einen Orth vnd Sitz der Vnkeuschheit nennen.

Von dem Seittenstechen.

Die Carduibenedicten zeigt mit seinem Stechen diese Kranckheit an.

Wie in gleichem auch die Marien Distell: Welcher beyder destillierte Wasser / zusampt der gesottenen Brühe zu dieser Schwachheit werden gebraucht.

Das Zungenblatt oder Zäpfflinskraut hat fast spitzige Blätter / vber welche sich alle Anschawer verwundern. Derowegen es dann viel jetzige Medici wider diese Kranckheit sehr gut befunden.

Zu diesem Gebrechen gibt man dem Menschen den gestossenen Hechtkieffel zu trincken. Vnd gleichsfalls auch drey oder vier Blumen von dem Kraut Rittersporn zu essen.

Von allerley Phantaseyen.

Die Zeserlin auff dem S. Johanns Kraut haben eine Signatur. Dannenhero sie dann zu gewisser Zeit durchlöchert vnd gebührlicher weise gesamblet / alle Phantaseyen vnd Gespänst ohne allen Aberglauben von dem Menschen vnd ausser demselbigen vertreiben. Welcher Spiritus auch den Geist der Menschen in ein ander Phantasey führt / daß jhr Spiritus animalis vor diesem fleucht. Sein Griechischer Name bringts mit sich / daß er eine Herrschafft vber die Bilder vnd Gespänst habe. Wird sonsten Fuga Dæmonum, das ist / die Teuffels Flucht genannt: Dannenhero dann der Rauch von seinem Samen gemacht / nach deß Lullij Zeugnuß / alle böse Geister von der Eygenschafft deß Leibs oder auß dem Hauß vertreibt. Bey dem Ioanne Baptista Porta von Neapoli lesen wir / daß es die Besessene weder riechen / noch vber sich leyden können. Dann gleich wie die Himmlische Sonne alle böse Geister / so sich der Finsternuß erfrewen / mit jhrem Schein vertreibt: Also verrichtet solches auch das S. Johanns Kraut / welches vnter die Sonnenkräuter wird gezehlet / vnd von dem Paracelso die Jrrdische Sonne genennet.

Die Weinrauten von wegen deß Creutzes / so jrem Saamen gleichsamb eingetruckt.

Das Creutz den Wachholderbeerlin angebohrn vnd sonderlich den grossen / so die Grösse einer Haselnuß erlangt / deren ich in meiner Reyse in dem Neapolitaner Feld an dem Vfer deß Tyrenischen Meers ein grosse Menge gefunden. Vnd zeigt demnach die Erfahrung / daß sie den Besessenen sehr wol dienen.

Der Orant oder Sterckkraut wird gleichsfalls wider die Phantaseyen vnd Bezauberungen sehr gerühmbt: Sintemal sein Saame einem Sceleto nicht vngleich / vnd die Hirnschal eines verstorbenen Menschen gleichsamb vorstellt.

Von den Kräutern der Zähne.

1. Die Bälglin deß Bilsenkrauts / in welchen der Saame beruhet / haben die Form vnnd Gestallt eines Backenzahns: Dannenhero dann jhr Oel oder außgepreßter Safft / wie gleichsfalls die Brühe der Wurtzel mit dem Flohkraut in Essig gesotten / vnnd solches Essigs warm in den Mundt genommen / den Schmertzen der Zähne gewaltig stillet.

2. Die Kerne der Granaten repræsentiern gleichsfalls deß Menschen Zähne vnd wird derowegen jhr decoctum oder gesotten Wasser zu den Gebrechen deß Zahnfleisches vnd zu den wackelenten Zähnen selbst gebraucht.

3. Die Fiechten Nüßlein vergleichen sich den vorder Zähnen: Werden demnach die Blätter solches Baums in Essig gesotten vnd zu derselbigen Zähne Schmertzen der Essig in den Mund genommen.

4. Die Dentaria oder Zahnkraut ebener massen / deren Wurtzel durch wunderbahre Kunst der Natur voller Zahnförmige Schuppen ist.

Von den Gemächtförmigen.

1. Das Kraut Pfaffenpint ist einem außgeschnittenen Mannlichen Glied nicht vngleich.

Etliche halten das Knabenkraut oder Stendelwurtz oder deß Paracelsi wahre Stendelwurtz für den Arum oder Pfaffenpint/oder alle Geschlecht deß Schlangenkrauts. Welche sich dem gantzen Mannlichen Glied vergleichen/vnd nach der Zeitigung in dem Graß oder auff der Erden wie krumme Schlangen liegend gefunden werden.

2. Die Bohnen haben die gantze Anatomi der Mannlichen Ruthen. Vnd werden demnach von dem Pythagora verworffen oder verdampt:

Das Mehl auß Bonen gemacht/wird wegen Eygenschafft solcher Gleichheit wider die Auffblähung der Gemächte sehr viel gebraucht.

3. Der auffrechte vnd starcke Stengel deß Krauts Wegweiß vergleicht sich der Mannlichen Ruthen: Vnd wird demnach derselbigen gesottene Brühe beydes inn- vnd ausserhalb deß Leibs den jenigen / welchen jhr Mannrecht durch Bezauberung genommen worden / ein sehr berühmbte Hülff.

4. Der hole Stengel deß Habbichkrauts gesottene Brühe von gemeinem Wasser täglich warm getruncken ist zur vereyterten Entzündung der Gemächtruthen ein eygne vnd sonderbahre Cur.

5. In den Küchern vnd sonderlich den Feygbonen erzeygt sich die Gestallt der Mannlichen Ruthen.

6. Wie gleichsfalls in den Fiechten Nüssen / dannenhero sie dann mit sampt den Pimpernüßlin die Begierde deß Beyschlaffs gewaltig befördern.

7. Die Eychel zeygt vnd bildet den Kopff der Mannlichen Ruthen vor: welcher mit der Vorhaut bedeckt wird.

Von den GeburtsGeylnförmigen Kräutern.

1. Alle Geschlecht der Stendelwurtz reytzen / wegen der Gleichförmigkeit / so sie mit den Geburtsgeyln haben / zum Beyschlaff an: Vnd wird eins in deß andern Getränck resolviert: Die öberste vnter den beyden Wurtzeln ist allezeit besser vnd kräfftiger / zur Erweckung der verlohrnen Begierde zum Beyschlaff: Die vnterste aber etwas mehr weich vnd runtzlecht ist der vorigen in jhrer Krafft zuwider. Die Natur als welche sich der Gebärung der Menschen befleißt / gibt durch jhre eusserliche Gestallt zu erkennen / daß sie zur Stärckung vnd Beförderung der Geburt dienen / sintemal sie sich dem Saamen auch am Geruch vergleichen. Hat derowegen dz Extract von der Wurtzel deß Knabenkrauts die verlohrne Krafft der Männer zu widerbringen ein groß Vermögen: Dieweil sie den Geburtsgeyln der Männer vnd anderer Thier / so eben nachformiert / daß sie männiglich darfür erkennt.

2. Die Tragorgis oder Bockshödlin stincken nach einem Bock / haben in jhren Röhrlin langlechte Aeher / wie ein Bahrt / reytzen zum Beyschlaff an / vnd dasselbige vnter allen Bulbosis oder Zwybelgeschlechten am gewaltigsten / gleich wie der Bock vnter allen das vnkeuscheste Thier.

3. Das rothe Knabenkraut oder Stendelwurtz dessen Wurtzel mit einem dünnen rothen Häutlein vberzogen vnd innwendig weiß ist / reytzet eben so gewaltig zum Beyschlaff an / als auch der Fisch Scincus, wann sie nur in den Händen gehalten wird: Vnd noch mehr / wann man sie mit Wein zutrincken gibt / wie solches nach dem Dioscoride auch Lobelius bezeuget.

4. Die grosse Drachenwurtz oder Schlangenkraut hat eine runde Zwibelförmige Wurtzel / gleich einer Geburtsgeyl / welche in Wein getruncken die Begierde zum Beyschlaff befördert.

5. Der Lauch ist dem Sack der Geburtsgeyln ähnlich / daß er derenthalben zum Sprichwort worden / vnd reytzet gleichsfalls zur Vnzucht an.

6. Die Blumen deß Krauts Cynosorchis oder Hundshödlin geben dem Menschen zum Beyschlaff grosse Beförderung / in dem sie nemlich den Saamen vermehren / vnd eine Begierde erwecken.

7. Die Hirschschwämme haben ein Gestallt einer Mannlichen Ruthen / stärcken dieselbige / nicht allein jnnerhalb / sondern auch ausserhalb gebraucht: Vnd werden bey den Auffblähungen der Geburtsgeyln sehr nützlich auffgelegt.

9. Beyderley Geschlechts Geburtsglieder Signatur vnd Kennzeichen haben die Kern oder Steinlin in den Traubenbeern. Vnd haben demnach die Alten nit vnrecht gesagt / es sey die Venus ohne den Bachum oder lieben Getranck deß Weins eines geringen Vermögens.

Von den Mutterförmigen Gewächsen.

1. Die wahre vnd rundte Osterlutzey vergleicht sich in der Figur der Gebärmutter eins Weibs / vnd kompt demnach den Gebärenden sehr fein zu hülff.

2. Wie gleichsfalls auch die Erbsen.

3. Die jnnwendige grüne Rinden der Bircken ist mit jhren Blutrothen Aederlin der Gebärmutter ähnlich / vnnd hat demnach auch das Vermögen den Tartarum in den Adern der Mutter zu dissolviern.

4. Der Granat Apffel ist glatt / mit einer Rinden / Malicorium genannt / vberzogen. Solche Rinde aber springt von der Hitze der Sonnen auff / oder auch von dem aller geringsten Lufft. Vnd also wird auch die Mutter zur Zeit der Geburt von dem Kindt eröffnet.

6. Das Schweinsbrot demonstriert vnd zeygt mit seiner geflochtenen Zwibelförmigen Wurtzel die Gebärmutter eins Weibs. Vnd wird demnach von Theophrasto zum Werck der Lieb gerühmbt.

7. Die Wurtzel Leontopedalon oder Löwentapp läst sich mit seiner weichen Woll für ein Weibliche Scham sehr wol ansehen / vnnd sagt Dioscorides wann man dieselbige nur am Halß trage / so reytze sie zum Beyschlaff an.

8. Gleichsfalls haben auch die Muscatblumen die Form einer Gebärmutter: Dieweil sie nemblich die Muscatnüß in sich verschliessen / wie die Mutter jhr Geburt.

Von dem Krebs.

1. Die Dattelkern: Vmb welcher Vrsachen willen Paracelsus solche wider den Krebs zutrincken befiehlt. Etliche sind der Meynung / es sey der frembde Hermodactylus, dessen rundte Wurtzel sich in das centrum oder Mitte zusammen zeucht / dergleichen die Krebs im Brauch haben.

2. Die Monrauten hat die Signatur deß Krebs / von deren Carrichter bezeuget / daß er alle Krebs der Brüste damit geheylet.

3. Die Sontauw oder Sintauw.

Von der Pestilentz.

Die Krotten / Schnecken vnd Frösche werden von aussen vbergelegt vnd ziehen das Gifft herauß. Daß ein Pest erfolgen werde / sihet man in der Frösche fleckichten Zungen / vnd wann sie hauffenweiß zusammen kommen vnd auff einander hocken / vnd zeygen gleichsamb damit an / daß so viel Todte Leichen werden erfolgen.

Die Signatur oder Zeichen der Pestilentzischen Kohln lassen sich in dem Sapphir gantz klärlich sehen: In welchem ein sonderbahre Krafft verborgen/diese Kohln ohne alles Benagen zuheylen vnd die Ruffe zubefördern. Dergleichen Vermögen finden sich auch in den Eydexen: Zeucht derowegen solche Ruffen herab.

Die Gamandræa mit jhrem runden Apffel hat auch ein Signatur der Pest: Dannenhero dann die mit dieser Kranckheit behafftete/ solches Kraut/so da in jhrem Landt gewachsen/mit grossem Nutzen einweychen vnd im täglichen Trincken gebrauchen. Also auch die runde Aepffel/ so auff den Eychbäumen wachsen / sie seyen gleich grün oder pulverisiert/ werden auff den Orth der Pestilentz gelegt.

Von dem Stein.

1. Alle Dinge / so den Stein treiben / sind Magischer Weise von der Gleichheit gezeychnet/ vnd deuten die Kranckheit mit jhren Bildnussen an. Als der Crystall/Kiselstein/ gälbe Stein/Judenstein/Luchsstein. Der Harn deß Luchsen wird zu einem Stein : Dannenhero dann der Harn zu dem Harntröpfflen sehr bequem.

2. Der Stein von einem Menschen.

Oswald Croll »Signaturen« 1629

GRANADILLE

aus America gebracht haben / weilen ihre Frucht wie ein kleiner Granat-Apffel anzusehen ist / weswegen die Holländer solche auch Rhang-Appel heissen. Nun ist es zwar nicht ohne / daß man an der Blume einige Theilger sihet / welche den Nägel und Dornen gleich sehen. Daß man aber alle übrige Instrumenten / welche bey dem Leiden des HErrn Christi gebrauchet worden / als die Geissel/die Säule und dergleichen daran finden solle / dazu gehöret eine starcke Impression und Einbildung / wie es auch bey einem Hecht-Kopff (worinnen man gleichfals das Leiden Christi suchen wil) zu geschehen pfleget. Weswegen auch *Acosta* im 27. Capitel des vierten Buchs seiner Historien schreibet / daß der meiste Theil dieser Sache fast eben auff die Weise zugehe / wie mit der Jungfrau/ dem Löw und dem Beer an dem Himmel; und wäre also besser / daß man solche Instrumenten immer in dem Hertzen der Menschen finden könte

Valentini »Museum Museorum« 1704

Es ist auch nicht genug / dass man der Kräuter so schlecht anhin brauche / wie sie in den Kräuter-Büchern geschrieben / Sie müssen auch zu rechter Zeit eingesamlet seyn / dann wo solches verachtet / oder verwahrloset/dörffen sie wohl keine Krafft haben / oder wohl gar in den Kranckheiten antipatisch seyn/ nemlich/ die Kranckheit fördern vnd übel ärger machen/ Vnd sonderlich sollen die Apothecker ihnen diesen Punct lassen befohlen seyn / wollen sie anders ihrem Ampt fleissig vorstehen/nicht nur sollen gesamlet werden/wann der Himmel klar/und schön Wetter ist/ denn es kan wohl auch schön Wetter gefallen in der widrigen Influentz der ☉/Martis, Jovis &c. als wie kommenden 30. April 1651. da die directiones der ☉ ad ☍♂/Item ♂ ad ☍☉ und ♃ ad □☉ einfallen werden / darbey auch der Zeit des Jahres allweg wohl in Acht nehmen / vnd stets ihres Gewächses/dann solche etwan früh/etwan später im Jahr zeitigen.

Israel Hiebner »Mysterium« 1651

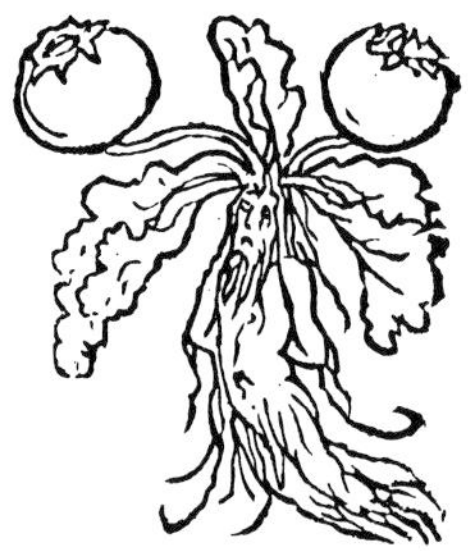

Von denen Goldbringenden Alruncken.

Die Alruncken sind auch solche Teuffels-Fantterle, die um geringes schnödes Geld des Menschen kostbahre Seele davon führen. Ich habe einige gekennet, welche mit diesem Geschmeiße umgegangen sind, und täglich zwey oder drey auch mehr Ducaten, nachdeme der Accord gemacht worden ist, davon zugeniessen hatten: Sie musten hingegen den Alruncken, wie ein kleines Kind, einfätschen, speisen, und vom Unflathe reinigen;

Vor einigen Jahren hat ein gewisser Prälat, dessen Orden, Closter und Landschafft zu nennen ich verschone, aus Geitz einen solchen Alruncken in einen Kelch gebannet, ist aber verkundschaffet, deswegen abgesetzt, und das Kloster gestrafft worden.

»138 Geheimnisse« 1732

Diese zauberische Allraun / wird von Gottes- vnd ihres Heils-vergessenen Leuten / vnder den Galgen vnd Hochgerichten / in der Beredung sie sey von dem nach dem Tod der Gehenkten / von jhnen außgelassenen Harn gewachsen / vnd wie ein kleines Männlin gestaltet ꝛc. Heidegg. Hist. Patr. part. 2. pag. m 574. mit Zauberey vnd Hülff eines schwarzen hungerigen Hunds gegraben hieher sehr dienstlich / was Martinus Del Rio Disquis. Magic. l. 4. c. 2. qu. 6. §. 4. pag. m. 547. von einer solchen zauberischen Allraunen schreibt / nemlich: Als Ich in Anno 1578. das Richterliche Ampt annoch verwaltet / ist mir vnder eines beklagten Licentiaten confiscirten Schrifften / neben einem / mit wunderlichen Characteren / Buchstaben vnd Zeichen erfülten Zauberbuch / auch ein Lädlin / wie ein Todtensarck formieret / zur Hand kommen / in welchem ein alt schwarz Allraunen-Männlin gelegen / mit sehr langem Haar / aber ohne Bart / welches zur Zauberey vnd Vermehrung deß Gelts gebraucht worden. Ich hab die Arm von der Allraunen weggerissen / welche solches gesehen / haben gesagt / es werde mich zu Hauß ein groß Vnglück angehen. Ich hab aber darüber gelacht vnd gesagt wer sich förchte / der könne wol hinweg gehen. Ich hab endtlich das Buch / Lädlin vnd Allraunen-Männlin in das Fewr geworffen / vnd hiervon keinen anderen Geruch / als von einer verbrennten Wurzel / gerochen.

α. Fürnemlich / wird die Mandragora, oder natürliche Allraunwurzel / für ein lieb-bewegendes Mittel gehalten. Heidegg. Histor. Patriarch. Part. 2. Exercit. 19. §. 3. pag. m. 565. Auß Dioscoride vnd Epiphanio.

Barth. Anhorn »Magiologia« 1674

Vor die schwere Noth.

Von der Wurtzel des Männleins der Pöonien, auf teutsch Bathengel genannt, schreibet Galenus, daß ein Kind der fallenden Sucht so lange entledigt gewesen, als lang es dieselbe an seinen Halse getragen. Sobald man aber die Wurtzel von ihm genommen, sey es von derselbigen wiederum überfallen worden. Es ist aber hiebey wohl zu mercken, daß die Wurtzel, im Fall sie dieses præstiren soll, in dem abnehmenden Monden muß gegraben werden, sonderlich im Julio, wenn die Sonne im Löwen ist, darzu an einem Sonntage in der Sonnen-Stunde.

Vor allerley Flecken und Felle derer Augen.

Die Wurtzel, Fellriß, an den Halß gehangen, und also eine zeitlang getragen, wird sehr gerühmet, etliche Leute haben auch diese Wurtzel, die sie in dergleichen Affecten andern leihen und ihre Würckung vielfältig erfahren, in hohem Werth, massen dann mir dererselben etliche bewust, welche lieber etwas anders, als diese Wurtzel verlöhren.

Etliche Amuleta wider die Pest.

Erstlich thun etliche nur gemein Quecksilber in eine Haselnuß, vermachen das Loch mit Spanischem Warse, und tragens darvor an den Halß gehangen, welches von etlichen vornehmen Practicis viel höher gepriesen wird, als die Amuleta, so jetziger Zeit in denen Apothecken aus Arsenico und Auripigmento gemacht, davon (ich jetzt bald weiter reden will) gebräuchlich sind. Andere thun eine grosse Creutz-Spinne in eine Welsche-Nuß-Schalen, vermachen sie fest mit Läimen, bohren denn aussen ein klein Löchlein, und füllen sie mit Quecksilber, soviel sie hinein bringen können, vollends zu, vermachen das Löchlein wieder, und tragens also. Etliche hängen nur Campher in ein Säcklein gethan, an den Hals, und tragen es davor. Andere loben hoch ein Stück Holtz von dem Esch-Baume, so zu seiner sonderbahren Zeit, davon ich auch bald Bericht thun will, gehauen worden, am blossen Leibe, bloß gegen das Hertz zu getragen,

Ferner hat man auch vor etlichen Jahren den Gebrauch des Eschen-Holtzes, in Heilung solcher Wunden, an den Tag gebracht, und thut dasselbige, wenn es zu rechter Zeit und gehöriger massen gehauen wird, seine Krafft hierinnen auch sehr erweisen. Dieses Holtz ist auch Zweiffels ohne vor andern hierzu tauglich zu seyn erachtet worden, weil es sonsten in Wunden seine Hülffe erzeiget, also daß, wann man eine Wunden, so weit von einander stehet, mit der innern Rinden dieses Holtzes verbindet, so zeucht es dieselbe so subtil zusammen, daß es ein Strichlein giebet, wie ein Faden, also, daß man es auch nicht hefften darff. Es muß aber am Tage Johannis Baptistä, frühe vor der Sonnen Auffgang, von denenjenigen Aesten, so gegen

Zwey Ehe-Leute, beyde von guten Familien, heyratheten einander, er aus Liebe zu ihr, sie hingegen ohne Liebe, und gezwungen von ihren Eltern. Die Ehe ware unglückselig für beyde, dieweil weder er, vielweniger sie, etwas von der Zärtlichkeit der Liebe geniessen konten. Die Freunde suchten Mittel, diesem Unheil abzuhelffen, und erforscheten endlich folgendes:

Man grube im Vollmond diejenige Knaben-Wurtzel, wo immerdar Männlein und Weiblein bey einander stehen; Das Männlein gabe man ihr in einer Speise, die sie sonst gerne zu sich nahme zu essen, heimlich zu geniessen, er aber muste die Wurtzel des Weibleins in einem Viol-blauen Tüchlein von Seiden bey sich tragen; wie dann geschehen, und sie ihn dermassen hernach geliebet, daß sie ihn fast nicht aus denen Augen lassen können, und jährlich mit einem Kinde erfreuet hat.

Ein gleiches geschiehet auch, wann beyden heimlich das Sympathetische Schwalben-Pulver beygebracht wird; Item die Wurtzel einer weissen Lilien an dem Tage und in der Stunde des Planeten Venus, wann solcher in der Waag oder dem Stiere mit dem Monde in Conjunction stehet, gegraben; wie auch das Hertz und Nieren einer Turtel-Tauben ꝛc.

»138 Geheimnisse« 1732

α. Erstlich/ können jungen unfürsichtigen holden Leuten/ mit Zaubersachen zubereitete **Cytronen/ Pomeranzen/ Liebstreüßlein oder Meyen/ Biesamknöpf/ und gmeine schöne Aepfel oder Bieren** beygebracht/ und sie dardurch in groß Ungefehl gestürzet werden.

β. Werden die Liebgiest **mit verfluchten**

Barth. Anhorn »Magiologia« 1674

Ein Amuletum wider die Zauberey

Man nehme eine Hasel-Nuß, die vom Baum abgefallen, und ein Loch hat: Ist ein Wurm darinnen, so raume man denselben samt seinem Unflathe heraus, und thue hingegen darein eine Spiegel-Feder aus dem Pfauen-Schwantze, und einen Virginischen Mercurium. Die also gefüllete Hasel-Nuß thue in Jungfrau Wachs, und nähe sie in einen rothen Taffet, oder ein Stücklein von rothem Scharlach, und trage es an dem blossen Halse, so kan man dir nicht zu. NB. Die Schnur, womit man es an dem Halse trägt, muß auch von rother Seiden seyn.

Die Consigilinem Plinii, auf teutsch, wilde Christwurtzel oder Schlangenwurtzel, rühmen andere am Halse getragen, auch vor allerhand Gifft dienlich zu seyn, wenn sie aber in Leib komme, müsse man davon sterben. Etliche vornehme Leute schreiben, es sey an einem Hunde probiret worden, dem man die Wurtzel an Halß gehangen, und hernach Gifft gegeben, das ihm gantz nichts geschadet;

»138 Geheimnisse« 1732

101

99

100

99 *»Der Baum der Erkenntnis« Holzschnitt aus »Vita Christi«, niederländisch 1487*

100 *Baumharz (Kautschuk?) in Apfelform mit Silberbändern gefaßt, K A 246 H 30 16. Jh*

1. Mose 3/22: »der Herr sprach: Siehe, Adam ist worden als unser einer, und weiß, was gut und böse ist. Nun aber, daß er nicht ausstrecke seine Hand, und breche auch von dem Baum des Lebens, und esse, und lebe ewiglich! Da ließ ihn Gott der Herr aus dem Garten Eden, daß er das Feld baute, davon er genommen ist; Und trieb Adam aus, und lagerte vor den Garten Eden die Cherubim mit dem bloßen hauenden Schwert, zu bewahren den Weg zu dem Baum des Lebens.«

101 *Votant mit Zweigen, Basaltrelief aus Guzana (Tell Halaf), Staatliche Museen Berlin, Vorderasiatische Abteilung, Anfang 1. Jahrtausend*

102

103

104

Die Darstellung der Gotteserscheinung im Baum konkretisiert die frühe Baum-Gott-Erfahrung. Darin gründen schon in der Antike Lokalkulte von Götter- oder Gnadenbildern im Baum. Den Formen der Heiligung folgt der Gebrauch von Partikeln numinoser Pflanzen als geistliche Medizin, als Amulett und Phylakterion

102 *Die Himmelsgöttin Nut vor der Heiligen Sykomore, den Toten mit dem Wasser und der Speise des Lebens labend. Ausschnitt aus dem Totenpapyrus des Chonsu-mes, 21. Dyn. Wien H 150*

103 *»Daphne« Darstellung der mythischen Baumverwandlung, koptisches Kalksteinrelief aus Antinoe, 4. Jh Louvre, Paris*

104 *Holzrelief mit der Darstellung des Gnadenbildes »Maria Taferl« und dem Heiligen Baum, Slg. Schlumberger, Wien*

105

106

108

109

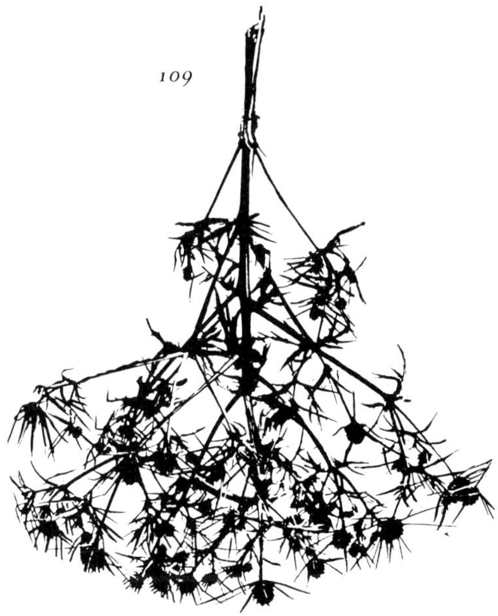

105 *Wallfahrtsbild von Notre Dame de Bannelle. Volkstümlicher Holzschnitt 19. Jh*

106 *»Christus im Baum« Holzschnitt aus »Geistliche ußlegung des lebens Jhesu Christi« gedruckt bei Zainer, Ulm 1485. Die rätselhafte, seltene Darstellung deutet in der Zusammenschau Christi mit den Leidenswerkzeugen in der Baumkrone auf eine symbolhafte Gleichung: Erlösergott=Lebensbaum; der gegabelte Baum=Kreuz und damit Holz des Lebens; der umgebrochene Acker=pflügen=leiden; das Kornfeld=Ernte=Erlösung*

108 *»Das kleine Glück« Kupfer von Albrecht Dürer (1471–1528). Die nicht klare Symbolik des Distelzweiges (Eryngium campestre L) in der Hand der Fortuna wurzelt möglicherweise im Volksbrauch, diese Pflanze als Wetteranzeiger (Norddeutschland), als schicksalverbundenes Prognostikum (Mecklenburg) und als »Unruh« in apotropäischer Sicht (Schlesien und Österreich) aufzuhängen (Marie Andree-Eysn)*

109 *Die gleiche Distel als Deckengehänge*

147

◁ 107

107 *Der Fürst der Welt als Bräutigam, rosenbekränzt, lockt mit der Frucht der Sünde. Portalfigur um 1300, Straßburger Münster (Dombau-Museum). Dies Sinnbild weltlicher Verlockung mit dem Rücken voll Schlangen, Kröten und Ungeziefer als Widerpart der Törichten Jungfrauen findet sich an mehreren Kathedralen*

147 *Gebetszählschnur aus Ambrakugeln, Fassung goldgeschmelzt, im Kammergalerie-Inventar 1635 erwähnt als »Pater noster von Ailf Poln von Ambra mit ainem von golt weiß geschmelzten Todenkopf und guldnem Ring mit 30 Diamanten geziert« (Anhänger nicht mehr vorhanden). Dazu Holzzylinder mit Deckel. MR 203. (Ambra wurde wie Gold bezahlt.)*

110 *Kleines Alraunenmännchen mit bearbeitetem Kopf und Stoffmäntelchen im geschnitzten Barockgehäuse Silberaufhängung. GN WJ 305 H etwa 45*

111 *Drei Alraunen aus Wien (Allermannsharnisch – Allium victorialis oder Gladiolus paluster), GN o. N. H 80–120*

112 *»Tragerl« (Alraune) aus der Umgebung von [illegible], GN 361 H 9[illegible]*

113 *Alraunengestaltige Fälschung aus dem Wurzelstock der Zaunrübe. Solche falschen Alraunen wurden meist wieder eingegraben und durch eingesetzte Keimlinge mit einem Wurzelgeflecht umgeben, das den »echten Alraunenlook« ergab. Bis ins 20. Jh. wurden diese Glückswurzeln in Wien (Oraunl) und auch in Berlin in Warenhäusern feilgeboten. Der volksmedizinische Gebrauch der Alraune ist im Montafon bis 1955 belegt. GN o. N.*

115 *Männlicher und weiblicher Alraun aus dem »Hortus sanitatis«, Augsburg 1486*

115

111

111

111

112

113

110

114 *Ägyptisches Kalksteinrelief der 18. Dyn. Die Königin (Merit-Aton?) reicht ihrem Gemahl Smenchkare eine Mandragora als Zeichen der Liebe. Ehem. Staatl. Museen Berlin, H 240*

114

119

117

118

116

116 *»Rose von Jericho« aus einer alten Nürnberger Apotheke, GN o. N. H 70*

117 *Dattelkern als Anhänger in Silber gefaßt, K A 268 H 30 16./17. Jh. Der Kern gilt als Signatur des Krebses, wird deshalb gegen Krebsleiden gebraucht (Oswald Croll S. 75)*

118 *Kern einer Leguminosa Caesalpiniacee (Südamerika) silbergefaßt, 17 Jh K A 141 H 30 südd*

119 *»St. Cyriakus«, Flügel des Heller-Altars, Grisaille von Matthias Grünewald, (um 1460–1528) Städelsches Museum Frankfurt (Main). Der Heilige trägt am Gewand die Rose von Jericho, hier vielleicht Attribut des Pilgers*

Krafft und Würckung der Rosen von Jericho.

Wann man solche der Gebährerin auff den Kopff oder auff den Leib hält (verstehet sich mit der gantzen Wurtzel in der Hand) oder ihr selbsten in die Hand gibt/oder aber die Rosen in ein Trinckglaß mit Wasser (wie oben gemeldt) stecket/und wann sich selbe nach wenig Zeit eröffnet / soll es ein Anzeig seyn/daß solche genese ; da es sich aber nicht eröffnet / solle sie nicht genesen und des Lebens nicht sicher seyn.

Valentini »Museum Museorum« 1704

Rosa Hierichontica partum facili tat

268.

»Die Rose von Jericho erleichtert die Geburt.« Aus dem Sachwortregister Jakob Wolff 1617

110

114 *Ägyptisches Kalksteinrelief der 18. Dyn. Die Königin (Merit-Aton?) reicht ihrem Gemahl Smenchkare eine Mandragora als Zeichen der Liebe. Ehem. Staatl. Museen Berlin, H 240*

114

117

118

119

116

116 *»Rose von Jericho« aus einer alten Nürnberger Apotheke, GN o. N. H 70*

117 *Dattelkern als Anhänger in Silber gefaßt, K A 268 H 30 16./17. Jh. Der Kern gilt als Signatur des Krebses, wird deshalb gegen Krebsleiden gebraucht (Oswald Croll S. 75)*

118 *Kern einer Leguminosa Caesalpiniacee (Südamerika) silbergefaßt, 17 Jh K A 141 H 30 südd*

119 *»St. Cyriakus«, Flügel des Heller-Altars, Grisaille von Matthias Grünewald, (um 1460–1528) Städelsches Museum Frankfurt (Main). Der Heilige trägt am Gewand die Rose von Jericho, hier vielleicht Attribut des Pilgers*

Krafft und Würckung der Rosen von Jericho.

Wann man solche der Gebährerin auff den Kopff oder auff den Leib hält (verstehet sich mit der gantzen Wurtzel in der Hand), oder ihr selbsten in die Hand gibt/oder aber die Rosen in ein Trinckglaß mit Wasser (wie oben gemeldt) stecket/und wann sich selbe nach wenig Zeit eröffnet / soll es ein Anzeig seyn/daß solche genese; da es sich aber nicht eröffnet / solle sie nicht genesen und des Lebens nicht sicher seyn.

Valentini »Museum Museorum« 1704

Rosa Hierichontica partum facilitat

268.

»Die Rose von Jericho erleichtert die Geburt.« Aus dem Sachwortregister Jakob Wolff 1617

120 *Kern einer johannisbrotähnlichen Frucht Leguminosa Dioclea Mimosacee (Südamerika), Zinnmanschette 17. Jh K A 42 H 28 Salzburg*

121 *Kreuzförmiger Anhänger an einem Rosenkranz aus Wassernüssen, in Italien beliebte Wallfahrtsandenken (Trapa natans, »Jesuitennuß«), K A 1994 H der Nuß 20, italienisch. Gebrauchsgegend Süddeutschland 19. Jh.*

123 *Salomons- oder Maledivennuß, H 300 Botanische Staatssammlung München. Die von den Seychelleninseln stammende Palmnuß wurde als seltenes Strandgut an den Küsten des Indischen Ozeans geborgen und galt in Indien, Ostasien und Ostafrika als »Panacee« schlechthin. Auch im mittelalterlichen Wunderglauben spielte die Frucht eine bedeutende Rolle und war Gegenstand förmlicher Wallfahrten in Venedig, Lissabon und Antwerpen*

120

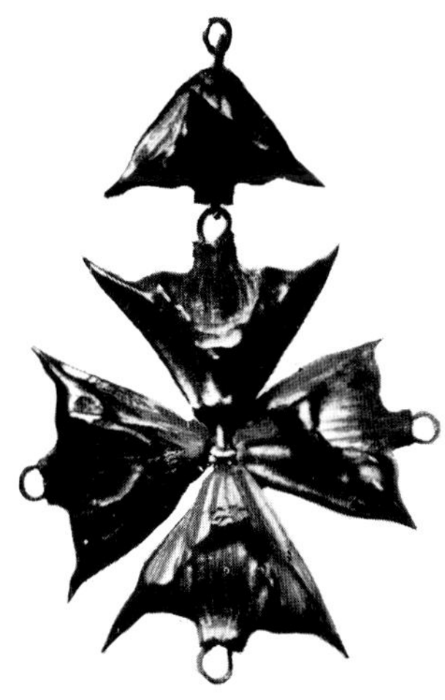

121

123

122 *Muskatnuß-Anhänger silbergefaßt: K A 949 17./18. Jh H 32 und K A 266 17/18. Jh H 46 mit angehängter Perle. Außer dem Gebrauch als Liebesamulett wurden Muskatnüsse zur Krankheitsabwehr und geschabt als Medizin verwendet*

welche man die Maldiver Cocus-Nuß
oder
COCUM MALDIVENSEM

zu nennen pfleget: ist den vorigen fast in allem gleich/ ausser daß sie eusserlich eine andere Gestalt hat/ und da die andere bey nahe rund sind/ ist diese wie ein Hertz anzusehen und wird sonsten auch Tavarcaré genennet; Und weilen die Sinenser solche als einen Abgott in ihren Häusern bewahren/ und solche aller Orten auffsuchen/ so ist sie deswegen übel zu bekommen

Dieser Frucht wird vor andern eine grosse Krafft gegen allerhand Gifft zugeschrieben/ dahero sie auch von dem berühmten *Bauchino* Nux Indica ad venena celebrata oder die Indianische Gifft-Nuß genennet wird. Absonderlich aber wird die so genandte GEMMA NUCIS MALDIVENSIS, deren *Wormius in Museo pag.* 203. gedencket/ in Indien deßwegen hoch gehalten und nicht allein/ wie der übrige Kern/ gegen allerhand Gift/ Flecken-Fieber und dergleichen gerühmet/ sondern gar vor eine Panacée gehalten. Solche findet sich in der Mitten des Nuß-Kerns/ wie ein Aug/ daraus sie wieder sprosset: ist rund/ in der Grösse eines kleinen Tauben-Eyes/ glatt/ hart und wie die Perlen glänzend: hat meistentheils eine gelbe Farb/ ausser daß sie an einem Theil etwas weiß ist. An dem einen End ist ein kleines Stielgen zu sehen/ wormit sie dem übrigen Nuß-Kern angehänget gewesen; wigt ohngefehr anderthalb Quint und gehet im Wasser zu Grunde. Die Indianer sollen sie in güldene und silberne Ringe also einfassen/ daß sie die blosse Haut an den Fingern anrühre/ und halten also diese Ringe vor ein sonderbar Amulet wieder die Zauberey und alle Vergifftung.

Valentini »Museum Museorum« 1704

124 *Gewürzbaum, bürgerliche Hochzeitsgabe (Salzkammergut und Innviertel). Die neun Samen Mohn, Hirse, Wacholder, Kümmel, Fenchel, Koriander, Pfeffer, Kaffee, Tee deuten auf Abwehr von Unheil und Fruchtbarkeitswunsch. Museum Tittmoning. H etwa 500 19. Jh*

126 *»Zauberfest auf dem Blocksberg« Stich von Michael Herr, 17. Jh., darauf liegend: Drei »Afelkerzen« (Afel = Rotlauf) aus Mariazell, modern. 1. »Mutterrauch« (bei Entbindungen) K A 1700 H 115, 2. »Rotlaufrauch« K A 1701 H 101, 3. »Gichtkerze« K A 1699 H 96. Es gibt auch »Steinkerzen« gegen Steinleiden und »Bauchwehrauch«*

124

122

B. Berg
en Unzucht Tänke, Adlers Klauen
n Teufelslarven sind zuschauen
Schrecket nicht den Bauersmann
Eulenaugen Krötenzucht Schlan

125

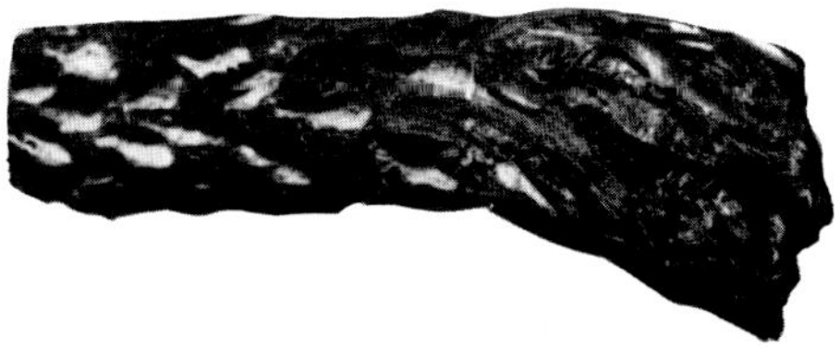

127

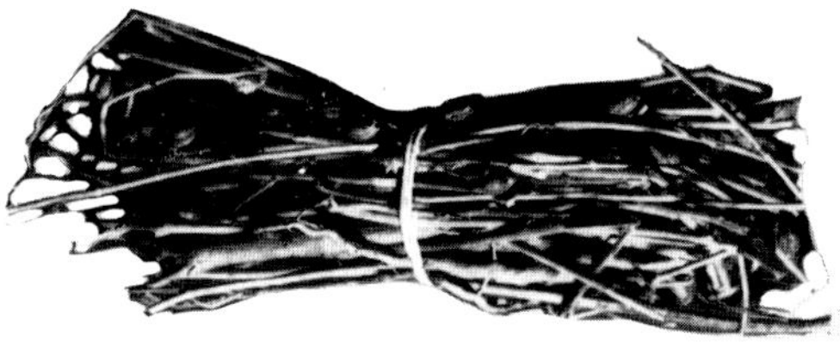

128

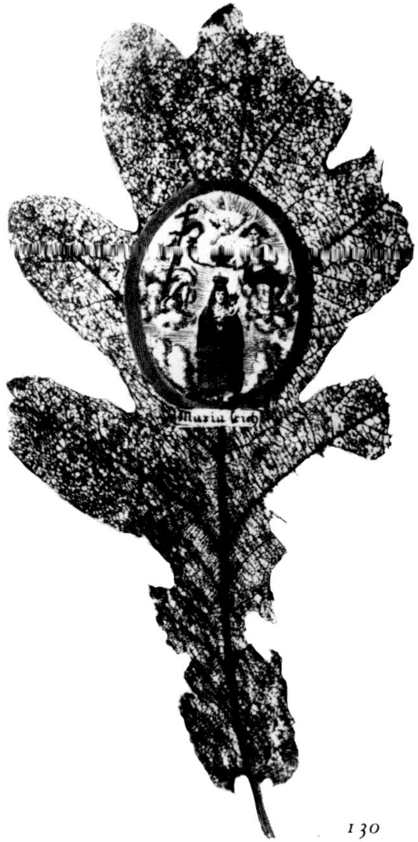

130

Mandragora: *»Sie ist flammend rot von Farbe und wirft des Abends Strahlen aus; sie auszureißen ist sehr schwer, denn dem Nahenden entzieht sie sich und hält nur stand, wenn man Harn oder Blutfluß vom Weib daraufgießt. Auch dann ist bei jeder Berührung der Tod gewiß, es trage denn einer die ganze Wurzel in der Hand davon. Doch bekommt man sie auf andere Weise gefahrlos, und zwar so: Man umgräbt sie rings, daß nur noch ein Rest der Wurzel unsichtbar ist, dann bindet man einen Hund daran, und wenn dieser dem Finder folgen will, so reißt er die Wurzel aus. Er stirbt auf der Stelle als stellvertretendes Opfer dessen, der die Pflanze nehmen will. Hat man sie einmal, so ist keine Gefahr mehr. Man gibt sich aber soviel Mühe um sie wegen folgender Eigenschaften: Die Dämonen, d. h. die bösen Geister schlechter Menschen, die in die lebenden hineinfahren und sie töten, wenn nicht schnell Hilfe geleistet wird, werden von dieser Pflanze ausgetrieben, sobald man sie den Kranken auch nur nahe bringt.«* (Flavius Josephus, gest. 95 n. Chr.)

125 *und* **127** *Farnkrautwurzeln: »Johannishändchen«. K A 1794 H 42, und K A 1995 H 122*

128 *Bündel getrockneter Löwenmäulchen (Antirrhinum majus), deren Samenkapsel die Schädelsignatur aufweist. K A 1996 H 170 süddeutsch*

129 *Gewürznägelein-Monstranz mit Jesukindlein. Die Gewürznelke hat die Signatur des Kreuznagels. Dies und ihr Aroma bestimmen den apotropäischen Wert. K A 265 H 350 19. Jh. Klosterarbeit, südd.*

130 *Wallfahrtsandenken aus Maria Eich mit handkoloriertem Kupferstichmedaillon auf Eichenblattgerippe zur Erinnerung an den heiligen Baum, in dem das Gnadenbild gefunden wurde. BN 5758 H 150 19. Jh*

129

131–133 *Holzschnitte aus Kräuterbüchern, 16. Jh.*

134 *Goldener Nadelkopf in Apfelform mit harziger Paste gefüllt, aus dem Fürstengrab Wittislingen, BN Kat. 4/1906 Dm 30, 6. Jh*

140 *Bildnis eines sächsischen Herrn, gemalt 1543 von Lucas Cranach d. J., mit Bisamapfel, Württ. Staatsgalerie, Stuttgart, Jnv. 1521*

Bisamäpfel. *In diesen durchbrochenen Riechkapseln wurden seit dem Mittelalter Kugeln aufbewahrt, die aus tierischen Duftstoffen, wie Moschus, Ambra, Bisam, Zibeth, und einem Tragantschleim geformt waren, oder sie wurden mit Blütenstoffen, Dufthölzern, Gewürzen gefüllt. Die Bisamäpfel hingen am Gürtel, wurden in Ketten auf der Brust getragen oder am Rosenkranz befestigt. Sie galten als Schutzmittel gegen Dämonen und Seuchenansteckung. Es gab für die verschiedenen Bedrohungen Rezepte, die nach Krankheitsart und nach Wochentagen unterschieden waren.*

131

132

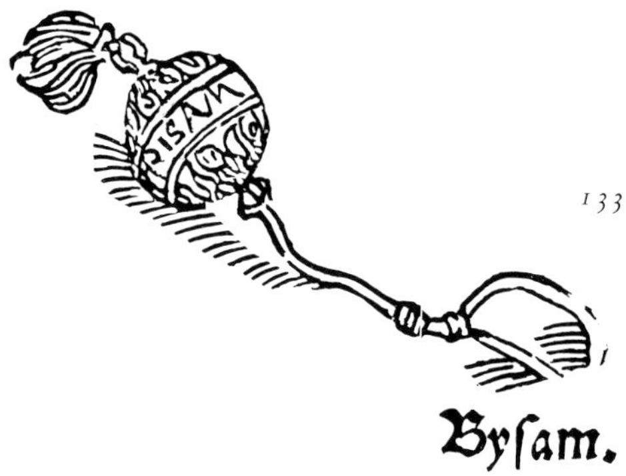

133

140

134

135 *Luca Signorelli (um 1445—1523). Detail aus dem Fresko »Testament Mosis« in Rom, Sixtinische Kapelle, Frau aus dem Volk mit Bisamapfel*

135

136

138

136 *»Betnuß«, Silber, rheinisch, BN MA 3092 Dm 40 15. Jh. Offen und geschlossen*
137 *Bisamapfel in Form eines Totenkopfes mit Kröte auf dem Hinterhaupt. Silber vergoldet. Um 1500 süddeutsch H 35 Pr München*
138 *Kapsel in Apfelform, Kirschholz gedrechselt, K A 623 H 30 17. Jh*
139 *Silber, BN T 4093 H 55 16. Jh*

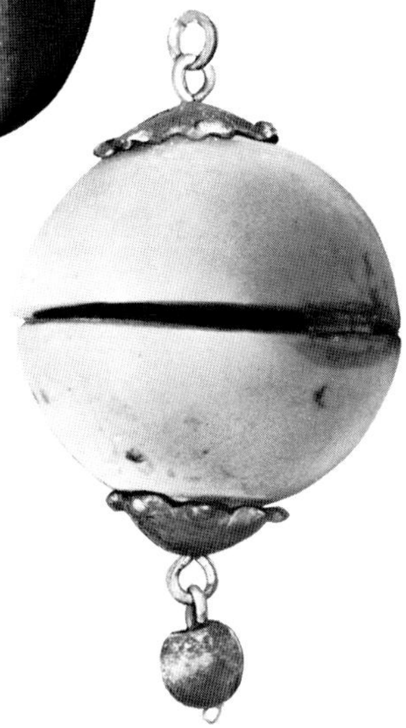

138a

137

139

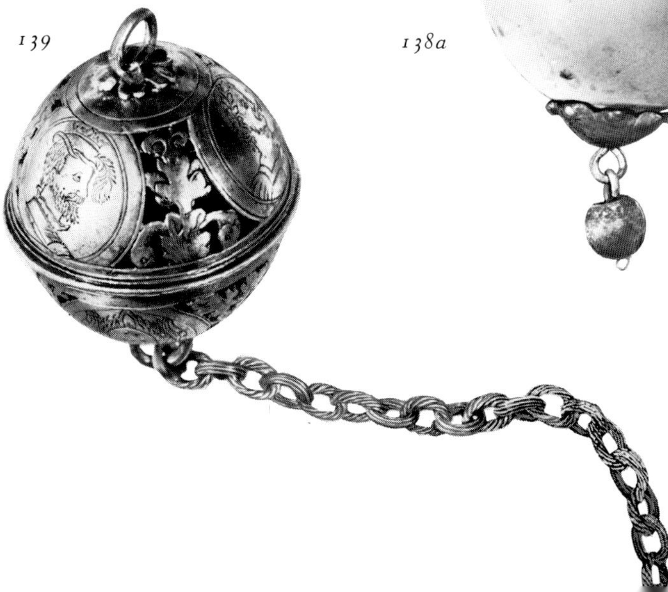

141

Amulettkapseln und Riechbüchschen: Die Ingredienzien solcher Döschen zum Anhängen waren Duftstoffe, Kräuter, Wurzel- und Holzstückchen, Medikamente »Krebsaugen« und diesen ähnliche Holundermarkscheibchen.

141 *Amulettkapsel aus Arlon mit Runenwidmung (nach H. Arntz) »Lullo Gutes«, Grabfund, Silber, 2. H. 7. Jh., H 57 Besitz unbekannt*

142 *Chalcedon kanneliert geschliffen, Silberfassung, BN 25/76/53 H 37 17./18. Jh*

143 *Messing versilbert, herzförmig, BN 25/76/56 H 48 18. Jh*

144 *Emailleschalen, herzförmig, Silberfassung, BN 25/76/49 H 37 18. Jh*

145 *Emailleschalen, birnenförmig, Silberfassung, BN 25/76/58 H 55 18. Jh*

146 *Durchbrochenes schneckenförmiges Silberdöschen K A 848 H 23 18. Jh. Solche sind als Pestamulette belegt (D. Richter)*

Vom sakramentalen Gebrauch des Weihrauchs und anderer Duftstoffe her besteht eine alte Tradition der Verwendung der Aromatica. Der hl. Augustin erklärt alle Sinnesfreuden für sündig, ausgenommen die Wohlgerüche. Dies steigert sich in der Mystik zu ganz exaltierten Anwendungen und Sprachmetaphern. Immer wieder wird der Wohlgeruch der Heiligen zitiert. Dem entspricht die Vorstellung, daß Teufel, Geister und Krankheiten dem »Duftbewehrten« nicht zu schaden vermögen.

146

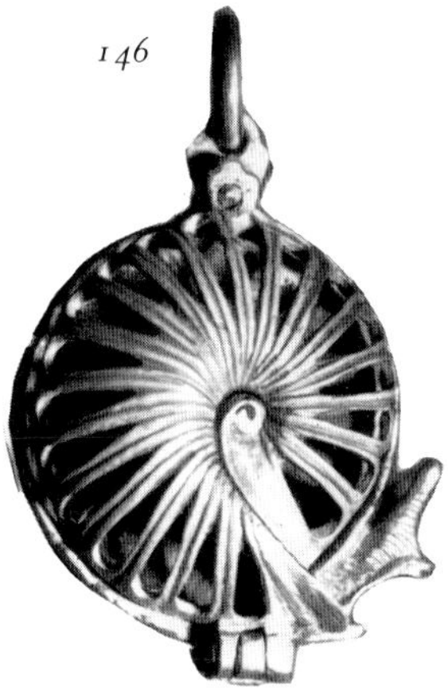

142

143

144

145

148

149

151

152

153

148 *Titelblatt (Ausg. 1551) Porträt des Hieronymus Bock (1498–1554) zu seinem »New Kreutter Buch von underscheydt, würkung und namen der kreutter, so in Teutschen landen wachsen« (Straßburg 1539). Bock, ein Vater der deutschen Botanik, wandte sich schon gegen vielfachen »Aberglauben«, schreibt über die Kräuter: »Vil Menschen tragen diese Kreutter bei sich für böse Gespenster und Ungewitter und ist der Natur nach zu reden, nit gar erlogen«*

149 *Darstellungen aus verschiedenen Ausgaben des »Hortus sanitatis«, in dem noch jede Pflanze bestimmte Heilwirkungen zugesprochen erhält*

150 *Rückwirkungen der Signaturenlehre auf Darstellungen der Naturform. Hier pfeilförmiger Wurzelstock und herzförmiger Blattfleck; die Sonnen- und Mondpflanze aus dem »Montevilla« hingegen zeigt die planetarische »Influenz«*

151 *Destillation von Pflanzen und Kräutern im sogenannten Rosenhut, Titelholzschnitt aus M. Schrick »Von den ußgebrennten Wassern«, Straßburg, Knobloch 1519*

152 *»Theriak-Verkäufer« aus dem »Hortus sanitatis«, Jakob Meydenbach, Mainz 1491. Auf mittelalterlichen Märkten wurden Allheilmittel feilgeboten, meist Destillate auf pflanzlicher und tierischer Basis.*

153 *»Dioskurides« aus dem Kräuterbuch von O. Brunfels, Straßburg 1520. Detail des Titelholzschnittes von Hans Weiditz. Auch im 16. Jh galten die antiken Autoren und ihr Wissen als legitime Quellen*

154 *Drei Pflanzendarstellungen aus: Cuba, »Hortis sanitatis«, Peter Schöffer, Mainz 1485. Die Exaktheit der Darstellung erreicht hier einen ersten Höhepunkt subtiler Beobachtung und objektiver Sachdarstellung*

155 ***Die Fruchtbarkeitsvorstellung, die von der mittelalterlichen Ausformung der Wurzel Jesse her Eingang in die volkstümliche Symbolik gefunden hat, gewinnt in vielerlei Darstellungen Gestalt, die als Minne- und Neujahrsgaben Glück und Fruchtbarkeit beschwören sollen. Drei süddeutsche Backmodeln mit dem Liebes- und Kinderbaum, 18. Jh.***

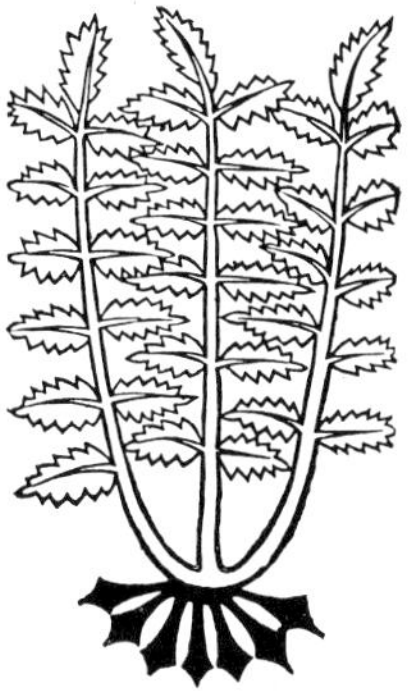

150

154

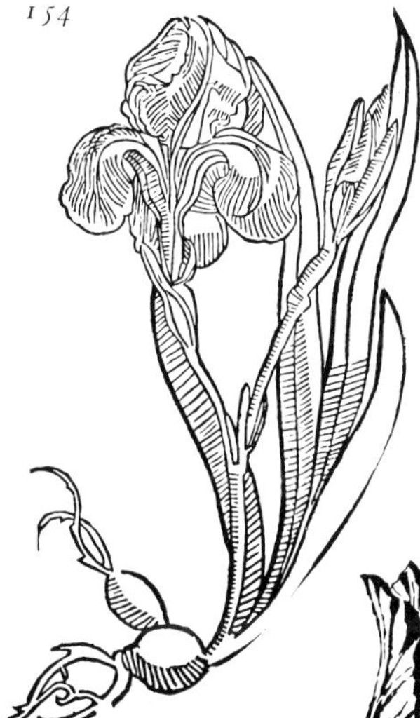

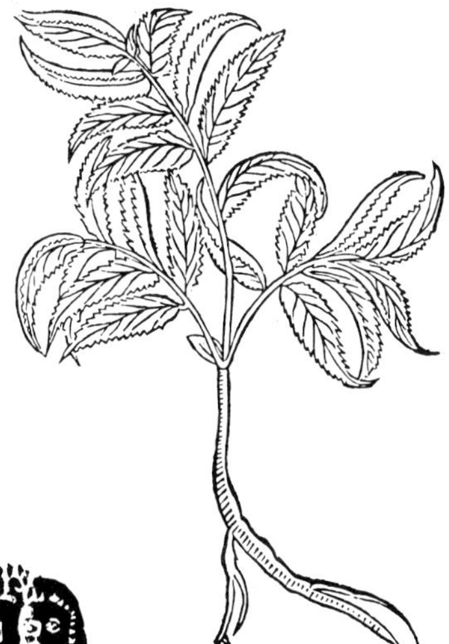

157

158

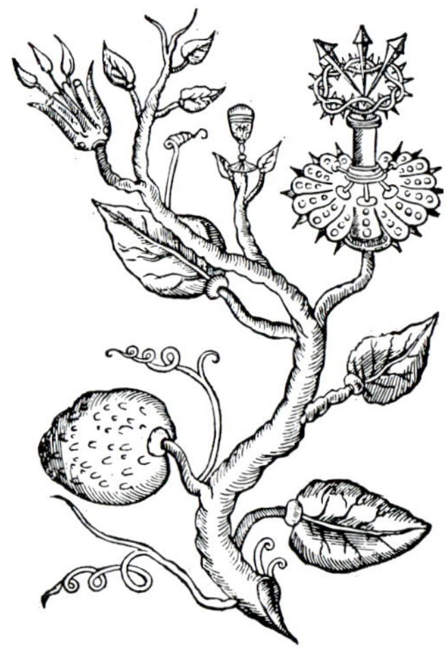

156 *Gleiche Signaturen bezeugen die okkulte Wesensverwandtschaft zwischen Steinen, Pflanzen, Tieren, dem Menschen und den Gestirnen.*

157 *Zwei Adepten unter dem Planetenbaum, der in der Symbolik der Alchimisten die astralische »Influenz« auf die anorganische und organische Natur versinnbildlicht.*

158 *Passionsblume aus J.E. Nierenberg, »Historia naturae« Antwerpen 1635. Der spanische Jesuit beschreibt Fauna und Flora Latein-Amerikas und übernimmt die volkstümlichen Signaturen, die in dieser Pflanze eine Selbstdarstellung Christi in der Natur sahen.*

Tier und Mensch

»Der Vogel Strauß als Eisenfresser«
Phantasiebild aus dem »Hortus« Meydenbach 1491.

159 »La chasse royale attaquée par la licorn« Kupferstich von Jean Duvet (1485–1556), Albertina Wien. Bl. 2 der graphischen Folge, die auf die Liebe zwischen Heinrich II. und Diana von Poitier anspielen soll (Rob. Dumesnil)

159

Die Lebenstechniken des Tieres, den menschlichen Eigenschaften scheinbar überlegen, machen die Ehrfurcht der primitiven und der archaischen Menschheit verständlich: Kraft, Mut, Schnelligkeit und Fruchtbarkeit, das Schwimmen, Tauchen und Fliegen, die Bauten, kunstvolle Nester und Gehäuse, das periodische Auftauchen, Winterschlaf, Wanderungen und Vogelzug. Die Schärfe der Sinne: Spürsinn, Nachtsichtigkeit, Gehör, die ungebrochenen Instinkte, »Vorausahnen« von Katastrophen, das Anlegen von Vorräten. Die Brutpflege, die Listen bei Jagd und Abwehr, das Zusammenwirken in Großherde und Rudel. Die furchtbaren Waffen, Hörner, Krallen, Zähne, Schnäbel, Gift, elektrischen Schläge, Fangarme auf der einen, die Anpassung an das Beutetier und die Symbiosen auf der anderen Seite. Der Schutz in Haar-, Feder-, Schuppenkleid, Panzer und Stacheln, der Haut- und Farbwechsel, Schreckstellungen, Scheinaugen, Gestank und Verspritzen von ätzender Flüssigkeit. Die Mannigfaltigkeit der Verhaltensweisen bei Brunft und Balz, das Tanzen, das Hochzeitskleid, die Werbegaben. Und schließlich die Tierstimmen, ihre Gewalt und Ausdrucksfähigkeit bis hin zu melodischen und rhythmischen Urformen in der Singvogelstimme. Alle Phänomene, dem Naturmenschen vertraut und ihn doch befremdend, fordern Beobachtung und Einpassen ins Bild der Umwelt. Sie bieten aber auch reproduzierbare Modelle zur Bewältigung vieler Aufgaben der Lebensfürsorge und in der Adaption im Amulettbereich ein reiches Instrumentarium zur »magischen Rüstung«. Das Begreifen in mythischer Sicht gipfelt in der Vergöttlichung des Tieres. Der Mensch dieser Frühgesellschaften sieht das Tier sich selbst wesensgleich, als Machtträger. Sein Numen wird in verschiedenen Gestalten erfaßt. Wie in der Ikonographie die tiergestaltige Gottheit Reit- oder Begleittier des antropomorphen Gottes sein kann, so ist das Tier auch Tauschgestalt der Gottheit, der Geister, oder von besonders befähigten Menschen, von Kultgemeinschaften und Geheimbünden. In diesem Sinne sind die südasiatischen Tigermenschen, die Leopardengesellschaften im Kongo, Werwölfe, Berserker (Bärenhäuter) bei den Germanen konzipiert. Als Opfergabe in der Stellvertretung des Menschen (Isaak) – Bindeglied zwischen dem Oranten und Gott – ist das Tier auch Künder des Willens der Überirdischen, als Zeichen der Zukunft in Opferorakel, Eingeweideschau und Augurium. Als Willensvollzieher weiß es den heiligen Ort zu finden bei Tempel- und Städtegründung. Es lebt stets im »Einklang« mit der Gottheit, den der Mensch erst durch rituelle Handlungen herstellen muß. Das Tier ist aber ebenso Seelentier, wie es auch Vater des Stammes oder persönlicher Totem sein kann in direkter Lebensverkettung. Die Gestalt des Tieres als magisches Abbild, zum Bannen der Beute, zum Beschwören der Fruchtbarkeit geschaffen, findet sich im Totemzeichen als Sinnbild der Verschmelzung von Tier und Klan. Manche Forscher nehmen an, daß auch die Ausgangspunkte für die spätere heraldische Adaption in diesem totemistischen Bereich liegen. Die theriomorphe Heraldik gründet in der Mächtigkeit des Tieres. Sie umfaßt, wie der Tiername, Übertragung und sicheres Teilhaben an sympathetischen Kräften. Wie Adam mit der Gewalt seiner Wortmagie Herrschaft über die Tiere gewinnt, da er ihnen Namen gibt, verleiht der Tiername dem Menschen Eigen-

16.

122

164 *Wandteppich aus der Serie »La Dame à la Licorn« um 1500 Br 3,50 m, Musee de Cluny Paris. Während die Dame mit einer Hand einen Spiegel hält, bezeugt sie ihre Jungfräulichkeit durch die Berührung des Einhorns.*

schaften, die am Patentier beobachtet werden. In allen Sprachen finden sich solche Wunschnamen von Kraft, Schönheit, Klugheit und Ruhm, wie im Germanischen z. B. Eberhard, Thorgeier (Verbindung von Gott und Tier), Wolfram (Mut des Wolfes, Weisheit des Raben) oder reine Tiernamen wie Björn = Bär, Ulf = Wolf, Aare = Adler. Einen anderen Aspekt der Namensmächtigkeit verrät die Scheu, gefährliche Tiere zu nennen. Die Jägersprachen sind voll von Ersatznamen, etwa Meister Braun, Petz (Bär), Isegrimm (Wolf), Reineke (Fuchs), ja viele unserer heutigen Tiernamen sind überhaupt solche älteren Tarnnamen.

Ist das Tier Träger des »mana« des Stammes, tabu, unantastbar und unverzehrbar, so kann es in der Umkehrung als Speise im heiligen Mahl die Communio mit Gott erst möglich machen, wobei die Transsubstantiation eine letzte Vergeistigung im Ritus sein kann. Aber auch das Jagdtier fordert lösende Handlungen. Wer Leben tötet, »des Blut kommt über ihn«. Er muß sich entsühnen, muß den Geist des Tieres versöhnen, muß die unterbrochene Fruchtbarkeitskette magisch überbrücken, die Wiedergeburt des Wildes einleiten oder erleichtern. Deshalb dürfen der Jäger und seine Gemeinschaft nicht alles verzehren. Die Haut, bestimmte Organe oder die Knochen müssen erhalten bleiben, je nachdem, wo die Lebenskraft inkarniert vorgestellt wird. So fand es der altsteinzeitliche Jäger notwendig, Schädel- und Langknochen des erlegten Bären an einem heiligen Punkt der Höhle aufzubewahren. Die altnordische Göttersage bildete die Vorstellung von Thors Bocksgespann aus: Die Böcke konnten alltäglich geschlachtet werden, nur Haut und Knochen mußten verwahrt bleiben. Thor erweckt das Gespann mit dem heiligen Hammer wieder. Als Thialfi um des Markes willen gierig einen Knochen spaltet, lahmt das Tier am nächsten Morgen und verrät so den Frevler, der zur Sühne nun Thor dienen muß.

Die Jagdtrophäe, Zeichen des Sieges über ein wehrhaftes oder erscheinungsmächtiges Tier, bildet eine direkte Brücke zur Amulettvorstellung.

Das Horn

Die Waffen des Tieres sind dem Menschen Akkumulationspunkte der Kraft. Ihr Besitz bedeutet Teilhaben an der Mächtigkeit. In der ganzen nördlichen Hemisphäre hat das Abwerfen des Geweihs mythische Assoziationen ausgelöst. Der HIRSCH schenkt es dem Menschen, denn er entäußert sich selbst seiner Waffe. Zu vielfachem Werkzeug liefert es den Rohstoff. Diese Besonderheit weist dem Hirsch, Elch, Ren z. B. in indianischen Märchen eine
A 683 Rolle als Erlösungstier im Sinne des Opferlammes zu. Die rätselhaften »Kommandostäbe« und die gravierten Geweihstücke aus dem europäischen Paläolithikum weisen auf die Heiligkeit des Materials hin. Der Hirsch im Norden als Heils-Tier, die vier Hirsche Dain, Dwalin, Duneyr und Dyrathor in der Edda oder der Hirsch, der an der Esche Yggdrasil äst, sind Zeugnisse, die im Julbock (Julhirsch) fortleben. Er gilt in kosmischer Bindung als Zugtier des Sonnenwagens. Das goldene Geweih der keryneiischen Hirschkuh (dritte Tat des

Herakles) deutet in die gleiche Richtung der Lichtgestalt. Die Erneuerung des knospenden Bastgeweihs bildet eine Analogie zum Lebensbaum. Auch im Christentum als Begleiter der Heiligen Hubertus, Eustachius, Thélau und Edern (Bretagne) bleibt der Hirsch mystisch verklärt und Christus als dem Spender ewigen Lebens verbunden, denn er kennt das Lebenskraut und trägt auf vielen Bildzeugnissen der Volkskunst das Dreiblatt oder die Lebenswurzel im Maul. Hier wirken richtunggebend auch antike Traditionen nach, wie sie bei Plinius und im Physiologus aufgezeichnet sind. *A 835*

Der »Physiologus Bestiarius«, um 370 in Caesarea von einem oder mehreren christlichen Autoren aus neuplatonischen Quellen zusammengestellt, war im ganzen Mittelalter leitend und begründete die christlichen Tierlegenden z. B. von Strauss, Pelikan, Pfau, Lowe und ... EINHORN: damit ist ein Tier genannt, das als Phantom die Einbildungskraft ganzer Epochen erhitzte. Die Fama vom Einhorn, vermutlich aus den verschiedenen Berichten über Nashorn und Narwal entstanden, zeigt das Horn, »das es im Lebensbrunnen badet«, als mächtigsten Talisman des Mittelalters und der Renaissance. Die mystische Deutung des Einhorns als Signatur Christi, der erst irdisch begriffen werden konnte, als er dem reinen Schoß Mariens entsprang, schrieb dieser Materia sacra unermeßliche Kräfte zu: Schutz vor Vergiftung, Heilung von Krankheit und Impotenz, Hüter der Keuschheit usw. Testament des Sir Nathaniel Bacon of Stiffkey, 1614: »*I give to all my three daughters the jewel of unicorn's horn, according to their mother's direction, that each one may challenge the use thereof when needs require and my wife may have the use thereof when she needs, but my daughter Townshend is to have the custody thereof for life*« (Evans). *A 161*

»*Im April spazierten unser etliche hinaus gen St.-Denis, wo die Könige aus Frankreich in einem Kloster begraben sind ... Morgens besahen wir die Kirche, darin viel Sachen, nämlich: ... Item von Heiltümern: Ein Kruzifix vom Dorn, daran Christus soll gehangen sein. Ein großer dreieckiger Nagel, damit Christus ans Kreuz soll genagelt sein. Der Kopf S.Dionysii, in Silber und Gold gefaßt. Der Kopf S.Benedicti. Die Hand S.Thomae. Ein Zahn Johannis Baptistae. Das Geld, so Judas empfangen, den Herrn zu verraten. Die Laterne, so Judas getragen, da man Christus gefangen. Item von köstlichen Sachen: ... Das königliche Szepter, darauf ein Hörnlein vom Einhorn. Ein Einhorn, sechs Schuh lang, stand in einem Zuber mit Wasser hinter einem Altar; das Wasser gibt man den Bresthaften zu trinken ...*« (»Reise durch Frankreich« aus Felix Platters Lebensbeschreibungen 1557.) Ähnliche Hochschätzung genossen RHINOZEROSHORN-Pokale und -gefäße.

Das RINDERHORN führt wieder in archaische Bereiche zurück. Sein magischer Gebrauch ist so alt, wie das Wildbeuterstadium der Menschheit. Das Horn bot als ein natürliches, wasserdichtes Behältnis Raum für alle möglichen Vorräte und Utensilien, wie Pfeilspitzen, *A 658*
Gift, »Medizin«, Feuerzeug usw., später noch als Pulverhorn, Wetzsteinkumpf und Fetthorn gebraucht. Als »Zauberhorn« ist es vorwiegend mit den Riten der agrarischen Kulturen aufs *A 659*
engste verknüpft. Zwei Vorstellungswurzeln haben dies begünstigt: Die Gleichsetzung

A 657 Horn = Neumond führt über die Reihung Mond = Herr des Taus = Fruchtbarkeit = Füll-
horn: Periodizität = Menstruation: der Mond als männliches Wesen gesehen ist Gatte aller
Frauen, als Femininum Inbegriff der Weiblichkeit. Aus der Sicht der Hirten kommt wohl
A 703 eine zweite Reihung: Horn = Phallus = allzeugender Himmelsstier, zeigt hier Gestirn-
ergriffenheit mit Herdensymbolik vereint. Beide Phänomene münden in amulettwertender
Einstellung in der Ambivalenz von »heiligem Material« und »heiliger Gestalt«. Zwei
weitere Aspekte liefert der Gebrauch des Horns als Rufhorn und als Trinkgefäß. Das Trink-
horn, ob natürlich oder gefertigt, in Gestalt der Rhyta, ist Medium heiligen Trankopfers zur
Vereinigung mit dem Stiergott der frühen zeugungsorientierten Herdenzüchter. Der Wein
als Blut des Gottes erweitert den Genuß zur sakramentalen Handlung. Das Außersichgeraten,
Ekstase (Aussendung der Seele) und Enthusiasmus (von Gott erfüllt sein) ermöglicht im
Rausch Teilhabe am Göttlichen. Die orgiastischen Kulte und Mysterien, die aus dem alten
Orient nach Westen wandern, bedingen den ursprünglichen Tiergott. Schon der Mensch der
alten Stadtstaaten spürt die Entfremdung von den Kräften der Natur, die er in mystischer
Verschmelzung neu gewinnen will. Auf die alten Himmels- und Wasser-Stiere gehen viele
antike Gottheiten zurück, die auch in Tiergestalt angerufen werden. Die Ausgrabungen von
Tschatal Hüyük, einer frühneolithischen Stadtsiedlung in Südanatolien, unter J. Mellaart
in den letzten Jahren, erbrachten reichen Nachweis kultischer Stier- und Widderhorn-
verehrung, als männliches Prinzip der dominierenden Muttergottheit gegenübergestellt. Die
Tempel-, Portalleibungs-Stiere und geflügelten Stiermenschen, ebenso die stierfüßigen
Throne und Betten Mesopotamiens und Ägyptens unterstreichen die Rinderheiligkeit. Der
makellos schwarze, weißgestirnte Apis-Stier, der immer neu inkarniert in Memphis verehrt
wurde, altsemitische Kulte, die uns im Goldenen Kalb der Genesis entgegentreten, die
kretische Stierverehrung (Minotauros) und die Kultspiele mit ihren möglichen Wurzeln zur
späteren Stierkampftradition finden ihre Entsprechung in den griechischen Göttern Zeus,
Poseidon und Dionysos. Im ganzen mediterranen Bereich finden sich Hörneraltäre, sowie
A 819 göttliche Hörnerkronen, die von Priesterkönigen getragen werden, und auch der Hörner-
helm. Gleichem Sinngehalt entspricht die Kuhgestalt von Isis und Hathor, vielleicht auch die
der Hera, der die Kuh heilig war, und die Homer »die Kuhäugige« nennt.

A 165, Die GREIFENKLAUEN des Mittelalters, meist Urhörner (Auerochs), auch afrikanische
166 Antilopen- und Büffelhörner, als Reliquiengefäße gebraucht, setzen gewisse Vorstellungen
vom Füllhorn fort. Ein Beispiel mehr, wie die Mischwesen der Dämonologien des alten
Orients in abendländischer Märchengestalt fortleben und wie die Volksphantasie nach Ent-
sprechungen sucht, diese Wesen sich greifbarer zu gestalten.

A 167, Von den Steinzeitjägern an häuft sich die Darstellung des STEINBOCKS im vorderasiatischen
169 Raum, bis sie in den Luristan-Bronzen zu einem fast zentralen Motiv erhoben ist. Die
mächtigen Hörnerbogen, größer als die des Rindes, gestirnbahnengleich, und die Eigenart
alter Böcke, abgesondert auf höchstem Fels stundenlang regungslos zu verharren, vielleicht

auch die Fähigkeit des Auffindens von Steinsalzlagern, könnten als Ansatzpunkte gedacht werden zur Mythologisierung. Solche Heiligung geht oft erst aus der Synthese zwischen Naturbeobachtung und kosmischer Projektion hervor: so etwa die Sonnenwidder (Hornspirale), Sonnenlöwen (Goldmähne), Mondrinder (Sichelhorn) und die Schraubenziege am Heiligen Baum (gestrecktes Spiralhorn). Auch in vielen Mischwesen erscheint Tiergestalt mit Himmelssymbolik vermählt. So stehen Kentauren, Stiermenschen, Satyrn, Skorpionmenschen usw. als Medien zwischen dem wirklichen und dem gedachten, als Doppelwesen zwischen Welt und Kosmos. Diesen Schöpfungen liegt der Wille zugrunde, Macht, Fruchtbarkeit, Kraft, Zeugungspotenz bildlich zu beschwören. Solange die Elemente Naturform, Tierdämon, Himmels-Tier erkennbar bleiben, können die Symbole wandern. Wir haben es hier mit einer teils intuitiven, teils geradezu doktrinär systematisierten Universalsprache zu tun, die in der Astrologie ihre Dauer erweist.

Die Heilanwendung des Tieres wandelt sich in superstitiösen Parallelen, die endlich in gesucht okkulten Formen degenerieren. In der Übernahme des mediterranen Wissens als Erbe des Abendlandes, oft willkürlich auf heimische Begriffe übertragen, wird das Original in der Übereinstimmung der Signaturen wiedererkannt und sanktioniert. Ganze Passagen der mittelalterlichen Medizin sind nur so zu begreifen. Mit der Vulgarisierung der antiken Traditionen wurde auch der Heilkraftglaube an den Steinbock wieder lebendig, so daß durch rücksichtslose Jagd schon im 17. Jahrhundert mit seinem Aussterben zu rechnen war. Zur Rettung mußten immer wieder drastische Maßnahmen ergriffen werden. Hier war aber nicht Naturschutzdenken bestimmend, sondern die Angst, man müsse nicht nur auf ein edles Jagdtier, sondern auch auf ein unersetzliches Medikament verzichten. »*In Salzburg, wo es unter dem Erzbischof Guidobald von Thun (1654–1668) zur Gründung einer Steinwildapotheke als besonderer Abteilung der bischöflichen Hofapotheke kam, erging zugleich strengster Befehl an die bischöflichen Jäger zur Ablieferung von Steinwildteilen. Darnach mußten alle Herzkreuzchen und Augensterne der Steinböcke, Gemsen und Hirsche eingeliefert werden; dafür ließ der Erzbischof jedem Jäger einen Dukaten und für jede Gamskugel (Bezoar) zwei Gulden auszahlen; für jedes Horn von einem umgekommenen Steinbock erhielt der Finder zwei, für das Horn einer Ziege einen Reichsthaler. Dazu mußten Lunge, Herz und Leber von allen Steinböcken, Gemsen, Hirschen, Wölfen, Füchsen eingeschickt werden*« (R. Kriß zitiert Ausserer). Horn, Klaue, Haarkleid und Organe des Steinbocks erfreuten sich gleicher Wertschätzung. Im alpenländischen Amulettbrauch wurden außer Pokalen und Gefäßen (Giftabwehr) aus Steinbockhorn auch Anhänger, besonders die »Fica« und geprägte Plaketten mit christlicher Symbolik, gefertigt. Es ist interessant, daß auf die GEMSE, deren Lebensformen denen des Steinbocks nahestehen, ähnliche magisch-medizinische Vorstellungen übertragen wurden. Ihr Gehörn lieferte zudem das Material für die »Gamskrickelmesser« oder »Trudenmes- *A 176*
ser«, die dem Gebirgler Schutz gegen Geister und Unholde versprachen.

Pfote - Klaue - Kralle

A 177–197 Pfote, Huf und Klaue sind »Hände« des Tieres und der Menschenhand gleich Werkzeug und Waffe, im körperlichen Gestus ausdrucksträchtig. Hier spiegelt sich der Handzauber in seinen unendlichen Facettierungen wider. Geschicklichkeit (Nagetierpfoten, Affenhände), Reißkraft (Raubtierkrallen, Raubvögel) und die stahlharten Klauen (Wiederkäuer, Einhufer) wirken hinüber in besondere Amulettkategorien.

Das Eskimo-Mädchen vom Stamme der Netsilik (Arkt. Kanada) trägt für seine zukünftigen
A 248 Kinder eine Amulettkette von eindeutigem Kompositcharakter: Schwanenschnabel (Penisform) – damit es ein Sohn wird. Möwenköpfe – damit er ein guter Fischer wird. Bärenzähne – er wird feist. Schneehuhnfüße – er wird ein schneller Läufer. Schneeulenkrallen – er bekommt kräftige Fäuste! (Birket-Smith). Die Übertragungsvorstellung ist hier ganz
A 185 realistisch programmiert. Löwenkrallen im Pharaonenschmuck sind dagegen schon in einer mythisch-allegorischen Ambivalenz angesiedelt (Sonnentier, König der Tiere, Herrscher-
A 183 attribut). Die Krallen vom Luchs, Pfoten von Marder und Dachs in Europa sind besonders in Verbindung mit den Kinderscheppern mehr in Richtung Hand-Schutz – apotropäische Wirkung gesehen. Allgemein gilt: keineswegs gibt imponierende Größe und Kraft allein den Ausschlag für Hochschätzung im Talismanischen. Oft sind es eigenartige Verhaltensweisen, die Eindruck machen. Im Brauchtum führen vielerlei Verknüpfungen und gestaltliche Abstraktionen zu einer Konkretisierung im Amulett. Zum Beispiel kann bei der Gattung der Marder sowohl der Mut (Angriff auf bedeutend größere Tiere), als auch der Blutdurst ausschlaggebend sein. Die Tiere berauschen sich förmlich am Blut, töten dann weit über den Nahrungsbedarf und lassen das Fleisch unberührt. Es kann die volksetymologische Nähe des Namens Marder zu »Mahr« (Nacht- und Traumdämon) sein. Die Hochschätzung des
A 194 Felles tritt noch hinzu, das als Rauchwerk nach den Kleiderordnungen des Mittelalters höheren Ständen vorbehalten war. Das Hermelin mit seinem makellos weißen Winterpelz weist uns einen weiteren Punkt des Herausgehobenseins. Seiner Einstufung als königliches Rauchwerk entspricht eine frühe Christussymbolik des Tieres in der Eigenschaft als Schlangentöter. So schreibt Cunrdt von Würtzpurck (Goldene Schmiede): »*Christ, der hohe Hermelin, schlüpft in der tiefen Hölle Schlund / Und biß dem mord-giftigen Wurm zu Tode in all seiner macht.*« Hier weist eine Tangente auf das Ichneumon (Familie der Mangusten), den heiligen Schlangentöter der Ägypter und dessen Ruf in der antiken Tradition. Eine Vielzahl von Wertungen kann sich so in einem Tier zum Amulettbrauch verdichten. Bei Dachs und Biber sind es der kunstvolle Bau und das Nachtleben, das sie den Erd- bzw. Wasserdämonen be-
A 203 nachbart, als zaubermächtig erscheinen lassen. Dem scharfen Dachsgeruch, der dem Fell seit dem Altertum apotropäische Geltung verschaffte, entspricht das Castreum (Bibergeil, Bauchdrüsenabsonderungen) zu vielfacher medizinischer Anwendung.

Flohpelze

Gestalt- und Haarzauber verbinden sich im Gebrauch der sogenannten Flohpelzchen, die auf Damenporträts der späten Renaissance auffallen. Hier mündet alter Amulettwert in eine Modeform der gehobenen Gesellschaft. An goldenen Ketten werden Marderfelle getragen, denen Goldpfötchen und juwelengeschmückte Köpfchen angeheftet sind. Die talismanische Geltung, die den Accessoires der eleganten Welt gewichen scheint, lugt dennoch mit dem gefletschten Gebiß quasi durch eine Hintertür. Auch der Name besagt, daß vielleicht eine gewisse Legitimation gesucht wurde, denn daß ein Floh schnell zwischen totem Rauchwerk und lebendem Träger zu unterscheiden vermag, dürfte gewiß sein. *A 192–194*

Haar - Bart - Fell

Das Haar birgt den Seelenstoff, in ihm liegt die Kraft, denn es wächst immer weiter – im Volksglauben auch nach dem Tode noch. Man beobachtet besondere Vorsicht beim Scheren, damit niemand aus den Abfällen Macht gewinnt über einen anderen. Für das erste Haarschneiden bei Kindern legt man Daten fest, um sie nicht vorzeitig zu schwächen. Der Engel spricht zur Mutter Simsons (Richter, 16/17): *»denn du wirst schwanger werden und einen Sohn gebären, dem kein Schermesser soll aufs Haupt kommen, denn der Knabe wird ein Verlobter Gottes sein von Mutter Leibe«*. Erst durch den Verrat Delilahs fällt Simson geschoren seinen Feinden zum Opfer. Der üppige Haarwuchs verrät erhöhte Lebenskraft; der Kahlkopf wird verspottet (2. Kön. 2/23). Man opfert den Toten freiwillig Kraftstoff des Lebens. Die Sitte des Haarabschneidens am Grabe, die noch im Allerseelenzopf und anderen Gebäckformen als Ablöseopfer fortlebt, kann schon Tauschobjekt des Lebens von Frau und Dienern sein, die ehedem in den Tod folgen mußten. Orest weiht am Grabe des Vaters eine Locke, aus der Elektra das Nahesein eines Freundes erfährt (Aischylos, Orestie). Nun vollends im okkulten und zauberischen Bereich wird das Haar vieldeutiges Medium zu Schadens-, Liebes-, Glücks- und Binde-Zauber, der sich im Volksmärchen immer wieder offenbart. In Liebespfand und -talisman reicht die Haarbesessenheit bis in sexualpathologische Bereiche (Schamhaarsammlungen). Haarvorschriften aller Religionen und Gesellschaftsordnungen verraten die Lebenskraft der Haarmagie. Ob Tonsur der Mönche, Haarlosigkeit der Nonnen, das Kahlscheren der Gefangenen, Verräter und Hexen, schließlich der deutschen Frauen im Zweiten Weltkrieg, die der Liebesbeziehung zu Kriegsgefangenen überführt wurden – all dies gehört dem gleichen Stamme an, auch die Kultfrisuren, Haarknoten und Locken, Zeichen eines religiösen Geistes, der in der Stilisierung der Frömmigkeitsformen auch den äußeren Habitus des Gläubigen einem Typus unterwirft. Gleiches gilt vom Bart; der Schwur der Moslem »beim Bart des Propheten« macht dies deutlich. Das Skalpieren des überwundenen Gegners, schon bei den Skythen nachgewiesen, und bei den Indianern östlich des Mississippi und im Gran Chaco geübt, wurde erst durch die Kopfprämien weißer Kulturbringer so verbreitet.

A 255 Der Mensch erlebt am Tierfell, Panzer und Stacheln Schutzformen gegen vielerlei Bedrohung. Erst das Fellkleid ermöglicht ihm, sich in kalten Zonen anzusiedeln. Er muß sich künstlich schaffen, was die Natur versagt. Aber auch dort, wo die Gunst des Klimas Kleidung unnötig macht, gibt Gewandung Schutz gegen Dornen, Insekten und manche parasitäre Schädigung. Sie hilft aber ebenso gegen Zauber und dient der Irreführung der Dämonen (Fasnacht, Raunacht). Daß darüber hinaus Tierfell, Haar und Haut im gleichen Sinne wie Menschenhaar als zaubermächtig gelten, leitet sich aus der vielfach magischen Einordnung früher Lebenstechnik ab. Herakles trägt das unverwundbare Fell des nemeischen Löwen
A 588 (den er erwürgte). Die wundermächtige und schreckenverbreitende Ägis ist ursprünglich der Ziegenfellschild der Göttin Athene; aus Ziegenhaar mußte die mosaische Altardecke gewirkt sein. Noch im 19. Jahrhundert galt ein weißes Ziegenfell auf dem Bett als Mittel gegen Alptraum und den Huckauf. Bestattungsriten in der Tierhaut weisen in Richtung Wiedergeburt aus dem Stammestier hin. Die medizinische Anwendung der frischen Haut, in die der Kranke gehüllt wird, soll Kraft übertragen und das Böse an sich ziehen. Inwieweit Fell-
A 821 kleidung und Helmbusch archaischer Krieger als Reste alter Tierklanzeichen zu sehen sind, bedarf noch der Klärung. Tiermasken als Vorstufen späterer Kultspiele, ja der griechischen Tragödie im besonderen (tragoidia = Bocksgesang) haben die Fellvermummung gemein, Übereinstimmung mit dem Tierdämon aufzeigend.

Vogelgestalt - Federbalg - Ei

Als Vorbild mannigfacher Eigenschaft, von Tugenden und Lastern ist das Tier den Ikonographien als fester Bestandteil eingeordnet. Es scheidet sich das Kreatürliche in Glückverheißende und Unglücksbringer, Gottes- und Teufelsgetier. Unter solchen Signaturen west es in Bildkunst und Sprachschöpfung, in Gebeten und Riten – ein präziser Begriff im Welt- und Kultbild. Im Augenblick, da sich vom Animistischen aus Ansätze zu höherer religiöser Gestaltung vollziehen, wo aus flurbewohnenden Dämonen »Überirdische« werden, wo Um-Welt sich in Himmel und Erde teilt, beginnt die Rolle der Vögel als Zwischenwesen. Wahrscheinlich aus der Vorstellung der Traumseele her, die sich im Schlaf vom Körper löst, gewinnt das Bild der Seelentiere an Substanz. Im alten Orient schon als Bienen, Schmetterlinge, Fliegen aufgefaßt, sind im indoarischen Kulturraum vogelgestaltige Seelen-Imaginationen heimisch. Die Sirenen, Keren, Erinnyen, Harpyen, Stymphaliden, Hyperboreer, Walküren, Schwanenjungfrauen und letztlich die Engel sind ursprünglich Todes-, Seelen- und Gottes-Vögel. Ihre frühe karge Gestalt wandelt sich in der späteren Mythologisierung; märchenhafte, phantastische, ja »literarische« Züge werden ihnen beigelegt. Der Vogel als
A 195 Gestalt und Symbol, z. B. die Taube = Attribut der Ischtar, Opfergabe im Alten und Neuen

Testament als Versinnlichung des Heiligen Geistes, ist in Bildzeugnissen von drei Jahr-
tausenden geläufig (Genesis 1.2: »Der Geist Gottes schwebte über den Wassern«, wörtlich
übersetzt: er brütet über den Wassern. Man vermutet darin eine aus altorientalischen kosmo-
gonischen Vorstellungen übernommene Metapher (A. Jeremias). Das hebräische Wort »ruach«
heißt sowohl Vogel als auch Geist. Der ganze mediterrane Bereich kannte die Vogelschau als
Zeichen des Gotteswillens, des Schicksals, unterwarf sich dem Zauberzwang solcher Omina.
Das Auspizium der Etrusker und Römer stellt allerdings den weitestgehenden Versuch dar,
den »Angang« als göttliche Manifestation zu erhärten und methodisch auszubilden. Eulen *A 201*
und Geier, an Baulichkeiten genagelt, bewahren vor Blitzschlag. Hier zeigt sich eine apotro-
päische Einordnung des gespreizten Vogelbalges, der bereits dem Bereich des Abwehrgestus
zuzugehören scheint. Ähnliche Formen der romanischen Kapitell-Kunst zeigen den gleichen *A 202*
Habitus abwehrender Dienstgeister (Engel).

Vogelklauen sind in derselben Sicht wie Säugetierpfoten der Zwischenschicht von Jagd- *A 198–200*
trophäe und Amulett zugehörig.

Das Ei als Prinzip kosmogonischer Mythen findet sich über den ganzen Erdkreis verbreitet.
Als Symbol für Anfang und Entstehung wird es auch als Geburtsorgan der Magna Mater-
Formen (Semiramis, Aphrodite, Leda) angesehen. Als Fruchtbarkeitsgabe zu Jahresanfang
und Aussaat (Ostereier) dient es ebenso wie als Abbild der Wiedergeburt im Totenkult. Von *A 331, 332*
griechischen Tempeln und islamischen Moscheen ist bekannt, daß in ihnen Straußeneier an
goldenen Ketten aufgehängt waren. In den Schatzkammern des Abendlandes waren solche
Schalen wichtige Sammelstücke, zu Ziborien, Reliquiengefäßen und Pokalen verarbeitet.

Knochen

Steine sind die Knochen der Erde. Hackbau und Pflug scheinen ein neuer Sündenfall zu
sein, denn, so argumentiert der nichtagrarische Mensch: wie kann ich die Gebeine unserer
Mutter bloßlegen und ihren Schoß zerreißen! (Indianerprophet Smohalla vom Stamm Uma-
tilla.) In der ganzen Knochenverehrung gibt es Parallelen zur Steinheiligkeit. Beide sind der
Erde verbunden, sind unveränderlich und endgültig. Die fossilen Knochen und Zähne
bilden hier eine hochbewertete Legitimität aus. Auch der Wundergestaltglaube (Drachen,
Riesen) hat – immer aufs neue beflügelt – Fossilien als objektiven Gehalt. Die »Stimme der *A 215*
Geister«, die Knochenflöte, in Europa seit dem Ende der Eiszeit nachweisbar, ist diese Seele
der Knochen, sie spricht bei vielen Opferritualen und Mysterienkulten als tönendes Medium
zum Jenseits. An Grab und Gebeinen der Ahnen bildet sich der Geschichtssinn der Mensch-
heit. Aus Familientraditionen erwachsen größere Perspektiven. Die Ahnen sind ein gedachtes
Zentrum der Sippe, sind heilig. So wurden die Toten im Neolithikum des Nahen Orients
vielfach im Boden des Wohnhauses beigesetzt, so daß die Gemeinschaft auch nach dem Tode
nicht unterbrochen war. Zum Beispiel in Tschatal Hüyük wurden die teilweise bemalten

Gebeine in Fell und Gewebe gehüllt, mit dem Kopf zur heiligen Mitte des Raumes gelegt, mit Schmuck und Beigaben begraben. Die Gebeine der Heroen machen die antike Stadt unüberwindlich. Orakel und Priester weissagten daraus Heil und Segen. In der antiken Dichtung tritt dieser Wert als Kraftzentrum klar hervor. Oidipus findet erst eine Heimstatt in Kolonos, als er die Häupter der Stadt auf seine postmortalen Kräfte hinweist (Sophokles). Der christliche Reliquienkult, seine Merkantilisierung seit dem hohen Mittelalter und die Entführung von Reliquien entspringen dem gleichen Wunsch des Teilhabens am mana der Heiligen und Märtyrer. In Knochenamulett und Reliquienkapsel erscheinen so in sakramentalem Gewand die Elementarformen der Knochenheiligkeit, des Schädelkults und ähnlicher Varianten. Der medizinische Gebrauch der mumia, der Knochen-, Zahn- und Hirnschalenpulver ist nur praktische Anwendung in gleicher Tendenz. Angeführt sei noch die Deutung verschiedener Tierskelett-Teile im Volksbrauch als Leidenswerkzeuge Christi. Hecht, Karpfen, Hering, auch Eidechse und Salamander sind Träger solcher Signaturen. Fische sind Christussymbol (Wasser, Element der Taufe und Ichthys griech. Fisch = Christus-Ideogramm).

Zahn und Gebiß

Zähne entfesseln starke Übertragungsvorstellungen in der Dingbeseelung. Eingriffe bei Initiationsriten, die den Existenzwandel beabsichtigen, wie Zahnausschlagen, Spitzfeilen (Raubtierform), Inkrustieren und Färben zeigen das an. Unsere Zähne wachsen, erneuern sich einmal und fallen aus, sie scheinen bei jedem individuell unerklärlichem, vegetativem Rhythmus unterworfen zu sein. Die Kadmos- und Jason-Mythen deuten vielleicht auf solchen Sinnzusammenhang: Zahn = Wachstum = Fruchtbarkeit. Auf Rat der Athene bricht Kadmos dem getöteten Drachen die Zähne aus und sät sie in die Erde. Aus dieser »Drachensaat« entspringen gewappnete Streiter, die sich gegenseitig töten bis auf fünf. In diesen sah Theben die Ahnherren seiner Feudalgeschlechter. Im gesamten Abwehrzauber gelten
A 232–242 Zahn- und Gebißamulett als mächtig. Zähnefletschen und Gebißentblößen erkennen auch Tiere untereinander als Signal »Halt« an. Es gehört jener Schicht von Psychomechanismen an, wie Krallenzeigen, Hörnerneigen, Aufstampfen (Angriffsdrohung), die außerhalb des Sprachbereiches quer durch die höheren Lebewesen verstanden werden. Zahnformen als Gestaltamulett unterstreichen noch die Einstufung. Hier sind es besonders die »Mondzähne«
A 540 von Eber und Elefant, die Achtung bis zum Geldeswert sichtbar machen. Auch Werkzeug- und Waffengebrauch von Haumessern (aus Biber-, Eber-, Walroßzahn) deutet auf urtüm-
A 250 liche Schätzung. Wie der erste Milchzahn als Talisman aufbewahrt wird, gelten Zahnamu-
A 752–758 lette besonders dem Kindesalter zugeordnet. Sie sollen gesunden Zahnwuchs fördern (Frais-
A 760 ketten). Aber auch am Rosenkranz findet sich oft ein silbergefaßter Zahn (St. Apollonia). Die frühere Menschheit war den Zahnschmerzen fast unausweichlich ausgesetzt. Das zeigt die Vielzahl der Rezepte, in denen auch pulverisierte Zähne helfen sollen.

Die Petroglossae (Natternzungen, Schlangenhörner) spielen vom Altertum an eine wichtige Rolle als giftabwehrende Substanzen. An diesen fossilen Zähnen der verschiedensten Knorpelfische, aber auch von rezenten Haien, entfachte sich in Mittelalter und Renaissance ein ausgesprochener Kult. In keinem der vielen Schatzkammer-Inventare und Kredenzvorschriften bis ins 18. Jahrhundert fehlen die »Languiers« (Natternzungenbäume), Anhänger, Kredenzgeräte und Salzgefäße mit Zungensteinen. Sie werden nur zeitweise überschattet von dem in gleicher giftabwehrender Funktion gesehenen »Einhorn«. Malta war im Mittelalter der Hauptlieferant solcher Fossilien und das Schlangenwunder des Hl. Paulus ebendort fügte antiker Überlieferung neuen Nährstoff zu.

Tierische und menschliche Stoffe

»Bedenkt das Dunkel und die große Kälte in diesem Tale, das von Jammer schallt« (Brecht).

Blut ist der »liquor vitae«, Saft des Lebens schlechthin. Der strengsten Tabuierung als »unrein« im Judentum (Schächten, Reinigungszeremonien) stehen unmittelbare Heiligungsformen gegenüber. In den Dionysien, im Mithraskult werden diese teils überhöht, teils realiter als Entsühnung erlebt und genossen. Das Christentum entwickelt die mystische Verklärung, die sich im Mittelalter zu einer Blut- und Wundenfaszination ohnegleichen steigert (Bußübungen, Geißlerbewegung). Der medizinische Gebrauch folgt dem sakramentalen Vorbild. »Organa« und »Humana« bilden das Kapitel der Amulettgeschichte, das die geringsten Spuren hinterlassen hat und das doch in den literarischen Zeugnissen so viel von der Einstellung verrät, die zu den Analogieschlüssen einer weitverzweigten Organo-Therapie verleitet hat. Der hautnahe Kampf um eine ständig bedrohte Existenz, um ein Überleben im Wüten der Seuchen, gegen die ungehemmte Gewalt der Schmerzen, um ein wenig mehr an Lebenssicherheit und Sorglosigkeit geschieht so vom Einzelnen allein, in mitleidlosem Ernst: Auge um Auge, Zahn um Zahn. Der Zweck heiligt jedes Mittel, von dem Quacksalber und weise Frauen raunen, das die im Circulus vitiosus mißverstandener und überhitzter Traditionen befangenen Ärzte und Adepten anpreisen. So wird die schwächere Kreatur geschunden und zerrissen, um des Quentchen Lebenskraft willen, das man der eigenen zuzuführen gedenkt. Blut wird getrunken, Körpersäfte destilliert, noch zuckende Organe und Tiere werden auf die schmerzenden Glieder und Wunden gebunden. Abstruse Prozeduren werden vollbracht, um Krankheitsdämonen durch Ekel zu vertreiben (Paullinismus). Solange die Natur *A 116*
der Krankheit verborgen liegt, sucht die Menschheit Kräfte, die im Strom des Lebens richtig erkannt werden, zu nutzen. Soweit von objektiver Erkenntnis ist dies alles wohl nicht entfernt, bedenkt man, welche Bedeutung unsere Medizin der Übertragung von Tierhormonen und -drüsen, von Vaccinen, Organen und Giften zumißt. Die Frischzellentherapie, der sich im Lichte der Öffentlichkeit Prominente unserer Zeit unterzogen, die Kuren mit fötalen Wirkstoffen (angebrütete Eier und Embryozellen) werden vielleicht auch einmal zu den

parawissenschaftlichen Irrwegen gezählt. Die erhabenste Medizin ist dem Menschen der Mensch – verkündet Paracelsus – nur unser Glaube verbietet, sich ihrer zu bedienen! Wem nun dies Gehaltensein in der Religion versagt blieb, griff zu solchen Formen der Kraftmehrung. Das Blut der Gladiatoren, Märtyrer und Hingerichteten (gegen Epilepsie und allgemein zur Stärkung, auch der Kinder), Teile der Gehenkten, Diebsdaumen und -finger (Glückstalisman), insbesondere auch Menschenhaut, Händchen und Organe unschuldiger Kinder waren wüsteste »Secreta« okkulter Spekulation. Im Glauben an die Grundkräfte gleich, aber in der esoterischen Sicht der Alchimisten schreibt Paracelsus von der mumia in »den unsichtbaren kranckheiten« 9, 325: »*Es liegt nit am Leib, sondern an der Kraft; darum das fünfte Wesen erfunden ist, aus zwanzig Pfunden ein Lot zu machen. Darum je weniger Leib, je höher die Arznei in Tugenden ist. Darum wird dem Leib an sich nichts zugemessen sondern den Kräften, die aus ihm gehen, gleicherweise wie der Bisamgeruch, dessen Leib auch still liegt. Also auf diesem Grund sind in vielfältigen Experimenten die Kräfte der mumia erfunden worden.*« Zur gleichen Zeit existieren aber auch »Aufgeklärte«, wie der Apotheker Antonfrancesco Grazzini (1503–1584), von Beruf Apotheker, der in seiner Florentiner Novelle

A 737 »Nekromantie« schreibt: »*Zoroastros Stube füllten alle möglichen Insiegel und Zauberbücher, Talismane und Amulette, Schmelzöfen, Phiolen und Destillierkolben für Kräuter, Erden, Metalle, Steine und Holz. Dazu gab es Pergament von ungeborenen Lämmern, Augen des Wundertiers Hirschwolf (Luchs), Geifer von tollen Hunden, Haifischzähne, Totenknochen und Stücke vom Galgen, Dolche und Schwerter, mit denen Menschen getötet worden waren, Salomonszepter und -gürtel, Kräuter und Samen unter gewissen Mondphasen und bestimmten Aszendenten gepflückt und noch tausend anderes Blendwerk, mit dem man dumme Leute ins Bockshorn jagen kann.*« Die Langlebigkeit eingewurzelter Vorstellungen erweist aber folgendes Zitat (Hovorka/Kronfeld 1908): »*Die Mumie ist auch heutigentags noch Handelsartikel. E. Merck, Darmstadt, offeriert in seinem Katalog: ‚Mumia vera aegyptica, solange Vorrat, Kilo Mark 17.50‘.*«

In den Objekten greifbarer gestaltet sich dieser Komplex bei den »Organsteinen«. Seit der Antike bestand eine festgefügte Lehre dieser Substanzen. Die »Herzsteine« (Knorpel) von
A 267 Hirsch und Steinbock, die »Gehirnsteine« der Vögel, Lurche und Reptilien, die »Knie-
A 273 und Augensteine« und schließlich die »Bezoare« (bâd-sahr, persisch = Gegengift) – alle
A 260 gehören zur Gruppe tierischer Konkremente, auch die »Krebsaugen« (H. O. Münsterer). In diesen Steinen sah man die volle integrierte Kraft der Tiere zu medizinischem und Amulettgebrauch. Geheimnisvolle Steine, deren Kenntnis man Vögeln zu verdanken glaubte, sind
A 265 die »Adler- und Rabensteine«. Der Adlerstein, ein sphäroider Toneisenstein, in dessen Hohlraum ein Kern klappert (»Klapperstein«), galt am Arm getragen als Schutz gegen Abortus und Frühgeburt, an den Oberschenkel gebunden sollte er zu leichter Geburt verhelfen. Die Tradition läßt sich bis zu mesopotamischen Quellen zurückverfolgen: Ischtar trägt am Gürtel solche Entbindungssteine. Auch die Antike sah in ihnen das Geburtsamulett und

Schutzmittel gegen den »Bösen Blick«. Aristoteles (384–322 v. Chr.) sagt: »*Der Geier gerät zur Zeit des Eierlegens in äußerste Lebensgefahr durch die übermäßige Anstrengung, manchmal stirbt er vor Schmerz. Deshalb holt das Männchen den sagenhaften Stein vom Berge zwischen der Stadt Kumâ und dem Meere im Land Hind, und legt ihn unter das Weibchen.*« In talmudischen Schriften wird er »Erhaltungsstein« genannt. Valentini meint im »Museum Museorum« 1704, das allerdings sei Aberglaube, daß der Stein, wenn er nach der Geburt nicht rasch entfernt werde, auch die Gebärmutter nach sich ziehe. »*Die Geburt war darum so glücklich, als wie in einem Gebärhause vorübergegangen, weil der Vater schon etliche Monate darauf gedacht hatte, den sogenannten Klapperstein, der im Neste des Adlers gefunden wird, beizuschaffen und Geburtshilfe damit zu leisten*« (Thienettens Niederkunft in »Quintus Fixlein«, Jean Paul 1763–1825). Der Rabenstein bewirkt Hilfe vor Gericht, bringt dem Besitzer Glück, Reichtum und Unverwundbarkeit, auch kann man sich mit dem Stein im Munde unsichtbar machen. Nach weitverbreiteten Überlieferungen bringt ihn der Rabe aus der Ferne, meist vom Jordan. Mancherorts herrscht die Auffassung, daß der Mensch den Raben zwingen kann, den Zauberstein zu holen: die Eier werden gekocht oder die Jungen gequält, getötet, worauf der Alte zur Hilfe den Wunderstein bringt. Gleiche Volksüberlieferungen gibt es auch für »Schwalben-, Zeisig-, Adler- und Krähensteine« (A. V. Rantasalo), die *A 300* im Amulettbrauch vielfältige Indikationen aufweisen.

Schnecke - Muschel - Perle

Wie am Kristall bildet sich im Begreifen der Konchylien (Schalentiere), im Staunen über die Gesetzmäßigkeit, der Schönheitssinn des Menschen. Die Ökonomie des Aufbaus, die Raumorganisation der »Häuser«, die rhythmischen Impulse des Wachstums als Prototypen von Trinkschale, Schraube, Spindel und Spirale zwingen beinahe zu mythischer Interpretation. Die Kreis- und Spiralorientierung wird oft in Beziehung zu den Gestirnbahnen gesetzt und als »irdische Paßform« betrachtet. Landschnecken, die sich reinigen, zu Dürre und Winterszeit mit Kalkdeckeln einschließen, wurden zu Frühlings- und Auferstehungssymbolen. So lassen sich Schneckenhausgewänder aus bronzezeitlichen Grabfunden und alpenländische Fasnachtsbräuche motivieren (L. Schmidt). Eine weitere Sicht der Muschel ist ihre Rolle als gewichtiges Signum der Genitalsphäre. Dagegen erweist sich Muschelschmuck und Muschelgeld als sekundär. Spaltamulette als Vulvaform haben mit der Mischung aus Scheu *A 699* und Gier, die dem Obszönen eignet, auch starke Abwehrvorstellungen impliziert. Das Meer, dessen Stimme den Konchylien eingeboren scheint (Rauschen, Muschelhörner), ergibt noch andere Zuordnungen, zu denen die reinigenden und heilenden Kräfte des Wassers und des Salzes gehören. Kamm-Muscheln als (sakramentale) Andenken der Seereise ins Heilige Land gehören wie der Stab zur Ausrüstung und Schutzkleidung des Pilgers. Sie sind auch zu *A 70* Attributen des Wallfahrerpatrons Jakobus d. Ä. geworden.

In mystischer Deutung sind Muscheln auch Mutter-Gottes-Symbol, denn Maria birgt die »eine köstliche Perle«. Phantasie und Mythos verarbeiten die »reine« Kugelgestalt zu immer neuen Bildern und Gleichnissen. Die Muschel taucht aus dem Schoß des Meeres zur Nachtzeit auf, empfängt den fruchtbaren Tau des Mondes (daher auch Tränen- und Unglücksbeziehung), der die Perle zeugt. Perlen sind jungfräuliche Medien in Liebes-, Glücks- und
A 31 Fruchtbarkeitsbeschwörung. Die kugel- und tropfenförmigen Anhänger, vielen Amuletten als Gestaltfaszinans zugesellt, verweisen auf die Bedeutung der Perlenreihung in der apotro-
A 745 päischen Kette und in der sakramentalen Gebetsschnur.

PRACTICA

Discurs vom Einhorn.

Von der Gestalt deß Einhorns vnnd seines Horns / auch von der Natur vnd Eigenschafft desselben.

DAmit ich nun dem andern Capitel ein Gnügen thue / so wil ich beweisen vnnd darthun / die Historiam vom Einhorn / gleicher gestalt ans Liecht zu bringen / versprochen / daran dann bißhero so viel Leut auch noch heutiges Tages in zweiffel stehen / dafür haltende vnnd vorgebende / als wann solches alles / so von diesem seltzamen Thier jemals gesagt werden möge / nur lauter Gedicht vnd Fabelwerck sey: Vnnd aber ich selbsten durch sonderbare Mühe vnd angewanten Fleiß / ein gantzes Einhorn auß dem innersten Theil deß Morenlands vberkommen vnd zu wegen gebracht habe / welches fast gar mit der Beschreibūg deß Plinii, Æliani, wie auch anderer Scribenten vberein stimpt / daß dan auch sehr schön anzusehen ist.

Vnd also hat der Hertzog von Mendoza in Spanien / ein Trinckgeschirr von solchem Einhorn / welches man vor daß aller vortreflichste / so je auff der Welt mag gefunden werden / schätzen thut / sich vor zu bereitem Gifft vnnd ansteckenden Seuchen / zuverwahren.

... daß allein das Einhorn / vnter allen andern Thieren der gantzen Welt / diese Wasser von dem Gifft reinigen vnd jnen den heilsamen Brauch desselben wid' gebē könne / welches auch ohne zweiffel / geschicht.

L. Catelanus »Einhorn« 1625

DAs Nasen-Horn/ oder

CORNU RHINOCEROTIS

Die **Kräfften** dieses Horns kommen mit dem Einhorn sehr überein/ welchem es zuweilen auch substituiret und an dessen Stell gebrauchet wird/ wie *Zacutus Lusit. lib. 4. Med. Princip. Hist. 51.* bezeuget:

VOn den Hirschen kommen so viel Artzneyen zur Apotheck und Material-Kammer/ daß *Pomet* denselben eine Welt voll Artzneyen und menschlicher Bequämlichkeiten (un monde de remedes, de commoditez & d' avantages pour l' homme (genennet; welches die Weltberühmte Dreßdischen Kunst-Kammer im Werck selbsten unter Augen legen kan/ allwo in dem letztern Gemach ein aus gebrandt Hirsch-Horn gemachtes Cabinet zusehen/ in welchem so viele Præparata, so von den Hirschen herrühren/ aufbehalten werden/ daß es ein eigene Apotheck abgeben könte; welches *D. Johan. Adolff Torcken* Anlaß gegeben seine Inaugural *Disputation. De Cervo ejusque partibus in Medicina usualibus* zu schreiben/ worinnen dieses sonst gnugsam bekandtes Thier also beschrieben worden/ daß es ohnnöthig hier viel Wesens davon zu machen/ zumahlen auch schon zuvor *D. Graba* ein gelahrtes Mit-Glied der Käyserl. Academiæ Nat. Cur. in Teutschland in seiner *Elaphographiâ Curiosâ* weitläufftig davon gehandelt hat; weßwegen ich auch von einigen gemeinen Theilen des Hirsches als dem Hirsch-Unschlitt/ MEDULLA und PRIAPO Cervi gar nichts melden will.

Jetzo nur der jenigen Stücken/ so in den Material-Kammern insgemein darvon gefunden werden/ mit wenigem zugedencken/ ist erstlich das bekandte **Hirsch-Geweyhe** oder

CORNU CERVI

Unter dessen Præparatis **ist das** philosophisch calcinirte **Hirsch-Horn oder**

CORNU CERVI PHILOSOPHICI CALCINATUM

sehr berühmt/ und wird auff zweyerley Weiß gemacht/ 1. Wann man die Spitzen von den Hirschgewichten durchbohret/ einfädemt und wann man die Wässer destilliret/ oben in den Helm hänget/ welches ohnvergleichlich besser wird/ wan man es bey Destillirung der Scharbocks-Kräuter/ als Cochlear Nast. &c. einhänget/ daß sich deren flüchtige Saltz mit dem CC. vereinige. 2. Wann man das CC. nur so lang in Wasser sieden lässet/ biß es mürb gnug ist; da man zugleich die Hirschgallred oder

GELATINAM CORNU CERVI

aus dem Wasser bringen kan/ welche auch offt verschrieben wird Beyde also calcinirte CC. sine Δ. haben noch etwas ⊖ vol und sind deßwegen viel kräfftiger/ als das Gebrand Hirsch-Horn oder

CC. USTUM

wo das vortreffliche flüchtige Saltz verlohren gehet/ es seye dann Sach/ daß man zuvor das

SAL VOLAT. CC

darvon sublimire und nachmahlen das Caput mortuum vollends weiß brenne; über welches auch das Φ. vol mit etwas spir. vin noch einmahl überzogen werden kan/ daß es recht weiß werde; worbey dann der

SPIRITUS und ○ c. CC.

zugleich mit übergehen/ woraus mit dem ⊖. vol. CC. und ⊖. vol succini der LIQUOR CC. succinatus bereitet wird: Wann man aber die noch junge/ weiche und beltzichte Hirschkolben destilliret/ bekommt man das Hirschkolb-Wasser oder

Δ è TYPHIS CERVI,

welches unter die Hertzstärckende Mittel gerechnet wird/ auch wie obige præparata gegen alle gifftige ansteckende Seuchen dienen kan.

Nechst dem CC findet man auch bey einigen Materialisten die Hirtz-Zähren oder

LACHRYMAS CERVI

welche in den Augen-Winckel/ wie kleine Bezoar Stein wachsen und erharten/ und weilen ihnen auch dergleichen Kräfften zugeschrieben werden/ von verschiedenen vor den rechten Bezoar ausgegeben worden/ deren Abriß oben bey dem Kupfferstück zusehen ist. Weilen aber *Ludovicus*, *Ettmüllerus* und andere/ solche nicht viel æstimiren und vor ein bloses excrement halten; so gehet man sicherer/ wann man in ansteckenden Kranckheiten die Hirschkugeln

oder

BEZOAR CERVINUM

welche wie der occidentalische Bezoar in deren Magen oder Gedärme der Hirschen wachsen/

gebraucht/dergleichen Stein/einer Faust groß ohnlängst bey einem guten Freund gesehen/ welcher äusserlich weißgelb anzusehen und aus vielen übereinander gewachsenen Blättlein/ wie die Bezoar-Stein/ zusammen gesetzt war.

Ferner gehören auch die Hirtzkreutzlein oder

OSSA DE CORDE CERVI

zu denen Materialien/ welche in dem Hertzen der alten Hirschen gefunden werden/ aus den erhärtenden fibris oder Fäserlein/ welche oben umb die grosse Pulß-Ader gesetzet sind/ bestehen/ und wann solche zu Knorbel oder endlich gar zu Bein werden/ wie ein Kreutzgen anzusehen sind/ wie solche vom *Ulysse Aldrovando in Hist. Quadrup* und *Paralipom.* abgerissen und beschrieben sind; kommen meistens aus Italien/ und werden nach dem 1000 verkaufft/ wie *Schurzius* in seiner Material-Kammer *pag. 67.* berichtet. Sie müssen schon weiß und nicht gar zu groß seyn/ sonsten leicht der Verdacht darauf kommen kan/ das sie von alten Ochsen herrühren/ in welchen dergleichen Beinlein auch zu finden/ womit die Hirschkreutzlein verfälschet/ und dahero zweyerley Sorten davon in den Material-Kammern gefunden werden/ nemlich die rechte oder ossa de corde cervi vera und die falsche oder ossa de C.C. spuri werden vor ein Hertzstärckung geachtet

Valentini »Museum Museorum« 1704

Andere Remedia, die Conception zu befördern.

Man will behaupten/ daß/ so ein Weib/ Zeit währender *Conjunction* mit dem Mañ/ gepülvert Hirschhorn/ mit Kuh-Galle vermenget/ bey sich hat/ sie leicht *concipire*.

»138 Geheimnisse« 1732

Es wird der Bezoar bey unterschiedlichen Thieren/ als Affen/ vornemlich aber bey denen Capricervis Orientalibus in Persien und Ost-Indien gefunden/ und zwar in einer Capsula oder Säcklein/ so inwendig am Magen hanget/ und aus haarechten Fleisch bestehet/ einer guten Spannen lang/ darinnen diese Steine gantz ordentlich sitzen/ werden generiret von den edelsten Wurtzeln/ als Doronico, contrayerva &c. davon sie ihre Krafft bekommen/ hiervon kan nachgelesen werden Grabæ elaphograph. p. 5. 459. und 610. Leonard. spec. lap. p. 21. Bauhinus de lap. Bezoar. Joh. Bapt. Sylvaticus tract. de lap. bez. Laur. Catelanus libell. de lap. bez. Monardes de lap. bez. Petr. de Osma in Ep. de hoc lap. Conciliator Apponensis, Ryffius, Joh. Wittichius, Andr. Chioccus vom Wunderstein Bezoar. c. 1.

Der Occidentalische Bezoar, oder LAPIS BEZOAR OCCIDENTALIS.

Die Tugenden und Kräfften dieses Steins kommen mit deß Orientalischen Qualitäten sehr überein/ indem er sowohl als dieser/ allen gifftigen und pestilentialischen Kranckheiten entgegen und zuwider seyn/ die schwere Noth an Jungen und Alten curiren/ die Kräffte stärcken/ den Stein und Geburt befördern/ auch äusserlich an den Fingern getragen/ den Schlaff bringen soll; so gar/ daß einige denselben/ wie eine Panacee oder Universal-Medicin gegen alle Kranckheiten geben wollen

Nichts destoweniger macht doch der gemeine Mann/ absonderliche die jenige/ so nichts als was theuer ist/ æstimiren/ gleichsam einen Abgott aus dem Bezoar, welchem zu Gefallen die Medici vielleicht alle Gifft-treibende Mittel davon benamset/ und Bezoardica genennet haben/ den: Unter welchen die Roß-Stein oder

HIPPOLITHI

billich den Vorzug haben/ indem sie den Bezoar-Steinen/ sowohl an der Gestalt als ihrer Tugend nach sehr gleich kommen und deßwegen auch Bezoar Equinum genennet werden. Solche nun werden in dem Magen und Gedärme der Pferden gezeuget/ und zwar immer ein Schälchen über dem andern/ wie an dem veritablen Bezoar zusehen ist.

BEZOAR SIMIARUM

oder Affen-Stein genennet werden könte/ finden soll/ dessen 6. Gran mehr/ als von dem rechten Bezoar ein halb quint thun sollen/ weßwegen auch ein Stück mehr dann hundert kostet

BEZORA BOVINUM

Dem Gebrauch nach haben diese Steine eine vortreffliche Krafft die Gelbsucht zu curiren/absonderlich diejenige/so von Steinen herrühret: Und weilen sie vieles flüchtiges Saltz in sich führen/ist nicht zu zweiffeln/daß sie nicht weniger als der rechte Bezoar gegen die Fieber vermögen . . . . Und weilen sie auch eusserlich Niesen machen und diejenige / so von der fallenden Sucht angefochten sind / ermuntern können / so ist nicht wunder / daß die Türcken und Juden diesem Stein so sehr nachtrachten und fast keinen Ochsen schlachten / worinnen sie denselben nicht auffsuchen solten: Wäre auch zu wünschen / daß die Schlächter in Teutschland / wo so viele Ungarische Ochsen herhalten müssen / fleissiger darnach sehen thäten

Die Gemsen-Kugeln / PILÆ DAMARUM oder
ÆGAROPILÆ
auch der Teutsche Bezoar oder BEZOAR GERMANICUM genennet: Wäre zu wünschen / daß sie / weilen sie besser und wohlfeiler zu haben/auch viel einen kräfftigern Geruch haben / an statt des so kostbaren Bezoarsteins gebrauchet würden / indem sie eben dergleichen und wohl bessere Kräfften haben/ in den hitzigen und ansteckenden Fiebern sehr guten Effect thun / auch in der rothen Ruhr und andern Bauchflüssen nicht zu verwerffen sind / weilen sie etwas astringirendes an sich haben. Sie werden zu 10. bis 12. Gran eingegeben. Ob sie aber äusserlich angehänget vom Hunger und Durst befreyen / ja gar fest machen sollen / wie einige abergläubischer Weise vorgeben / ist so gar nicht glaubwürdig

8. *Lapis Manati* **oder ein Stein von der See-Kuh / so 3. Pfund 2½. Untzen wieget.**

Der Orientalische Bezoar, oder
LAPIS BEZOAR ORIENTALIS.
Ob er aber auch äusserlich angebunden oder angehänget / das Gifft in sich fressen/und den Menschen vor der Pest und dergleichen bewahren könne/ wie *Boetius a Boot p. 368. Lib. de Gemm. & Lap.* schreibet / lasse an seinem Ort gestellet seyn.

Pedra del porco oder Lapis Porcinus ist ein sehr kostbahrer Stein / welcher vor wenig Jahren von den Portugiesen aus Ost-Indien nach Lisbon und Amsterdam gebracht worden Das Stachel-Schwein selbsten wird Lateinisch Histrix genennet / dahero auch dieser Stein sonsten / und zwar mit besserem Bestand / Lapis Histricinus genannt wird. . . . .
Sehr reichen Leuthen kan man wohl 5. oder 6. Gran von dem Stein selbsten mit andern Schweiß-treibenden Sachen geben. Andere hängen ihn nur an statt eines Amuleti an / und sollen die Indianer ein solches Vertrauen zu diesem Stein haben / daß wann sie ihn nur anrühren können / gesund zu werden vermeynen. *Vid. Disp. nostram de Lap. Porcino*

Ferner findet man auch die Hirn-Schale oder
CRANIUM HUMANUM
in denen Material-Kammern / welche gleichfals von den hingerichteten armen Sündern / oder denjenigen / so im Krieg umgekommen / zunehmen; weßwegen im letzten Türcken-Krieg gantze Säck voll Türcken-Köpff nach Leipzig gebracht worden. Unterdessen gibt es einige Materialisten und Apothecker / so auch das Cranium verstorbener Leut führen / wie ich dann mit meinen Ohren gehöret / daß einsmahlen ein gewisser Materialist einige Menschen-Köpff aus dem Bein- und Todten-Haus bestellet: Welches ein schändlicher Betrug ist / so gar nicht solte geduldet werden; indem in solchen abgestorbenen Cörper kein Safft und Krafft ist / da hergegen in denjenigen / welche gewaltsamen Todtes sterben / die Lebens-Geister gleichsam gefangen. . . .
hielte auch Hr. D. Widt / Weyland Käyserl. Kammer-Medicus zu Speyer / und zuletzt Churf. Mäyntzischer Leib-Medicus das cran. humanum vor ein gewisses Mittel gegen die Gelbsucht. Daß aber sich einige Soldaten einbilden / man könte sich vest machen / wann man aus einer Hirn-Schale trincke / wie *Ettmüllerus in Comment Schrœd pag. 791.* erwehnet / ist ein lächrlicher Aberglaube; sonst müsten alle Studiosi Medicinæ, wann sie bey Säuberung des Sceleti, nach gehaltenen Anatomiren / gemeiniglich eines aus der Hirn-

Schale herumb trincken / vest werden / welches mit der Erfahrung gar nicht übereinkommet. Von den Præp. aus der Hirn-Schale besihe *Schrœderum c. l.*

Letzlich gehöret auch zu eben dieser Class dasjenige Mooß / so aus der Menschen Hirnschale wächset und von einigen Artzten

USNEA

genennet wird / welches nebst der allda wachsenden Maur-Rauten in der 1. Fig. der XV. Kupffer-Tafel Lit. A. A. A. zu sehen / und also in dem zweyten Jahrgang der *I. Decuriæ Miscellan. S. R. I. Acad. Nat. Cur. Obs. LII. pag. 98.* zu finden ist. Man muß aber allhier wohl Achtung geben / daß dieses Mooß nicht von den Kirch-Höfen aus den Bein-Häusern von denjenigen Hirn-Schalen / so eines natürlichen todten Menschen gewesen / abgenommen werde / als welches die verlangte Kräffte oder Tugenden gar nicht hat: sondern es muß dasselbe von den jenigen Cörpern / so eines gewaltsamen Todes bey gesundem Leibe verblichen sind / genommen werden / solte es auch vom Galgen und Rad geschehen; . . .

grösseren und gewisseren Nutzen hat es in allerhand innerlichen Blutstürtzungen / gegen welche der berühmte *Sennertus Lib. 1. Pract. p. 977.* folgendes Amulet zubereitet.

℞. Die Asche von einer Krotten / gepulverisirten Blut-Stein / jedes ein Loth / Hirnschal / Mooß / Meernabel / rothe Corallen / alles pulverisiret und von jedem ein Scrupel, Tormentill-Wurtzel / Schlangen-Biß-Wurtzel / Teschel-Kraut / Maßliebger / Gauchheil / von jedem ein Potgen oder Pugni. Dieses alles zu Pulver gestossen und in ein seiden Säcklein gethan / wird nur äusserlich angehenckt: wie dann die Usnea allein das Nasenbluten stillet / wann man sie nur in den Händen hält. Andere machen rothe Corallen davon / welche um den Halß und die Hände getragen werden / deren Beschreibung an obbenamten Ort zu sehen ist.

Valentini »Museum Museorum« 1704

die Mumia

Allein die Mumia ist es / die ein vngezweiffelte vnd gleichsamb sichtbahre Hülffe wider allerley Geschlecht der Giffte mit sich bringt.

Man soll den todten Cörper eines rothen / gantzen / frischen vnd vnmangelhafften vier vnd zwantzig Jährigen Menschen / so entweder am Galgen erstickt / oder mit dem Rad justificiert / oder durch die Spieß gejaget worden / bey hellem Wetter / es sey bey Tag oder Nacht / darzu erwehlen: Dessen Mumiam von den beyden grossen Liechtern einmal bescheinet vnd constelliert oder bestirnt / in Stücke zerschneiden / mit pulverisierter Mumia vnd ein wenig Aloe (dann sonsten ist es zu bitter) bestreuwen / nachmals etliche Tage in einem gebrannten Wein einweichen / auffhencken / widerumb ein wenig einbeitzen / endlich die Stück in der Lufft vffgehenckt lassen trucken werden / biß es die Gestallt eines geräucherten Fleischs bekompt vnd allen Gestanck verlichrt / vnd zeugt letztlichen die gantz rothe Tinctur durch einen gebrannten Wein oder Wachholder Geist nach Art der Kunst herauß.

Oswald Croll »Basilica Chymica« 1628

Ob die vernünfftige Menschen / Zauberer oder Bezauberte / wahrhafftig in Thier / Wölff / Füchß / Hasen / Hünd / Kazen / Esel / Bären / Krotten / etc. verwandlet werden können? Oder / ob solches nur eine Einbildung vnd Verblendung sey?

Man hat Exempel / daß der Teufel seinen Zauberern rechte natürliche Thierhaut gegeben / welche sie wie ein Kleid angezogen / mit denselbigen angethan / sich solche Thier seyn bedunkt / . . .

Peter Stumpf / welcher zu Bebburg in einem Cöllnischen Stättlin hingerichtet worden / hat von seinem Dæmone succubo, oder jhme / in Weibs Gestalt aufwartenden Teufel / einen breiten Gürtel empfangen. So offt er sich mit demselbigen begürtet / hat er sich selber / vnd die / so jhn gesehen / einen Wolff seyn bedunkt / vnd in solcher Gstalt / fünffzehen Knaben zerrissen / vnd deren Hirn gefressen / vnd war auch Fürhabens seine zwo eigene Sohnsfrawen also zuzerreissen. Stengel. de judic. div. tom. 2. pag. 869.

Wie dienstlich den Zaubereren vnd Wahrsageren Menschenblut / Kindshändlin / vnd andere Leibsgliederlin von Kinderen / seyen / jhre Teufelische Kunst zuvollbringen / könte mit vielen denkwürdigen Exemplen erwiesen vnd dargethan werden: Ich erachte aber solche mit Stillschweigen fürübergehen / nutzlicher seyn. . . .

Solche Zaubereyen aber sind mancherley. Der fürnembsten gattungen eine / sind eintweders Kinds- oder Diebs-händ.

Vmb **Kinds-hände** bewerben sich solche verzweifelte / stehlens begierige Böswicht / welche den Kinderen / der / von mörderen oder jhnen selbs / aufgeschnittnen schwangeren Weiberen / abgehawen; oder von außgegrabnen vngetaufften Kinderen genom̃en sind. Die **diebs-händ** aber nemmen sie bey nacht / zu einer gwissen Stund / von den an den Galgen hangenden dieben. Zu / vnd mit diesen Kinds- vnd Diebs-händen brauchen sie Zauberische wort vnd geberden / zu dem end / daß sie die Leut in den häuseren / welche sie bey nacht besteigen vnd bestählen wollen / in so harten schlaff fellen / daß niemand erwachen kan. Wann solches geschehen / zünden sie die finger dieser Kinds- vnd Diebs-händen an / daß sie brennen wie ein Liecht / vnd ihnen leuchten / das hauß / das sie bestiegen zu durchsuchen / Kisten vnd Kästen zueröffnen / vnd was jhnen gefalt / zustählen.

nemmen Krotten / die sie im Nammen deß Beelzebubs taufen / vnd jhnen geweihete Hostien ins Maul geben / von denen lassen sie Blut / so viel sie haben können / brennen darnach den übrigen Leib zu Pulfer: sie nemmen ferner mit sonderbaren Ceremonien vnd Worten / Eyer von schwarzen Hennen / vnd wann irgend eine Mitgnossin jhres Teufelischen vnd verfluchten Zauber-Ordens / auf dem Bett gestorben vnd begraben worden / öffnen sie die nachfolgende Nacht einen Theil deß Grabs / legen diese Eyer drein / vnd machen das Grab widerumb zu: Nach etlichen Nächten / graben sie mit anderen Ceremonien vnd Worten / diese Eyer widerumb auß / solche zu jhren Schadenpulferen vnd Salben zugebrauchen. Wo sie eine hungerige Hündin an einem Bein nagen sehen / wenden sie Fleiß an / dasselbige Bein zubekommen / vnd der Hündin auß dem Rachen zuziehen. Sie bewerben sich auch vmb Schlangen-gräth / vmb Kinds-Hunds- vnd Kazen-bein / auß welchen Stuken / sampt gwissen vom Teufel empfangenen Wurzlen / sie eintweders Pulfer machen / vnd solches den Leuten in Speiß oder Trank beybringen / oder in jhre Kleider sprengen / oder die Ort darmit besträwen / da sie sizen: oder sie vergraben etwas von diesen Dingen vnder die Thürschwellen deren Häuser.

Das **abschneiden der Haaren an allen Orten deß ganzen Leibs**; auß der vermeinten vrsach / wann ein Hex oder Zauberer / an der Marter nichts bekennen wolle / vnd jhnen die Haar an dem ganzen Leib abgeschnitten / vnd ob einem Liecht verbrennet werden / so bekennen sie hernacher jhre Mißhandlungen. Dañ / in den Haaren steke eintweders der Teufel selber / oder sonst ein Zauberstüklin / durch dessen Krafft / sie die schmerzen der Marter nicht empfinden / vnd daher nichts bekennen: wann aber die Haar vnd mit denselben der Teufel / oder das Zauberstük weggenommen / so können sie alsdann bekennen.

So ist diese Prob euch **schändlich** / sonderlich wann sie mit entblössung deß Orts geschichet / welches die Zucht vnd Schamhafftigheit zu gedeket haben will. **Mich. Freud. in Gewissensfragen von den Processen wider die Hexen.**

Das **Jungferpergament** / also genent / weil es auß der Haut eines newgebornen / vor empfangenem Heiligen Tauf gestorbenen Kinds / gemachet wirdt / mit sonderbaren Ceremonien zubereitet / vnd mit gwüssen Zeichen / Worten vnd Namen überschrieben / ist bey vielen / frömbder Personen Lieb gegen sich zuerweken / sehr üblich. Was man schreibt von dem menstruo muliebri, mit seinem Zusaz / so holde Weibspersonen den Männeren beybringen: vnd von dem Spermate virili, auf hie vnbenente weise bereitet / den Weibsbilderen in Speiß oder Trank eingegeben / ist abschewlich / vnd würket selten die gesuchte Lieb; gar oft aber / ja mehrentheils / **verruckung der Sinnen / vnd tolle Taubsucht** / welche schwerlich mehr geheilet werden kan.

Der H. Chrysostomus schreibt in 1. Cor. Homil. 12: Jch will lächerliche Ding erzellen: Was
„ sind nun das für lächerliche Ding? Solche / wel-
„ che anfangs viel Leute / nicht so böß seyn bedunken;
„ eigentlich aber / ein Grund vnd Anfang sind alles
„ Vnglaubens / vnd grosser Thorheit. Es nem-
„ men viel Weiber vnd Säug-Ammen Koth / vnd
„ bestreichen darmit die Stirnen der kleinen Kin-
„ deren in dem Bad. Wann man sie fragt / zu was
„ End solches geschehe? Sagen sie / es bewahre die
„ Kinder für Bezauberung vnd Neyd.

Barth. Anhorn »Magiologia« 1674

Neu-Vermehrte/
Heilsame
Dreck-Apotheke/
Wie nemlich mit
Koth und Urin
Fast alle/ ja auch die schwerste/
gifftigste Kranckheiten/ und bezauberte
Schaden vom Haupt biß zun Füssen/
inn- und äusserlich/ glücklich
curiret worden;
**Durch und durch mit allerhand curieu-
sen/ so nütz- als ergetzlichen**
Historien und Anmerckungen/
Auch andern
Feinen Denckwürdigkeiten/
Abermals bewährt und nun zum dritten mal
um ein merckliches vermehrt/ und verbessert
Von
Kristian Frantz Paullini.

Franckfurt am Mayn/ 1699.

Krötenstein ist zweyerley Gattung, der eine rund, der andere länglicht rund, beyde von oben gewölbt, und unten etwas hohl oder platt, sehen gelbbraun aus, und werden wie andere Edelgesteine an den Felsen generirt, auch in Ringe gefasset, und nach der Phantasie der Liebhaber geschätzt und bezahlt.

»Der aufrichtige Jubelier« 1729

Einen Kröten-Stein auszunehmen.

Es giebt etliche / die den Stein von der Kröten auff diese Art nehmen: Man wirfft die Kröte mit einem rothen Tuch in eine Grube/ welche die Sonnen-Hitze starck trifft/ lässet sie darinnen braten/ un vor Durst weidlich martern/ biß sie gezwungen wird/ die Last ihres Kopffs abzulegen und von sich zu werffen/ diese ziehet man nun durch ein Loch/ welches mit einem Gefässe verdeckt gehalten werden muß; oder auff eine andere Art/ damit sie den Stein nicht verschlinge.

Andere gehen einen sicherern und leichtetern Weg/ auff diese Art: Sie stecken eine Kröte in einen irdenen Topff mit vielen Löchern/ und lassen sie in einem Omeiß-Hauffen verzehren: Wann nun solcher Gestalt das Fleisch von der Kröten auffgefressen worden/ so bleibet der Stein mit denen Beinen übrig; wie solches von unterschiedenen Personen probiret worden. Wann man einen Kröten-Stein *probi*ren will/ so wirfft man denselben einer Kröten vor; Ist es ein rechter/ so erhebet sie sich wieder ihn/ als wolte sie oben auff ihn loß springen/ und ihn weg schleppen: so gar zornig scheinet sie/ daß der Mensch ihn haben und besitzen soll.

Wann man die Augen von lebendigen Fröschen nimmt/ und dieselben ebenfalls dem Patienten vor der Sonnen Auffgang anhänget/ und die Frösche also geblendet in das Wasser stösset/ so soll das *Tertian*-Fieber auch verschwinden.

J. D. Schneider »Geheimnisse« 1696

Alle Schätze aber übertrifft die Perle / so einer Welschen Nuß groß ist / worauf der Englische Gruß von Natur soll eingepräget seyn / und kan niemand wissen / wie solches unschätzbahre Kleinod dahin kommen seye.

Schatzkammer St. Loreto (Valentini 1704)

Die Perlen UNIONES oder MARGARITÆ sind kleine und gekrönte Steinlein / entweder gantz rund oder eckicht / weißlicht und etwas durchsichtig / haben einen erdichten Geschmack / wie die Austern oder Muscheln / worinnen sie gezeuget werden;

Von dem Ursprung und Wachsthum dieser Perlen finden sich verschiedene Meynungen unter denen Gelehrten / indem viele mit dem alten *Plinio* darvor halten / sie würden aus dem Thau / so in die eröffnende Muscheln tropfet / generiret. Allein diese Meynung ist gantz falsch / indem unlaugbar / daß die Perle-Muscheln aus dem Grund des Meers und anderer Wässern / wohin der Thau nie kommen kan / gefischet und gelanget werden müssen. Weswegen andere als *Petrus Joh. Faber* die Perle vor einen Außsätz oder Finnen der Austern halten will.

Valentini »Museum Museorum« 1704

Zwey überaus grosse Dentes Hippopotami, durch einen Schottländischen König nach S. Denys übersandt.

Eine Leuchte / insgemein Laterne de Judas genannt / welche bey des HErrn Christi Bindung und Gefangenschafft gebrauchet worden seyn soll.

Ein Stück von dem Aussatz / welchen der HErr Christus von dem Gesicht eines Aussätzigen fallend gemacht.

Französ. Schatzkammer St. Denis (Valentini 1704)

Habe ich allerhand RELIGIOSA,

so in die Biblische und alte Historien lauffen / oder auch etwas miraculoses anzeigen / colligiret / darunter seyn viele Fossilia Diluviana, in specie (1) zwey rare unicornua fossilia, welche dem heutigem Officinal-Einhorn (welches in dero Museo pag. 482. beschrieben) in der Figur und Substantz gleich / aber kurtzer / dicker / und klärer seyn / (2) ein Articulus von der Spina dorsi vel gigantis, vel Balenæ, welcher hier vor wenig Jahren ausgegraben / sehr groß / schwer / accurat, und rar ist; (3) einige Knochen von Elephanten / welche von denjenigen seyn / die Anno 1663. in Hetrurien gefunden / und ausgegraben worden / es muß solcher Elephant entweder durch die Sündfluth alldar vergraben / oder einer von des Hannibalis eingeführten Elephanten daselbst eingescharret seyn / welches letztere wol glaublicher

Tobias Reymer »Kunstkammer Lüneburg« (Val.) 1704

Caroli Magni Cron von Gold mit sehr grossen und kostbahren Rubinen / Sapphiren und Diamanten / welche mit dem Scepter / Justitz-Hand / Sporen desselben &c. bey der Crönung der Königen in Franckreich nach Rheims gebracht und dazu gebrauchet wird.

Ein grosses Geschirr von Orientalischem Agath / welches das köstlichste Stück von dem gantzen Schatz seyn soll / sowohl in Ansehung der Grösse / als der Kunst und Antiquitæt. Man vermeynet Ptolomæus Philadelphus habe solches machen lassen und zwar vor zwey tausend Jahr und die Faß-Nacht damit zu celebriren / welche unten am Reiff mit einer Arbeit von 30. Jahr durch einen Diamant eingegraben ist: und ist ein Præsent von Carolo III. König in Franckreich.

Ein grosser Becher von Crystall de Roche, mit einer Inscription von Samaritanischen Buchstaben / und wird deswegen davor gehalten / daß es dem König Salomon zugehöret habe.

Ein sehr grosses Einhorn von 7. Schuhen / in einem schönen Futeral.

Ein Klau von einem Greiffe / ungemein groß / welche der König Aaron aus Persien im Jahr 807. an den König Carolum Magnum überschicket hat.

161

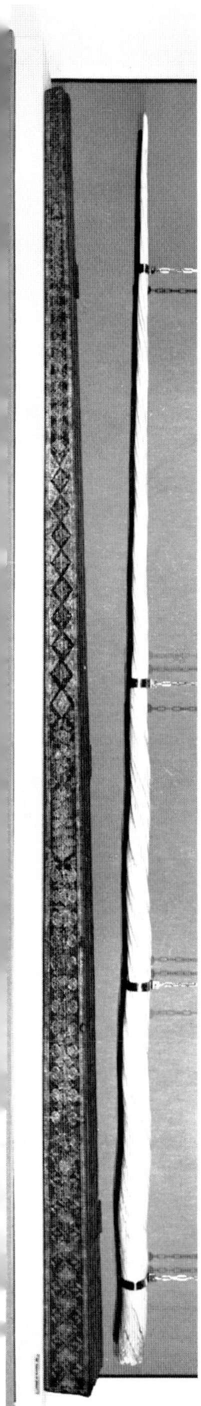

161a

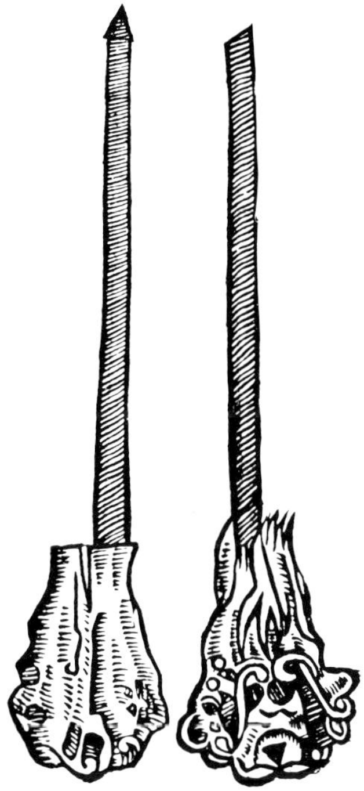

160

160 *Der »Campion-Anhänger«, ein Narwalzahnsegment in geschmelzter Goldfassung, lange im Besitz der Familie Campion of Danny. R: Schabespuren, die auf medizinischen Gebrauch deuten. Um 1600, etwa 1/1, Viktoria u. Albert Museum London*

161 *Dieser 2,71 m lange Narwalzahn ist das längste bekannte »Einhorn«, es befand sich in der Kunstkammer von Schloß Doloplas/Mähren, zuletzt auf Schloß Mittel-Biberach. Futteral 17. Jh., vergoldetes Maroquin. Manschette mit Einhorn, modern. Deutsches Leder-Museum Offenbach Inv.-Nr. 435*

161a *Narwal-Schädel, Illustration aus der „Historia animalium" Zürich 1551, von Konrad Gesner. Der Holzschnitt zeigt, daß gleichzeitig und im selben Buch zwei Auffassungen von der Herkunft des Einhorns vertreten wurden (siehe Abb. 163)*

162 *Einhorn-Drache, Ziegelrelief vom Ischtartor Babylon, um –570. Staatliche Museen Berlin, Vorderasiatische Abteilung*

162

Von der Natur / art vnnd eygenschafft der Thier / welcher namen anfahet inn frembden sprachen / darmit sie vonn den alten genant worden am Buchstaben V.

Vnicornis ein Einhorn.

Vnicornis ein Einhorn / ist bei vns ein frembd vnbekandt thier / zimlicher grösse / doch gegē seiner treflichen stercke zu rechnen / nit groß von leib / von farben gelbfarb wie buxbaumen holtz / hat gespalten kloen / wonet im gebirg vñ hohen wildtnussen / hat vornen an der stirn ein sehr lang scharpff horn / welches es an den felsen vnd steinen scherpffet / durchsticht darmit die

D iij grossen

163

163 *Einhorn aus der »Historia animalium« Zürich 1551 des Schweizer Arztes und Naturforschers Konrad Gesner (1516–1565) genannt »der deutsche Plinius«, der erstmals versuchte, enzyklopädisch die Natur in ihren Erscheinungsformen zu beschreiben*

Die Faszinationskraft des Horns als Gestalt, das im Begriff der »Greifenklaue« zu einem neuen Sinngehalt umgeschmolzen war, verband sich der Tradition vom Füllhorn und Trinkhorn, weswegen solche Prunkstücke gleichermaßen zum Dienst in Kirchenschätzen wie zur weltlichen Repräsentation bestimmt wurden. Wie S. Bökörnyi nachweist, waren viele dieser Geräte Montierungen von Urhörnern. Der Ur (Auerochs) war in Europa schon im Mittelalter zum seltensten Wild geworden, das letzte Exemplar soll im Jahre 1627 erlegt worden sein. Dieser Umstand mag zu der Hochschätzung des Materials geführt haben, die sonst noch den außereuropäischen Büffel- und Antilopenhörnern zukam

166

165

165 *Drei Reliquienhörner aus dem Bamberger Heiltumsbuch, Druck Hans Mayr, Nürnberg 1493*

166 *Trinkhorn mit Jonas, Meister CS 1591, Straubing. Büffelhorn in Silbermontierung teilvergoldet, Fortuna auf der geflügelten Kugel bemalt. Kopf mit Jonas abnehmbar. Inv.-Nr. 3886 der Königlichen Kunstkammer Berlin, H 450, Kunstgewerbe-Museum Berlin*

167

168

169

170

Noch deutlicher als bei den Greifenklauen erweist sich der Glaube an die Kraft des Tierhorns als Material in den geprägten Hornplaketten, denn hier wird es im Wallfahrtsandenken zum Träger von Segensformeln und anderen sakramentalen Zeichen

Als besondere Tugend des Steinbockhorns wurde dessen giftabwehrende Kraft gerühmt, die zum Gebrauch von Trinkgefäßen und Dosen aus diesem Material Anlaß gab

171

172

173

167 *Geprägtes Steinbockhorn, Blattform mit Phönix, Rückseite Herz, K A267 H 41 18. Jh*

168 *Geprägter Steinbockhorn-Anhänger mit Steinbock und Initialen FA, durchlocht mit späterer Silberfassung. K A 134 H 31 17. Jh*

169 *Geprägtes Steinbockhorn mit dem Gnadenbild von Altötting, Rückseite doppelbalkiges Kreuz mit unkenntlichen Segensinitialen, K A 843 H 37 17. Jh*

170 *Steinbockhorn-Dose, geschnitzt mit Steinböcken, Bäumen, Vögeln, Delphinen. Vergoldeter Messingdeckel nach Medaille v. Hans Jamnitzer mit »Anbetung«. BN R 1547 Dm 68 17. Jh*

Alpenländische Gehörnanhänger:

171 *Erstlingsgehörne des Rehbocks silbergef. SM H 60/71 19. Jh*

172 *»Gamshörndl« silbergef. K A250 H 55 16. Jh*

173 *Erstlingsgehörn eines Rehbocks (Kümmerer) silbergefaßt, BN 34/271 H 62 18. Jh*

174

175

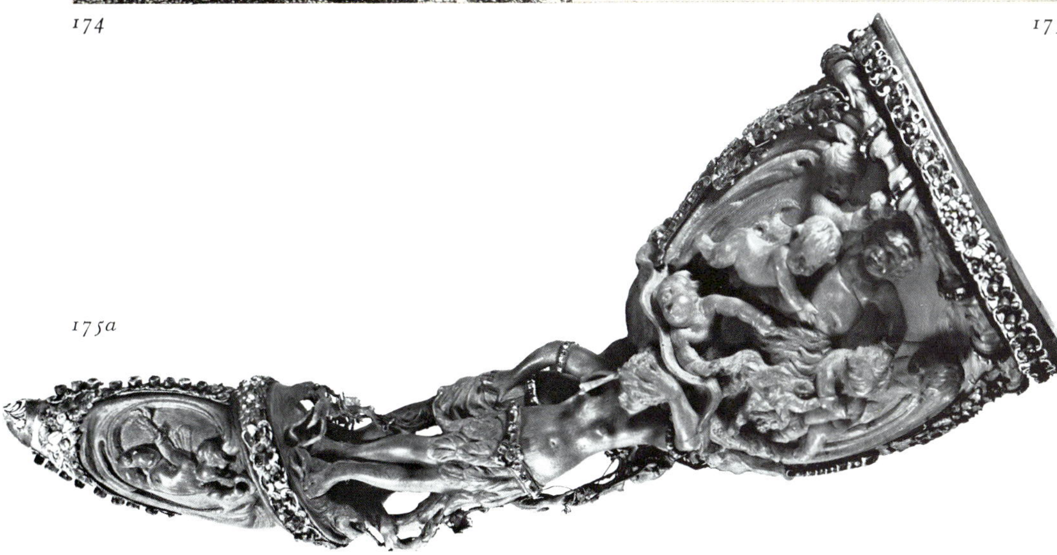

175a

174 *Hirsch mit Wundergeweih, Stich von E. Ridinger (1698–1767), darauf »Scharivari« mit Gazellenhörnchen H 68, Reh-Erstlingsgehörn, sog. Knopfbock und Hirschkäferzange. Silbergefaßt K A 1993 18. Jh. Hirschkäferamulette sind besonders häufig in der Türkei zu beobachten*

175 *Landsknecht mit »Hörndl« an der Brustkette, Holzschnitt, unbek. südd. Meister, 16. Jh., darauf: Gazellenhörnchen K A 243 H 71 und zwei Gamskrickerl, K A 242 H 60, silbergef., 18./19. Jh*

175a *Trinkhorn aus Rhinozeroshorn geschnitten mit Silberfassung, geschmelzt und Rubinen und Smaragden besetzt. H: 33 cm, Schnitzerei süddeutsch unter niederländischem Einfluß, um 1660/70, Fassung: Augsburg aus der gleichen Zeit. Material und Gestaltung sind typisch für die historisierenden Schatzkammer-Stücke der Barockzeit, in der die früheren Kredenz-Bräuche schon in hybride Spielformen übergehen*

186 *Dachspfote an einer Kinderschepper. Fassung silbervergoldet, geschmelzt, Brillantenbesatz. Schepper mit Schellen und dem österreichischen Bindenschild geschmückt. Stiel als Pfeifchen. H der Schepper 150, MR 1109, süddeutsch um 1692. Wahrscheinlich ein Geschenk Kaiser Leopolds I. an den bayerischen Kurprinzen Joseph. Die Dachspfote hat ähnlich den vielfach gebrauchten Maulwurfspfoten apotropäische Bedeutung*

186

177

177 »*Der verlorene Sohn*«, *auch* »*der Hausierer*« *genannt, v. Hieronymus Bosch (1450–1516) mit Tierbalg (Wildkatze) und umgehängtem Rehlauf. H760, Museum Boymans-van Beuningen Rotterdam*

176

178

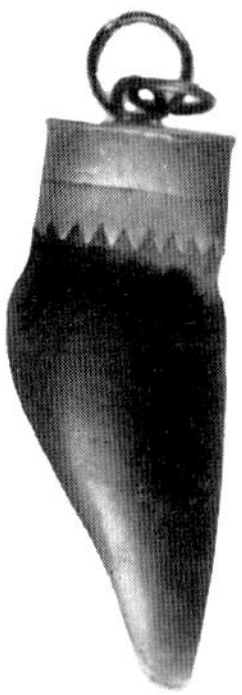

179

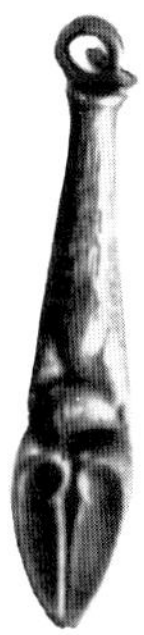

180

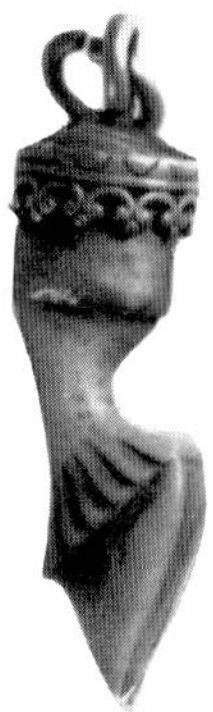

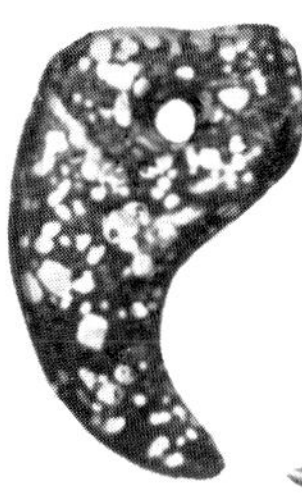

181

182

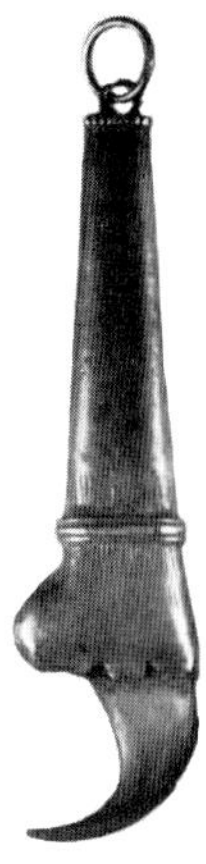

183

176 *»Gamskricklmesser« (Trudenmesser). Gemsenhorn mit Beinintarsien. Klinge graviert neun Monde, neun Kreuze, datiert 1883. K A 1167 H 180. Magische Zeichen, Segens- und Spruchformeln finden sich – von den Arabern kommend – seit dem Mittelalter auf den Klingen der Waffen.*

Im Habitus der fahrenden Leute zeigt sich häufig eine besondere Amulettvorliebe, wie sie auch anderen »ausgesetzten« Berufsgruppen eignet, etwa Jägern, Schäfern usw. Dem entsprechen in unserer heutigen Gesellschaft die volkskundlich interessanten Aberglaubensformen der Sportler, Schauspieler und Artisten

178 *Rehhuf, silbergefaßt K A 259 H 51 19. Jh*

179 *Hirschlauf in Silber K A 366 H 28 19. Jh*

180 *Pferdehuf aus Bein, silbergefaßt, K A 211 H 32 16./17. Jh., alpenländisch*

181 *Leopardenkralle aus rotem Porphyr, »Ogat« altägyptisch, Grabfund, Univ. Coll. P10, London H 24*

182 *Löwenkralle aus Somalia, Jagdtrophäe und Kinderamulett, goldgefaßt, Pr, H 35 modern*

183 *Kinderanhänger mit Kralle (Luchs), Silbermanschette graviert, BN 25/76/40 H 70 17./18. Jh*

185 *Ägyptische Kette aus Gold- und Amethystperlen mit Löwenkrallenanhänger, um –1850. H 330, Ägyptian Galleries New York*

185

184

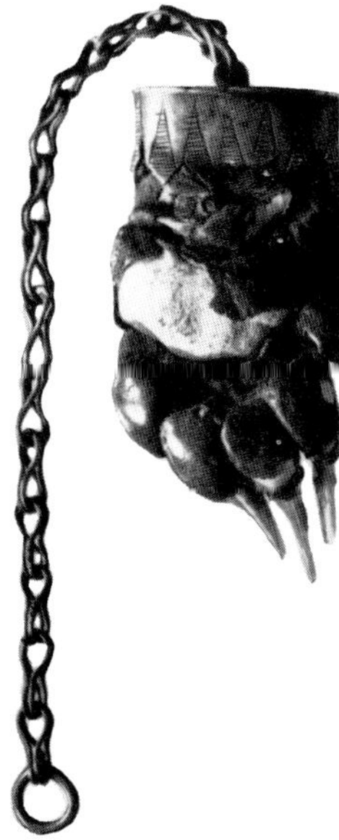

190

184 *Matthias Krodel d. J. »Bildnis Ulrich, Stadtrichter, Zehentner und Fundgrübner in Schneeberg« 1615, 1020x800 GN Gm 1292. Neben Bildnismedaille des Kurfürsten Christian v. Sachsen ein Krallenanhänger am Gürtel*
187 *»Schergräberl« (Maulwurfspfote) silbergef., K A 271 H 28 17./18. Jh., alpenländisch*
188 *»Schergräberl«, silberg., KA1999 H25 19. Jh*
189 *Igelpfötchen, silberg., KA1989 H25 19. Jh*
190 *Dachspfote an Silberkette, K A 282 H 69, Herkunft Madrid, 17. Jh*
191 *Fischotterpfote in Silbermanschette, K A 283 H 96 18. Jh*
192 *Goldbeschläge mit Edelsteinbesatz für Marderköpfchen und Pfoten, Entwurf zum Schmuck eines »Flohpelzes«, Stich von E. Hornick, 1565 Nürnberg*

187 188 189

192

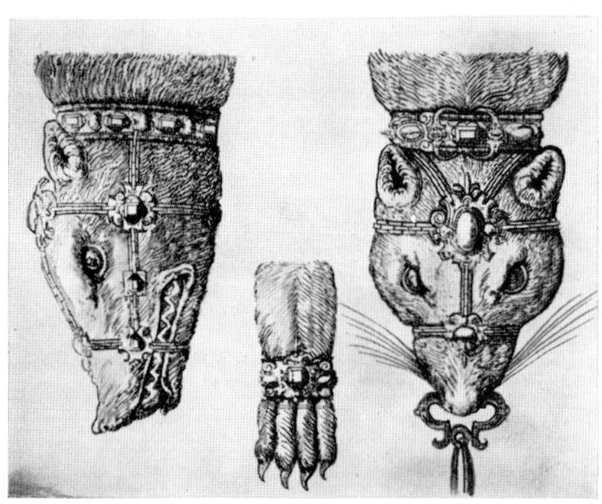

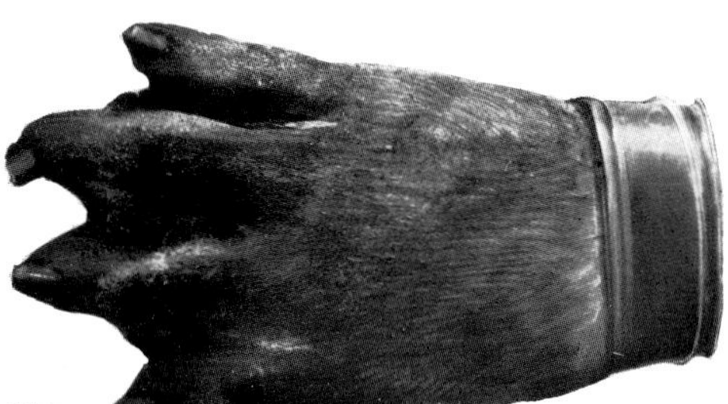

191

193

193 *Bildnis einer jungen Frau mit Flohpelzchen an der Gürtelkette, gemalt 1557 von Sofonisba Anguisciola. Ehem. Staatl. Museen Berlin*

197

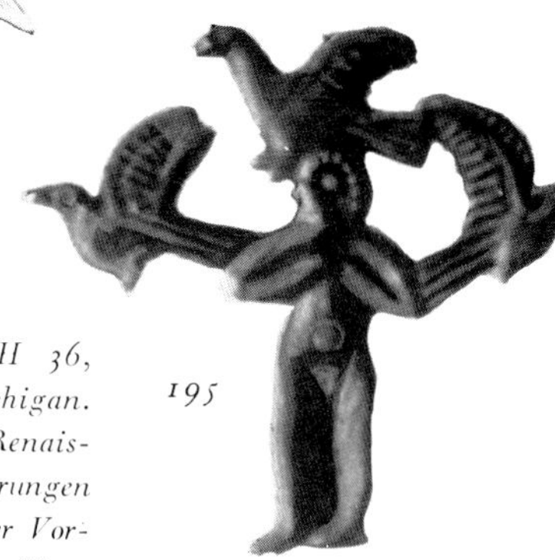

195

196

194 *Flohpelz, Aquarell von Hans Mielich (1516 bis 1573) für das Kleinodien-Inventar der Schatzkammer Herzog Albrecht V. von Bayern. Ausschnitt, etwa 1/1, BN R 8242.*

Die Taube bezieht ihre mythische Bedeutung aus der Stellung als Attribut und Tauschgestalt dominierender Muttergottheiten des Alten Orients. Diese wirkt fort in der sakramentalen Wertung als Opfertier (Antike, Judentum) und dem Gleichnis des Heiligen Geistes

195 *Brüstepressende Göttin mit drei Tauben, geometrisierte Formung, aus Schachtgrab III der Burg von Mykene, wohl vom Totengewand einer weiblichen Leiche, Goldblech, H 51, Nationalmuseum Athen*

196 *Abraxasgemme aus grauem Achat, H 36, Museum of Archaeology University Michigan. Gnostisch-koptisches Amulett, das auch in der Renaissance wieder auftaucht. Mischwesenformulierungen erweisen sich immer als Abbreviaturen okkulter Vorstellungsreihen. Der hahnenköpfige Gott = Tagkünder, Lichtgestalt, damit Dämonenvertreiber und Zeugungssymbol. Letzteres betrifft auch die Schlange, die zudem zur Medizin weist und die Signaturen ewiger Verjüngung trägt*

197 *»Heilig-Geist-Taube«, K A 713 H 230 19. Jh. Die Taube, erst 536 auf dem Konzil von Konstantinopel zum Symbol des Hl. Geistes erklärt, ist in der Stube und über der Stalltür Schutz gegen Schadensgeister*

198

199

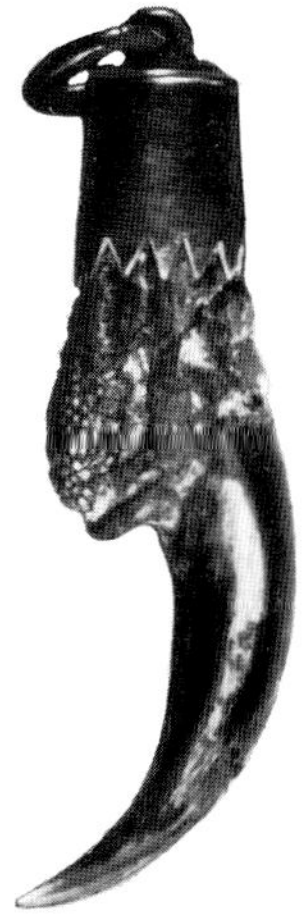

200

202

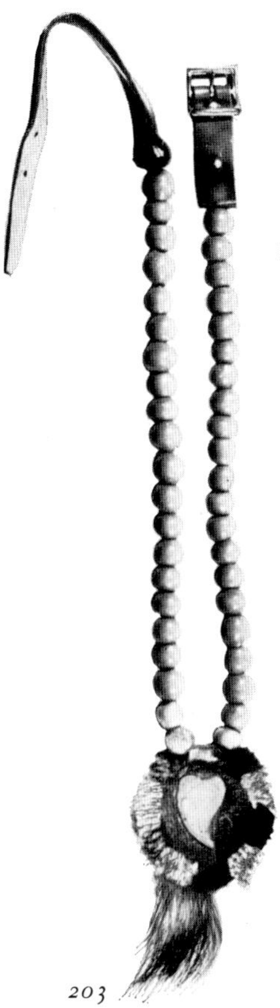

203

204

205

5. Mose 22/12: *»Du sollst Dir Quasten machen an den vier Zipfeln Deines Mantels, damit Du Dich bedeckest!«*

Nicht zuletzt von dieser sakramentalen Wertung im mosaischen Gesetz leitet sich der Gestaltzauber der Quasten her, der sich im Amulettbrauch mit dem Machtzauber der tierischen Haarstoffe vereint. Apotropäische Dachshaar-Quasten, die dem gleichen Vorstellungsbereich entspringen wie der Dachsfellbesatz am Kummet der Zugtiere im mitteleuropäischen Bereich:

203 *Dachshaar mit buntem Wollmedaillon und Messingherz an blauer Glasperlenkette, SM H 450 mazedonisch, modern. Die Farbe Blau ist in Nordafrika, Vorderen Orient und Griechenland die exorzistische Farbe schlechthin*

204 *Quaste aus Dachsfell mit blauen Glasperlen. SM H 470 mazedonisch, modern*

205 *Quaste aus Dachsfell mit bunter Wollrosette und farbigen Glasperlen, SM H 460, mazedon., mod*

209

198 *Fasanenkralle, silbergef. 16. Jh., K A 262. In der Hochblüte der Rittergelübde tun sich besonders die »Voeux du Faisan« hervor. Bei Gott, Unserer lieben Frau, den Damen und dem Fasan gelobt z. B. Philipp der Gute 1454 zu Lille den Kreuzzug*

199 *Habichtskralle BN 34/271 H 62 17. Jh. In der Analogie zur Charakteristik des Habichts als dem verwegensten und gierigsten heimischen Raubvogel wurde auf die Kralle als Amulett die Vorstellung übertragen, daß sie »Geld anzieht«*

200 *Steinadlerkralle, silbergef., K A 258 H 62 18. Jh*

202 *Harpyen-Kapitell, Kreuzgang Monreale, 12. Jh.*

209 *»Die Bettler« von Pieter Breughel d. Ä. (um 1520/25–1569), 180 × 210, Louvre. Dieses 1568 gemalte Bild wird heute als politische Anspielung gedeutet, als Zusammenschluß der Stände in der Erhebung gegen Philip II. (R. L. Delevoy). Auch in anderen Bildern Breughels tragen Bettler und Krüppel Marderschwänze, z. B. »Der Kampf zwischen Karneval und Fastenzeit«. Inwieweit sie Warnzeichen im Sinne einer vom Bürgertum verordneten Berufstracht waren oder aber mit Kraftübertragungsvorstellungen für die Schutzlosen zusammenhingen, läßt sich kaum deuten (z. B. gilt der Wieselbalg als Abwehr gegen Anwünschungen)*

206 207 208

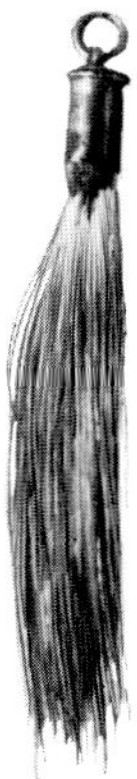
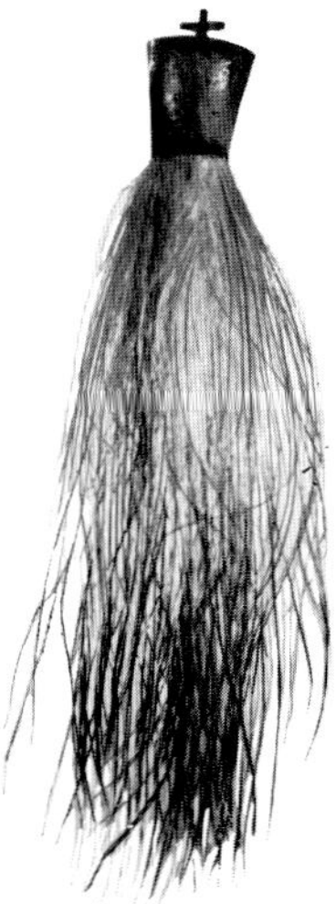

210

206 *Dachshaaranhänger in roter Tuchmanschette gegen den bösen Blick, SM H 95, Ancona modern*
207 *Bocksbart, silbergefaßt. Solche Haarpinsel vom membrum virile der Böcke wurden den Knaben umgehängt (Fraiskette) zur Stärkung der Potenz. K A 273 H 115 19. Jh., alpenländisch*
208 *Dachshaar in Zinnmanschette, Kinderamulett, Rom, modern, K A 276 H 105*
210 *Landsknecht mit großer Haarquaste an der Hakenbüchse. Holzschnitt von Virgil Solis (1514 bis 1562), Nürnberg*
211 *Große Pferdegeschirr-Quaste aus Thessalien. SM H 1000, modern.*
Die Haarquaste als Talisman findet sich auch bei den eurasischen Steppenvölkern. Die drei »Roßschwänze« als Standesabzeichen des Pascha, eigentlich Schwänze des Grunzochsen (Yak), weisen wohl ähnliche Wertung auf wie die Haarquasten der Türken an Prunkgeschirren, siehe etwa Vittore Carpaggio »Zyklus vom Hl. Georg«, wo außer den Pferden auch die Jagdhunde Haarquasten am Halsband tragen
212 *Quaste aus roten Lappen. Hier wirkt die Quaste als Gestaltfaszinans, das sich mit der Bedeutung der rotgefärbten Wolle (Antike) koppelt. SM H 145, Chiusi/Italien 1959*

211

212

Der gespreizte Vogelbalg (Sperrgestus) als Dämonen- und »Wetter«-Abwehr ist noch gebräuchlich. Im gleichen Sinne werden Geierbälge und Fledermäuse angeschlagen

201 *Schleiereule am Scheunentor (Sizilien)*

201

213

213 *Haarquaste am Pferdegeschirr: Grisaillescheibe des J. Gietzendanner, um 1500, Chr. Murer Zürich? (1548–1615). Hist. Mus. St. Gallen Inv. 92 H 100*

215

Im I Gemach.

Seltsame Fisch-Zungen von Schwerd-Fischen / darunter 1. Griff wie ein Schwerd / mit dem Sächsischen Wappen.
Ein Paradieß-Vogel.
Natter-Zünglein aus Malta.
See-Krebse.
Unterschiedene Hörner von Rhinoceros und daraus etliche Trinck-Geschirr.
Floß-Federn / Kienbacken und andere Glieder von Wall-Fischen.
Schild / Baich und Schüsseln von Schild-Krotten.
Ein Ey / so ein Schild-Grotte gelegt.
Ein Meer-Spinne.
Grosse Zähne von Meer-Rossen / aus welchen man Ring wider den Krampff drehet.
Ein groß Büffelhorn.
Ein Indianisch Ziegenhorn / Como di Gazella genannt.
Ungewöhnliche Rehe-Gewenhe.
Medulla ex unicornu zwey Ellen 10½. Zoll lang.
Ein Elephanten-Zahn 127. Pfund wiegend.
Seltsame Donner-Keil-Aexte und Steine / unter welchen einer 39. Pfund wiegt.
Ein groß Menschen-Bein von der Hüfft bis auff die Knie-Scheib 58. ℔. wiegend.
Ein Backen-Zahn / so 9. Loth wiegt.
Ein schöne Tafel von Eben-Holtz / Helffenbein / Gold und Silber.
Chamæleon terrestris.
Ein Pharaons-Mauß.
Des Nebucad-Nezars-Bild.
Bilder von gehauenem Alabaster } Mich. Ang.
Messing gegossen } Bonarotæ.

»Dreszdnische Kunstkammer« Valentini 1704

Die Steingruben / welche Beine sind der grossen Mutter. Die Bein im Fleisch: Dann gleich wie die Erde mit den Steinen:

Oswald Croll »Signaturen« 1629

Zwey überaus grosse Dentes Hippopotami, durch einen Schottländischen König nach S. Denys übersandt.
Eine Leuchte / insgemein Laterne de Judas genannt / welche bey des HErrn Christi Bindung und Gefangenschafft gebrauchet worden seyn soll.
Ein Stück von dem Aussatz / welchen der HErr Christus von dem Gesicht eines Aussätzigen fallend gemacht.

Französ. Schatzkammer St. Denis (Valentini 1704)

215 *Riesenknochen (Mammut) mit Inschrift der Devise Friedrich III. »αειον« und Datierung 1443, ehemals aufgehängt im Stephansdom Wien. Die Knochen wurden bei der Ausschachtung zum zweiten Turm gefunden und später in der Volkssage einem Riesen zugeschrieben, der beim Bau geholfen haben soll. In der Johanniskirche in Lüneburg hing ein Walknochen, der als Schulterblatt des Riesen Goliath galt. In anderen Kirchen gab und gibt es ähnliche Riesenknochen (Wal-Rippen und Kiefer), die exorziert und benediziert wurden*

216 *Titelkupfer zu »Museum Calceolarianum«, Hieronymus Viscardus, Verona 1622*

Die Spekulationen um kraftgeladene Stoffe feiern wahre Triumphe in den Kunst- und Raritätenkabinetten des 16./17. Jh. Gewiß war vieles vom Sammelgut dem erwachenden naturwissenschaftlichen Interesse zu verdanken oder der Kuriositätensucht, andererseits bezeugen zeitgenössische Inventare zur Genüge die Neigung zur Materialfaszination im Sinne des Amuletts. Neben Kunstwerken von höchstem Rang waren Naturalien und Präparate gleichwertig ausgestellt

216

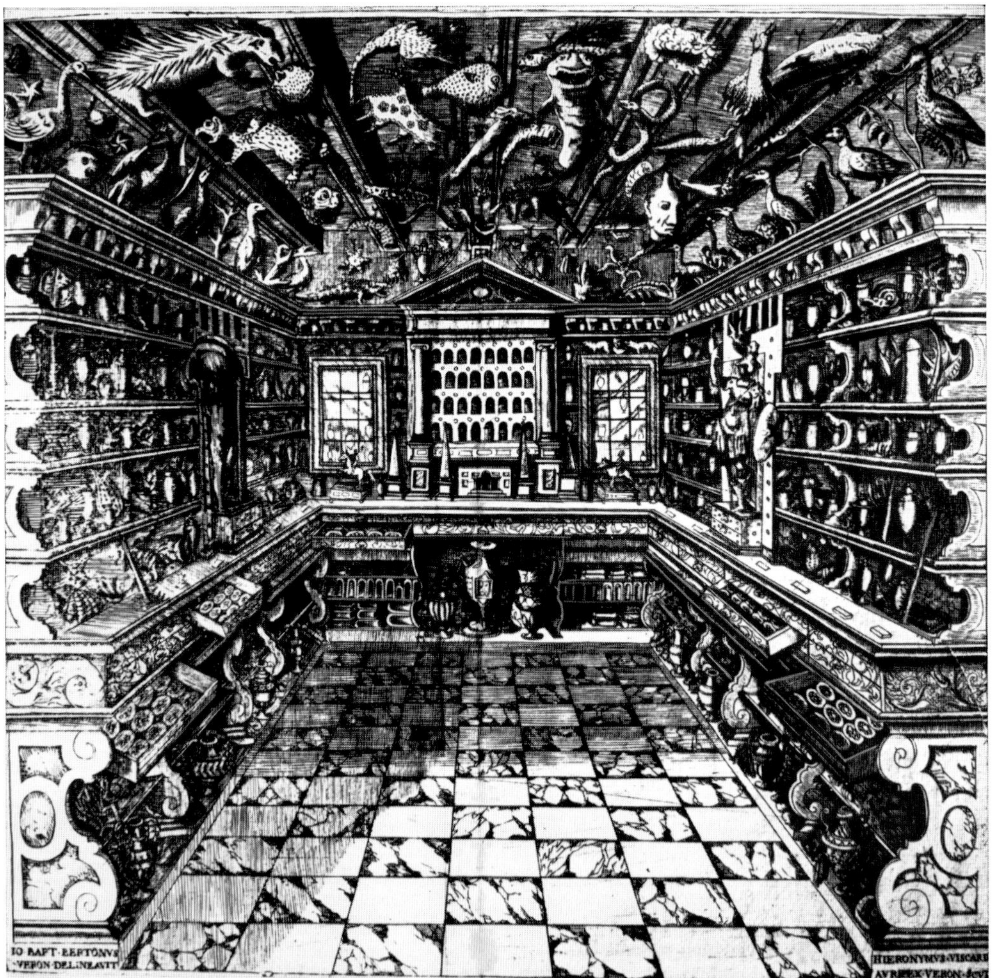

214 *Freundschaftskette und drei Ringe aus Frauenhaar geflochten, Gold- und Kupferfassungen, K A 940, H 490 19. Jh*

Der alte Haarbindezauber, der in den verschiedensten Praktiken eine Rolle spielt, reicht vom Ablöseopfer im Totenkult über Verfahren der magischen Schwertklingenhärtung bis hin zum Liebeszauber und zur superstitiösen Entartung im Hexenbrauch. Die Haarbesessenheit, immer wieder Mode, hat zuletzt in der Romantik in Ketten, Bändern und Ringen aus Haargeflecht und gefaßten Locken die alte Minnegaben- und Freundschaftsseligkeit neu erwiesen

214

217

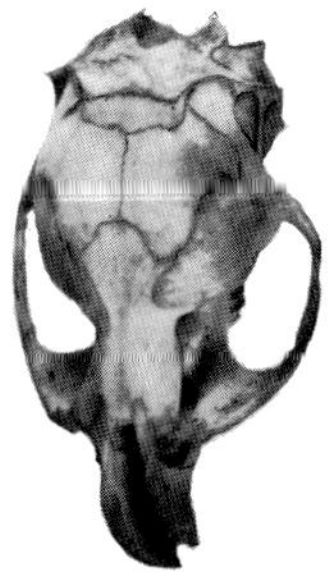
218

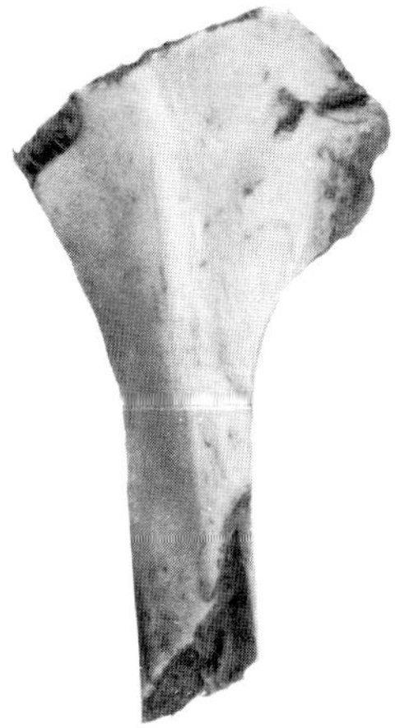
219

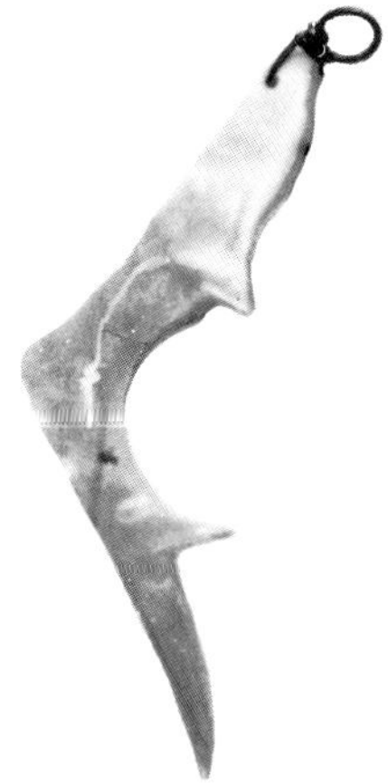
220

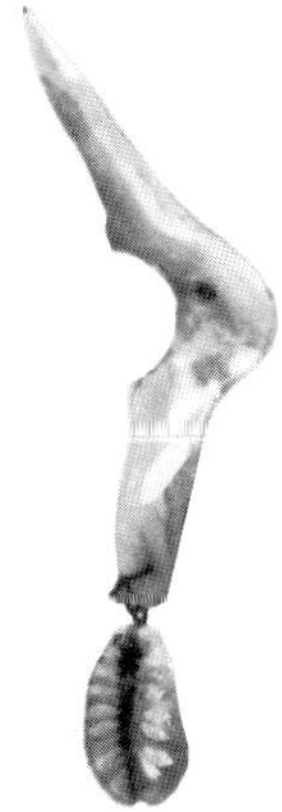
221

Knochen-Amulette:

217 *Fuchskopf aus einem Knochenstück mit Silbergebiß und Granataugen, K A 253 H 29 19. Jh*

218 *Schädel einer Schermaus als Amulett gebraucht, K A 896 H 34 (Eichhörnchenschädel = gegen Schwindel, Mäuseschädel und -zähne zur Kräftigung der Zähne und gegen Zahnschmerz)*

219 *Ungefaßtes Knochenstück, Gebrauchsort Traunstein, zum Gesundbeten. K A 277 H 85, 20. Jh*

Perlmutter-Amulette in Fischkieferform:

220 *K A 261 H 62, Türkei, modern* **221** *mit Kaurischnecke K A 254 H 88, Calabrien, modern*

222 *»Schweinsg'hörl«, Gehörknochen vom Schwein als Amulett gegen Zahnschmerzen getragen. K A 270 H 25, alpenländisch*

223 *Silbergefaßter Knochen, K A 272 H 83 18. Jh*

Zahn-Amulette:

224 *Dirne und Narr, kolor. Holzschnitt, unbek. südd. Meister des 16. Jh.. Die Dirne trägt einen Haifischzahn (Natternzunge) an der Halskette. Staatliche Graphische Sammlung München*

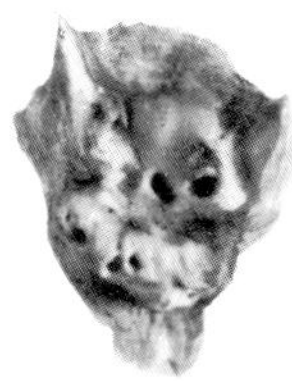
222

223

224

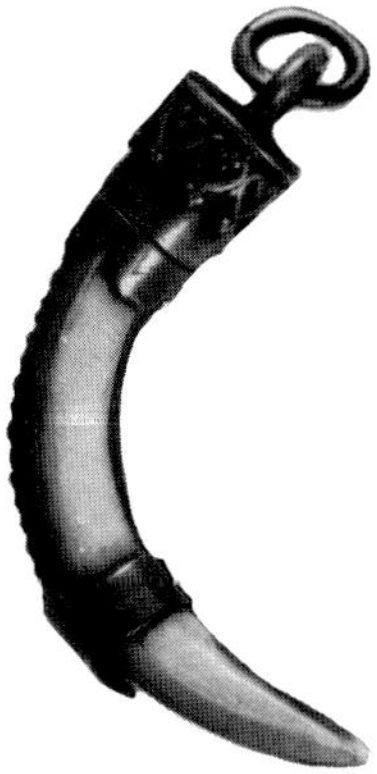

226

225

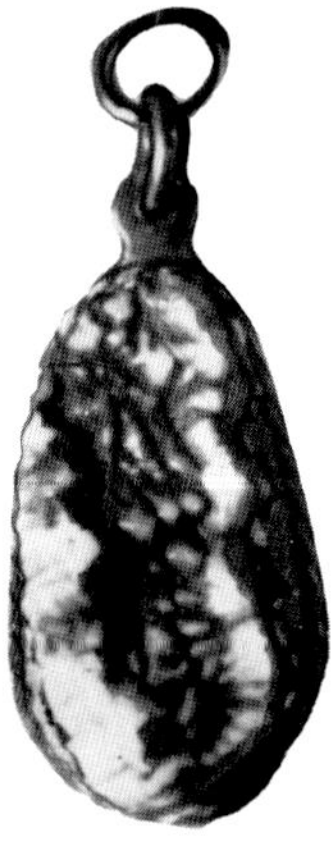

227

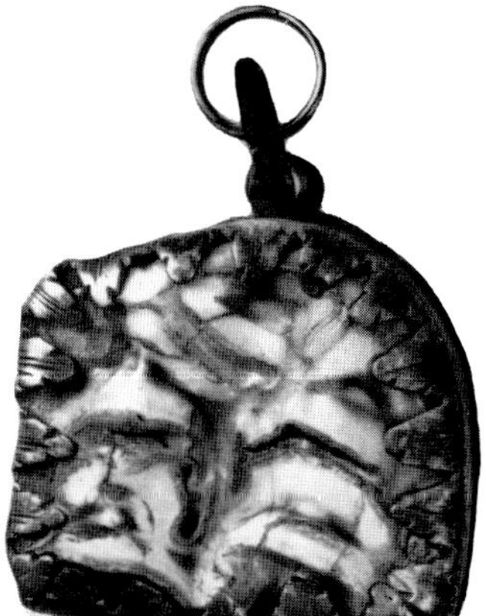

228

233

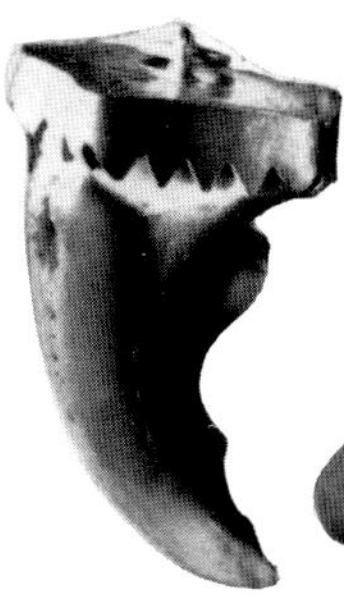

229

230

231

225 *Roßzahn, der an einem Gnadenbild auf Schloß Niederfels bei Grassau/Chiemsee hing (Weihegabe?). K A 525 H 90 17./18. Jh*

226 *»Mankei«-Zahn (Murmeltier), silbergefaßt, K A 248 H 38 16. Jh*

227 *Bärenbackenzahn, silbergefaßt, K A 231 H 48 17./18. Jh. Gegend Salzburg*

228 *Pferdebackenzahn, silbergefaßt, K A 232 H 32 17./18. Jh. Gegend Traunstein*

229 *Krebsschere, silbergefaßt, K A 1260 H 29, Leros, modern*

230 *Hirschgrandel, silberg., K A 949 H 25 18. Jh*

231 *Zahn eines Seebärenbullen, silbergefaßt, K A 269 H 22, 19. Jh. Gegend Reichenhall*

Wann einem die Männlichkeit benommen ist.

Man stosse einen Zahn aus einem Todten-Kopffe von einem Menschen, der durch das Schwerdt ist hingerichtet worden, setze sich über einen Stuhl, der hohl ist, daß unten in einer Glut-Pfanne eine Glut sey, auf welche man nach und nach das Zahn-Pulver wirfft, und den Rauch unter dem Hembde ad pudenda empfängt. Es sind noch andere Mittel, die sich nicht offenbahren lassen.

»138 Geheimnisse« 1732

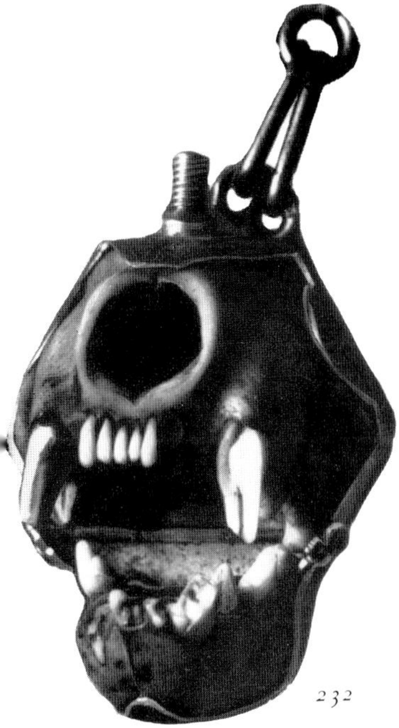

232

234

Gebiß-Amulette: *Das Zähnefletschen, z. B. afrikanischer Christen gegen heidnische Götterbilder aus antiken Quellen belegt, verrät die archetypische Droh-Formel. Auch an Beschlägen der Schwertscheiden (Völkerwanderungszeit) fanden sich gefletschte Gebisse in Metall, die Metapher der Ritterdichtung vom »beißenden Stahl« unterstreichend. Gebisse, die durch den Klappmechanismus der Fassung die Drohung noch verstärken, sind gewissermaßen Dauerwächter ihrer Träger gegen Schadensgeister und den »Bösen Blick«. Daß dabei auch dem Trophäencharakter der Schädel von Luchs, Wolf, Fuchs, Dachs eine Wertung zukam, erhellt die Tatsache, daß sie bevorzugt von Jägern getragen wurden*

232 *Mardergebiß, K A 239 H 35 19. Jh Obb*

233, 234 *Gemsen-Unterkiefer, und* **243** *SM H 25–30 17./18. Jh oberbairisch*

Wolfszähne, *in solchem Zusammenhang ebenfalls häufig, sollen das Kind vor dem nächtlichen Aufschrecken bewahren. Bei Erwachsenen als Amulett gegen Epilepsie, Inkubus und Sukkubus und als Talisman beim Spiel (Wolff 1617)*

Bärenzähne: *Der Bär als stärkstes europäisches Wildtier rief stets Kraftübertragungspraktiken hervor. Dies erklärt auch die Stellung, die seine Organe, insbesondere aber das »Bärenschmalz« (bis ins 20. Jh) in der Volksmedizin einnahmen. Bärenzähne gelten wie die meisten Tierzähne als wirksam bei allen Zahnbeschwerden*

249 *K A 280 H 60 Gebrauchsgegend süddeutsch*

251 *Durchlocht, aus einem Bajuwarengrab bei Thalmässing um 500. GN o. N. etwa 70*

250 *Milchzahn, silbergef. BN 25/76/98 H 31. Der erste Zahn, den ein Knabe verliert, soll besondere Kräfte bergen, wenn er die Erde nicht berührt hat. Er erleichtert das Zahnen*

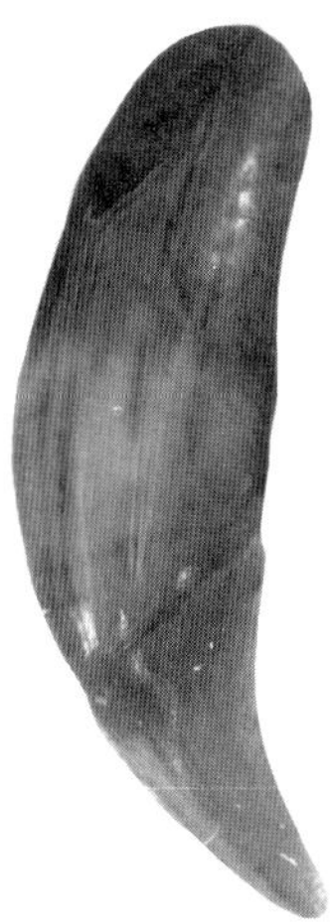

249

250

251

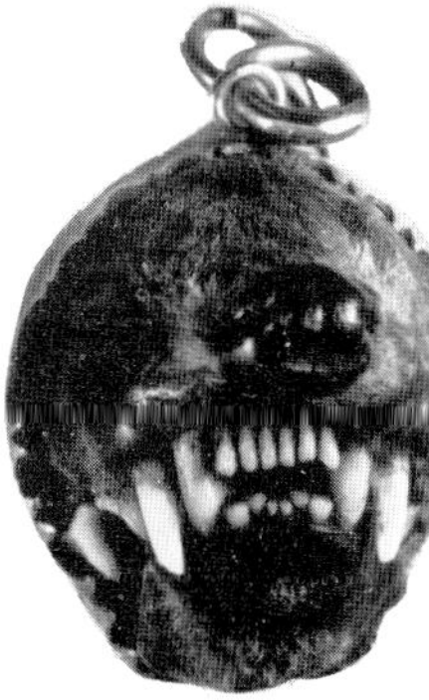

235

236

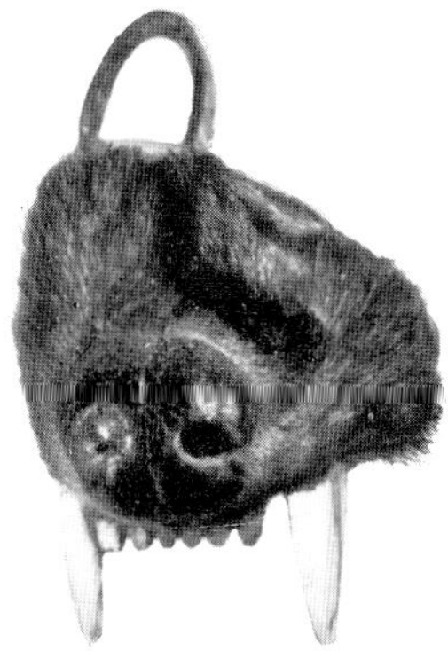

237

238

239

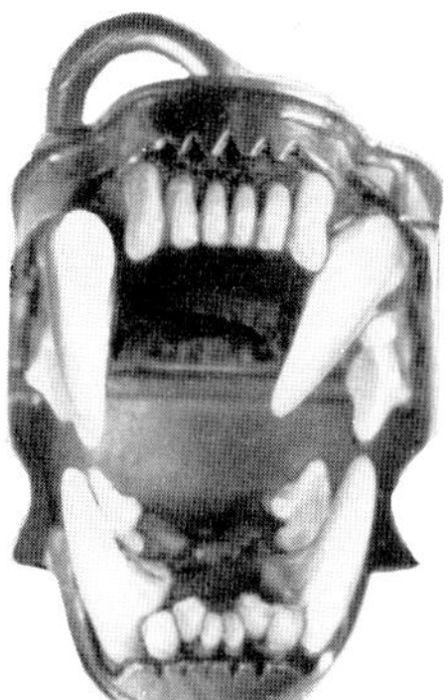

240

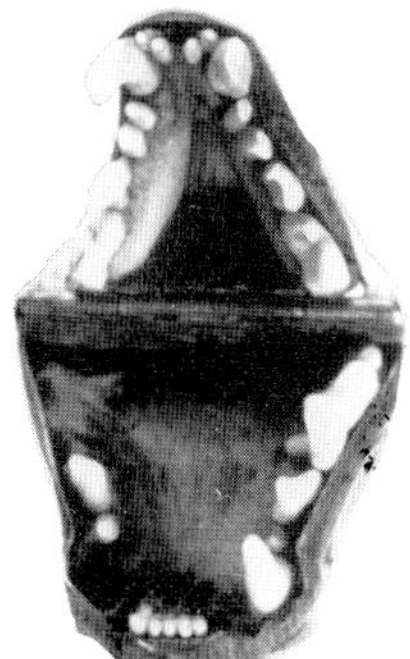

241

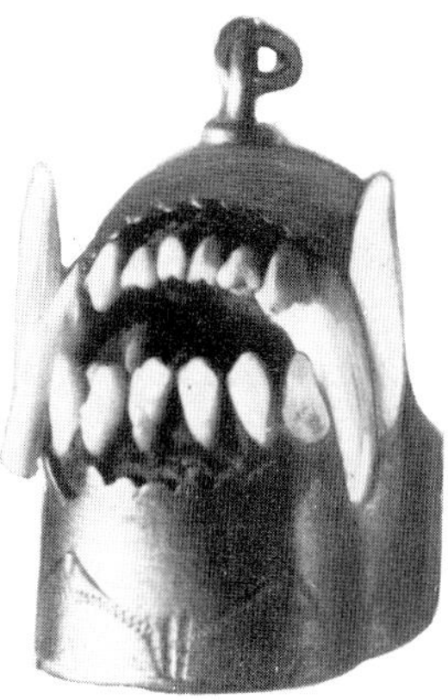

242

243

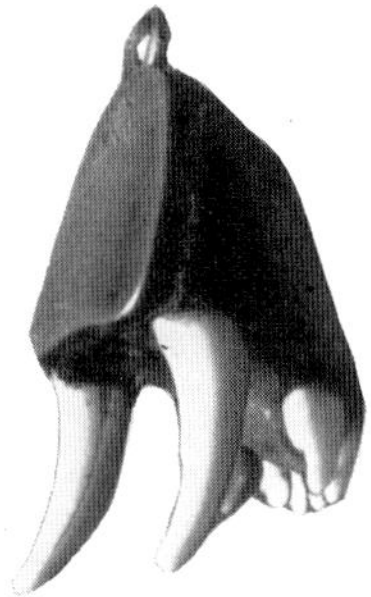

244

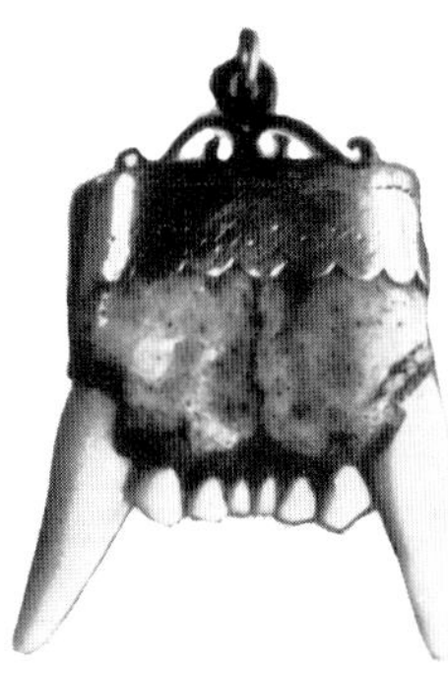

245

246

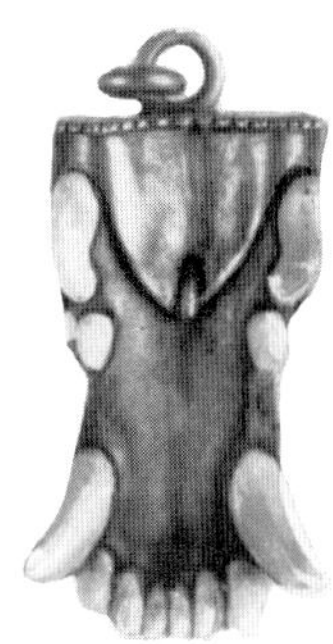

247

252

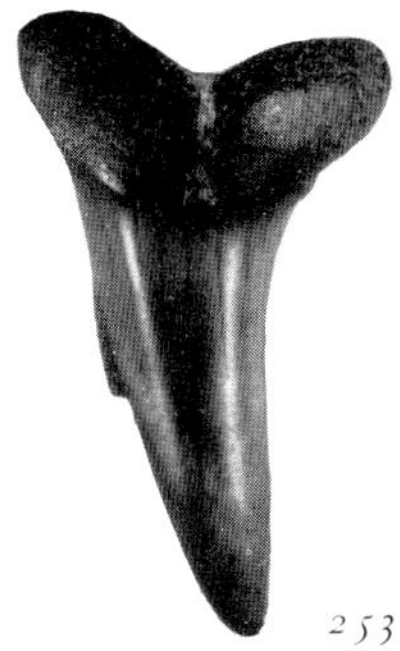
253

254

255

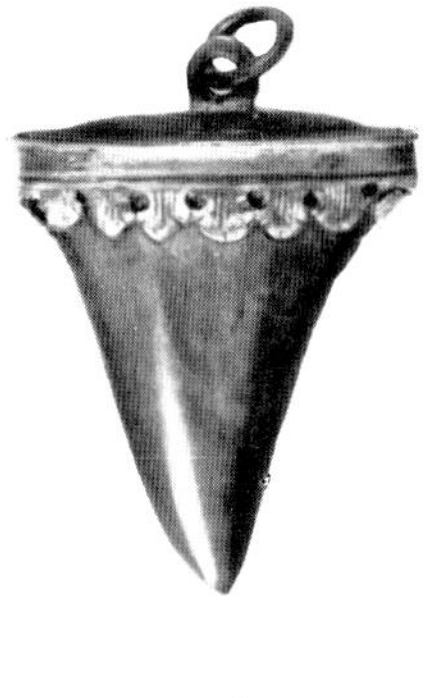
256

257

235, 236, *Iltisschnäuzchen,* **237** *Marderschnäuzchen SM 19. Jh, Obb*

238 *Mardergebiß in silbergetriebenem Kopf, SM H 35 19. Jh, oberbairisch*

239, 240, 241 *Mardergebisse, aufklappbar, SM 19. Jh. Gebrauchsgegend Kärnten und Steiermark*

242 *Fuchsklappgebiß, K A 234 H 34 19. Jh. Obb*

244 *Fuchsoberkiefer, K A 237 H 28 19. Jh. Obb*

245 *Fuchsunterkiefer, K A 235 H 25 18. Jh. Obb*

246, 247 *Marderunterkiefer und Fuchsunterkiefer, SM H 24, 40 17./18. Jh, oberbairisch*

Natternzungen:

252 *Fossiler Haifischzahn »Nazhi«, altägyptischer Grabfund, an einer Schnur um den Hals getragen (22. Dyn. bis Zeitenwende), H 23 Univ. Coll. P 10 London*

253 *Fossiler Heringshaizahn, K A 279 H 52*

254 *Fossiler Haifischzahn, silberg., K A 229 H 49 17. Jh, Gebrauchsgegenstand: Süddeutschland*

255 *Natternzungenförmige Schwanzschuppe vom afrikanischen Schuppentier in feuervergoldeter Fassung, K A 230 H 40 17. Jh*

256 *Blauer fossiler Haifischzahn, silbergefaßt, BN 25/76/67 H 40 16 Jh*

257 *Rezenter Menschenhaizahn, vergoldete Fassung mit Malachitperle, BN R 2289 H 52 17. Jh*

Den Natternzungenbäumen (»Languiers«) kommt beim Tafelzeremoniell an Fürsten- und Königshöfen seit dem 15. Jh. eine bedeutende Rolle zu. Im Zuge der Ritualisierung, die sich um diese Zeit noch bei allen als wesentlich erachteten Handlungen einstellt, können wir verfolgen, wie aus dem Amulettbrauch – Natternzungen helfen gegen Gift, Pest, Epilepsie und nächtliches Erschrecken – Geräte höfischer Repräsentation werden, die auf den Kredenzen und Tafeln einen festen Platz erhalten, ähnlich wie er ja auch den bedeutungsgeladenen Salzgefäßen zuerkannt wird

258 *Kredenz, Schatzkammer des Deutschen Ordens Wien Inv. 76, Fassungen 2. H. 15. Jh, Sockel 1. H. 16. Jh H 320. Korallenbaum mit »Natternzungen«. Silbervergoldete Fassungen teilweise mit Saphiren bestückt und mit IHS graviert*

Ein Zeüg=Amme.
Sartorius fec.
Fein sacht und still Ich durch di stadt,
Spazier Ich möchte werden matt
Und daß die Milch auch nicht erkält;
Der Schleyer, sie fein warm erhält!

248 *Amme mit Kind (Stich von J. C. Sartorius 17. Jh), hält eine Kinderschepper mit Lutscher, der bevorzugt aus Achat, Koralle, Hämatit (Blutfarbensignatur) bestand. Darauf: Kinderbeißkettchen aus Achaten, K A 645 1/1, und Kinderschepper als Pfeifchen mit Schellen und Bärenzahnlutscher, BN 21/70 H 172 17. Jh*

259 *Obwohl zu Beginn des 18. Jh – wie aus dem Kupfer aus Valentinis »Museum Museorum« 1704 hervorgeht – der Zusammenhang der Natternzungen und der fossilen Haifischrelikte klar erkannt ist, bleibt der Glaube an die Wirkung*

Krebsaugen:

260 *»Krebsaugenschüsserl«, Bandachat, Silberfassung, BN 25/76/57 H 36 17./18. Jh*

Die Natter-Zünglein oder GLOSSOPETRÆ

sind dreyeckicht/ zugespitzte Aschen-farbichte Steine oben glatt und unten mit einem rauhen Satz versehen/ so am meisten in der Insul Maltha gefunden und deßwegen von denen Gelehrten Linguæ Melitenses oder Malthesische Otter-Zungen von den Teutschen Stein-Zungen genandt worden/ So findet man auch dergleichen anderswo/ und in Teutschland/ umb Lüneburg und Hildesheim/ in Ungaren und in der Schweitz/ wie nicht allein *Lachmundus in Ὀρυκτογραφία Hildesheimensi*, sondern auch *Reiskius* in einem besondern *Tractat de Glossopetr. Lunæburg. Geierus de Glossopetris Alzeiensibus* [lehren. welche diese Malthesische Natter-Zünglein vor rechte und in Stein verwandelte Schlangen-Zungen halten/ welches man demjenigen Wunderwerck/ so der Apostel Paulus/ als er die Otter/ so ihm an die Hand geschossen/ ohne Schaden von sich geschlenckert/ zuschreiben und zugleich vorgeben will/ es wäre dazumahlen allen Schlangen in dieser Insul das Gifft genommen/ als wann sie gleichsam zu Steine verwandelt wären/ wie nicht allein die Einwohner solches in Italiänischen und Frantzöischen Zettuln und Beschreibungen/ (dergleichen Herr *Niederstet* in seinem alt- und neuen Maltha/ und aus demselben *Reiskius* von den Lüneburgischen Otter-Zungen wiederhohlet/) sondern auch einige vornehme Theologi, als *Cornel. à Lapide in Comm. ad Acta, Sam. Bochartus in Hieroz.* und andere fast glauben wollen.

261 *»Krebsaugenschüsserl« geschlossen und geöffnet, Bergkristall, Fassung silbervergoldet, BN 25/76/59 H 37 17./18. Jh*

262 *Drei Krebsaugen silbergef., K A 289 H 37 18. Jh*

263 *Drei Krebsaugen silbergef., K A 223 H 38 18. Jh*

Organsteine:

264 *Großer Gallenstein von Tier oder Mensch, in Silberbandfassung, K A 575 H 25 18. Jh*

265 *»Adlerstein«, »Klapperstein« (Toneisenstein mit Einschlüssen im Hohlraum). Silberdrahtfassung, GN T 260 H 42 17./18. Jh*

266 *Adlerstein, GN T 259 H 60 17./18. Jh*

Illustrationen aus dem »Großen Hortus sanitatis«, Ausgabe Meydenbach, Mainz 1494:

267 *Ausnehmen eines Raubvogel-»Hirnsteins«*

268 *Der Adler trägt den »Adlerstein« zum Nest.*

269 *Ausnehmen des »Hahnensteins« (»Alectorius«) aus einem verschnittenen vierjährigen Hahn*

Die so genandte Krebs-Augen oder LAPIDES ♋

sind weißlichte/ harte und runde Steinlein/ oben bäuchicht und unten platt/ mit einem kleinen Grübgen/ eines erdichten Geschmacks/ ohne Geruch; nach des Materialisten *Marxii* Bericht/ meistens aus der Marck Brandenburg/ allwo die Krebs in so grosser Qvantität gefunden werden/ daß die Renth-Cammer von denselben allein viel Tausend Thaler Licent jährlich ziehen soll/ wie mich ein Königlich Preußischer Bedienter versichert hat.

Daß aber die Krebs-Augen in Holland aus einer weissen Erde oder gar ausgestossenen Tabacks-Pfeiffen nachgemachet/ und mit einem gewissen hierzu gemachten Instrument und Stempel also formiret werden/ bezeuget nicht allein die Erfahrung/ sondern es hat solches ein gewisser Medicus, so sich bey dem Polnischen Envoyé zu Pariß auffgehalten/ den Materialisten *Pomet* versichert/ daß er zwey Personen zu Amsterdam gekennet/ welche nichts anderst thäten/ als solche Krebs-Augen machen;

Museum Museorum Valentini 1704

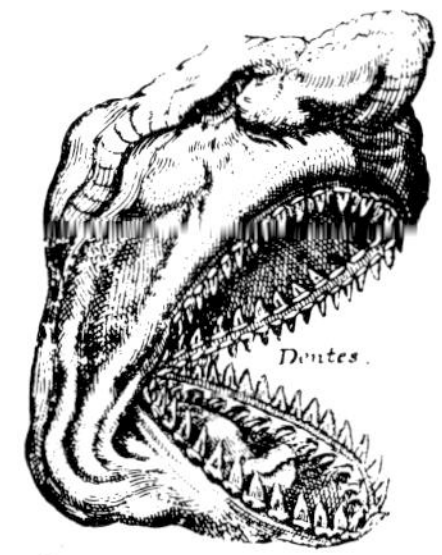

259

260

261

265

266

262

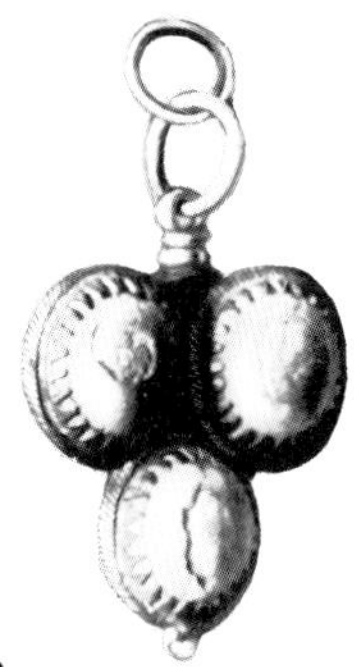

263

264

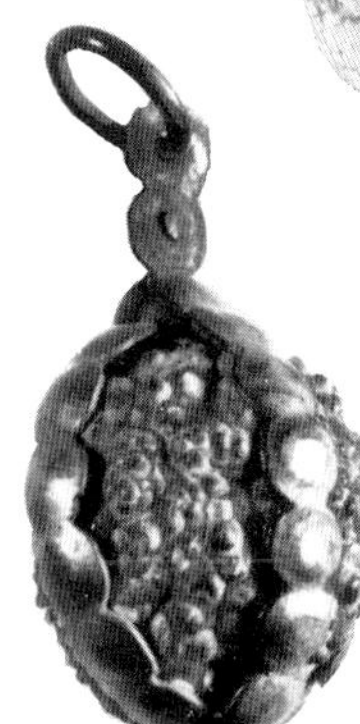

268

269

267

270 *Hirnschalenkelch des Hl. Sebastian der Pfarrkirche Ebersberg. Noch Anfang dieses Jahrhunderts tranken Wallfahrer aus dem kelchförmigen Reliquiar; durch das Fensterchen (oben links) konnten sich die Gläubigen vom Vorhandensein der Hirnschale überzeugen. Die Reliquie wurde im 10. Jh von Papst Stephan III. dem Propst Hunfried von Ebersberg gegeben und galt als eine der mächtigsten Bayerns, zumal der Heilige als Pestpatron große Verehrung genoß. Fassung 15. Jh., im 17. Jh. verändert. Silber, vergoldet*

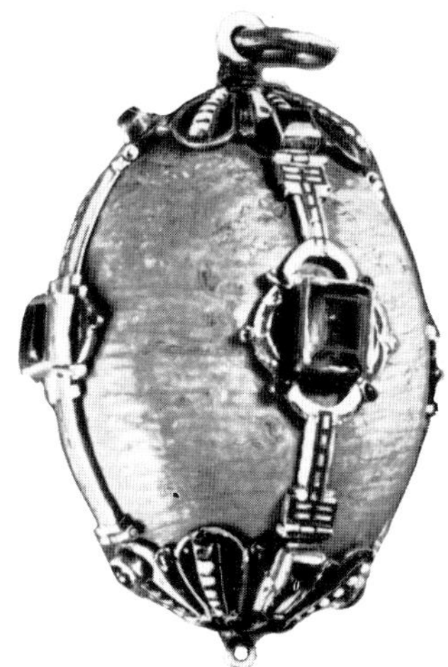

273

270

275

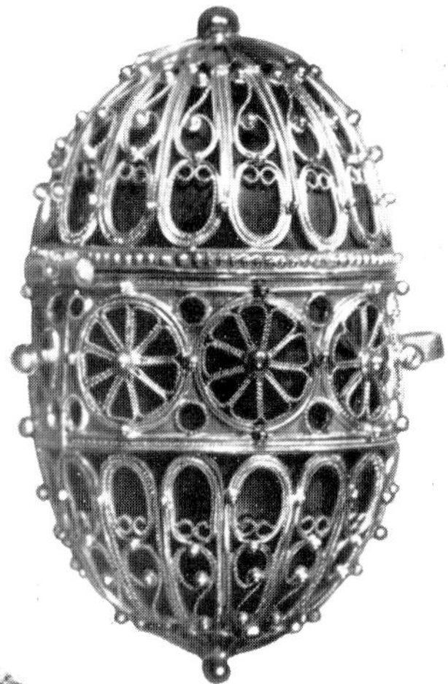

276

277

275 *Kleiner Bezoar (Gamskugel?) in ländlicher Schmiedefassung, K A 129 H 30*

276 *Bezoar, vergoldetes Silberfiligran mit Scharnieren zum Öffnen, MR 556 H 60, deutsch 1610–1620. Aus dem Nachlaß der Kaiserin Amalie, gest. 1756*

277 *Bezoar, vergoldetes Silberfiligran mit drei Kettchen, MR 1107 H 100 deutsch 2. H. 17. Jh*

272

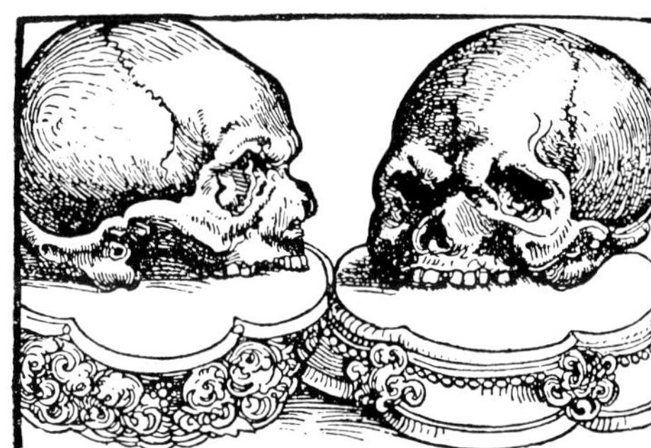

271

271 *Reliquien der Stiftskirche Wittenberg, Holzschnitt der Cranach-Werkstatt, 1509*

272 *Hirnschale und »Hirnschalenmoos« von einer Nürnberger Apotheke, 1693, GN o. N*

Bezoare:

273 *Bezoar in goldgeschmelzter Fassung zum Öffnen mit vier großen und acht kleinen Smaragden, MR 554 H 68, deutsch 1570/80*

274 *Großer Bezoar, vergoldetes Silber, geschmelzt, mit Scharnieren zum Öffnen, mit Bacchusfigürchen, MR 558 H 212, deutsch um 1650*

278 *Bezoar in vergoldeten Silberbändern mit Rankenornament, MR 557 H 105 um 1650*

279 *Goldschale, vorderasiatische Arbeit des 15. Jh? Dm 140, mit anhängendem Bezoar in spanischer Goldfiligranfassung 16. Jh. Aus der alten Wiener Schatzkammer. Kunsthistorisches Museum Wien*

278

279

79

Schneckenhäuser und Muscheln:

280 *»Venus von Willendorf«, Kunsthistorisches Museum Wien, H 93, mittleres Aurignacien*
Die bienenkorbähnliche Kopfbedeckung dieses bekanntesten paläolithischen Frauenidols hat zur Vermutung Anlaß gegeben, daß es sich dabei um einen kultischen Kopfschmuck aus Schneckenhäusern handeln könnte. Viele Grabfunde mit Schneckenhausreihungen als Kopfputz bezeugen die Einstufung des Schneckengehäuses als ambivalentes Symbol des Weiblichen wie auch der Wiedergeburt

281 *»Schuddig«-Maske aus Elzach. Dieser feststehende Typ der alemannischen Fasnacht, alterierend mit dem »Büregfries«, auftretend im roten Lappengewand, trägt auf dem Kopf einen großen Strohhut mit Weinbergschnecken. Im Schweizer Oberrheintal gibt es ganze Fasnachtsgewänder aus Schneckenhäusern, deren rasselndes Geklapper zu den frühlingshaften Wiedererweckungsbräuchen gehören soll*

282 *Gezähnter Gehäuserand einer Pantherschnecke, silbergef., BN 3044 H 60 16./17. Jh*

283 *Kinderamulett mit blauen Perlen und Kaurischnecken. Griechenland, modern. K A1257 L 65*

284 *Turmschnecke, silbergef., Ohrenamulett (Signatur des Gehörgangs), K A 243 H 89 17. Jh*

285 *Wellhornschnecke H 60 an spätrömisch-frühmittelalterlicher Kette, Fundort Andernach. Rh L Inv. 38. 637*

286 *Pantherschnecke mit Öse, zusammen mit einem Schwert und einer durchbrochenen Bronzescheibe mit Hockerfigur [A 707] in einem Grab in Pfahlheim (um 700) gefunden, GN o. N*

287 *Pantherschnecke, zusammen mit dem Bärenzahn A 251 in Thalmässing in einem Grab gefunden, GN FG 1057 H 70, um 700*
Beide Schnecken stammen aus dem Roten Meer

288 *Seeohr, sog. Ohr St. Peter aus Petrovac/Moro, Fischeramulett in Italien und Dalmatien, Pr H 35 modern*

289 *Pantherschnecke, K A 288, H 39 18. Jh*

290 *Zahnförmig gefaßte Kaurischnecke, BN 25/76/11 H 35 16. Jh*

291 *Muschelversteinerung, in Silberbändern gefaßt, K A 284 H 20 17./18. Jh*

292 *Kaurischnecke Silberf. KA 286 H 39 16. Jh*

293 *»Hochvater«, Deckel der Turboschnecke, Silberfassung Krone mit Kreuz, Herkunft Santiago di Compostella, K A 290 H 42 17. Jh*

294 *Perlmutterschnitt, Anhänger, Schweißtuch mit Christusantlitz, GN KG 832 H 31 um 1500*

294

280

281
282
283
284

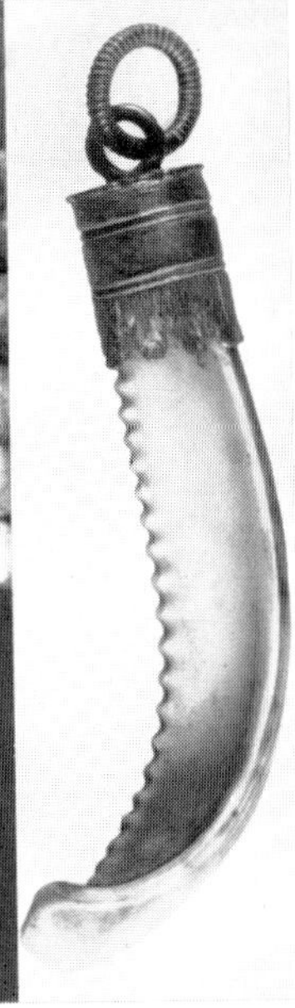

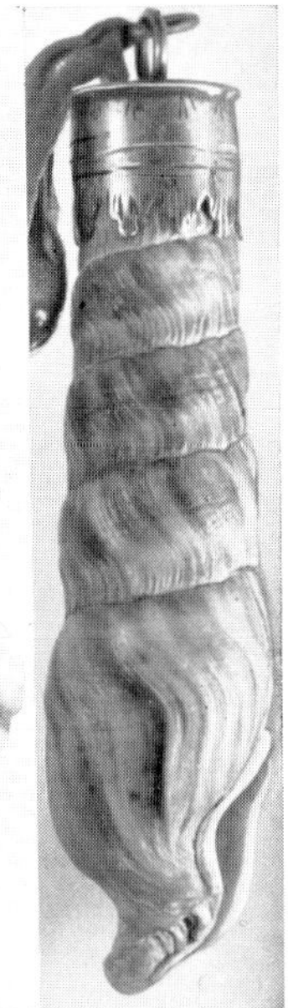

285
286
287

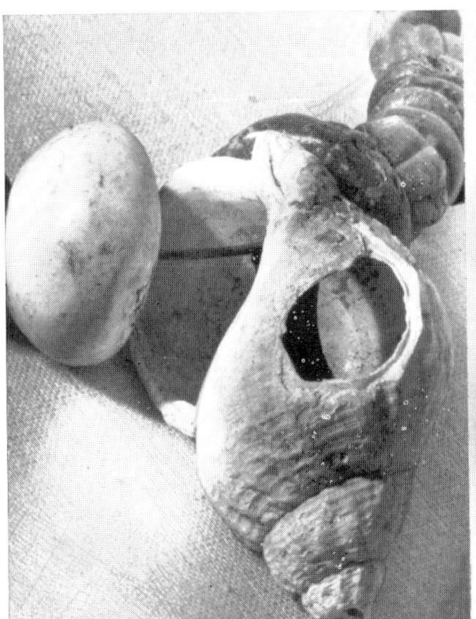
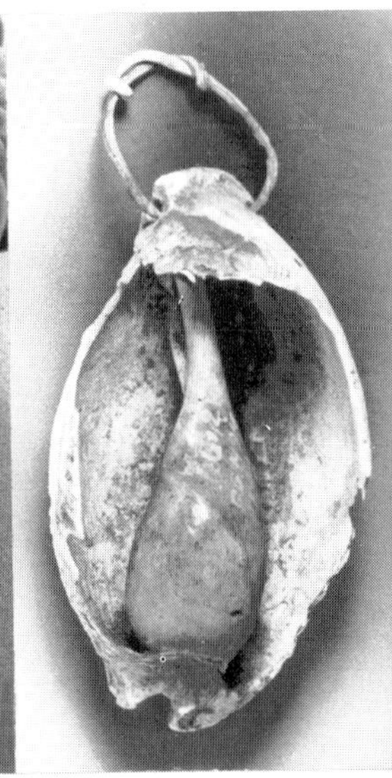
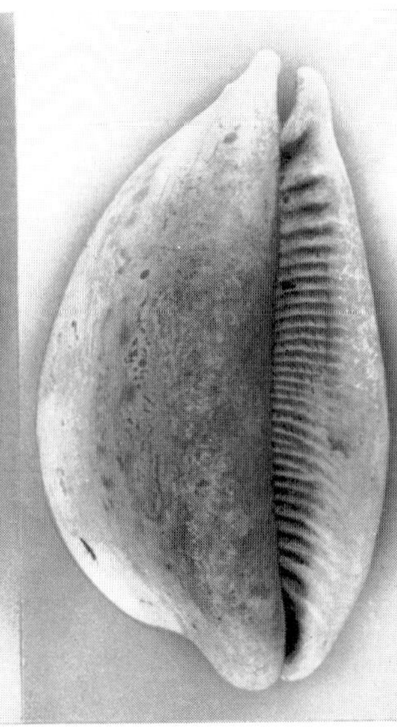

288
289
290
291
292
293

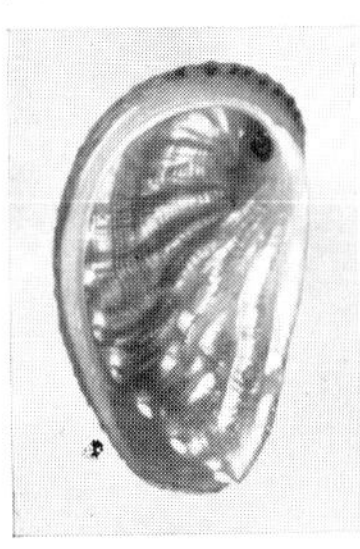

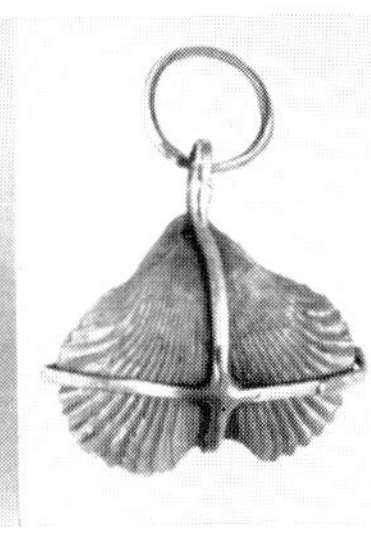
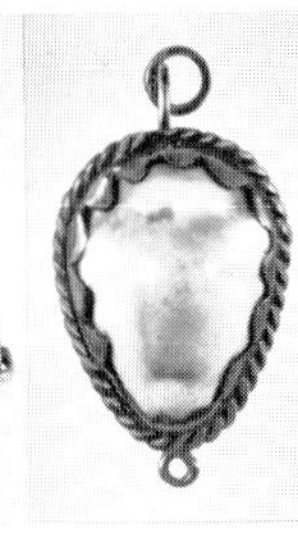

295

296

295 *Arthemis empfängt einen Nautiluspokal. Rembrandt (1606–1669). Prado 2132*

296 *Zierkanne, um 1570 von Wenzel Jamnitzer, aus zwei geschliffenen Kreiselschneckenhäusern aus Formosa, Fassung Silber vergoldet, teilweise geschmelzt. MR 518 H 325. Die künstlerische Sorgfalt und Phantasie, die hier aufgewandt ist, um das Material der großen Perlmutterflächen zur Geltung zu bringen, zeigt in seiner Formulierung doch soviel »Gestaltdenken«, daß hier nicht allein ein l'art pour l'art des Manierismus sinngebend sein kann. Die sechs Schlangen, auf denen die Schnecke liegt, die vom Adler überwältigt wird, und die schlangenschwänzige Sphinx als Hals der Kanne sind möglicherweise doch Bezüge jenseits des Spielerischen*

297 *Kurfürst Joachim II. von Brandenburg, von Lucas Cranach d. J. (1515–1586), Jagdschloß Grunewald, Berlin, GKI 1113 1120×886. Der prächtige Schmuck des Fürsten, die goldene Hutagraffe mit IHS-Zeichen, die mächtige Brustkapsel und der Anhänger an der Kette mit den ohrlöffelförmigen Ästen haben alle große Perlenanhänger. Die zeitgenössische mystische, medizinische, alchimistische und okkulte Literatur verrät die Bedeutung der Perle über die Schmuckfunktion hinaus*

297

298

298 *Schmuckanhänger im Stil des Benvenuto Cellini, um 1570, Sirene mit neun Perlen, der Leib aus einer Monströsenperle, Fischschwanz und Oberteil goldgeschmelzt mit Juwelenbesatz, H 140, National Gallery Washington*

299 *Johann Georg Hintz, »Kleinodienschrank«, 1666, 1145×933, Hamburg, Kunsthalle. Die Ansammlungen edelsten Schmuckes, bedeutenden Kunstgewerbes und vielformiger Naturalien zeigt, wie die Kuriosa jeden Genres einander ebenbürtig präsentiert werden, zeigt die Wertungen, die immer wieder vom Seltsamen und Seltenen in die Amulettgeltung umschlagen und von dort wieder umkehren können in eine »entdämonisierte« Sicht*

300

300 *Ausnehmen des »Krötensteins«, Holzschnittvignette aus »Hortus sanitatis«, Ausgabe Prysz, Straßburg, undatiert*

301 *»Organsteine« aus K. Megenberg, »Buch der Natur«, Postinkunabelausgabe Egenolf 1535/50*

Von dem Trachenſtein.

Trachenſtein/den nimpt mann auß eins trachen hirn/ vnnd zeucht mann jn nit auß eins lebendigen trachenn hirn/ſo iſt er nit edel. Die künen mann ſchleichent über die trachen da ſie ligen/vnd ſchlahen jn das hirn entzwey/vnd dieweil ſie zablen ſo ziehen ſie jm das hirn herauß.

Man ſpricht der ſtein ſei gůt wider die vergifften thier vnd widerſteh dem vergifft krefftiglich. Die ſtein ſeind durchſichtig.

Von dem Echiten/Adlerſtein.

Echites iſt ein ſtein den bringt der Adler von fernen landen in ſein neſt/ wann der Adler weyß von natur wol das der ſtein ein ſicherheit vnd ein ſchirm iſt ſeinen kinden/dann des Adlers eyer verdürben von übriger hitz legt er den ſtein nit darzwiſchen.

Der ſtein iſt rotfarb als ein margran apfel/vnd iſt hol vnnd hat ein klein ſtein jn jm der ſchlottert inwendig. Er hilfft den ſchwangern frawen kreftiglich das jn die geburt nit abgehe/oder das ſie nit not leiden mit dem gebern. Er wil auch das mann jn trag an der lincken ſeiten/er macht die leut meſſig an trincken vnd macht ſighafft. Er meret auch den reichtumb vnd bringt genad/vnd er ſicheret auch vnd bewaret die kind vor ſchaden.

Von dem Krotten ſtein.

Botrax heißt krotten ſtein/den tregt einn krot im haupt/ vnd iſt zweierlei/einer weis vnd iſt der beſſer vnd iſt ſelzam/der ander ſchwartz vnd tunckel vnd iſt ein wenig geelfarb/der iſt der beſt vnder den tuncklen.

Wenn man den ſtein auß einer lebendigen krotten nimpt/ ſo hat er euglin/weñ man jn aber nimpt auß einer die lang todt geweſen iſt/ ſo hat der krotten gifft die euglin vertilget vnd den ſtein geböſert.

Wer den ſtein alſo gantz verſchlindet in eim eſſen dem durchgehet er alles ſein ingeweyd/vnd reiniget jn von aller böſen vnſauberkeit/vnd weñ er den menſchen inwendig geheilt ſo geht er vnden auß jm. Die krafft hat der weiß krottenſtein/vnd heiſſen jn die walhen crapadinam. Mann ſpricht auch das der ſtein dem vergifft wider ſei.

Von dem ſchwalbenſtein.

Chelidonius heiſt ein ſchwalbenſtein/der iſt vngſtalt vnd klein/vnd man findt jn in der ſchwalben leib.

Der ſtein iſt zweierlei/einer rot/der ander ſchwartz.

Man erkent die jungen ſchwalben die den ſtein haben in jrer lebernn alſo/wenn die ſchwalben jr ſchnebel zuſamen keren recht ſam ſo ſie frid bedeuten mit einannder/aber die andern keren jr ſchnebel von einander.

Sacra und Charaktere

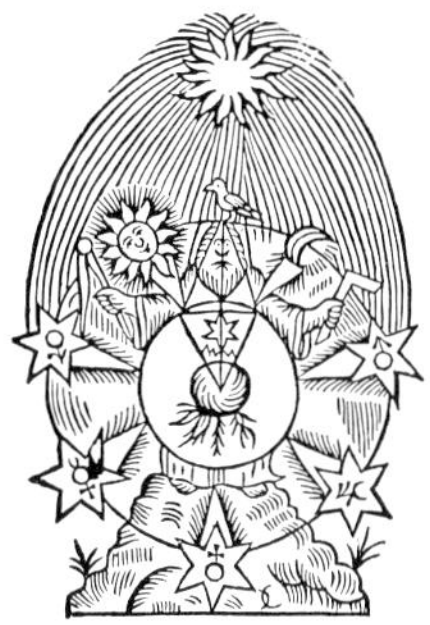

Seite 117: Figura Cabalistica, Modellbild aus Johann Grasshof »Aperta arcani artificiosissimi oder des Grossen und Kleinen Bauers eröffneter und offenstehender Kasten der allergrößten und künstlichsten Geheimnissen der Natur«, Hamburg 1705

»Nun sind die drei Trennungen: von Leibhaftigkeit und Chiffresein, dann von mythischen Gehalten und transzendentem Gott, schließlich von unbedingter Geschichtlichkeit und bedingter Allgemeingültigkeit, nur dem philosophisch erhellten Bewußtsein eigen. Ursprünglich kann eines sein was wir so trennen, und wird es wieder, wo es wirkendes Leben ist. Daher ist dem philosophisch Naiven Leibhaftigkeit und Charakter der Chiffreschrift nicht getrennt. Es gibt eine fromme Anschauung dieser Leibhaftigkeit, als ob sie auch empirische Realität sei. Die Frömmigkeit zeigt sich darin, daß die Konsequenzen eines materialistischen, magischen, nutzenden Mißbrauches solcher Leibhaftigkeit wie selbstverständlich ausbleiben. Dagegen gibt es eine unfromme, materialistische Anschauung der mythischen Leibhaftigkeit als einer greifbaren Realität, der der Charakter der Chiffre verlorengeht und die damit erst Aberglaube wird.« Karl Jaspers legt hiermit die klassische Formulierung des Begriffes von Aberglauben vor, behauptet aber auch zugleich die vielfach völlig verkannte, bedingte Integrität der religio carnalis, nach Bernhard von Clairvaux: der sensitiven Volksfrömmigkeit, die in frommer Haltung der Leibhaftigkeit der in Chiffresein gewandelten Bedeutungen und Anschauungen vertraut. Fast alle Universalreligionen tragen in Erfahrung und Erkenntnis des menschlichen Vermögens dieser Unvollkommenheit naiven Lebens Rechnung. Sie fördern und pflegen eine Chiffrewelt, indem sie Wort und Bild, Zeichen und Gebärde, Handlung und Begehung nicht nur als Darstellungsmittel religiöser Erfahrung und religiösen Seins anerkennen, sondern auch diese Erfahrungen und dieses Sein vermittelnde und konstituierende Leibhaftigkeiten – als Dogma und Gnade, als Lehre und Sakrament – hinnehmen. Andererseits ist mit Hans Urs von Balthasar auf die damit seit Anbeginn erkannte und als Wagnis hingenommene Unsicherheit zu verweisen, daß nämlich die »Geländer, die die Kirche dem Glaubenden bietet, und der Gebrauch, den dieser von ihnen macht, immer in einer scharfen Krisis stehen und der Gefahr der Zweideutigkeit unterliegen«. Zu den gröberen Formen gehört es nach ihm, wenn der Mensch sich durch den Gebrauch von »Materialisation der Gnade« abergläubisch und magisch Gottes und des Heils bemächtigen zu können meint. Für die Religionsforschung ist es aber unfruchtbarer Monismus, wenn diese »Geländer« von vornherein als »Materialisation« betrachtet werden, und die »Materialisation der Gnade« an sich schon als Magie und Aberglaube bezeichnet wird. Dieser Monismus verkennt völlig die humanen Möglichkeiten und die differenzierende Vielfalt nicht nur der innerhalb einer Norm möglichen Anschauungen, sondern auch die Bedeutung der Gemütskräfte und den stets möglichen Anteil der symbolisierenden und poetischen Vernunft auch bei der phänomenal primitivsten »Materialisation« oder Verdinglichung und Verleiblichung von Charisma, Pneuma, Anschauung und Bedeutung. Nur mit Rücksicht auf die vielfältigen Möglichkeiten läßt sich eine derartig vielschichtige Erscheinung, wie es die Anwendung und Verwendung von körperlichen und eingebildeten Dingen in den Äußerungen des religiösen Lebens ist, annähernd sachgerecht erfassen.

Einen großen Bereich nimmt hier das Andachtsbild, Andachtszeichen und Erbauungsbild ein.

Im Abendland wird das Andachtsbild – ursprünglich eine symbolisierende Vergegenwärtigung einer heiligen oder göttlichen Person – schon im 5. Jahrhundert zu einer symbolisierenden Vergegenwärtigung und zur Repräsentation von Glaubensvorstellungen und religiösen Lehren und Mysterien. Damit vermag das Bild auch ein Mittel der Bildung und Unterweisung zu werden. In der Unvollkommenheit des Menschen liegt es, daß dem Anspruch, den das Bild oder Zeichen in dieser Schicht an den Betrachter stellt, nicht immer – sei es mangels Interesses, sei es wegen defekter Bildung, Beschränkung im Geiste oder durch die Ausbildung von Gewohnheiten und durch Verlust von Überlieferungen – eine adäquate geistige Leistung antwortet. Hier kann nun einsetzen, was in der Völkerkunde mit »Anwendung« bezeichnet wird, nämlich der mehr oder weniger geistlose Gebrauch von Bild und Zeichen, wodurch sie buchstäblich zum werkzeuglichen Gebrauch herabsinken können.. In dieser Schicht scheint in Bild und Zeichen die Trennung von Symbol und Symbolisiertem, von Bedeutendem und Bedeutetem, von Bezeichnendem und Bezeichnetem bald mehr oder weniger aufgelöst. Und von Bild und Zeichen werden Wert, Fähigkeit, Leistung und geistiges und physisches Vermögen hingenommen wie von Vorbild und Bezeichnetem. Das Bild wird zum Götzen, das Zeichen zum Fetisch. So spricht man im degenerierten Stadium
A 306 nicht mehr vom Wunder, das Gott durch Fürbitte Mariens wirkt, wie es der Lehre ent-
A 325 spricht, sondern von Mariens Wunder und letztlich von den Wundern, die Bilder Mariens
A 327 – oder analog dazu Bilder der Heiligen – und zuletzt Bilder von den Bildern wirken. Im
A 328 Brauchtum entwickelten sich in dieser Schicht der fehlenden kritischen Leistungen die eigenartigsten Anwendungsformen und Vorstellungen; und heterogene Überlieferungstrümmer können sich dabei vermischen. Es sei nur ein Beispiel angeführt, das für vieles stehen mag. Hier erhalten Abbilder eines Abbildes, nämlich kleine Bildchen mit der Darstellung eines Gnadenbildes, durch Berührung – und vielfach ist auch dies nicht einmal notwendig, es genügt dann schon die angestrebte Abbildlichkeit – der Erscheinung nach den Charakter eines Amulettes und eines mantischen Mediums:

A 303 »Durch diese nun berührte Bildlein seynd an verschidenen Orthen sehr vile Gnaden und Gutthaten geschehen: allermaßen jene, welche sie erfahren, dem Closter der Wohl-Ehrwürdigen Frauen von der Gesellschafft St. Ursula bey St. Joseph schrifftlich auch von weit entlegnen Orthen haben vernachrichtet, wie Gnadenreich durch diese Bildlein ihnen seye geholfen worden. Als Erstlich haben schon viele große Sünder, wann sie Mariam in dieser Bildnuß mit Vertrauen angeruffen, von Gott erleuchtet, mit bereuten Hertzen ihre Sünden gebeichtet, und ein bußfertiges Leben geführet. Andertens. Daß man vielmehr Andacht, Liebe und Inbrunst zu den himmlischen, und geistlichen Sachen erlanget hat. Drittens. Auch einen seeligen Todt erlanget, wann sie die heiligste Mutter Gottes bey solchen Bild gebietet, und angeruffen haben. Massen die Erfahrenheit gegeben, daß wann sie ein solches Gnadenbild bey sich gehabt wider die böse Geister, und teuflische Anfechtungen in letzten Streitt und Todtsnöthen ersprießlich Hülff solche zu überwinden, und zu vertreiben erlangt haben. Viertens. Wann man ein solches Bild zu den Krancken gebracht, an denen zu zweifflen gewest, ob sie sterben, oder genesen werden: und eintweders ihnen solches vorgehalten, oder aufgelegt, haben sich die Krancken bald verändert, daß es zum Sterben, oder Leben gewesen. Fünftens. Hat es in unterschiedlichen Kranckheiten geholffen, wann solches Bild Mariä aufgelegt worden, absonderlich denen hart gebährenden Frauen, wann man Ihnen das Bild auf das Hertz gelegt, und dasselbe mit Andacht angeruffen haben. Sechtens. Ist auch offt durch dergleichen Bildlein Mariä in denen Feuers-Brunsten, da man es in das Feuer hineingeworffen, das Feuer gestillet, und augenscheinlich Hülff erfahren worden. Dabey auch sehr offt die Bildlein von Sendl oder Papier unter den Kollen und Aschen unversehrt, und unverletzt gefunden worden. Sibenden. Dergleichen Gnaden-Bildlein haben auch sonderbare Kraft wider die starcke Ungewitter gehabt, wenn man diese gegen den Wetter ausgehänget, besonders auch wider die Zaubereyen; dahero solche Gnaden-Bildlein in hochen Ehren und Werth zu halten, und sollen sich die Jenige für glückseelig schätzen, die solche bekommen, massen schon öffters geschehen, wann diese in geringen Ehren gehalten wirden, daß sie verlohren worden, und verschwunden seynd.«

Der nutznießende Gebrauch der Abbildungen, sei es in Form der kleinen Andachtsbilder, von kleinen Schnitzwerken, Medaillen usw., kann aber in eine derart herzliche, innige und das ganze persönliche Leben umflutende Frömmigkeit eingetaucht sein, daß die Verdammung eines solch handfesten Gebrauches schon wieder unmenschlich werden kann.

Neben der häufigen, in bestimmten Zeiten und bei bestimmten Personen überwuchernden geistlosen Anwendung von unverstandenen Dingen als Amulett ist aber ein Gottes- und Weltbild – und zwar in kulturbestimmender Weise – wirksam, nach dem Leibhaftigkeit und Charakter der Chiffreschrift sich nicht ausschließen und diese Leibhaftigkeit in frommer Anschauung als empirische Realität und zugleich als Symbol mit sich stets vertiefenden und differenzierenden Bedeutungsschichten erlebt werden kann.

Für das Abendland charakterisiert Berthold von Chiemsee dieses Weltbild 1535 in seinem Teutsch Rational mit der Vorstellung, daß die Kirche durch Weihe und Segnung, durch sakramentale Heiligung übernatürliche Qualitäten vermitteln könnte, denn die Segnungen der Kirche bezwecken die Wiederherstellung des ersten Segens, den Gott bei der Schöpfung über die Kreaturen gesprochen hat. Durch die Ur-Sünde sei dieser Segen aber verlorengegangen und mit dem Menschen seien auch die Kreaturen durch das Böse und durch den Teufel gefährdet.

Hier werden in demütigem Glauben als Geschenk, als »Sakrament« aus Gottes Schöpferhand die virtutes, die heilbringenden und segenbringenden und kräftigen Vermögen von repräsentierenden Zeichen und Bildern, Naturdingen, Segens-, Gebets- und Beschwörungsworten und Gebärden angenommen. Dieses sakramentale Erleben spiegelt sich auch in Anschauungen, wie sie Hugo von St. Viktor oder Hildegard von Bingen vermitteln. Danach wurde durch Adams und Evas Sündenfall nicht nur die Natur des Menschen gebrochen,

sondern auch die ganze Schöpfung. Nach Hildegard von Bingen ließ aber Gott nicht zu, daß z. B. die Kraft und Zierde der Edelsteine verlorenginge, und so blieben sie wie die Heilmittel »in aller Ehrenhaftigkeit und Segenskraft« weiterbestehen, zugleich als Erinnerung an den Glanz des Paradieses. Wie aber die Sünde die Natur einem Verfall preisgab, so wirkte sich auch der Erlösertod Christi nicht nur auf die Menschen aus, sondern auch auf die Natur. Und die von Christus gestiftete Kirche ist Vermittlerin dieses Segens, wie es J. Pinsk 1938 in seinem Buch »Die sakramentale Welt« für das sakramentalisch gebrauchte Öl und Wasser darstellt, die »bei ihrer Konsekration wirklich in die sakramentale Ordnung erhoben werden, sofern sie nun nicht mehr nur das vermitteln, was ihnen von Natur aus eigen ist, das Wasser etwa leibliche Reinheit und Erfrischung, das Öl körperliche Heilung und Kräftigung – sie sollen jetzt in ihrer natürlichen Form Kräfte des göttlichen Lebens tragen und vermitteln, sie sind Instrumente des Erlösungswerkes Christi geworden und haben damit auch eine neue Beziehung in Christus zu Gott gewonnen, die ihnen die Qualität des Heiligen in einer ihrem naturhaften Sein entsprechenden Weise sichert«.
Dieses sakramentale Erleben, das in der sensitiven Volksfrömmigkeit immer wieder in intensiver Weise nachvollzogen wird, entartete mitunter im 15. Jahrhundert und dann wieder – trotz der einschneidenden Maßnahmen des Tridentinum – im 17. und 18. Jahrhundert zu einem Pansakramentalismus, der Formen zeitigte, die immer wieder als gleichsam angeborene Verhaltensschemata im Sinne der primitiven Magie mißdeutet wurden.

Charaktere und Siegel

»Durch die wahre[n] Magos, als die allerfleißigste und scharpffsinnigste Nachforscher der Natur (ich rede allhie nicht von den Zauberern oder Schwartzkünstlern) [werden] durch das geschriebene Wort oder Characteren und Sigill | zu gewisser Zeit und nach deß Himmels Kräfften zugericht | ohn alle Superstition | welche allein von der Unwissenheit außgebrütet wird | und ohne Verlästerung deß Namens Gottes und Nachtheil deß Glaubens oder Religion. Dann sonsten were besser | daß wir allezeit Kranck blieben | dann die Gesundheit mit der Unehre Gottes erlangen. Dann es haben die Characteres oder Nomina constellata nach deß Agrippae Meynung ihre Kräfft und Vermögen nicht wegen ihrer Figuren oder Außsprechung | sondern wegen der Krafft oder Ampts von Gott oder der Natur zu solchen Namen oder Characteren geordnet. Sintemal weder im Himmel noch auff Erden einige Krafft zu finden | die nicht von Gott zu uns herabkomme | und da es demselbigen nicht gefällt | können dieselbige nichts verrichten. Die Artzneyen sind sichtbahre Cörper: Die Wort aber unsichtbahre Cörper: Es helffe demnach das Kraut oder das Wort | so thut es die natürliche Krafft | nemblich Gott | das ist | dero Geist Gottes mit der Natur vereiniget | durch sein Wort: ES WERDE. Von der Charakterischen Chur | welche ihre natürliche Würckung durch außgesprochene |

geschriebene | eingegrabene und an den Halß gehenckte Wort verrichtet | wie gleichsfalls auch durch Himmlische proprietates der Gestirn durch eine wunderbahre Influentz | so mit unsern Cörpern übereinstimmen | lese den Rogerium Bacchon [Roger Bacon] von der wunderbahren Gewalt der Kunst der Natur ... Was demnach der Medicus natürlicherweise oder mit Kräutern in der Zeit und gleichsamb allgemach verrichtet: Das würcket und verrichtet der Magus oder himmlische Medicus durch die Character und Steinen | nemblich durch die Gamara deß Influentialischen Coniugiijudischen Zeichen | durch die Combination oder Verehligung | der untern und obern | astraliter, durch eine hefftige Impression oder Eintruckung | gleichsamb gählingen unnd in einer viel geschwinderen Zeit. Dann es hat die Natur eine solche Verbundnuß | und hengt auch dermaßen an einander | daß eine jede Krafft der obern durch alle hieunten in einer langen und immerwährenden Ordnung ihre Strahlen außspreitet und sich bis zu dem aller eußersten | wie an einem außgestreckten Seyl erstreckt und ergeust. Gleich wie die unterste Kräffte hinwiederumb zu allen ihren obersten gelangen: Dieweilen eine eintzige Krafft | nemblich | der Meister die Gemeinschafft der specierum durch alles außbreitet: Ein Göttlich Matrimonium oder Verehligung: Darauß ein Wunderbahre Verknüpffung | continuitas, Influentz und Sympatia, der natürlichen untersten Dinge mit den öbersten erfolgt. Und wann diese Verehligung der Welt dazwischen kompt | kan man in der Magia und Cabala sehr viel verrichten.«

Schon aus diesen kurzen Zitaten der Basilica Chymica wird ersichtlich, daß sich ihr Verfasser Oswald Croll zum Geistmonismus und damit zum großen Vorbilde und Lehrer Paracelsus bekannte. Fern jeglicher pervertierter Dämonologie ist es nach ihm Gottes Geist, der Mikrokosmos und Makrokosmos geheimnisvoll uniert und Ordnung stiftet: »*Dann es haben diese unterste Creaturen | als Thier | Kräuter | Stein unnd Metall ihr Krafft unnd Vermögen von dem Firmament oder Himmel | das Firmament aber von den Intelligentiis unnd dieselbige ihr Vermögen von dem Meister | in welchem Alle Krafft und Gewalt beruhet. Das natürliche Leben ist unnd kompt auß dem Brunnen deß Lebens | nemblich von GOTT: Dann es haben die Elementa ihr Leben auß dem Firmament | daß Firmament aber auß der intelligibli mundo oder verständigen Welt | unnd dieselbige das ihre allein auß Gott oder auß seinem ewigen Wort. Und ist derowegen in allen Dingen ein eintzig Leben | welches doch nach dem unterscheid deßjenigen | in welchem es wohnt | ungleich gespühret wird. Derowegen wann wir durch Hülff der Kräuter etwas wollen außrichten | sollen wir uns nicht so viel auff diselbige | sondern auf GOTT verlassen | wofern sie anderst ihren erwünschten Außgang soll erlangen: Dann wo solches nicht geschicht | da gewinnet all unser Vornehmen den Krebsgang. Dannenhero dann der König Assaph | dieweil er sich mehr auff die Aerzte | als auff Gott verließ | gestorben. Allein die Himmlische Artzney oder das Wort Gottes (welches der Sauwertaig aller Artzneyen ist und ohn welches kein Artzney Kräfftig seyn kan) heylet alle Gebrechen. Und durch die Krafft deß Worts (von und in welchem alle Kräffte | welche auch die natürliche Geschäffte überwinden | verborgen ligen) werden die Artzneyen allererst kräfftig heylsam. Und gleich wie die Rinde nicht der Kern ist | also sind auch die Kräuter nicht die Artzney | sondern allein das Zeichen deß gezeichneten Worts. Dann die Arzneyen der Erden sind zweyerley: Nemblich die sichtbahre vom Vatter erschaffen (welche zu dem Leib nit sollen gebraucht werden | sie seyen dann durch die Absonderung deß reinen von dem unreinen zuvor bereit) und die unsichtbahre von dem Sohn durch das Wort: Vn ist einerley Medicin. Der Arzt curiert zwar durch die Kräuter: Die Kräuter sind das Mittel | in welchen die Artzney beruhet. Das Kraut ist nicht die Medicin | welche in derselbigen von Gott ist verborgen.«* Diese Weltschau, die die Vorstellung zu zeugen vermag, daß schon der ärztliche Heilwille mit dem Gedanken der Erhöhung der Naturen zu verstärkter Geheimwirkung ihrer Heilkraft den astrologischen Determinismus durchbricht, ja die Wirkungen der Sterne zu lenken vermag, führt in der Praxis zu einem laizistischen Sakramentalismus: Der eigene Wille, der eigene Glaube, das persönliche Wissen vermögen das »ES WERDE« der Genesis in beschränktem Bereich nachzuvollziehen und es ist das Wort, das »erschaffene Wort« des Arztes und seine menschliche Barmherzigkeit und »das Wort, das Fleisch geworden«, das Körper, Seele und Geist heilt. Und nicht ist das eine ohne das andere. Der Arzt, der Weise und das von ihm ausgesprochene oder geschriebene Wort wird zum Träger der Gnade, zum Teilhaber und Vermittler des Weltgeistes.

Dieser Geistmonismus, der sich im wesentlichen aus talmudischen und – soweit er sich in Praxis umsetzt – aus kabbalistischen, arabischen und naturwissenschaftlichen Traditionen entfaltet hat, gerät immer wieder in gefährlichen Gegensatz zur christlichen Weltschau, die in klarer Schichtenlehre Gott, Geisterwelt, Menschenwelt, belebte Natur und unbelebte Natur voneinander unterscheidet, aber durch die analogia entis verbunden sieht und entsprechend hierzu die Schichtung in der hierarchischen und charismatischen Ordnung betont. So ist es nicht zu verwundern, daß die Amulettpraxis der Geistmonisten in ihren subtilen Wurzeln vielfach überhaupt nicht verstanden werden konnte und fast immer unter dem Aspekt der pervertierten Dämonologie des 16. und 17. Jahrhunderts betrachtet wurde und damit zwangsläufig zur höchst gefährlichen, ja – geistlich wie weltlich gesehen – zur kriminellen Zauberei werden mußte. Nicht zuletzt wurde diese Tendenz gefördert durch das zwangsläufig sektenhafte und esoterische Verhalten der Wissenden, wodurch ihre von Geheimhaltung und Geheimnissen umwobenen Lehren und Praktiken schutzlos jeglichen Verdächtigungen ausgesetzt blieben und ihre Materialien in der volkstümlichen Praxis unfehlbar einer primitiven Anwendung anheimfielen. Kritische Beurteiler der Amulettpraxis wie Blumler, Reichelt, Jacob Wolff hegen gegen geschriebene Amulette oder gegen das gesprochene Wort und gegen charakteralische Kuren die höchsten Bedenken. Die Kirche verbot sie schlechthin – mit wechselndem Erfolg. Sie konnte sich auf Traditionen berufen, die bis zum Konzil von Laodizea zurückreichen. Insbesondere die vielfach damit verbundene Astrologie und der aus der Lehre von der Entsprechung des Mikrokosmos und Makrokosmos ableitbare Derterminismus entfachten die polemische Haltung der christlichen Theologen.

Früchte der geistmonistischen Stellung zu Gott und Welt sind im Bereich der Amulett-
praxis neben vielen anderen die Buchstabenfolgen AGLA, TETRAGRAMMATON, ANANI-
SAPTA, das SATOR-Palindrom und in gewissem Sinne die Buchstaben- und Zahlenmystik,
die aus dieser Mystik entwickelten Zahlen- und Buchstaben-Quadrate und sogenannten *A 302*
Vers-Sicherungen. Tetragrammaton bedeutet die vier Buchstaben, mit denen in der hebrä- *A 363*
ischen Schreibweise der Gottesname Jahve – es zählen Konsonanten – wiedergegeben wird. *A 394*
Diese heilige Vierzahl findet man nun wieder in anderen Buchstabengruppen, die Gott *A 336*
umschreiben, wie AGLA und JNRJ; ja sogar das Jesusmonogramm wird unter dem Einfluß *A 337*
dieser Vorstellung von JHS auf IHUS, das eigentlich das griechische IHYC ist, erweitert. *A 402*
AGLA ist eine Abbreviatur des Zitates gewurot – ein Wort das mit »Kräfte« zu übersetzen
ist – aus dem jüdischen Hauptgebet des werktäglichen Morgen-, Nachmittag- und Abend- *A 375*
gottesdienst der šemone esre, welche die göttliche Allmacht schildert und auch »Auf- *A 395*
erstehung der Toten« genannt wird. Der Satzteil A(ta) G(ibbor) L(eolam) A(donaj) heißt
»Du bist immer mächtig, o Herr«, und endet in der Originalfassung mit den Worten
»mehajje metim ata raw lehošia« und verleiht somit Gott den Beinamen »Beleber der
Toten«. Die Entstehungszeit der šemone esre – des Achtzehngebetes – ist nicht eindeutig
bestimmbar. Wahrscheinlich entstand sie innerhalb eines größeren Zeitraumes, dürfte aber
bis zum Beginn des 2. Jahrhunderts in den wesentlichen Bestandteilen redigiert worden sein.
G. Ban-Volkmar neigt zu der Annahme, daß die Kabbala und die Amulettpraxis sich schon
kurz nach der Entstehung bestimmter Stellen der šemone esre, insbesondere des genannten
zweiten Satzes bemächtigte, der der praktischen Anwendung des Geistmonismus besonders
entgegenkommt, und zwar ganz in dem Sinne, wie Oswald Croll in seiner Basilica Chymica
das »Es werde« der Genesis zum Prinzip seines laizistischen Verbalsakramentalismus und
seiner Verbalmagie macht.

Bemerkenswert ist, daß sowohl AGLA wie die Namen Gottes ADONAI TETRAGRAMATON
und ähnliche in der abendländischen, nichtjüdischen Amulettpraxis erst mit dem ausgehen-
den 15. Jahrhundert größere Verbreitung finden. Vom 16. Jahrhundert an gehören sie zum
wichtigsten Bestand der geschriebenen Amulette, unter denen jene mit den konzentrischen *A 336*
Kreisringen, deren jeder mächtige Worte beinhalten, eine fest umrissene Gruppe bilden. *A 337*
Rembrandt verwendet in seiner Radierung, die seit der Mitte des 18. Jahrhunderts »Faust
in seiner Studierstube« genannt wird, ein solches Zeichen; d. h., es ist hier kein Amulett
dargestellt, sondern ein Mandala – wie C. G. Jung die aus einer Kreisform entwickelten
heiligen Gestalten bezeichnet – erscheint in einer Strahlengloriole. Die ihr eingeschriebenen
Buchstaben sind nach O. H. Lehmann zu lesen: TETR(AGRA)MA R(EX) AGLA ANT
S(ANCTUS) AGLA (D)A MAREGAD. Die Übersetzung lautet: »o YHWH, König, du bist
immer mächtig, o Herr. Du bist heilig. Du bist immer mächtig, o Herr, du bist das Wissen
(und die Weisheit), du bist der Gebieter des Verbundes (= der Entsprechung und Ver-
bundenheit aller Teile der Schöpfung).« In der innersten Kreisscheibe steht J(ESUS)

N(AZARENUS) R(EX) J(UDAEORUM), der Kreuztitel, unter dem sich das Heilsgeschehen
vollendete. Die Mandala mit den mächtigen Worten ist hier bei Rembrandt das Siegel der
tiefsten Gott- und Weltschau. Schöpfergott und Heiland, Schöpfung und Heilsgeschehen,
das Alte Testament und das Neue Testament erscheinen hier in strahlender Einheit.

Von diesem bedeutungsvollen Glanz geht dieser und ähnlichen Mandalas in der Amulett-
praxis einiges verloren. Obwohl sie dem Typ nach sicher nicht vor dem 15. Jahrhundert
entstanden sind, ist bereits im ausgehenden 16. und selbstverständlich in den folgenden
Jahrhunderten ihre theosophische Bedeutung nur wenig Wissenden wie zum Beispiel Oswald
A 5 Croll, der eine derartig symbolträchtige Mandala auf dem Titel seiner Basilika Chymica
darstellen läßt, bekannt. Agrippa von Nettesheim kennt offensichtlich eine derartig aus-
geformte Mandala nicht, obwohl er die Folge der machtvollen Namen Gottes nach arabischen
und hebräischen Traditionen nennt. Julius Reichelt beschreibt 1676 mehrere dieser Siegel,
darunter drei, die denen auf Rembrandts Radierung sehr ähnlich sind. Allerdings weiß er
von ihnen nichts anderes zu berichten, als daß sie der Bedeutung nach dem »Sigillum Martis«
zuzuordnen sind, weil sie den Körper unverwundbar gegen jeden Schlag, sei es durch das
Schwert oder durch Geschosse, machen. Diese ihre Amulettfunktion scheint mit dem
hebräischen Wort MAREGAD zusammenzuhängen, das auch als »Binden« oder »Fest-
machen« verstanden werden kann. Am ausgeformtesten erscheint das Mandala in den
A 302 »Wettersegen«, auf deren Rückseite in konzentrischen Kreisen und spiralig alle theosophi-
schen Formeln des geistmonistischen Schöpfergottglaubens angeführt sind, aber auch Segen,
Anrufungen und Gebetsteile aus der katholischen Liturgie und christlichen Andachtskultur,
so vor allem die letzten Worte Christi am Kreuz oder der Anfang des Johannesevangeliums.

Zum Ausgang des 15. und zum Beginn des 16. Jahrhunderts muß schon eine beachtliche
Menge von Siegeln, mächtigen Wörtern und Buchstabengruppen bekanntgewesen sein,
zu denen nach den Archidoxa von 1570 immer wieder neue hinzugefunden wurden: »*Also
ists der brauch bei solchen Leuthen gewesen / und ist noch nit bei vilen abgangen / die eyn-
ander dz maul auffspreissen / ound eyn anreytzung machen / sagend ich hab noch wunder-
barliche character oder wörter bekommen / deren du ohne zweivel nye würst gesehen haben /
sagt aber nicht das er ihm es selbs erdichtet hat.*« Dies gilt nun nicht nur für das in den
Bereichen der Magie und Zauberei besonders fruchtbare 16. Jahrhundert, sondern auch
A 350 für die folgenden. Vielen dieser und anderer Siegel sind die arabischen, aramäischen oder
359 lateinischen Namen von Engeln, Teufeln, Sterngeistern und Dämonen oder deren Charaktere
A 368, 374 und die Sternzeichen und Sternbilder eingeschrieben. Bei der Ausgestaltung derartiger
Zeichensysteme machen sich spätantike Vorbilder, wie sie Bonner ausführlich behandelt,
A 339 geltend. In »Faust Höllenzwang«, im »7. Buche Moses«, »Buch Jezira«, »Gertruden-
A 340 büchlein« und völlig verzeichnet und zerschrieben in handschriftlichen Zauberbüchern,
A 400 leben diese Produkte bis in unsere Tage weiter. Die ihnen zugeschriebenen Fähigkeiten sind
unbegrenzt. Sie bringen Glück, schützen vor Verhexung, schaffen Reichtum und Erfolg,

helfen in diversen Krankheiten, bringen Gestohlenes zurück, lassen Schätze finden, machen unsichtbar, fördern die Liebe oder zwingen die Dämonen.

Ausgesprochen volkstümliches oder gar germanisches Traditionsgut ist in diesem Bereich nur schwer festzustellen. Zwar wird vom 8. bis zum 14. Jahrhundert immer wieder von Leuten, die Charaktere für Amulettzwecke zeichnen und entwerfen, berichtet. Sie werden aber nicht selten als Personen bezeichnet, die in ihrer Dummheit alten Weiberchen, mulierculis, gleichen oder sie werden als Betrüger oder superstitiosi verdammt, aber über das Aussehen dieser Amulette ist vor dem 15. Jahrhundert im Gegensatz zu dem folgenden Jahrhundert nur wenig überliefert. Vieles, was in der Literatur des 16. und 17. Jahrhunderts mittelalterlichen Autoren unterschoben wurde, ist reine Erfindung oder bewußte Fälschung, wie bei dem Hexenspezialisten Delrio, sehr vieles hinsichtlich der Autorenschaft fragwürdig. Immerhin erfahren wir von mittelalterlichen Autoren, daß Zauberworte und Zauberzeichen auf verschiedene Materialien geschrieben wurden. So berichtet Martin von Amberg in seinem Gewissensspiegel von 1380: »*Die do schreiben . . . auf einen appfil, auf ein lorber, auf bley auf oblat oder auf ander ding*«; oder Vintler in seinem Plumen der Tugent, um 1410, der sich wieder auf ältere Literatur stützt: »*Manger auch karackteres macht / Auß permiet virgineum . . . Und etlich schribent auff dz pley / Under der christmeß für den wurm*«. Wie hier die Dinge liegen, zeigen Spezialuntersuchungen, wie die Wolfgang Brückners über den sogenannten Bildzauber, über die medizinische, zauberische und amulettartige Verwendung von Jungfernwachs und Jungfernpergament. Zum wirksamen Amulett gehört aber nicht nur das geschriebene Wort, das entsprechende Zeichen oder Bild, das die Wirkung unterstützende oder mehrende Material, sondern auch die besondere Schreibweise. So werden *A 302*
die »mächtigen Word« spiralig, in konzentrischen Kreisen, kreuzförmig, innerhalb von *A 336-340*
Quadraten, Dreiecken, Sechsecken geschrieben, oder in Form des Schwindeschemas. Letzteres ist in antiken Papyri schon zu finden, so das ABRACADABRA im liber medicinalis des *A 363*
Quintus Serenus Sammonicus, Vers 935 und folgende. *A 378*

Zur Interpretation dieser Buchstabenfolge liefert Blumler mehrere Meinungen. Nach der einen handelt es sich um drei chaldäische Worte für Pater, Spiritus, Verbum, also um eine Trinitätsbezeichnung. Andere bringen sie mit dem antiken Zauberwort Abraxas oder Abrasax in Zusammenhang, wie Seldenius. Nach jüdischer Tradition ist, wie Blumler berichtet, herauszulesen: Fulgura Deus, ut dispergantur hostes. Im Zusammenhang mit diesem *A 379*
Zauberwort und mit anderen Buchstabenfolgen, wie SDPNQCN oder SICYCYMA oder MAX HACKX LYACX ist auf eine sprachphysiologisch und phonetisch erhellbare Form von Zauberworten zu verweisen. Hans Alexander Winkler geht diesem Phänomen in seinem Aufsatz »Die Aleph-Beth-Regel« nach. Es zeigt sich, daß sowohl in Kinderreimen und Zaubersprüchen sinnlose Lautfolgen nach einer phonetischen Gesetzmäßigkeit entstanden sind und ihre faszinierende Wirkung in einer mitunter nachvollziehbaren, mitunter surrealistischen Onomatopoesie liegt.

Besonders beliebt scheinen die astralischen Medaillen gewesen zu sein. Marsilius Ficinus, Agrippa und Trithemius, Thurneisser und Hiebner wissen davon zu berichten. Die Zubereitung dieser Amulette ist äußerst kompliziert gewesen. Es waren dabei nicht nur die entsprechenden astrologischen Daten zu beachten, sondern auch die kompliziertesten metallurgischen Vorschriften. Die sakrale Begehung der Einheit von Mikrokosmos und Makrokosmos feiert hierbei wahre Triumphe. Die Metalle erhalten wie Steine und Pflanzen durch die Zuordnung zu Sternen zusätzlich besondere okkulte Kräfte. Nach Reichelt (Hiebner)
A 352 ist das Gold für das Sonnensiegel wie folgt zu bereiten: »*Laß 3. theil Gold fließen | und*
A 353 *wann es im Fluß stehet | so wirff I. Theil Antimonium zu | laß es mit einander ein achtentheil einer Stund im Feuer stehn | und wohl treiben | als denn in eine warme fette Gießpockel gegossen | klopffe daran | so fällt das Gold zu grunde | und scheydet sich alle Unreinigkeit ab | jedoch bleibet noch etwas wildes von dem antimonio beym Gold | dieses Gold gieße noch 3. mahl durch den antimonium, setz ihm denn ein wenig deß besten Bleyes zu | und treibs auff einer Treibscherben durch | denn blaß davon | setze das abgetriebene Gold in einen neuen Tiegel mit ein wenig Boras, schmelze es | so ist das Gold linde und zu diesem Werck gerecht.*«
Die Charaktere, Figuren und Bilder des Sonnensiegels sind sehr verschieden. Zahlreicher sind jene mit dem Löwen auf der einen Seite erhalten. Zum Teil führt die Tradition dieses Siegel auf Marsilius Ficinus zurück. Nach anderen ist ein gekrönter König darzustellen, der
A 359 mit einem Szepter in der Rechten auf dem Thron sitzt, hinter dem Haupte oder auf dem
A 355 Haupte die aufgehende Sonne. Zu seinen Füßen liegt ein Löwe. Dieses Siegel ist zu machen,
A 368-374 wenn am Sonntag der Mond in den Löwen tritt. Zu tragen ist es in einem gelbseidenen Tuch. Siegel dieser Art gibt es für alle Planeten. Nach der Zuordnung der Metalle ist das Mondsiegel aus Silber, das Saturnsiegel aus Blei, das des Jupiter aus Zinn, des Mars aus Eisen, der Venus aus Kupfer usw. zu machen. Neben den zugeordneten Figuren werden auch zu den einzelnen Planeten ganz bestimmte Zahlenquadrate dargestellt. Das Venussiegel hat z. B. die Zeilensumme 175, das der Sonne 111, das des Mars 65 und das des Jupiter 34.

Allerdings sind diese Zuordnungen weder in der arabischen noch in der abendländischen Literatur, die eindeutig von arabischen Traditionen abhängig ist, einheitlich. Im neuzeitlichen arabischen Zahlenaberglauben löste sich vielfach die Verbindung mit der Astrologie. In den Zahlenquadraten manifestiert sich die Zahlenmystik in angewandter Form. Die Heiligkeit und damit die Mächtigkeit bestimmter Zahlen ist meistens abgeleitet von ihrem Wert und ihrer Funktion innerhalb bestimmter Zahlensysteme und Zahlenkombinationen, die in Korrelation zu theosophischen, theologischen, astrologischen und kosmologischen Lehren gebracht sind. Eine weitere Möglichkeit, die Geheimnisse der Welt zu symbolisieren oder dem Staunenden vor Augen zu führen, ist die Kombination der Buchstaben mit den Ziffern und der Aufbau von Beziehungssystemen mit der Buchstabenbedeutung der Zahlen und dem Zahlenwert der Buchstaben, was meist in der Abfolge der Zählweise und des
A 365-367 Alphabetes gegründet ist. Eines der bedeutsamsten Buchstabenquadrate im abendländischen

Amulettbrauchtum ist die SATOR-AREPO-Formel. Es ist anzunehmen, daß diese Formel seit der heidnischen Antike immer wieder als theologisches Symbol aufgegriffen wurde. Ihre magische Anwendung kann mit Sicherheit seit dem 15. Jahrhundert nachgewiesen werden. Interpretiert wurde sie in christlicher Zeit offensichtlich immer wieder als Kryptogramm der beiden Worte »Pater noster« mit dem kosmologischen und heilsgeschichtlichen Symbol Alpha und Omega. Zahlen, Figuren, Buchstaben und Worte lassen außerdem eine christologische Interpretation zu und in das Quadrat läßt sich unschwer ein Kreuz hineinsehen, das durch das vielfältig ausdeutbare Wort TENET gebildet wird. Hommel kann mit großer Wahrscheinlichkeit nachweisen, daß die SATOR-Formel um die Mitte des 1. Jahrhunderts nach Christus im außerchristlichen Bereich entstanden ist. Die sinnvollste Aufschlüsselung ergibt sich, wenn die Zeilenfolgen pflugwendig gelesen werden. Der so gewonnene Text lautet: SATOR OPERA TENET. Dies kann heißen »Der Schöpfer (Sämann) hält seine Werke (fest)«, aber auch »er erhält sie« oder »er enthält sie (in sich)«. Dies wäre eine theosophische Formel, die Gott nicht nur als Schöpfer, sondern auch als der Erhalter, wenn nicht, wie in der letzten Form der Auslegung, als »ewig mächtigen« Walter der Welt sieht. Die Satorformel kann also ein stoisches Theologumenon sein, aber auch ein alexandrinisches, das leicht ins Christliche umdeutbar war.

Das höchst bedeutsame und unausschöpfbare Buchstabenquadrat erhält so zusätzlich zu seiner mathematischen Mirakulosität noch die theologiegeschichtliche, wodurch sich eine Grundlage für eine höchst differenzierende Symbolik ergab. Und hier ereignet sich, was wir immer wieder feststellen können: Das durch seine ebenso geheimnisvolle wie geistvolle Struktur, die sich im Laufe der Geschichte buchstäblich ändert wie Geist und Leben, erhöhte Symbol verliert im Gange der Überlieferung die Verbindung zu seinem geistigen Gehalt. Das Vordergründige bleibt bestehen wie der Chitinpanzer eines toten Käfers, während sein Inhalt, die geistige Tradition zerbrach und der hohe Sinn sich verlor. Dies schließt nicht aus, daß die christologische und kosmologische Bedeutung des Sator-Quadrates immer wieder von neuem erkannt wurde oder mit vagem Wissen in der Phänomentradition mitlief. So gibt es in der äthiopischen Kirche die Legende, daß Christus mit fünf Nägeln ans Kreuz geschlagen worden sei. Diese Nägel erhielten Namen, die nun offensichtlich die Worte aus der Satorformel sind. Damit wäre in der ersten Bedeutungsschicht der Schöpfergott und der Erlösergott, die Schöpfung und die Erlösung in einer symbolischen Einheit erfaßt. Nach antiker Tradition ist der fünfte Nagel jener, der die beiden Kreuzbalken zusammenhält und als Symbol der Vereinigung der göttlichen und menschlichen Natur in Christus betrachtet wird. Ein ähnliches Symbol stellt Reichelt als Amulett dar. Auf der einen Seite einer Metallscheibe *A 366*
sind Gottesnamen eingeschrieben; und zwar in den vier Segmenten zwischen den Wunden Christi, die als radial stehende, durchbohrte Füße und Hände verbildlicht sind. In der Mitte ist das Herz Jesu dargestellt mit der Inschrift IHNR. Auf der Rückseite der Scheibe ist ein

Quadrat eingraviert, dessen Ecken genau mit den vier Wundmalen der Hände und Füße in Deckung gebracht sind. In diesem Quadrat stehen nun die fünf Worte der Satorformel.

Die unerhörte Macht, die der Satorformel insbesondere bei Naturkatastrophen, d. h. also bei der Ordnung der vier Elemente zuerkannt wird, kann also im Volksglauben auf den verschiedensten Voraussetzungen gegründet sein: so in seiner Heiligkeit als theologisches und theosophisches Symbol, in seiner ans Wunderbare grenzende Systematik, Lesbarkeit und Auslegbarkeit seiner Wort- und Buchstabenfolge, in der Möglichkeit, das Kreuzsymbol hineinsehen zu können, wobei die Worte einen ganz spezifischen Sinn bekommen und letztlich in der Auktoritas, die diesem Quadrat durch seine unerhörte Bedeutungsgeschichte zugewachsen ist.

A 378 Eine ähnliche geistesgeschichtliche und symbolische Gründung des amulettartigen Ge-
A 380 brauches haben auch die rein christlichen Buchstabenfolgen, Monogramme und Sätze. Zu
392 denen, die in der Amulettpraxis die verbreitetste Verwendung fanden, gehören die »Sieben Worte Christi am Kreuz«, das »Consumatum est«, der Kreuztitel INRI, das IHS, das Marienmonogramm, dann der Beginn des Johannesevangeliums, Kreuzhymnen in Initialabkürzungen usw. Seit der Spätantike kann die Praxis festgestellt werden, daß Engelnamen auf Metallblättchen geschrieben oder in Fingerringe gegossen wurden. Die Buchstabenfolge JHS ist wahrscheinlich aus dem griechisch geschriebenen Namen Jesu entstanden. Seit dem
A 403 2. Jahrhundert ist die Form JH oder nur J bekannt, und seit dem 4. Jahrhundert die Form IHC, latinisiert JHS, die nun für das ganze Abendland zum berühmtesten Monogramm werden sollte. Volksetymologisch wurden die Buchstaben J(esus) H(ominum) S(alvator), J(esus) H(omo) S(anctus), J(n) H(oc) S(igno) oder wie im Deutschen zu J(esus) H(eiland) S(eligmacher) gelesen.

Die Anrufung der Engel hatte nach der Auffassung der damaligen Zeit eine besondere Wirkung. Aus dem frühbyzantinischen, geschriebenen Amulett im Cod. Paris. 2316 geht hervor, daß ihre Namen – wie die Namen Gottes oder die Benennungen seiner Eigenschaften – für die Ohren der Dämonen unerträglich waren. Um sich dieses Umstandes für ständig zu versichern, wurden diese Namen nicht nur auf Anhänger und über Hauseingänge geschrieben, sondern man schrieb auch dem Toten auf das Grab, daß sein Engel da wohne, um die Dämonen zu schrecken. Eine beliebte Initialgruppierung von Namen war XMΓ, Christus, Michael, Gabriel. Die Engelsnamen auf Phylakterien kamen im Abendland außer Gebrauch, während sie im arabischen und jüdischen Volksglauben und in der arabischen und jüdischen Schulmagie phantasievoll – inbsesondere mit Einbeziehung astralischer Vorstellung und jüdischer Geisterlehren – erweitert wurden. R. und H. Kriss bringen aus dem
A 347 jüngsten arabischen Amulettbrauchtum Beispiele dafür. So werden sehr häufig die vier
A 350 Erzengelnamen Gibrail, Israil, Israfil, Mikail, Azrail in quadratischer Anordnung geschrieben
A 354 oder um magische Quadrate herumgeschrieben. Erst die abendländische Magieliteratur über-
A 396 nahm diesen Namenzauber in Verein mit kabbalistischen Traditionen. Im abendländischen,

volkstümlichen Brauchtum setzten sich seit dem späten Mittelalter die Namen und Namen-
gruppen von Heiligen und die entsprechenden Initialabfolgen durch, so besonders die Namen *A 302*
der Heiligen Drei Könige (KMB), Maria und Joseph, besonders in Anliegen, in denen die *A 378*
einzelnen Heiligen auf Grund ihres Patronats zuständig waren. Seit dem 17. Jahrhundert *A 387*
tritt neben diese Amulettform die amulettartig gebrauchte Medaille mit dem Bild der *A 394*
Krankheitspatrone. Besonders wirkungsvoll waren Plaketten und Zettel, auf denen dazu die
Initialen bestimmter Segens- und Beschwörungsformeln geschrieben standen. Dazu gehören *A 303*
vor allem der Benediktussegen, der Zachariassegen, der Agathen-, Franziskus-, Tobiassegen. *309*
Eine umfassende Wirkung wurde dem Benediktussegen zugeschrieben. Es ist bezeichnend für
die Hochschätzung, wenn es auch vorwiegend symbolisch gemeint gewesen sein mag, daß
1897 der Abt des Klosters Beuron zum Kaiser Wilhelm II. eilte, als dieser das Kloster Maria *A 303*
Laach besuchte, und ihm eine Benediktusmedaille überreichte. Die Inschrift dieser Medaille *A 335*
lautet: *C*rux *S*ancti *P*atris *B*enedicti – *C*rux *S*acra *S*it *M*ihi *L*ux – *N*on *D*raco *S*it *M*ihi *D*ux – *A 393*
*V*ade *R*etro *S*atana – *N*umquam *S*uade *M*ihi *V*ana – *S*unt *M*ala *Q*uae *L*ibas *I*pse *V*enena *A 429*
*B*ibas: Kreuz des heiligen Vaters Benedikt – Es sei das heilige Kreuz mir Licht – der Drache
sei mir Führer nicht. Weiche zurück, Satan, nie rate mir Eitles – Bös ist, was du bietest,
trinke selbst das Gift.

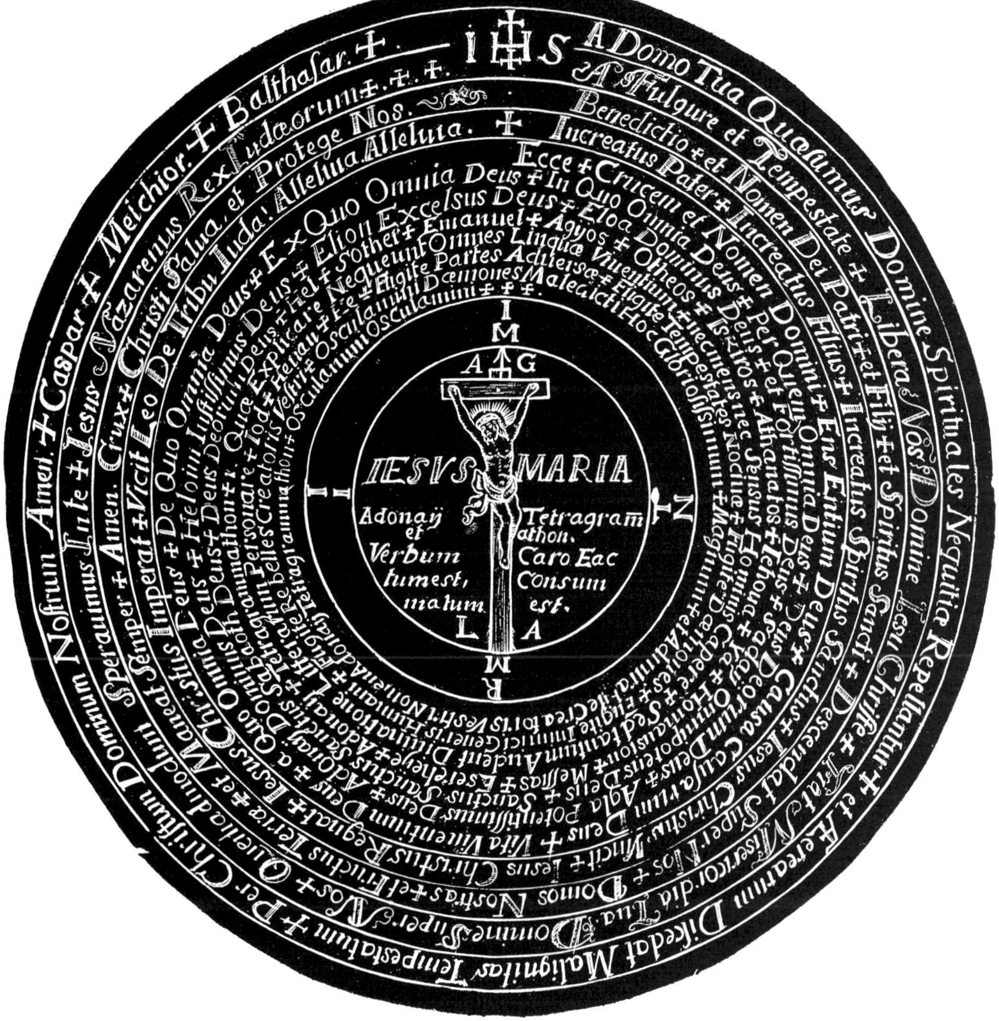

302 *Rückseite eines Wettersegens. K K 284, ähnlich Abb. 303, 17./18. Jh. Originalplatte im Heimatmuseum Tittmoning. Liturgische Gebete und Segen sind vermischt mit mächtigen Worten und Namen, wie ALGA, Namen Gottes, Namen der Heiligen Drei Könige, Jesus, Maria und Beschwörungen. Gott wird angerufen, vor Blitz und Sturm zu schützen und Erbarmen walten zu lassen. In allen Namen Gottes z. T. jüdischer und kabbalistischer Tradition – u. a. Sother, Emanuel, Tetagrammaton, Adonay usw. – werden die bösen Geister, die Feinde des menschlichen Geschlechts, und die Rebellen wider ihren Schöpfer aufgefordert zu fliehen. Diese synkretistische Form des Wettersegens wird erst im 15. Jh. geläufig. Seit dem 12. Jh. wurden vom Klerus – vielfach umstritten – beschwörende Gebete gebraucht, um Gewitter abzuhalten, da man vielfach glaubte, daß Unwetter durch Dämonen verursacht werden.*

364 *Apothekerlöffel mit Davidstern aus Perlmutter.*
17. Jh GN Ph. M 3689 L 125

364

S. Felicis M.
S. Valentini M.
S. Coelestini M.
S. Gaudenzi M.
S. Firmi M.
S. Ioan. Nepom.
S. Seraphin
Praeceptum.
Benedict. Sanct.
Benedictus
S. Lucas

303

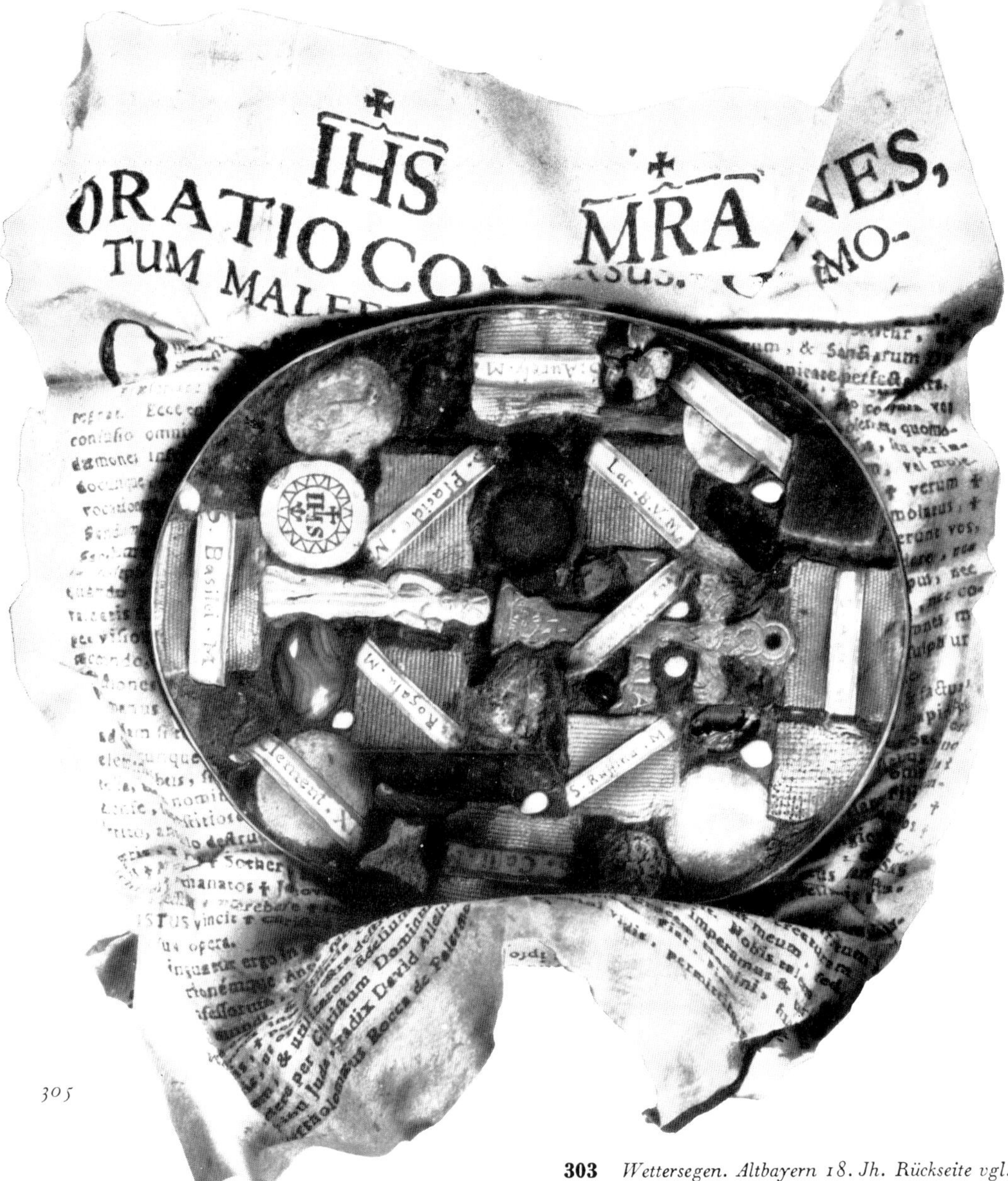

305

305 *Geöffnete Messingdose, die als Anhänger getragen werden konnte. Der Inhalt besteht aus ähnlichen Dingen wie bei Wettersegen und Breverl. In der Mitte Caravacakreuz, darunter Nachbildung des Gnadenbildes von Loreto. Auf dem beiliegenden Zettel steht eine exorzistische Beschwörung, Namen Gottes, Marien- und Franziskussegen und der Anfang des Johannesevangeliums als Schutz gegen Hexerei und Dämonen. Spanien (?) 17./18. Jh BN 30/657 H 85*

303 *Wettersegen. Altbayern 18. Jh. Rückseite vgl. Abb. 302. Diese Wettersegen wurden in der Stube oder in Haus- und Hofkapellen aufgehängt. In ihnen sind die beliebtesten und heilsamsten Bilder und Zeichen in Form von Kupferstichen, Medaillen, Kreuzen, kleinen Tonfiguren, Wachsplaketten, Berührungsreliquien, Reliquiendarstellungen und geweihte Kräuter und Samen angeordnet. Sie sollten vor allen Fährnissen und Unglücksfällen, insbesondere vor Sturm, Gewitter, Pest, Gespenstern und Teufel schützen. K A 1818 Dm 195*

304 *Skapulier aus Seide. Bestickt mit Maria-Hilf-Bild. Land Salzburg 18. Jh. Als geweihtes Bekenntniszeichen für eine Skapulierbruderschaft getragen. BN R 7714 H 84*

306 *Geöffnetes Breverl. Der mittlere Teil mit dem doppelbalkigen Kreuz, dem Gnadenbild von Mariazell, Nepomukplakette, Benediktusmedaille aus Blei, Palmkatzerl, Steinsamen, Berührungsreliquien in Form bunter Brokatdreiecke etc. ist noch von neun Heiligendarstellungen und darüber von einem bedruckten Zettel mit einer Beschwörung gegen jegliche Hexerei, gegen Dämonen, Ligaturen und Signaturen, Faszination usw. umhüllt. Österreich, 1860–1870 nach alten Vorlagen, datiert nach einem Modeblattausschnitt, der als Futter für die Umhüllung verwendet ist. K A 520 H 70*

307 *Rautenförmiges Breverl. Süddeutsch 18. Jh BN 30/734 H 95*

304

306

307

308

311

309

308 *Rotes herzförmiges mit bunten Papieren besetztes Breverl, mit Glasperlen bestickt, in der Mitte ovales Madonnenbildnis. Italien, 19. Jh K A 996 H 102*

309 *Kreuzförmiges Breverl. Italien, süddeutsch (?) 17./18. Jh K A 1094 H 122*

311 *Ehemals zylindrische Amulettkapsel mit magischer Inschrift auf goldenen Blättchen mit griechischen Buchstaben. Gefunden in Lauingen. Wohl 3. Jh Hülse L 56. Schriftblättchen 52 × 53 GN R 367/368. Typisches Zeugnis des spätantiken synkretistischen Zauberglaubens. Deutlich lesbar ist links oben* ΑΒΛΑΝΑΘΑΝΑΛΒΑ, *ein Amulettwort, das in den Zauberpapyri und auf Amuletten der römischen Kaiserzeit, wie z. B. auf dem Wiener Goldblättchen, auf der Kopenhagener Topaskugel, auf dem Regensburger Goldblättchen und auf dem Silberblättchen aus den Thermen von Badenweiler, häufig graviert ist, ferner in der Mitte der Gottesname* ΙΑω *(= Jehova) und unten und rechts außen* ΑΚΡΑΜΜΑΧΑΜΑΤΤΙ Є! CЄCЄM *ähnlich wie auf dem Badenweiler Blättchen (vgl. Siebourg, F. X. Kraus I 7 ff.)*

310 *Zylindrisches Pektorale mit Glöckchen, Schellen, dreieckig gefaßtem blauem Stein und zwei Korallen. Sardinien, 19. Jh K A 1626 L 80*

312 *Kleine silberne Anhängkapsel in Buchform aus einem Frauengrab des gepidischen Gräberfeldes von Szentes-Nagyhegy, Ostungarn. Spätes 6. Jh H 56. Buchförmige Anhänger mit Zetteln, Devotionalien oder sakramentalischen oder magisch gebrauchten Kräutern gefüllt, waren bis in die jüngste Zeit als Anhänger, u. a. an Rosenkranzen beliebt. Vgl. Werner*

313 *Neugriechisches Phylakterion. Vorderseite: Konstantin und Helena. Rückseite: Madonna mit Kind. Silber. 17./18. Jh K A 1603 H 65. Diese Büchse kann oben durch einen Schieber geöffnet werden. Inhalt nicht mehr vorhanden*

314 *Schutzbrief aus Zakynthos, vom Higoumenos des Klosters des hl. Dionysios ausgestellt, selbst beschriftet und adressiert, enthält: Wollschnur nach dem Maß des Sarges, ein Stück von den Schuhen des Heiligen, Nachbildung des Sargschlüssels, zwei Reliquien (Stoffstücke) und Text der Benediktionsformel. 1956 K A 1229, vgl. Kriss »Peregrinatio«*

312

315

310

313

314

315 *Amulettkapsel aus Bronze. Rheinprovinz. 2. H. 7. Jh Bonn, Rheinisches Landesmuseum. Kapseln dieser Art waren mit Würz- und Räucherkräutern, besonders Gewürznelken, die wahrscheinlich in der christlichen Liturgie verwendet oder als Eulogien von berühmten Wallfahrtsorten hoch geschätzt wurden, gefüllt. Sie wurden von Frauen freihängend am Gürtel getragen. Dm ca. 44 (vgl. Werner)*

316 *Tonfläschchen für heiliges Öl (Menas) 6./7. Jh K AÄ 201 H 89. Öl, das an heiliger Stätte für Lampen und Ampeln verwendet wurde, gilt bis in unsere Zeit als Heilmittel und Sakramentale*

317 *Messingbehälter mit Pergamentminiaturen und einem kleinen Fläschchen für Walburgisöl, eine Flüssigkeit, die von den Reliquien der Heiligen abgesondert wird. Kloster Eichstätt 18. Jh K A1387 H70*

318 *Fläschchen für Öl vom Grabe des hl. Nikolaus in Bari. Süditalien 17. Jh (nach Mariacher). Das Nikolausöl ist eine wässerige Absonderung des Sarkophages des Heiligen*

319 320 321 *Drei Walburgisbüchsen aus Silber für kleine Glasblasen, die mit Öl von den Reliquien der hl. Walburgis gefüllt sind. 17./19. Jh K A 1193, 1198 1191 ca. 1:1*

319

316

317

318

320

321

322

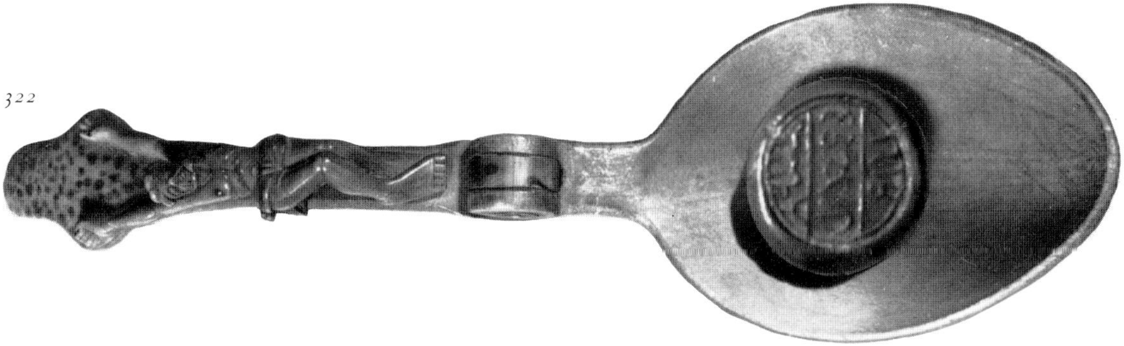

322 *Apothekerlöffel aus Buchsbaum mit Terra sigillata (Heilerde), 17. Jh. GN L 185 (vgl. 324, 326)*

323 *Loretoschüssel mit Staub aus der Santa Casa. Staub heiliger Stätten wurde als Devotionale, als Apotropaion wie als Medikament geschätzt. 18. Jh. BN Ker 2444 Dm 112*

324 *Siegelerde (Heilerde), GN. Terrae sigillatae wurden eßbare Erden genannt, weil sie zu handlichen Stücken gepreßt mit Zeichen, Figuren und Wappen*

324

325

323

versehen waren, die dem Kundigen Herkunft, Qualität und Bestimmungszweck verrieten. Sie halfen vor allem gegen Gift, bei Blutungen, aber auch gegen die Pest. Der seit der Antike gebräuchlichen medikamentösen Verwendung steht eine magische oder sakramentalische Anwendung gegenüber. So wurden Heilerden mit religiösen Zeichen oder Bildern Heiliger versehen: *Sind alle weiß wie Kreyden und stehet gemeiniglich S. Pauli Bildnuß mit einer Schlangen darauff, gegen welche solche auch in denen Beschreibungen angerühmet wird.* Maltaerde nach Valentini

325 *Fresko des hl. Petrus, Friedhofskirche bei Berende, Bulgarien, 13. Jh. Das von den Augen abgeschabte Material gilt als heilkräftig. Das Ausschaben der Augen von Fresken für Heilzwecke ist z. B. nach wie vor in Griechenland üblich*

326 *Striegauer Heilerdekännchen. 1635 BN Ker 884 H 112. Valentini 1. Buch S. 3*

327 *Schabe- und Schreckstein vom Sonntagsberg, Niederösterreich, aus Ton. 20. Jh K A1389 H 114*

326

327

Von den Teutschen Siegel-Erden wird die Terra Strigoniensis, wegen ihrer Solarischen Eigenschafft mehr in den jenigen Kranckheiten / so das Hertz und das Geblüt einnehmen / gebrauchet. Die Terra Lignicensis aber wird vielmehr in denen Haupt- und Glieder-Schwachheiten gelobet / welche absonderlich auch gegen die Philtra oder Liebes-Träncken gebrauchet wird / wie solches in *D. Ettmüllers Comment. in Schrœd. pag.* 831. aus andern Practicis angeführet ist. Eusserlich soll man auch die Terram Sigillatam mit Nutzen in alten Schäden und Löchern / ja dem Krebs selbsten gebrauchen können / wie solches *Schvvenckfeldius in Catalogo Fissilium Siles. pag.* 395. mit mehrerem beschreibet. In Sachsen machet man schöne Krüge / Schüsseln und dergleichen Haußrath aus der Terra Sigillata, wie davon ein Abriß in des *Besleri Gazophylac. Rerum Nat. fol.* 14. zu finden ist. Die Apothecker aber destilliren ein säuerliches Wasser davon / welches sie SPIRITUM TERRÆ SIGILLATÆ

Valentini »Museum Museorum« 1704

331

332

328 *Schabefigürchen aus Altötting. Nachbildung des Gnadenbildes aus geschwärztem Ton. Wie bei 327 gilt auch hier abgeschabtes Material als heilkräftig. 19./20. Jh nach alten Modeln. K A 1031 H 77*

329 *Reliquienbeutel. 19./20. Jh K A 1586, 1871, 1708. Als Medikament und als Apotropaion gebraucht*

330 *»Palmbuschen« aus Jugoslawien, am Palmsonntag geweiht und als Heiltum im Hause aufbewahrt. SMV H 170*

328

329

330

3

5

334

Wer diesen Brief oder Zettel bey sich trägt oder zu Haus hat, und gebrauchen will, muß seinen Namen in das Spatium, so in der Mitte ist, einschreiben, und sich befleißen, allzeit ein gutes reines untadelhaftes Gewissen zu haben, damit der allerheiligste Namen Gottes nicht geunehret, gelästert, oder vergeblich mißbraucht werden. Es soll ein je Mensch dieses KREUZ oder BREVE mit Andacht verehren, und bey sich tragen, damit ihm der Böse Feind nichts schaden könne an Seel und Leib Am.

Geistlicher Gnaden-Schatz, das ist: Heilige aprobirte Creuz, so mit sonderbaren Buchstaben gezeichnet, welche der H. Zacharias, Erz-Bischof zu Jerusalem, aus sonderbarer Eingebung des heil. Geistes, wider die Pest, Zauberey, und Feuers-Brunsten gemacht hat.

J. N. R. J. † Z. † D. I. A. I. H. S. † B. I. Z. † S. A. B. † Z. M. B. A. † H. G. F. † B. F. R. S.

Benedicte sit sancta Individua Trinitas Pater, & Filius, & Spiritus Sanctus, nunc & semper & per infinita sæcula sæculorum, Amen. Sancte Deus, Sancte Fortis, Sancte imortalis, miserere nobis.

JEsus Christus, Rex gloriæ venit in Pace, Deus homo Factus est, Verbum Caro factum est, Christus vincit, Christus regnat, Christus imperat, Christus ab omni malo nos defendat, Crux † Christi salva nos, Crux † Christi portege nos, Crux † Christi defende nos, nunc in hora mortis nostræ, Amen. Jesus Nazarenus Rex Judeorum, Titulus triumphalis benedicat & custodiat nos ab omnibus malis. Ecce Nomen Domini, Ens Entium, DEus causa causarum, Deus vita viventium, à quo omnia, in quo omnia, per quem omnia, Deus Deus deorum, Deus Agia, potentissimus. Deus Adonai, Dominus Deus Heloim, justissimus Deus Elion. Excelsus Deus Eloa Dominus Deus & fortissimus Deus Sadai, Omni-potens Deus Sanctus, Sanctus Sanctus Sabaoth, Deus Adonai, Tetragrammanton &c. quod nec linqua explicare, nec mens, nec sensus hominum capere potest, nec indignissima ego

INSIGNIA CHRISTI

PASSIO CHRISTI

S.P.Q.R.

tanti Dei & Creatoris creatura dignus sum scriber[e] proferre, aut syllabas con junctas pronutiare, sed vi divinatione litterarum audeo personare, Jod He Vau He. Hoc gloriosissimum Creatoris vestri manum & admirabil[e] Nomen Adonai Tetrag[ram]maton &c. Osculemini d[æ]mones maledicti & genuflectite devotè spiritus teterrimi Draconis execrandi nominari indignissimi, alias per hæc sacratissima Dei nomina, per † & pretiosissimum JEsu Christi sanguinem, validissimis quibuscunque exorcismis hoc ipso conjuramini, ut sine mora cessetis ab omni incursu, terrore & vexatione hujus familiæ, nec sterpitus excitetis amplius nec voces formitis, aut alia sive per malefitia, incantationes aut quasqunque artes operemini mala, sed prorsus ab hac domo devotè portata, aut affixa fuerint, illicò recedatis confusi ad orcum vestrum sulphureum, uti rebelles perpetuò ibi acrius concremandi, ita SS. Trinitate jubente. Virgine Dei Genitrice intercedente & S. Michæle Archangelo exequente. Amen † Amen † Amen. Fiat † Fiat.

Das seynd die Geistliche und heilsame Arzney wider alles Gift des Leibs und der Seelen, und aus Christlicher Gewohnheit hoch-nützlich und ersprießlich zu gebrauchen.

ERstlich, in Feuers-Nöthen, mit festem Glauben und Vertrauen zu der allerheiligsten Dreyfaltigkeit im Namen Gott des Va†ters, und des So†hns, und des heil. Gei†stes, Amen. Deren eines ins Feuer geworfen, dann die vielfältige Erfahrung und Gebrauch hat es erwiesen, daß die Brunst, oder das Feuer alsobald nachgelassen, und weiters nicht kommen.

Fürs ander, werden solche zusammen geleget, und in Agnus Dei eingemacht: andächtig bey sich am Hals getragen, zu Wasser und zu Land, für Blitz und Hagel Donner, Ungewitter Pestilenz.

Drittens, werden sie an die Haus-Thür, Stuben und Kammer-Thüren angeheftet, wider allerley Zauberey, Verherung, und Teufels-Gespenster, sintemalen der Teufel und all sein Macht vernichtet und abgeschwächet wird, wo ein solcher Zettel ist.

Absonderlich sollen es die schwangere Frauen mit Andacht und Verehrung bey sich tragen, zu Verheißung einer glückseligen Entbindung und Geburt einer gesunden Leibs-Frucht, auch bey sich fleißig in dem Kindbett haben, damit nicht etwann durch den Teufel oder böse Leute das Kind kann beschryen werden. Auch soll mans den Kindern in ein Taschlein machen, und anhängen, wie auch innerhalb an die Bettstatt machen, um Verhütung böser und schwerer Träum, vor Schröcken und Aufschreyen im Schlaf, wie auch vor die Fraiß. Item, damit nicht unter den Eheleuten durch teuflische Mittel die Unfruchtbarkeit oder Uneinigkeiten verursacht werden.

Dann dieser Zettel begreift in sich die allervollkommeste, allerheiligste, ja gleichsam mit andern Sprachen unaussprächlich und unbegreifliche Namen der Weisheit und unzertheilten Dreyfaltigkeit, welche mehrer mit Verwunderung und Ehrerbietung durch gewisse Zeichen begriffen, als mit Syllaben und Buchstaben genennet können werden.

Daraus dann zu schließen, daß deren Effect und Würkung nicht Natürlich, sondern übernatürlich sey, und derentwegen neben solchen Zettel ein gutes Vertrauen zu der Allmacht und Gütigkeit Gottes und festen Glauben an JESUM CHRISTUM den Gekreuzigten, auch Fürbitt des H. Erz-Vaters Benedikti zu setzen, aber mit nichten einiger Aberglauben solle gebraucht werden; dann die Göttliche freye Allmacht laßt sich nicht nöthen, zwingen, oder anbinden, sondern ertheilet ihre Gütigkeit und Barmherzigkeit, wo sie will, und wer es am würdigsten ist.

1 332 *Ostereier aus Griechenland. Das geihte Osterei gilt allgemein, aufbewahrt oder verhrt, als heil- und segenbringend. SMV*

3 *Weihbuttermodel. Land Salzburg. 18./19. Jh. e zu Ostern als Weihspeise verwendete Butter wird Modeln ausgedruckt. Slg. König, Gmunden*

4 *»Breve«. Schutzbrief. KZ 377. 18. Jh 345 × 214*

5 *Benediktusbrot aus Mariastein, Schweiz. Scheingebäck mit Zacharias- und Benidiktussegen. Herstellt aus allem, was während des Jahres in Mariain dargebracht wird; am Karsamstag geweiht. A 1322 H 31. Vgl. 454*

337

336

214

341

342

336 *Kreisförmige Siegel mit dem Namen Gottes und Kreuzinschrift INRI. Nach Reichelt 1676*

337 *Der Magier. Radierung von Rembrandt Harmensz van Rijn. Um 1652 (vgl. Wegner, Lehmann, Ettlinger, Rotermund, Behling)*

341 *Anleitungsbuch zur Herstellung von geschriebenen Amuletten. K B 820 155×105. 19. Jh. Das »Frühlingsamulett« aus der Folge: »Die IV höchsten Geisteramuletten der IV Jahreszeiten«*

342 *Titelblatt eines Gertrudenbüchleins zur »Erlangung zeitlicher Schätze und Güter«. E. Bartels, Berlin-Weißensee ca. 1910. Mit dem Nachdruckvermerk: »Dieß uralte heil. Gertrudenbuch zu Cölln am Rhein in dem aldasigen Carmeliter-Kloster St. Clare gedruckt Anno 1508.« In K B 25 (Buch Jezira, vgl. 343). Gertrud die Große, Nonne des Zisterzienserinnenklosters von Helfta (geb. 1256) wurde im 17. Jh – wie Albertus Magnus schon früher – zum großen Magier gestempelt (vgl. Spamer Romanusbüchlein, Hain Sankt Gertrud)*

338

339

340

338 339 340 *Sechs Seiten aus einem handschriftlichen Zauberbüchlein. Die Siegel, Texte, Initialgruppen von Gebeten, Hymnen und Beschwörungstexten sind fast durchwegs bis zur Unkenntlichkeit verzeichnet. Süddeutsch, 19. Jh K B 15 Blattgröße 160 × 102*

343

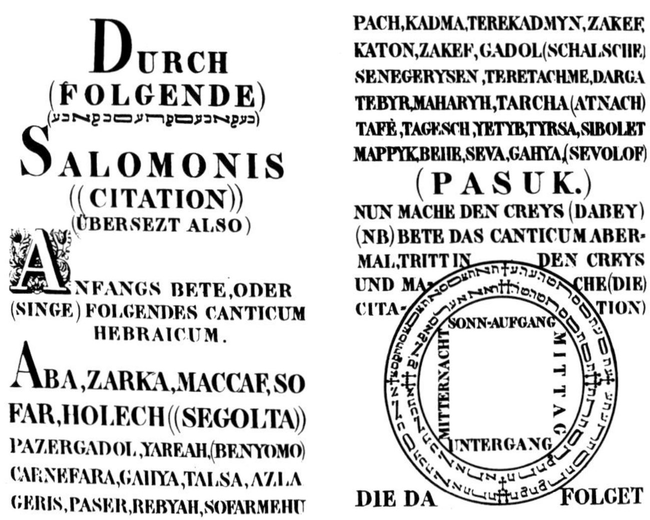

344

343 *Titelblatt zu »Das Buch Jezira«. K B 25, Berlin-Neuweißensee, ca. 1910. Mit Anleitung zur Herstellung geschriebener Amulette. Der Phantasietitel dieses Buches wird zuerst von dem Verleger Bartels, Berlin-Neuweißensee, verwendet und dürfte von »Sefer Jetzirah«, d.i. Buch der Schöpfung, einer jüdischen, auf Zahlen und Buchstabenmystik aufgebauten Schöpfungslehre, vermutlich im zweiten vorchristlichen Jahrhundert aufgezeichnet, abgeleitet sein. Das »Buch Jezira« umfaßt meist 40 Schriften einschließlich kürzerer Zauberformeln und Gebete. Die alten Charaktere und Siegel sind vielfach verzeichnet, neue Zeichen wurden aus gerade vorhandenen Ziertypen, Firmenmarken und Wappenstempeln hinzuerfunden (vgl. Spamer Romanus-Büchlein)*

344 *Zwei Seiten aus dem Zauberbuch K B 20 (Abb. 341), XI. Kapitel. Fausts dreifacher Höllenzwang*

345 *Titelblatt zum 6. und 7. Buch Mosis. Druck und Verlag E. Bartels, Berlin-Neuweißensee A.20.Jh. Unter den apokryphen Mosesbüchern – die Bibel kennt nur fünf – sind verschiedene magische und religiöse Schriften von äußerst unterschiedlicher Form zusammengefaßt. Die Traditionen führen aber zurück in die spätantiken synkretistischen Zauber- und Magielehren. Ein 6. u. 7. Buch Mosis ist erstmals 1797 nachweisbar (vgl. Spamer Romanus-Büchlein)*

346 *oben. Anleitung für einen Zauberkreis aus einem Zauberbuch des 19. Jh, nach der Tradition von »Doctor Faustens dreyfacher Hoellenzwang« 17. bis 19. Jh K B 20; ähnlich K B 22. Seit dem 16. Jh werden Geisterbeschwörungen unter dem Titel »Höllenzwänge« zusammengefaßt und mit dem Erzzauberer Faust verbunden. Im 17. und 18. Jh wurden sie für Fürstenhöfe in kalligraphischer Aufmachung hergestellt, so z. B. im Wittenberger Pergamentdruck von 1540 in Gotha (vgl. Wegner)*

346 *unten. Zitationsformel und Zauberkreis aus K B20*

349 *Charaktere aus dem Buch Jezira. K B25 (wie 343)*

Sechstes und siebente[s]

Buch Mosis

oder der

magisch-sympathische Hausschatz

das ist Mosis magische Geisterkunst, das Geheimnis aller Geheimnisse

Glückstabelle, Schicksalsdeutungen
Wortgetreu nach einer alten Handschrift
mit staunenerregenden Abbildungen

Philadelphia

345

Der heilige Creyß:

Hie folgt die Creys-Beschwürung:

1) Den Creys mache im Namen Gottes des Vatters, der die gantze Welt erschaffen hat.

2) Mach' den Creys im Namen Gottes des Sohns, der das gantze menschliche Geschlecht erlöset hat. † † †

3) Mach' den Creys im Namen Gottes des heiligen Geistes, der die ganze Welt geheiliget hat. † † †

346

349

General-Character.

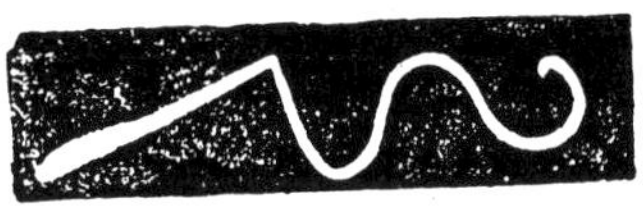

Die allerheiligste Beschwörung Mojes über Gesetz-Tafeln.

S

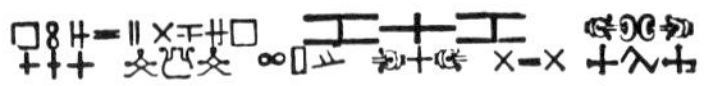

Mosis entläßt den '⊀

Johann Hatemann Sape et Professor zu Jena 1544.

7 Buch Mosis nach der Tradition des Spiafär Generals und Haupt-Character.

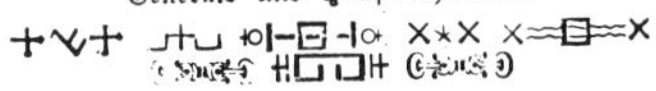

Mosis beschwöret den Geist über Plagen

Mosis beschwöret den Alfon.

346

20te Citation:

Zellianella, Ephebili, zamos, Elloni, Elli,
Z† E† Ǝ† E
Emanuel, Ellio, Gratiel, Jesus, Sabolos, Gratia
E Ǝ✠ G✠ J✠ S
Dey, Gratia Emanuel, Eprahy, Ephebillias,
E† E

hiermit sollst du Fürst vor meinen Creis citiret seyn. † † †

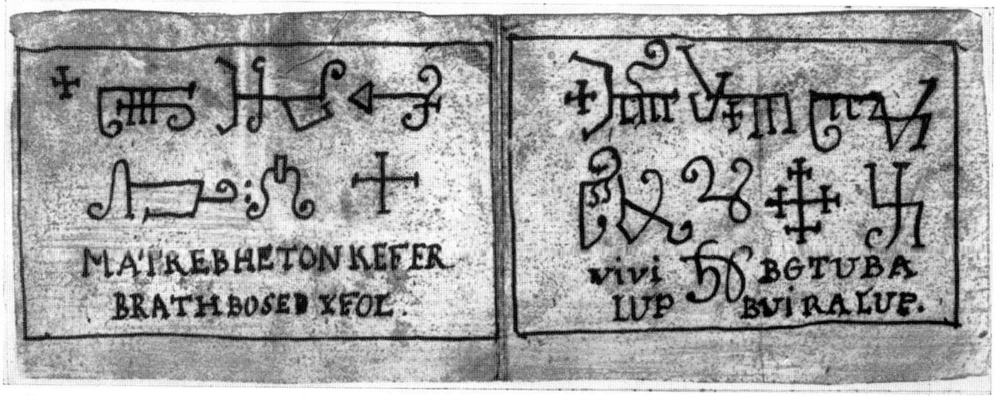

348

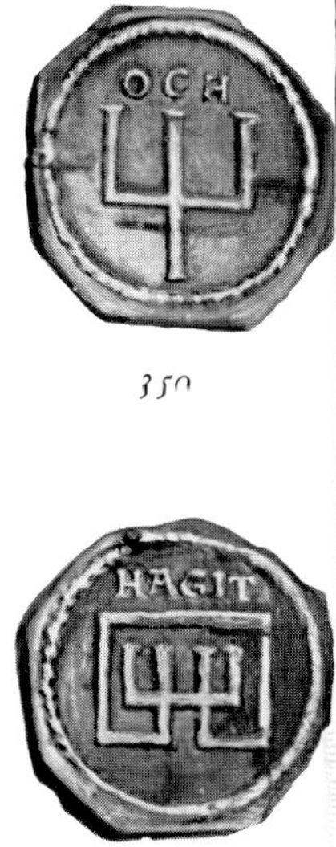

350

347

351

347 *Sigillum electrale. BN BJ 2069 Dm 49. Bronze 1662. V: Pentagramm in Sechsstern eingeschrieben, unter anderem mit AGLA in hebräischen Buchstaben beschriftet. R: Drei Serien von Planetenzeichen mit Beziehung auf die Intelligentien und Dämonen. Abgebildet auch bei Reichelt 1676*

348 *Geschriebenes Amulett, etwa 1/1. Papier, 16.–17. Jh GN*

350 *Zwei Amulette aus Birkenrinde. Die Charaktere sind offensichtlich mit Metallstempel eingeprägt. Getragen wurden sie um den Hals, an Seidenschnüren hängend, in Stoffkapseln, auf die ein Vogel gestickt ist. Die Siegel sind wahrscheinlich Zeichen für Sterngeister oder kombinierte Zahlzeichen. Och ist der Geist oder Engel des Sol, Hagit der der Venus. Diese Amulette wurden in einem Haus zusammen mit anderen gefunden, die nach der Aufschrift einem Hinrick Meiners gehörten. 1. Hälfte 16. Jh (vgl. Fuhse). Im Picatrix erscheint das Drei-Wege-Zeichen des Och auf einem Amulett gegen Mäuse*

351 *Sonnensiegel. BN BJ 1508. Gold Dm 27*

352 *Entwurf eines Amuletts mit Charakteren »Für das Podagra«. Mit anderen Amulettentwürfen dargestellt in der dem Paracelsus unterschobenen Schrift Archidoxis Magicae von 1591 und Hs. von 1570*

353 *Amulett Thurneissers nach Moehlen 1783*

354 *Angebliches Liebesamulett der Katharina von Medici, angefertigt von ihrem Leibarzt. Nach Henri Estienne 1575*

355 *Venussiegel. R: Magisches Quadrat der Venus. Links der Venus Charakter des Daemon der Venus. 17. Jh BN BJ 2053 Dm 44,5*

356 *Gedenkmünze des Abd al-Aziz. In Deutschland als Amulett benutzt. Zwei Bronzeplaketten mit Sechsstern und Fünfstern. KA 1333, 1334, 941 1:1*

357 *Kreuz aus Karneolscheiben mit den Tierkreiszeichen. 16. Jh Amsterdam. Nach Steingräber*

358 *Spielwürfel aus Serpentin. BN R 1195 und KA 1345. Bis heute werden Würfel als Glücksbringer getragen. Antike und frühgeschichtliche Würfel, ausgegraben oder durch Zufall gefunden, werden oft als Wunderdinge der Natur bestaunt und geschätzt.*

359 *Jupitersiegel GN Med. 5954 Gold Dm 26,5*

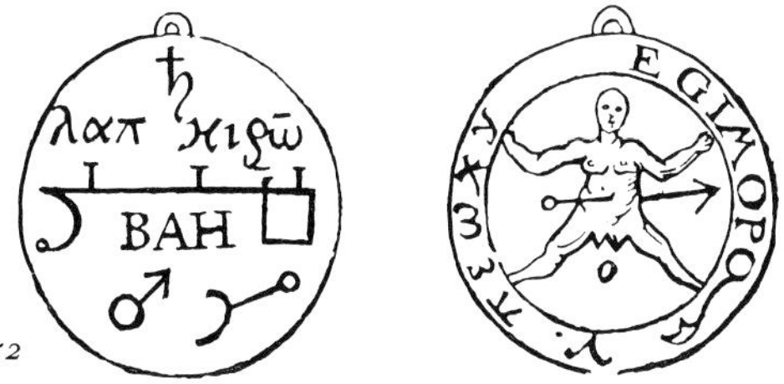

352

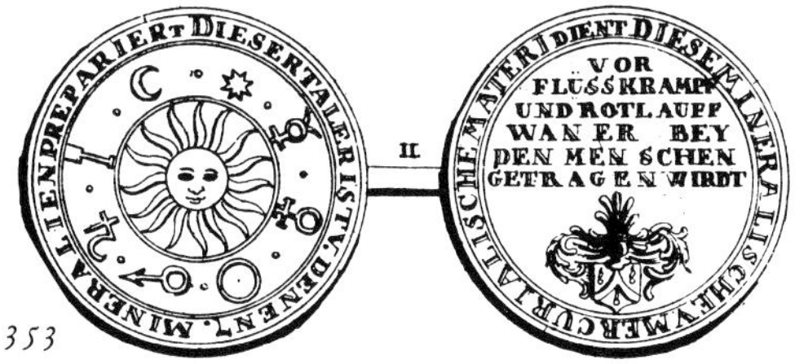

353

354

355

359

356

357

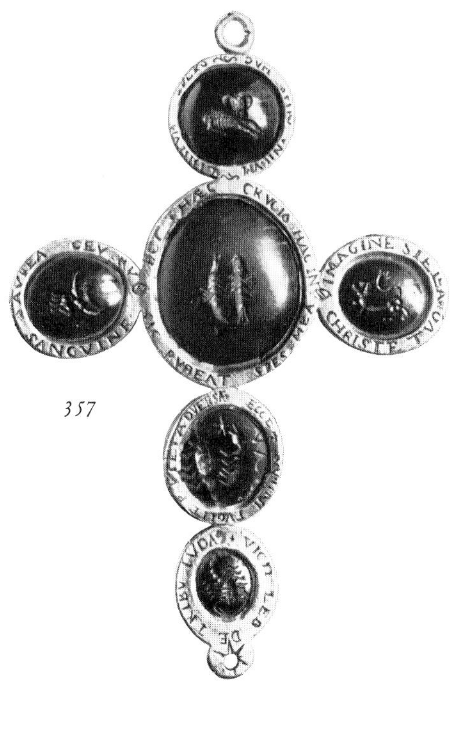

358

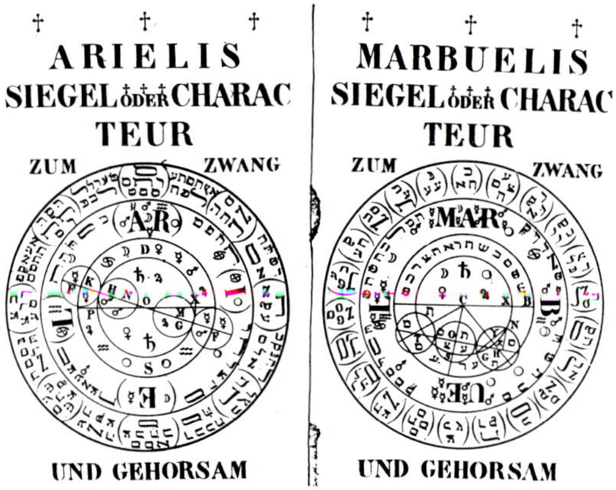

361

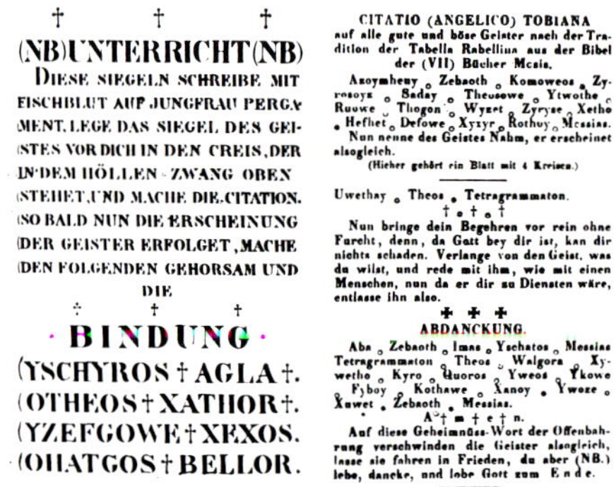

(NB)UNTERRICHT(NB)

DIESE SIEGELN SCHREIBE MIT FISCHBLUT AUF JUNGFRAU PERGAMENT. LEGE DAS SIEGEL DES GEISTES VOR DICH IN DEN CREIS, DER IN DEM HÖLLEN-ZWANG OBEN STEHET, UND MACHE DIE CITATION. SO BALD NUN DIE ERSCHEINUNG DER GEISTER ERFOLGET, MACHE DEN FOLGENDEN GEHORSAM UND DIE

BINDUNG

YSCHYROS † AGLA †.
OTHEOS † XATHOR †.
YZEFGOWE † XEXOS.
OHATGOS † BELLOR.

CITATIO (ANGELICO) TOBIANA
auf alle gute und böse Geister nach der Tradition der Tabella Rabellina aus der Bibel der (VII) Bücher Mosis.

Azoymheny . Zebaoth . Komoweos . Zyrosoyz . Saday . Theusowe . Ytwothe . Ruowe . Thogon . Wyzet . Zyryse . Xetho . Hefhet . Defowe . Xyxyr . Rothuy . Messias.

Nun nenne des Geistes Nahm, er erscheinet alsogleich.

(Hieher gehört ein Blatt mit 4 Kreisen.)

Uwethay . Theos . Tetragrammaton.

† . † . †

Nun bringe dein Begehren vor rein ohne Furcht, denn, da Gott bey dir ist, kan dir nichts schaden. Verlange von den Geist, was du wilst, und rede mit ihm, wie mit einen Menschen, nun da er dir zu Diensten wäre, entlasse ihn also.

✠ ✠ ✠

ABDANCKUNG.

Aba . Zebaoth . Imas . Yschatos . Messias Tetragrammaton . Theos . Walgora . Xywetho . Kyro . Quoros . Yweos . Ykowe . Fyboy . Kothawe . Xanoy . Ywoze . Xuwet . Zebaoth . Messias.

A † m † e † n.

Auf diese Geheimnüss-Wort der Offenbahrung verschwinden die Geister alsogleich, lasse sie fahren in Frieden, du aber (NB.) lebe, dancke, und lobe Gott zum Ende.

362

360

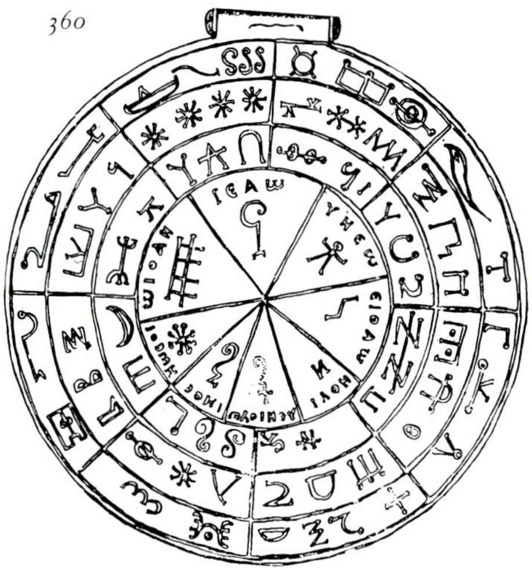

363

360 *Sog. Pergamenische Zauberscheibe. Diese kalottenförmige Bronzescheibe (Dm 120, H 10) gehört zu einem zehnteiligen Zauberer- oder Wahrsagebesteck, das in der Unterstadt von Pergamon gefunden wurde. Berlin, Vorderasiatisches Museum. Anfang 3. Jh n. Chr. Nach Wünsch und Agrell wurde wahrscheinlich über die Scheibe ein Pendel mit einem Zauberring aufgehängt, nach dessen Ausschlägen auf den davon betroffenen Zeichen Zukünftiges geweissagt wurde. Die 24 Felder der äußeren drei Ringe dürften mit den 24 Buchstaben des griechischen Alphabetes korrespondieren. Die Zeichen selbst sind Charaktere, die bestimmte Zustände, Begebnisse und Verhältnisse charakterisieren, z. T. von den ägyptischen Schriftzeichen abgeleitet sind und in ähnlicher Form auf Amulettbriefe, Zettel und Bleche geschrieben wurden.*

361 362 *Siegel für den Geisterzwang, Anweisungen zum Schreiben von Charakteren, Zitation und Abdankung von Geistern aus dem Zauberbuch K B 20*

363 *Medaille mit Planetenzeichen kabbalistischer Herkunft, mit den Namen Gottes, Jesus Christus, AGLA, Ananisapta und spiralig geschriebenen Tetragrammaton. K A 939 Dm 61. Dieser Typus ist relativ häufig, z. B. K A 1331, 1369. 17.–19. Jh*

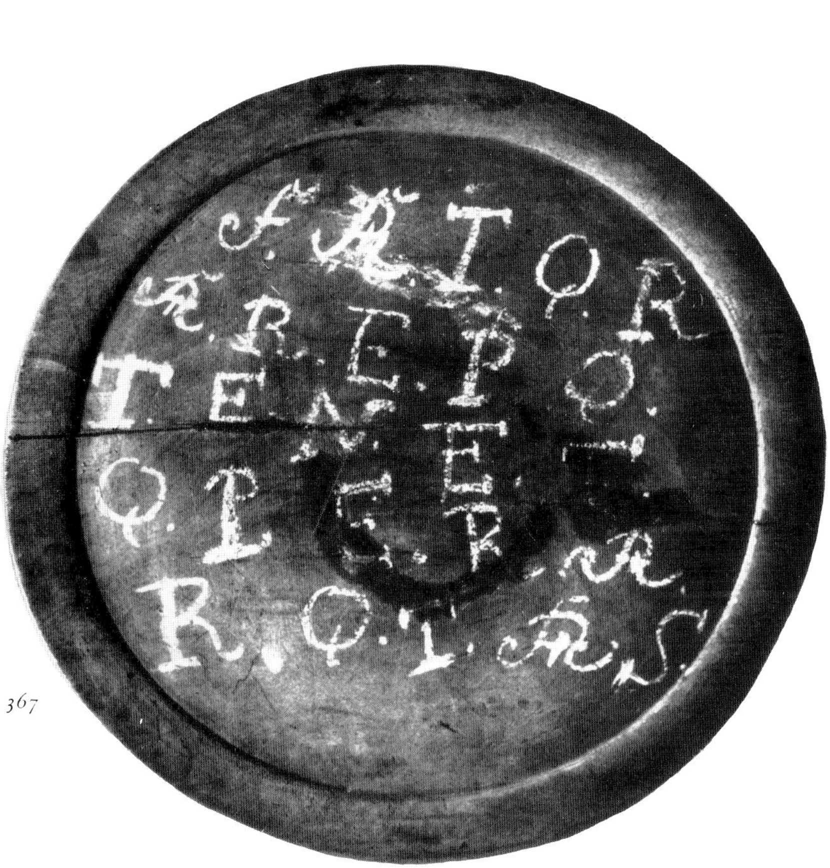

367

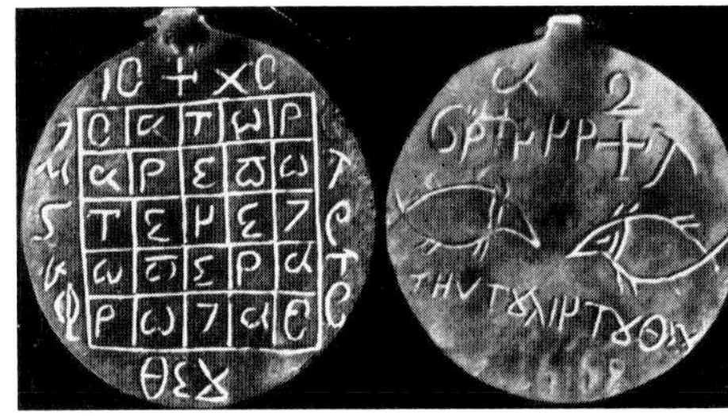

365

366

368

365 *Scheibenförmiger Bronzeanhänger. V: Zwischen nicht geklärten Buchstaben zwei Fische. R: Satorformel im Quadrat mit 25 Feldern, darüber ein Kreuz mit den Buchstaben J* (ησοῦ) *X* (ριστός)*, unter dem Quadrat Θ* (εο)ῦ*. Berlin. Frühchristlich-Byzantinische Sammlung. 3.–4. Jh Dm 43. Nach Dölger*
366 *Anhänger mit den fünf Wunden Christi, der Satorformel und den Gottesnamen. Aus Reichelt 1676*
367 *Feuerteller aus der Umgebung von Kötzting, Bayerischer Wald. 17./18. Jh GN BA 1733. Holzteller mit mächtgen Worten beschrieben, wurden im Hause aufbewahrt und bei Ausbruch eines Schadenfeuers in den Brandherd geworfen, in dem Glauben, daß dadurch die Feuersbrunst gelöscht würde.*
368 *Venussiegel (v.) mit dem Zahlenquadrat der Venus (r.). Bronze 17. Jh BN BJ 2054 Dm 44.*

374

369 *Rückseite eines Venussiegels nach Reichelt 1676*

370 *Rückseite eines Mondsiegels. Nach Hiebner von 1651 und Thurneisser meist aus Silber angefertigt*

371 *Zahlenquadrat des Marssiegels nach Reichelt 1676, Hiebner u. Paracelsus. Meist in Eisen ausgef.*

372 *Venussiegel GN Med. 5899 Blei DM 33*

373 *Thurneissers Jupitersiegel nach Moehlen, Beiträge zur Geschichte der Wissenschaft, 1783*

374 *Ausschnitt aus Dürers Kupferstich »Melancholie I«. Bartsch 74, 1517. Unter der Glocke das Zahlenquadrat des Jupiter (nach Paracelsus, Agrippa). Vom Jupitersiegel schreibt Hiebner S. 162: »dieses Sigillum bringet alle gute Wissenschaft bloß auff der Brust getragen wircket treffliche Wissenschaften in Rechts-, Religions- und Glaubens-Sachen, auch Glück zu allem Vornehmen«*

372

369

370

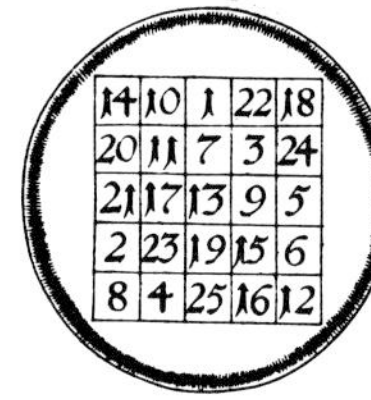

371

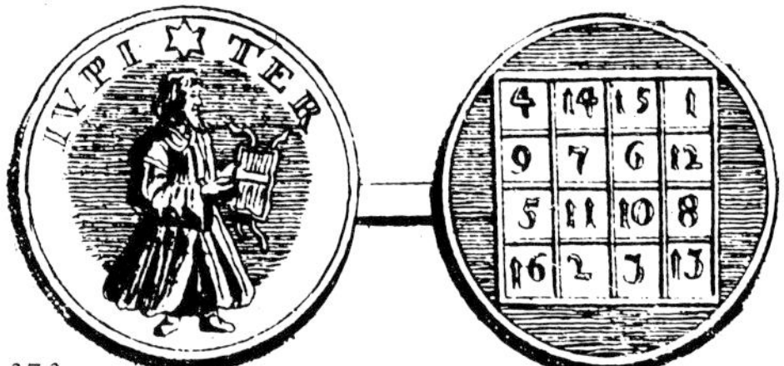

373

375

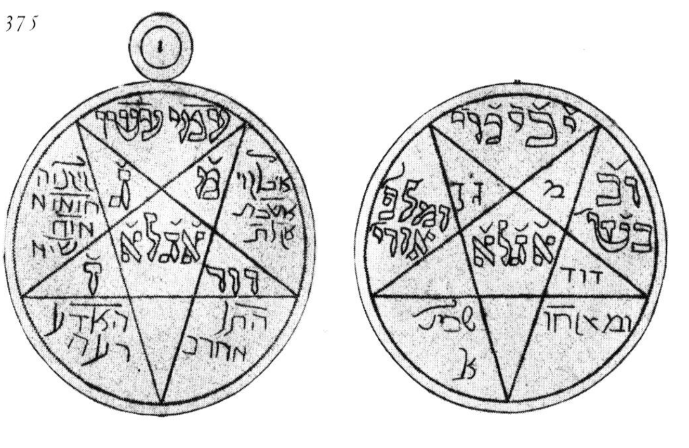

377 *Selbstporträt Otto Muellers, 1922, mit Pentagramm. Leimfarben auf Rupfen 119×75. Private Slg. München. Oben Signatur des Künstlers mit Kreuz und Schlange, die nach ihm bedeuten: Sei glücklich – ohne Feinde.*

375 *Kabbalistische Kupferplatte mit Pentagramm, mit der Aufschrift AGLA und mit Engelnamen. Aus Reichelt 1676 Taf. V, 1*

376 *Nachzeichnung eines Amuletts, das auf der Brust des Fürstbischofs Anselm Franz von Würzburg nach seinem Tode am 9. 2. 1749 gefunden wurde (Andree-Eysn 117)*

376

377

379

Nach dem Schwindeschema geschriebene Zauber- und Buchstabenfolgen aus »Blumler« 1710

ABRACADABRA
ABRACADABR
ABRACADAB
ABRACADA
ABRACAD
ABRACA
ABRAC
ABRA
ABR
AB
A

378 *Gedruckter Neujahrs- und Haussegen aus der Oberpfalz, gedruckt in Bamberg. Jahreszahl 1698 wahscheinlich fingiert. Der in dem Sechsstern eingeschriebene Text beginnt links der Initiale M(elchior) und ist spiralig nach innen zu lesen, wie es bei vielen zauberischen Texten und exorzistischen Segenssprüchen üblich ist Vgl. Abb. 302, 363*

379 *Plakette mit der DABI-HABI-Formel. Vorne Kreuz mit Johannes und Maria. GN Med. 5382. 1. H. 16. Jh, Silber, vergoldel H 26*

Eine in der Mitte des 19. Jahrhunderts in Ostdeutschland aufgezeichnete Formel beginnt : Aron + y aran + syran + cyron + ceraston + crisan + castan + bastan + syran + castan + operam + catha + eron + et stacyden + i tetragrammaton usw. Cato vermerkt folgenden Zauberspruch in De agricultura cap. 160: motas vaeta daries dardares astataries dissunapiter. In einem arabischen Zauberbuch heißt es: Salaja halaja halus malus harus jahalas . . . haduk dudak dadhad diharad mahaja dajuh dajuha daruk dihal dihuw usw. Diese Beispiele zeigen, daß eine angeschlagene Lautabfolge sich zu einem bestimmten Motiv gruppiert, das dann weiter variiert wird. Neue Motive entwickeln sich aus Kürzungen und Zusätzen, auf die sich die Aufmerksamkeit konzentriert. Das Faszinierende des Lautflusses liegt in der natürlichen Automatik in der von Natur gegebenen Mechanik des Sprechens, mit der er sich zu geben scheint, und der mühelosen Modulation, die zu völlig neuen Lautmotiven führt. Der Vorteil der geringsten Mühe, die offensichtlich als ein Phänomen der Selbstwerdung erlebt werden kann, verbindet sich mit der Freude an der eigenen Neuschöpfung. Zur DABI-HABI-Formel gibt es zahlreiche Abwandlungen: DABE + DARE + HABER + HEBER + HEBR. Eine andere Gruppe von Amulettworten baut die Motive auf dem Wort GOTT auf, z. B. GOTT + GUTT + MELL + GABELL

378

380

381

382

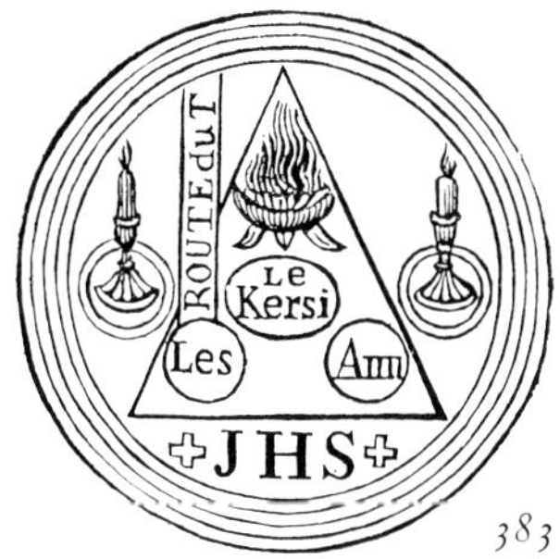

383

388

380 *Flacher Kassettenanhänger. Bronze mit Zellenschmelz. Auf dem Deckel IHS, Herz Jesu mit den drei Kreuznägeln, dahinter ein Fach, wahrscheinlich für Sakramentalien. Diese Verbindung von Buchstaben und Bildzeichen ist als Heiltumszeichen in der Volkskunst sehr beliebt. Nachbildungen der Kreuznägel fehlen in den »Wettersegen» fast nie. Katalonien A. 17. Jh K A 535 H 80*

381 *Silberner Halsschmuck der Brautausstattung, mit der Initialengruppe IHS, die in Schweden zum Teil als J(esus) H(ominum) S(alvator) gelesen werden. Skane, Südschweden, 19. Jh*

382 *Hölzerner Brotstempel mit IHS. Salzkammergut, 18.19. Jh, Sammlung König, Gmunden*

383 *»Le Triangle des Pactes« genanntes Siegel aus einem französischen Zauberbuch des Titels »Dragon Rouge ou l'art de commander les esprits célestes, aériens, terrestres, infernaux« mit dem Ausgabevermerk Avignon 1522, tatsächlich gedruckt 1822*

388 *Kuhglockenband mit IHS MA(r)I(a) und IOS(eph) in Federkielstickerei. Tirol 1836. Offenbach, Dtsch. Ledermuseum 6832*

384

385

386

387

Klappmesser mit INRI, 7 Kreuzen und 7 Mon-
uf der Klinge. Schaft stiefelförmig. Umgebung
nstein um 1800 K A 1726 L 165

Frauengürtel mit Federkielstickerei. Auf der
ngschließe: »Jesus Maria«. Süddeutsch Mitte
. Offenbach, Dtsch. Ledermuseum 2122, L 780

Männergürtel mit Zinnstiftverzierung. Neben
ahreszahl 1749: INRI. Offenbach, Dtsch.
museum 3649 L 1010

Tür eines Hauses im Salzachtal mit Schutz-
riften. Auf dem Türsturz Jesusmonogramm und
nmonogramm. Auf der Tür K(aspar)+M(el-
)+B(althasar), darunter Antlaßkränzchen.
enommen vor 1900. Nach Andree-Eysn

Handgeschriebener Haussegen. Süddeutsch.
rieben am 29. November 1818. K Z 295 H 375.
segen dieser Art gebrauchten nicht nur Katho-
sondern auch Protestanten, Reformierte und
. Besonders schön geschriebene gibt es u. a. in
mark (Kopenhagen Nat. Museum)

391

392

393

390 *Hans Holbein d. J. Bildnis Jane Seymour. Wien, Kunsthistorisches Museum, Inv.-Nr. 881, 1536. Auf dem Miedervorsatz ist in reicher Reliefstickerei das Christusmonogramm mit dem Kreuz angebracht.*

391 *Entwurf für einen Anhänger mit IHS und den drei Kreuznägeln. Nürnberg 16. Jh*

392 *Fürspann mit der Initiale M(aria) und der Verkündigungsgruppe. Französisch oder englisch 14. Jh nach Steingräber »Alter Schmuck«*

393 *Kupferstich mit Benediktuskreuz und Benediktussegen, auf deren apotropäische und exorzistische Wirkung die Unterschrift hinweist. Augsburg (?) Mitte 18. Jh. Daraufliegend Benediktusplakette mit Zacharias- und Benediktussegen. R: die Pestpatrone Sebastian, Rochus u. Rosalie. Bronze 17. Jh K Dm 42*

390

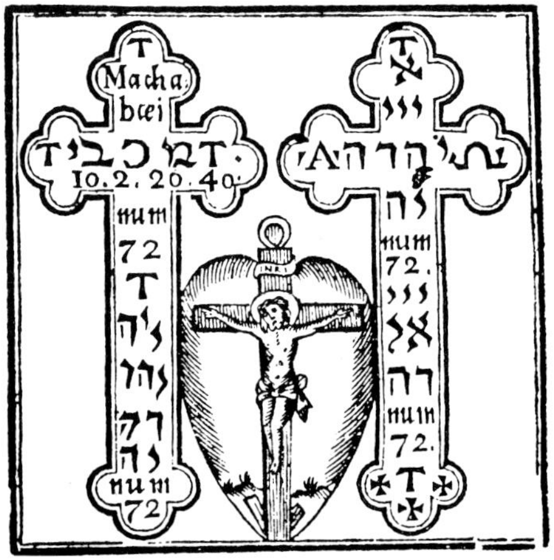

Feldsegen.

Es segne der allmächtige Gott durch die Hände der Priester, und in Kraft unsers Gebets nicht allein hiesige, sondern alle meine habende Güter, Feldfrüchten, und was zur Nahrung und Unterhalt der Menschen und Thiere gedeihlich ist, damit ich dich o Gott! für alles dieses loben und preisen, dann die Ausgaben zum Landes-Nutzen bestreiten könne, und zwar alles nach deinem heiligen Willen und Wohlgefallen, der sowohl im Himmel, als auch auf Erden geschehen soll, Amen.

Text und Stich von einem vierseitigen Druck: »Andächtiger Feld- und Haussegen, welchen ein frommer Christ täglich sprechen soll« mit Namen-Gottes-Kreuzen. Gedruckt bei Lutzenberger, Burghausen 2. H. 19. Jh K o. N. H 135 (Münsterer)

394

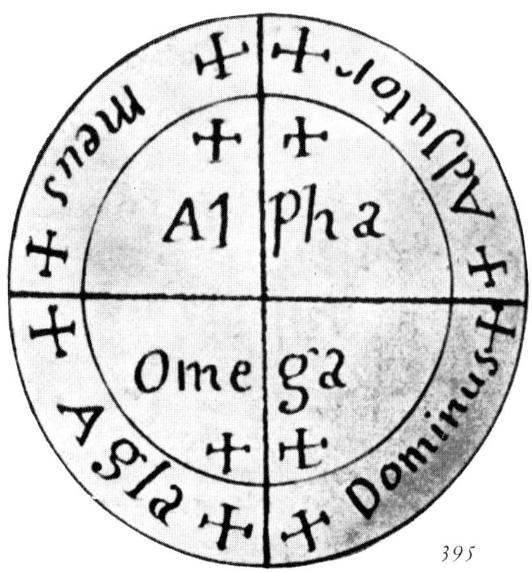

395

394 *Pestamulett mit Pestpfeil und Aufschrift (v.) AGLA Tetragrammathon Adonay Elion. O rex gloriae veni cum pace usw. R: Unter anderem die vier Evangelistennamen, IHS, Maria und die Dreifaltigkeitsformel. Silber, vergoldet. 16./17. Jh BN BJ H 76*
395 *Entwurf für einen Zauberkreis. Ms 2344 Bibliothèque de l'Arsenal, Paris. 18. Jh. Ähnliche Entwürfe finden sich in Zauberbüchern des 18. und 19. Jh auch in Deutschland, die meist als Quelle Agrippa oder Petrus von Abano angeben. Der vierspeichige Kreis ist bereits in der Antike als Zauberzeichen bekannt u. a. als Rad der Ananke*
396–398 Anatolische Beschwörungsbilder. **396** *Charakter, aufzuzeichnen, um einen von seinem Weg abzubringen.* **397** *Siegesamulett, um Feinde zu unterwerfen und zu demütigen.* **398** *Beschwörungsbild, um Regen zu erlangen oder des Regens sicher zu sein. Alle aus einer Beschwörungs- und Zauberhandschrift des 17. Jh., die nach einer Handschrift des 15. Jh. angefertigt wurde. Großenteils lassen sich in dieser Handschrift spätantike und byzantinische Einflüsse nachweisen*

399 *Inserat der Firma Mercedes-Benz mit eindeutiger Spekulation auf unbewußte atavistische Reaktionen. Hier wird das moderne Werkzeichen mit dem traditionellen oder archetypischen magischen Kreis in latente Beziehung gebracht. Entwurf H. Schwabe*

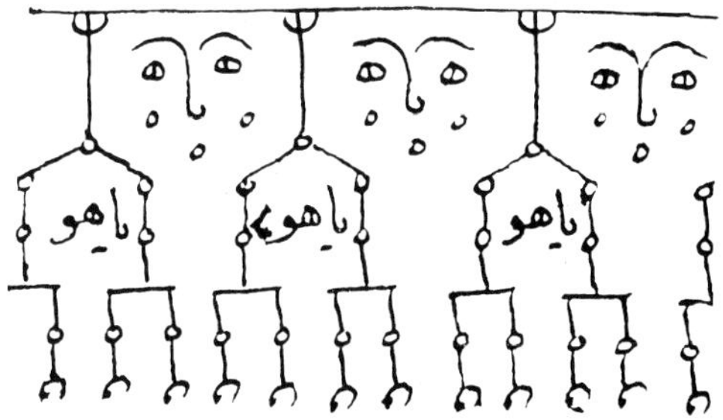

398

397

399

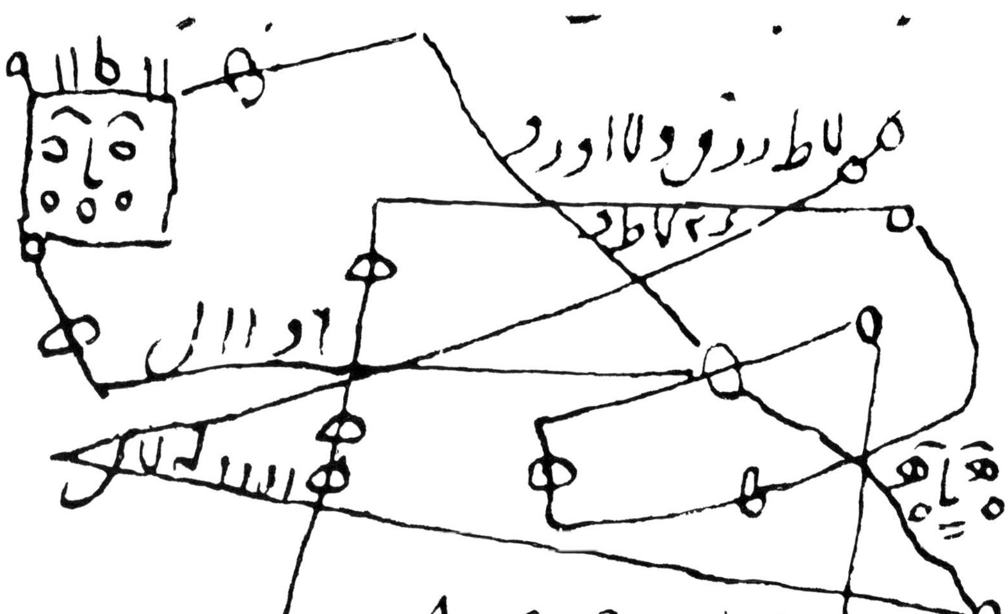

396

400 *Zauberrolle mit zahlreichen magischen Kreisen, Siegeln und Charakteren, christlichen Segen. Jedes der Zeichen hilft in besonderen Fällen. Das eine löst eiserne Fesseln, das andere schützt vor der Pest, verhilft zu großer Kraft im Krieg, beschwört Geister, hilft bei Schlangenbiß, vertreibt Armut und Trübsal usw. Betitelt ist die Rolle: Vinculum seu Clavis Salomonis Außgericht nach der Läng Unseres Herrn Jesu Christi des wahren Messias (?) und aller seligmachenden Heylandt. Pergament 16./17. Jh K A 660*

Gestalt

Aus Eisen geschnittenes Amulett. Wahrscheinlich eine Wucherform des »Spitzen Mondes« mit stilisierten Quasten oder Händen, ähnlich der nordafrikanischen Chamsas. In der Mitte eine Sonnenscheibe. Aus Lagartera (Toledo). Madrid, M. del Pueblo Espanol. Inv. Nr. 8444 L 80 (Baroja)

401 *»Der Fisch Melusine«. Russischer Holzschnitt aus der ersten Hälfte des 18. Jh. Nach I. Danilowa Abb. 25. »Melusine« ist von Fischen umgeben. Die bildreiche spätmittelalterliche Tradition von Meermenschen, Sirenen und Melusinen ist in dieser Darstellung vermischt mit eigenständiger pontischer Überlieferung. In Südrußland kannte man offensichtlich eine Gottheit, die teils fischgestaltig dargestellt wurde und der Fische heilig waren.*

»Runen wirst du finden und geratene Stäbe, wie sie malte der Riesendichter und die mächtigen Götter sie machten und sie Ragna-Hropt (Odin) ritzte.« Mit schlichter Klarheit, wenn auch in formelhaft erstarrtem, älterem Sprachgut, ist in den Hávámal, frühmittelalterlichen nordischen Liedern, durch diesen Vers 142 und ähnlich durch die Strophe 80 der Glaube formuliert, daß die Schriftzeichen nicht von Menschen erfunden wurden. Sie sind »götterentstammt« und ihr göttlicher Ursprung verschafft ihnen eine übernatürliche Beschaffenheit, die sich im Ritzen oder Malen der Runen immer wieder von neuem aktualisiert. Der Runenritzer wird so zum Mittler des göttlichen Wirkens, von Heiligkeit und von fördernden, segenbringenden oder auch vernichtenden Kräften. Eine spezifische Anwendung, insbesondere zur Erreichung materieller Wirkungen, führt zu einer handfesten Zauberei. In der Edda ist Odin der Gott der Runenweisheit und des Runenzaubers, ja der »Vater des Zaubers« schlechthin. Aber andererseits wird berichtet, daß Odin den Runen sein geheimes und mächtiges Wissen zu verdanken hat. In diesem alles andere als einheitlichen Vorstellungskomplex von der Heiligkeit des Schriftzeichens und dessen magischer Manipulierbarkeit – also nicht nur in der Erscheinungsform der Runen – scheint der Einfluß spätantiker, mediterraner Buchstaben- und Zahlenmystik wirksam zu sein. Hier wie dort handelt es sich in den wesentlichen Bedeutungskomponenten um »angewandte Symbolik«, da die Zeichen in dem, was sie nach dem Glauben bewirken, für das gehalten werden, was mit dem, was sie bezeichnen, bedeutet ist. Allerdings verändern sich bei diesem Vorgang auch die tiefer zielenden Bedeutungsschichten durch diese vorwiegend pragmatische Orientierung; und auch hier kann die Tradition der tieferen und differenzierten Schichten abreißen. Das Symbol lebt dann in der geistig reduzierten Form des Survivals, sei es als Überlebsel aus der Vergangenheit des eigenen Kulturbereiches, sei es als unvollkommene Übernahme aus anderen Kulturen weiter. Welche der beiden Survivalformen für den germanischen Runenglauben anzunehmen ist, ist mit Sicherheit noch nicht geklärt. Doch ist die Berührung von Nord und Süd seit den Jahrhunderten um Christi Geburt so eng, daß in einigen Formen des Zeichenglaubens der jeweilige Anteil kaum mehr auseinandergehalten werden kann.

Als typisches Beispiel sei der Thorshammer, bzw. das T-Zeichen erwähnt. Bis in das 19. Jahr- *402*
hundert erscheint auf Zauberzetteln, Medaillen, Haussegen und in nordischen Ländern, *403*
aber auch in Nordafrika im volkstümlichen Schmuck ein Zeichen in der Form eines griechischen oder lateinischen T. Seit Gregor von Tours wird in literarischen Belegen dieses Zeichen als Pestschutzmittel und später auch als Schutzzeichen gegen alle dämonischen Angriffe erwähnt. In der Anwendung wird seit dem Ausgang des 16. Jahrhunderts die Schutzkraft weiter nicht begründet; das T trägt ganz den Charakter des Survival: Sinn und Bedeutung sind nicht mehr bekannt, nicht mehr in lebendiger Tradition gegenwärtig, höchstens in wissenschaftlicher Arbeit aus literarischen Traditionen ableitbar. Was bleibt, ist der Glaube an sein okkultes Vermögen und die Möglichkeit, die vordergründige Erscheinung mit den verschiedensten Symbolkomplexen verbinden zu können.

Man kann annehmen, daß bei den semitischen Völkern das T-Zeichen schon in vorchrist-
licher Zeit als Haus- und Menschenschutzzeichen verwendet wurde. Wenn das T im
Barnabasbrief (2. Jahrhundert n. Chr.) als crux dissimilata – so auch später bei Isidor von
Sevilla und dann bis in das beginnende 16. Jahrhundert, man vergleiche hierzu die Arbeit
Hugo Rahners – eingeführt wird, weist dies darauf hin, daß es als wertvoll und symbol-
trächtig angesehen wurde. Katakombeninschriften weisen Namen auf, in die das T-Zeichen
eingeschlossen ist. Ein kulturell vorgegebenes Zeichen wird hierbei in eine neue Symbolik
mit neuer Sinngebung eingefügt. Das Apotropaion wird zum Heilszeichen, die Heilung und
der Schutz erfolgen durch Heiligung. Äußerlich ähnliche Zeichen mit verwandter Ge-
brauchsbedeutung können sich diesem Symbolkomplex beifügen. Im Einflußbereich der
A 405 altägyptischen Kultur gehört zu dieser Art vielschichtiger Gestalten der Anchknoten, der
A 404 einer kreuzförmig gebundenen Schleife gleicht. Er ist Symbol und Schriftbild für Leben,
ähnlich wie in Griechenland nach pythagoräischer Überlieferung der Buchstabe Y als
Initiale von ὑγίεια = Gesundheit, der später bei den Germanen als Lebensrune erscheint
und von Irenäus auf das Kreuz angewendet wird.

Die gegenständliche Bedeutung der altägyptischen Lebensschleife scheint noch nicht geklärt
zu sein; der Zusammenhang mit einer älteren Knotenschrift und Knotensymbolik dürfte
aber sicher sein. In der Schrift wurde die Lebensschleife als Zeichen für unser Wort Leben
gebraucht. In der theosophischen Symbolik bedeutete sie das Prinzip des Lebens, das als
ewig wirksame Kraft, die den Göttern zukommt und durch die Götter den Menschen ver-
mittelt werden kann, aufgefaßt wird. Die Lebensschleife wird so zum Symbol des glücklichen
Weiterlebens nach dem Tode, eine Bedeutung, die die Überdeckung mit dem christlichen
Zeichen des Heiles und des ewigen Lebens, dem Kreuzzeichen, ermöglicht. Aber nicht nur
A 403 deshalb übernahmen die christlichen Bewohner Ägyptens die Lebensschleife als Devotionalie
und Andachtszeichen. Nach der Kirchengeschichte des Socrates Scholasticus sahen sie auch in
A 406 der äußeren Erscheinung der Lebensschleife eine Hindeutung auf das Kreuz Christi, also
A 407 gewissermaßen eine geheime Offenbarung und Prophetie für Christi Heilstat inmitten der
Heidenwelt. Die Konfiguration von Kreuz, T und Lebensschleife geht aus koptischen Grab-
mälern und Anhängern deutlich hervor. Ersichtlich ist aber auch, daß die T-Form immer
mehr betont wurde oder der Kreis und die T-Kreuzform als zwei Elemente eines Symbols
aufgefaßt wurden.

Im Mittelalter wird das T-Zeichen in die Typologie und Symbolik des Heilsgeschehens ein-
bezogen. Die Überlieferung geht offensichtlich über das christliche Gallien. Im 11. und
wahrscheinlich schon im 10. Jahrhundert entfalten sich mit der Verwendung des T-Zeichens
am Bischofsstab ikonographische Eigenheiten für die Kruzifixusdarstellungen. Allerdings
wird im 13. Jahrhundert die Darstellung des Kruzifixus am T-Kreuz von der Kirche teilweise
A 409 in Verweis auf die Verwendung dieser Kreuzdarstellung bei den Albigensern abgelehnt, ohne
A 410 daß aber die Tradition völlig unterbunden werden konnte.

Eine besondere Situation ergab sich bei der Missionierung in den skandinavischen Ländern. Die Sitte in Nordjütland, Fünen, Falster und Westgötland, den Toten Steine mit der Thorsformel zu setzen, ist auf das 10. und 11. Jahrhundert beschränkt, eine Zeit, in der sich die Christianisierung vollzog. In der gleichen Zeit wurde es üblich, im Geiste eines religiösen Synkretismus, der kontrastierende Handlungen und Gestaltungen nicht ausschloß, religiöse Symbole zu produzieren und zu verwenden. Heidnisches, Germanisches und Christliches sind in dieser Zeit des Umbruches oft kaum voneinander zu trennen. Es scheint aber geklärt zu sein, daß in heidnischer Zeit keine religiösen Symbole und Zeichen, sei es als Bekenntnis oder Weihe- und Andachtshandlung oder schlicht als Ausdruck von Frömmigkeit, als Anhänger getragen wurden. In der Missionierungszeit wurde es nun bei der nichtchristlichen Bevölkerung offensichtlich in Nachahmung christlicher Gepflogenheiten Brauch, derartige Symbole, insbesondere Thorshämmer an Halsketten zu tragen, oder Thorshämmer in Form von Malen anzubringen. Formal ist nun die Ähnlichkeit zwischen Thorshammer – wenn er auch als Anhänger vorwiegend mit dem Querteil nach unten getragen wurde – und T-Zeichen so beschaffen, daß schon dies als ideale Voraussetzung für einen magischen Synkretismus zu betrachten ist. Identisch ist die Gebrauchsform beider Symbole; strukturell ähnlich die Gebrauchsbedeutung als Weihe- und Segenszeichen. Es ist wohl nicht zuviel gesagt, wenn diese Umstände und die Zeichenzauberei einheimischer Überlieferung den Boden bilden für die reiche Ausgestaltung des T-Anhängers und des T-Amulettes im Norden. Für rezente Amulette, wie das T-förmige Zungenbein des Schafes, das im Norden von Fischern und Seefahrern als Amulett geschätzt, die Herkunftsfrage zu klären, ist wohl kaum mehr möglich. Für die Legitimierung des Gebrauches von T-Zeichen als Amulett oder Pseudosakramentale wurden meist neben der typologischen Kreuzsymbolik Stellen des Alten und Neuen Testamentes (z. B. Ezech. 9, 4–6; Exodus 12, 12ff.; Offenbarung Joh. 7, 2ff.) herangezogen. In allen diesen Stellen wird berichtet, daß das Bezeichnen mit einem Zeichen – in der Vulgata wird das Wort für Zeichen mit Thau wiedergegeben – die Signatur der Auserwähltheit sei und vor Untergang, Krankheit und Not bewahre. Im 16. und 17. Jahrhundert entwickeln sich weitere Formen des T-Amulettes, insbesondere in Verbindung mit Charakteren mantisch-kabbalistischer Herkunft. Mehr den kirchlichen Vorstellungen verbunden bleibt das »Trinitätsthau«, »Franziskusthau« und das T auf den Pestplaketten mit der ehernen Schlange. Diesen Amuletten wie anderen amulettartig gebrauchten Kreuzen (Valentinskreuz, doppelbalkiges Kreuz usw.) hat H. O. Münsterer ausführliche Arbeiten gewidmet.

A 408
A 418
A 419
A 420
A 413
A 41A
A 415
A 416
A 425–434

Die Verwendung von kreuzförmigen Gestalten und der Gebärde des Kreuzens in der Zauberei, bei magischen Handlungen und als Amulette hängt aber nicht immer mit christlicher Symbolik und kirchlichem Sakramentalismus zusammen. So wird die Kreuzform im Picatrix eindeutig unter nichtchristlichen Gesichtspunkten gewählt, »*denn alles was körperliche Ausdehnung hat, fällt unter dessen Form. Die Außenseite jedes Körpers ist nämlich eine Fläche, d. h. etwas, was Länge und Breite hat; die Form der Länge und Breite aber ist das*

*Kreuz. Daher haben wir es als eine Form genommen, die dem Pneuma nicht antipathisch sein
wird*«. Die Herkunft dieser Vorstellung ist klar. Sie stammt aus Platons Timaios. Diese
spekulative Zuordnung überhöht offensichtlich eine überkommene magische Form, nach der
A 436–450 Kreuz und Kreuzen vielfach, aber sekundär als Analogiezauber und Hemmzauber betrachtet
werden können. Dies ist ein Gesichtspunkt, unter dem sich Amulette der verschiedensten
Erscheinungsformen zusammenfassen lassen: Knoten, Schlingen, Netzwerk, Zopfmuster,
Flechtwerk, überdeckende und sich kreuzende Figuren. Die ägyptische Lebensschlinge
A 460–465 gehört hierher, wie die Schlangenknoten, deren berühmtester der Schlangendreifuß vor
dem Hippodrom von Byzanz war und der die Schlangen von der Stadt abhielt, die Hexen-
A 450 und Kreuzerlstiche, wie sie auch auf einem Kleid der Kurfürstin Karoline, Gemahlin Max
Josephs, angebracht sind, die in Zopfform geflochtenen Zwiebeln und Knoblauchknollen oder
diesen Gehängen ähnliche Ornamente an und in Ställen Niederbayerns und Anatoliens.
Daß aber die analogistischen Deutungen sich wiederum nur auf späte Anwendungsstadien
beziehen können, geht aus der Bedeutungsgeschichte jeder einzelnen dieser »Gestalten«
hervor. Zauberisches Knüpfen und Flechten galt im Mittelalter als abscheuliches Ver-
brechen; im 16. und 17. Jahrhundert wurden diesem Zweig menschlichen Irreseins ernst-
hafte juristische und medizinisch-psychologische Untersuchungen gewidmet. Meist kommt
aber zur Anwendung bestimmter Amulettknoten noch eine sakramentale Begehung – wie
zum Beispiel bei den niederbayerischen »Trudenhaxln«, die aus der Rinde der geweihten
Palmbäume meist in Kreuzform geflochten wurden – die Verwendung besonderer Materia-
A 443–46 lien oder Beschwörungs- und Zauberworte bei der Herstellung hinzu. Dazu sind auch die
sogenannten Wetterkreuzchen zu rechnen die aus Weiden geflochten oder aus mehreren
gespaltenen Stäbchen zu Vielfachkreuzen zusammengesteckt und auf Feldern, Haus und
Stalltüren angebracht werden. Andererseits gibt es auch – wie im Picatrix – eine symboli-
A 453 sierende oder ideologisierende Überhöhung. Letzteres stiftet offensichtlich Traditionen, die
Zauberknoten und Flechtwerk wie in der alten irischen Kunst, in Abessinien, in Skandinavien
und in der Romanik, wiederum ihrer magischen Funktion entkleidet, als bedeutsames
A 442 Ornament und Muster in subtiler Kunst weiterleben lassen. Wenn auch nicht ursprünglich,
so doch wegen ihrer rezenten Ausgestaltungsformen, gehören hierher Fünf- und Sechsstern
A 454–59 und manche Zirkelschlagmotive. Von diesen Gestalten bleibt der Fünfstern konsequent der
magischen Sphäre verhaftet, während die anderen Figuren vielfach dem Bereich der
A 455–58 Schmuck- und Zierfunktion zuzuweisen sind. In den jüngeren Formen wird der Fünfstern
meist so gezeichnet, daß sich der endlose Strich immer wieder überkreuzt. In der Antike
scheint auf dieses Merkmal weniger Wert gelegt worden zu sein. Hier wird das geometrische
Problem betont. So berichtet Lukian von Samosata, daß Pythagoras und seine Anhänger im
brieflichen Verkehr das dreifach ineinandergeschobene Dreieck, das Pentagramm, als Symbol
ihrer Schule mit dem Grußwort ὑγιαίνειν gebrauchten, weil »in dem ὑγιαίνειν sowohl
das glückhafte Tun (εὖ πράττειν) als auch die Freude (χαίρειν) enthalten sei, nicht aber

in dem glückhaften Tun und der Freude auch das Gesundsein«. Es ist anzunehmen, daß die Pythagoräer den bedeutsamen Charakter des Pentagramms von den Ägyptern übernahmen. Seit der 11. Dynastie wird das Pentagramm in Form eines fünfzackigen Sternes als Anhänger und Grabbeigabe gebraucht, aber auch in Form des geritzten »unendlichen Striches«, wie es Brunton für Qau und Badari belegen kann.

Eine besondere Kraft vermittelt das Pentagramm, wenn Siegel und Charaktere eingeschrieben *A 356*
werden oder wenn es unter bestimmten astralischen Konstellationen hergestellt wird. In der *A 363*
Archidoxa von 1570 werden Fünfstern und Sechsstern als besonders hervorragende Amulett- *A 375*
gestalten angeführt. Der Sechsstern, gebildet aus zwei ineinandergeschobenen gleichseitigen *A 338*
Dreiecken, ist in der vom orientalischen Schrifttum beeinflußten Zauber- und Amulett- *A 378*
literatur eine der wichtigsten Figuren, so in den Salomonischen Siegeln. Vielfach wird er *A 364*
»Schild Davids« genannt, weil sich nach der Überlieferung David dadurch unverwundbar *A 454*
und für Geschosse undurchdringlich gemacht habe. Zauberer konnten sich nach den Elementa Magica, die dem Arzt Petrus von Abano unterschoben werden, durch einen Anhänger aus membrana haedi, der Haut eines Ziegenbockes, auf die das Hexagramm gezeichnet ist, schützen. Nach jüdischer Überlieferung wurde der »Schild David« auch in die Kruste von Broten eingedrückt oder in Brote eingebacken, die in das Feuer geworfen die Feuersbrunst eindämmen sollten. Von dieser jüdischen Tradition mag der Brauch nicht unbeeinflußt sein, der bis in unsere Zeit lebendig blieb, Brotwecken mit sechsstrahligen Sternen zu stupfen.

Bei Agrippa von Nettesheim ist das Fünfeck eine Darstellungs- und Äußerungsform der Harmonie von Mikrokosmos und Makrokosmos: »*Der Mensch, als das schönste und vollendetste Werk Gottes, als sein Ebenbild und als eine Welt im Kleinen, hat einen vollkommeneren und harmonischeren Körperbau als die übrigen Geschöpfe. Er enthält alle Zahlen, Maße, Gewichte, Bewegungen, Elemente, kurz alles, was zu seiner Vollendung gehört, in sich und alles gelangt in ihm als dem erhabensten Meisterwerke zu einer Vollkommenheit, wie die übrigen zusammengesetzten Körper sie nicht besitzen ... So stehen die Maße aller einzelnen Glieder des Menschen in einem bestimmten Verhältnis zueinander und harmonieren mit den Gliedern der Welt und den Maßen des Archtypus so genau, daß es kein Glied am menschlichen Körper gibt, das nicht einem Himmelszeichen, einem Stern, einer Intelligenz, einem göttlichen Namen im Urbilde Gottes entspricht ... Beschreibt man nun von diesem Mittelpunkt (vom untersten Teil des Schambeines) aus einen Kreis über den Scheitel und senkt die Arme (aus der Kreuzhaltung) so weit herab, bis die Fingerspitzen die Peripherie des Kreises berühren, wobei die Füße in derselben Entfernung voneinander an den Umkreis zu stellen sind, in welcher die Fingerspitzen von dem Scheitel abstehen, so wird hierdurch der Kreis in fünf gleiche Teile geteilt und ein vollkommenes Fünfeck hergestellt, sowie die beiden Fersen in Verbindung mit dem Nabel ein gleichseitiges Dreieck bilden.*« In der so gewonnenen Figur haben die Planeten ihren besonderen Ort: Der Mars über dem Scheitel, Jupiter an der linken und Venus an der rechten Hand, Merkur am rechten und Saturn am linken Fuß, der Mond über der Scham und die

Sonne über dem Nabel. Gestaltheiligkeit, Anthropognomik, Bewegung und System des Makrokosmos werden in der Tradition des Geistmonismus in idealer Identität erschaut.

Komposite und diverse Gestalten

»*Andere wenden um Hilfe zu erlangen Ligaturen, Siegeln, Charaktere, Bildchen, Agnus-Dei, Medaillen und Münzen besonderer Art, wie die alten Frankfurter Kreuz-Pfennige und Mannsfeldische Taler an. Wieder andere halten ererbte Dinge des Hausrats für Amulette wie Erbtischtuch, Kelle, Schere, Wirtel, Bürste, Messer, Löffel, Schlüssel usw.*« Blumler hält hier eine Erfahrung fest, die offensichtlich auf eine fundamentale menschliche Veranlagung zurückführt, Ererbtes, Geschenktes oder sonst auf außerordentliche Weise Erworbenes und Bewährtes in die Tabusphäre einzubeziehen und Verehrtes je nach Veranlagung mehr und mehr zu Geheiligtem und zum Garanten des Heiles und Segens zu steigern. Diese Erfahrung widerspricht der Auffassung Wilhelm Wundts, daß Werkzeuge an sich nicht zu kraftgeladenen Dingen werden.

Aber nicht nur das konkrete, instrumental gebrauchte Ding kann zum Amulett und Fetisch werden, sondern auch dessen Abbild. Für die Stiftung der Heiligkeit von Vorbild und Nachbild ist vielfach das Analogieverfahren, sei es auf Grund der äußeren Erscheinung, der Funktion oder der sich daraus erweiternden Assoziationsmoglichkeiten die Grundlage. Volkstümliche Begründungen geben hier meist äußerst schlichte Zusammenhänge an. Danach ist z. B. alles, was spitz und schneidend ist, ein gutes Mittel wider die Hexen und bösen Geister, oder der Hammer ist Zeichen des Geschlechtsaktes und damit Liebesamulett. Sicher entstanden und entstehen aus diesen primitiven Analogien und Assoziationen Amulette; meist steht aber hinter dem amulettartig gebrauchten Ding eine höchst komplizierte Geschichte, die in die subtilsten Bereiche des Symbolisierens, der Kunst, des staatlichen und kirchlichen Kultes, von Mythos und Religion, Recht und Bildung reicht. H. O. Münsterer, L. Schmidt, K. S. Kramer, L. Kriss-Rettenbeck, W. Brückner gingen in der jüngsten Zeit den entsprechenden Fragen nach. Wie kompliziert die Dinge hier liegen, sei durch einige Hinweise angedeutet.

A 466 Seit der Antike scheint der Schlüssel als Liebessymbol und damit als potentielles Liebes-
A 471–77 amulett bekannt zu sein. Damit stimmen Erfahrung der Tiefenpsychologie wie der Traumsymbolik überein. Hier ist der Schlüssel meist Deckzeichen für Phallus und das Schließen
A 503–07 Symbol für den Koitus, aber auch Symbol des Erschließens sowohl im materiellen wie im moralischen Bereich. Nebenher ist der Schlüssel als Gerät wie als Bild ein Amulett, das vor
A 510 bösen Einflüssen schützt, Zauberei abwehrt, bestimmte Krankheiten verhindert und Glück
A 511 bringt. So erscheint das Schlüsselzeichen in der Antike auch im Exorzismuszauber und in der exorzistischen Vers- und Zeilensicherung, ferner als Zeichen und Attribut der lösenden und bindenden Macht und damit als Amulett, das Macht und Gewalt verleiht. Es gibt Hinweise,

daß Schlüssel bis in die jüngste Zeit als Blitzschutzmittel gebraucht wurden. Nicht nur in Märchen und Sage und damit mit mythischer Akzentuierung erscheint der Schlüssel als »heilige Gestalt« und der Schlüsselträger in bedeutsamer Funktion, sondern auch in den bildlichen Vorstellungen der christlichen Überlieferungen, wo die Analogie- und Symbolgestalt »Schlüssel« – als Attribut des hl. Petrus – zum Herrschaftszeichen im geistlichen, juristischen und heilsgeschichtlichen Sinne erhöht ist. Kleine Nachbildungen von Schlüsseln – zum Teil aus wertvollem Material gefertigt – wurden an der Confessio berührt und als sakramentalisch besonders wertvolle Wallfahrtsandenken aus Rom angesehen. Aber auch andere Heilige hatten ihre wunderkräftigen »Schlüssel«, wie die hl. Ulrich, Servatius, Hubertus und Bellinus. Berühmt sind auch die kleinen Schlüsselchen, die vom Kloster Rein in der Steiermark ausgegeben werden. Sie, aber auch andere, meist geweihte Schlüsselchen, werden Kindern in die Hand gedrückt, wenn sie an Krämpfen leiden. Ähnliches kennt man in Italien mit kleinen, für diesen Zweck gefertigten Schlüsseln. In Nordafrika sind Schlüsselchen aus edlem Metall oder auf Kleider gestickt Lebenserhalter des Kindes schlechthin.

Nicht weniger vielfältig erweist sich die Gebrauchsbedeutung der »heiligen Gestalten« Kamm, Messer, Beil, Leiter, Pfeil, die mit anderen, wie Schlange, Sonne, Mond, Faust, Feige, Horn, *A 466*
Schwert, Pistole, Spiegel, Löffel, Herz, Vogel usw., zu Kompositamuletten zusammengeschlossen werden. Schon die Tatsache, daß der Kamm sowohl als Gebrauchsgegenstand, wie als Kultrequisit auch zum reinen Zierstück umgestaltet und als solches an Kult- und Festgewändern getragen und Toten neben Schlüssel und Sichel mit ins Grab gegeben wurde, weist auf eine besondere Wertung hin, die zum Bereich des Kultischen und Heiligen ten- *A 477–79*
diert. Nicht nur heidnische Gottheiten hatten als vorzügliches Attribut den Kamm, sondern auch christliche Heilige, wie die hl. Verena von Zurzach. Aber auch in der Zauberliteratur erscheint der Kamm als Attribut und damit als magische Gestalt. So heißt es im Picatrix: *»Man graviert für Venus auf einen Ringstein von Rubin das Bild einer Frau mit einem Apfel in der rechten und einem Kamme, ähnlich einer Tafel, in der linken Hand, darauf folgende Zeichen stehen:* ΛΟΓΟΛΟ *(= 851585). Das Bild hat den Leib eines Menschen mit dem Gesicht eines Vogels und den Füßen eines Adlers. Dies Bild macht seinen Träger bei allen Leuten beliebt.«* Agrippa übernimmt das Venusattribut »Kamm«, der nun auf dem Venussiegel *A 354*
immer wieder dargestellt ist.

Zu den Geräten, die zu Zauber und als Amulett verwendet wurden, gehörte das Messer. *A 384*
Besonders zur Abwendung der Trud wurden sie verwendet, indem sie mit der Schneide nach oben ausgelegt wurden. Zu bestimmten Zeiten wurden aber besondere Messer speziell für die Abwehr von Hexerei hergestellt. So berichtet Martin Richter: *»Und ich halte gäntzlich dafür, daß auch dieser Aberglaube aus dem Papstthum herrühre, da, wenn die Kinder gefallen und eine Beule an der Stirne geworden / man solche Beulen mit einem Messer / darauff Creutze stehen / kreutzweise zu drücken pfleget / im Vertrauen / daß kein sonderbarer Schade daraus entstehen solle. Denn es ist bekandt / daß man vor diesem / und vielleicht noch / rothe Messer mit*

Creutzen geweyhet und zu tausenden verkaufft | und solchen die angeführte Krafft beygeleget habe | also daß Antonius Herr A. 1526 gantze Fässer voll dergleichen Messer nach Freyberg gebracht hat.« Viele der hier genannten Anhänger – ausgeführt in Miniaturformat und bestimmt, an Armband oder Halskette getragen zu werden – sind heute noch in Bijouterieläden des gesamten Abendlandes und seiner wirtschaftlichen Einflußgebiete erhältlich. Die Gruppierung dieser und anderer Gestalten, sei es auf Ketten oder gezeichnet auf Tafeln oder als Grabbeigaben, ist schon in der Antike üblich. Ein prachtvolles Beispiel ist die Kette des 4. Jahrhunderts aus Szilágysomlyó mit 52 Anhängern und einer Rauchtopaskugel.
A 466 Zu den Miniaturanhängern mit der ältesten Geschichte gehört neben Schlüssel, Schuh und
A 508 Schere die Leiter. In der rezenten Anwendung ist ihre Bedeutung oder ihre Symbolik durchwegs unbekannt. In den alten afroasiatischen Religionen war sie Symbol des Todes als Übergang oder Aufstieg in eine göttliche oder gottähnliche Stufe, oder Symbol der Verbindung vom Diesseits ins Jenseits oder des Aufstiegs, sei es im ethischen oder eudaimonistischen Sinne. Als Symbol der Verbindung von Diesseits und Jenseits bleibt die Leiter vom altägyptischen Totenbuch – »*Die Götter machen ihm eine Leiter, auf daß er sich ihrer bediene und in den Himmel steige*« – bis in das späte Mittelalter bekannt. Als Anhänger – ob als Devotionalie oder als Amulett kann wohl nicht ohne weiteres geklärt werden – wird die Leiter seit der Mitte des 2. Jahrtausends vor Christus getragen. Denkbar ist, daß der Leiteranhänger auch als Kult- oder Bekenntniszeichen angesehen wurde, nachdem die Leiter in manchen Religionen als Kultrequisit verwendet wurde. Die Kultleiter der Mithrasinitiation hatte nach Origenes (Contra Celsum VI, 22) sieben Stufen. Jede Sprosse bestand aus anderem Material und bezeichnete die Beziehung zu den Planeten: die erste aus Blei entsprach dem Saturn, die zweite aus Zinn der Venus, die dritte aus Bronze dem Jupiter, die vierte aus Eisen dem Merkur, die fünfte aus Mischmetall dem Mars, die sechste aus Silber dem Mond, die siebente aus Gold der Sonne. Die achte Stufe über der siebten Sprosse bezeichnet die Fixsternsphäre, über die der Initiant in das Empyreum gelangt.

Tier und Gebilde

Wann und wo auch immer der eisenbeschlagene Huf des Pferdes Weg und Steg, fruchtbare Gründe, Jagd-, Spiel- und Kriegsfelder hinter sich brachte, ist das Hufeisen ein Zeichen des Segens, des Glückes, ein Schützer vor Unheil, die gerngesehene Trophäe, das willkommene Fundstück. Es wird offensichtlich als pars pro toto des Erlebnispartners »Pferd« gewertet, das ja nicht nur erfolgreichstes Mittel der Weltbewältigung oder elementarer existenzerhaltender Lebensgefährte war, sondern auch Spiel- und Kampfgefährte mit zwar instrumentalem Charakter, aber doch mit den Ansprüchen eines Partners, dessen Vermögen und Kräfte sich erst in einer gediegenen und differenzierten Beziehung voll entfalten konnten. Allerdings mögen bei der besonderen Wertung des Hufeisens noch besondere Beschaffenheiten ins Gewicht fallen: so das anziehende Material des massiven, geschmiedeten Eisens und die optisch wie kulturell faszinierende Gestalt der Mond- oder unterbrochenen Kreisform. Wie sehr diese Form als Spezifikum beachtet wurde, beweisen die vielfach ornamental arrangierten Hufeisen, die als Votive in Wallfahrtskirchen oder an deren Türen angebracht wurden, manche Tür- und Ladenschildauszierungen, die zum Teil ornamentale Anheftung an bestimmten Bäumen ähnlich wie an Votivstätten, die schmuckhafte Befestigung des glückbringenden Eisens an Haus, Stall, Fahrzeug, Stuben-, Stall- und Stadeltüren und Stadttoren, und immer wieder feststellbare Vorschriften für das Anbringen von Hufeisen, um ihrer segenbringenden und schützenden Kräfte teilhaftig werden zu können. Meist muß die Öffnung nach unten stehen. Daß die rezente Anwendung als Amulett mit alten Kultformen und mythischen Vorstellungen zusammenhängt, ist wahrscheinlich, wenn auch nicht nachweisbar. Zu berücksichtigen ist noch, daß Tierfüße und Tierfußdarstellungen ebenfalls als Amulette getragen werden. Aber nicht nur das Originaleisen hat Amulettcharakter; auch Miniaturnachbildungen des Hufeisens, sei es in Eisen oder in wertvollen Metallen, werden als Amulette geschätzt. Dieser Brauch ist allerdings erst in der Neuzeit nachzuweisen, aber dies für ganz Nordafrika, Vorderasien, Europa und Amerika, es sei denn, daß man bestimmte Mondamulette mit Anhängern oder Fortsätzen im Kreisbogen, wie sie gerade in der Spätantike gebräuchlich wurden, schon als verschränkte Mond- und Hufschuhsymbole, besser Bilder der eisenbesetzten Hufunterseite, betrachtet.

Der pars-pro-toto-Wertung in bezug auf die Gestalt des Pferdes begegnen wir auch im Amulett- und Zauberbrauchtum des Pferdehufnagels. Bereits Vintler erwähnt den Hufnagelzauber, gestützt auf ältere Quellen. Allerdings kommt hier zum Komplex Pferd noch der Einfluß der allgemeinen Nagelzauberei. Schon in der Antike wird auf magischem Weg einer Person Schmerz zugefügt, indem ein Nagel oder mehrere Nägel eingeschlagen werden, während intensiv an die zu schädigende Person zu denken ist. Vorstellungen dieser Art führten die Magietheoretiker des 16. und 17. Jahrhunderts in ihren Lehren von der Kraft und vom Wesen der Imagination des langen und breiten aus. Der Hufnagel wird nun nicht nur zum Schadenzauber verwendet; er ist Glücksbringer in jeder Hinsicht. Zum Ring geschmiedet hilft er bei Rheuma, und Delrio berichtet in den Disquisitiones magicae vom Jahre 1679, daß die »hoefnagelen« nach Ansicht von Abergläubischen sexta feria infra Missam superlecto Evangelio (quodam certo) zum Ring geschmiedet werden müssen. Trägt *A 520*
nun die Frau den Ring und betet sie täglich ein Vaterunser, so ist ihr der Mann ein Jahr lang zu Willen. Mit entsprechenden Zeichen versehen hielt der Hufnagel auch zauberische und *A 518*
dämonische Einflüsse ab.

Auffallend ist nun, daß das Bild des Pferdes im Gegensatz zu anderen Tierdarstellungen im Amulettbrauchtum keine Rolle spielt. Zu den beliebtesten Tierbildern in amulettartiger Verwendung gehören das Schwein, die Schlange, die Kröte, Frosch, Salamander, Fisch, Skorpion, neuerdings die Spinne, der Marienkäfer und der Skarabäus. Die Geschichte jeder dieser Amulettgestalten hat ihr eigenes Gepräge, ganz besondere und eigenartige Komponenten, die bis in kultische und mythische Schichten führen und in seltsame Sphären des Symbolisierens verweisen.

Seit der Renaissance werden ähnlich wie die antiken Gemmen altägyptische »Skarabäen«
A 528–32 hochgeschätzt. Ihre ehemalige Bedeutung als Heilszeichen, Sonnensymbol, Siegelamulette – die Bedeutungstradition hatte sich bereits im alten Ägypten gewandelt – war und ist heute bei den meisten Trägern unbekannt. Ihre Amulettbedeutung ist im neuzeitlichen Brauchtum von ihrer geheimnisvollen Herkunft, Erscheinung und Überlieferung abgeleitet. Im Süden fügt sich allerdings der »Skarabäus« in jene Überlieferungen ein, nach denen bestimmte Käfer Glücksbringer und zauberabwehrend sind. Als »Skarabäen« werden stilisierte Nachbildungen des Ateuchus sacer bezeichnet, der zu der Gattung der Mistkäfer gehört. Die Symbolisierung setzte wohl in der merkwürdigen Art seiner Entstehung an, denn aus Mistkugeln, in die das Weibchen die Eier ablegt und in denen sich die Larven verpuppen, schlüpfen die Käfer hervor. So verehrte man ihn unter dem Namen Chepre als den »der von selbst wurde«, »der aus der Erde entstand«, »der aus Mist hervorgegangen ist«, weil der natürliche Zeugungs- und Entwicklungsgang ursprünglich unbekannt war. Als Urwesen ist Chepre früh mit Atum gleichgesetzt und zu einer Chiffre des Sonnengottes geworden. Im Laufe der altägyptischen Theosophie- und Theologiegeschichte entstanden immer wieder neue Symbolkombinationen, Analogiedifferenzierungen und scheinbare Neubildungen, da ältere Vorstellungen überlagert oder vergessen wurden. Dies spiegelt sich auch in den Anwendungsformen als Lehr-, Andachts- und Glaubensinhalte repräsentierende Bilder wider. Für die Bedeutungsgeschichte der als Anhänger und an Fingerringen getragenen »Skarabäen« fehlen direkte Überlieferungen. Sie können als Siegel- oder als Schmuckstücke getragen worden sein; andererseits konnte sich die theosophische Symbolik geltend machen. Und damit besteht die Möglichkeit, die Skarabäen als Devotionalien und damit als eine Art durch den Glauben sanktionierter Sakramentalien gebraucht zu sehen. In beiden Fällen ist die Entartung zum schlicht angewandten Amulett die übliche Folge.

Nach wie vor undurchsichtig sind die Gründe, die dazu führen, daß das Schwein und sein Bild als Apotropaion und Glücksbringer in fast weltweiter Verbreitung betrachtet wird. Es gibt eine ziemlich reichhaltige Geschichte des Schweines in Kult und Mythos, in Volksmedizin und
A 526 Orakelwesen und als manchen Göttern, besonders Göttinnen, heiliges Tier einerseits und
A 527 Dämonen- und Teufelstier andererseits, wie Robert Wildhaber nachweist. Auf Grund
A 525 welcher dieser Voraussetzungen aber das Bild des Schweines an Halsketten, Armbändern und Uhrgehängen, in Redewendungen, auf Neujahrspostkarten usw. zum Glücksbringer wird, ist wohl kaum mehr zu erhellen. Teile des Schweines sind hochgeschätzte Amulette; so das »Schweinsg'hörl« für das Glück im Kartenspiel, der Schwanz für die Fruchtbarkeit der Felder, das gedörrte Herzblut wider den Rotlauf, die Hufe ans Tor genagelt wehren Unglück ab.

In der Schulmagie spätantiker-arabischer Herkunft spielen Tierdarstellung mit antipathe-

tischer und sympathetischer Leistung eine beachtliche Rolle. Diese Tierbildamulette haben keine Beziehung zu den Tieramuletten, deren Bedeutungsschicht der Symbolik, Götterlehre oder dem Mythos und dem Kult verbunden sind, wie bei Kröte, Fisch, Schlange usw. Im Picatrix – und selbstverständlich davon abhängig bei Agrippa – gibt es eine ausführliche Anleitung, wie schädliche und gefährliche Tiere vertrieben werden können. Danach muß auf einem geeigneten Stein das zu vertreibende Tier dargestellt werden. Erwähnt wird A 523
hierbei immer die eherne Schlange des Moses (Numeri 12,9), der Schlangendreifuß vor dem A 521
Hippodrom in Konstantinopel, dessen Schlangen zudem durch drei Knoten ineinander verknüpft waren, die drei von Apollonius von Tyana in Konstantinopel errichteten Kraniche, welche die Kraniche abhielten. Als bewährtes Mittel gegen den Skorpionstich wird im Picatrix empfohlen, auf einem in einen goldenen Siegelring gefaßten Bezoarstein das Bild eines Skorpions einzugravieren, und zwar in dem Augenblicke, in dem der Mond am Anfang des zweiten Dekans des Sternbildes des Skorpions steht.

Bauwerke, Bischofsstühle und andere repräsentative Gegenstände des frühen und hohen Mittelalters weisen Tierdarstellungen, Flechtwerke, Ranken, Netze und ähnliche Motive auf, die vielfach als Apotropaia, interpretiert werden.

Daß diesen Tierdarstellungen von Bauherren, Schöpfern und vom Volke magische Kraft im Sinne der magischen und zauberischen Vorstellungen des 16. und 17. Jahrhunderts zugeschrieben worden sei, kann auf keinen Fall angenommen werden. Zuerst sind sie Symbole, deren Bildsinn meist schon im 12. und 13. Jahrhundert im Detail nicht mehr bekannt war und die vielfach aus Traditionsgebundenheit angewendet wurden. Ein großer Teil dieser Bilder war eine Verbildlichung von Vorstellungen, die sich auf die Lehre von der Geisterwelt bezogen und im Kirchenbauwerk als Chiffren und Bildzeichen des Kosmos im Detail oder als Ganzes und vor allem als Verbildlichung moralischer Kräfte und Auseinandersetzungen ihren sinnvollen Platz hatten.

Mond - Kröte - Frosch - Kreis

Bedeutung und Sinn der Sichelmondanhänger und die Verwendung des Sichelmondes als Bildgestalt waren schon im klassischen Altertum meist nicht mehr lebendiges Überlieferungsgut, wie es anders in christlicher Zeit zum Beispiel beim Kreuz als Devotionalie der Fall ist, sondern eine Gestalt, die allein durch überkommenen Gebrauch geheiligt erschien. Wahrscheinlich hängt mit dieser typischen Anwendungsform auch die äußerst variable Gestaltung und Verwendung der Sichelmondgestalt zusammen, wobei andere »Gestalten« wie das Doppelhorn und doppelhornförmige Kultgeräte – besonders aus dem Bereich der Ägäis – und die sogenannten Amazonenschilde nicht nur formal, sondern auch in Bedeutung und Anwendung einander angeglichen sein können. Nur in Einzelfällen sind religiöse Gemeinschaften feststellbar, bei denen der Mond in besonderer Weise kultische Verehrung genoß

oder als Gottheit oder auch als göttliche Manifestation betrachtet wurde. Auf Grund dinglicher und nicht sehr reichlicher literarischer Zeugnisse läßt sich zum Beispiel eine intensivere Mondverehrung und Mondsymbolik in der keltoromanischen Bevölkerung Pannoniens und einiger Gebiete Galliens erschließen. Hier wie bei den semitischen Völkern und deren Einflußgebieten, in deren astralreligiösen Vorstellungen der Mond eine besondere Stellung
A 534 einnimmt, fanden sich auch die wertvollsten und schönsten Sichelmondbilder auf Anhängern, als Fibeln, Beschläge, auf Grabmälern und offensichtlich religiösen Monumenten. In welcher Bedeutung aber hier der Sichelmond – ob als Symbol, als Kultzeichen, Devotionalie, Götterattribut oder als heilige Gestalt mit abwehrenden und fördernden Kräften oder als schlichtes Amulett und exorzistisches Zeichen oder auch nur als schmückende Figur – verwendet wurde, läßt sich wohl nur in besonderen Fällen nachweisen. Eine größere Bedeutung hat der Mond in der spätantiken, synkretistischen magischen Literatur, die wesentlichen Einfluß auf die Bedeutung des Mondes im arabischen Volksglauben und auf die Zauberliteratur gewann. Über diesen Weg gehen Überlieferungen zum neuzeitlichen Amulettbrauchtum des Balkans, Italiens und Spaniens, wo der Sichelmondanhänger sowohl im Aussehen wie in Verwendung und Bedeutung eine große Übereinstimmung aufweist. Im neuzeitlichen Mitteleuropa und Nordeuropa kennt man den Sichelmond zwar nicht als Amulett, aber doch – meist in Verbindung mit der Sonne – als kosmisches Symbol, das in der Zauberliteratur und im Brautschmuck eine Rolle spielt. Nur in Einzelfällen sind uns Darstellungen des Sichelmondes bekannt, denen offensichtlich ein amulettartiger und apotropäischer Charakter zuzusprechen ist. Das spärliche Vorkommen des Sichelmondes in unserem Amulettbrauchtum ist um so auffallender, da doch der Mond im Volksglauben, in Anschauungen des bäuerlichen Lebens und der volksmedizinischen Praxis eine sehr vielfältige Rolle spielte. Es ist denkbar, wie Leopold Schmidt nachzuweisen versucht, daß das apotro-
A 500 päische Mondsichelamulett in unseren Bereichen durch die Sichel ersetzt ist. Eine besondere Anwendung findet der Sichelmond als apotropäische Gestalt in der magischen Verwendung von Messern. So gibt es vor allem in alpenländischen Gebieten besondere Trudenmesser, deren truden- und hexenabwehrende Kraft durch die Schneide, Spitze, durch das besondere Material des Griffes und durch neun Kreuze und neun Sichelmonde, die in die Klinge eingeschlagen sind, verursacht ist. Die Darstellung von Sonne und Mond in der Zauberliteratur ist zum Teil auch abhängig von der christlichen Ikonologie, wo sie bei der Darstellung der Kreuzigung und in der Apokalypse teils kosmologische, teils eschatologische Symbole sind. Diese Symbolik beeinflußt entscheidend die Mond- und Sonnendarstellungen
A 657 im volkstümlichen Bildschaffen, im Gegensatz zu der äußerst komplizierten Bilderwelt der Alchimisten, in der der Sichelmond unter anderem als Topos der anima mundi und manchmal die Scham der Venus, der Luna oder der Frau Welt deckend dargestellt ist.
A 542 In den Mittelmeergebieten ist das Sichelmondamulett ein vorzügliches Schutzmittel für Zug-
A 551-56 und Reittiere. Durch Bildquellen läßt sich diese seine Funktion bis in die Renaissance

zurückverfolgen, die offensichtlich antike Vorbilder aufgegriffen hat. Ferner gilt sie wie in der A 533
Antike als exorzistisches Zeichen und als Mittel, die Epilepsie zu verhindern und überhaupt A 541
zauberische Einflüsse abzuwehren. In den Kompositamuletten (Cimaruta, Salomonssiegel) A 544
fehlt der Mond mit und ohne Gesicht fast nie. Wie üblich wird der Mondanhänger auch
aus amulettwertigen Materialien, z. B. aus Eberzähnen, edlen Metallen, blauen Perlen, rot- A 552
und blaugefärbtem Leder, hergestellt. Mit dem Sichelmond ist im Vorderen Orient und A 471-74
in den Mittelmeerländern manchmal ein frosch- oder krötenähnliches Tier dargestellt.
Anhänger dieser Form – auch ohne den Mond – werden in Süditalien, im Vorderen Orient A 539
und südlichen Balkan gegen den bösen Blick, gegen Verhexung und Zauberei getragen; A 540
in Kurdistan von Frauen gegen Frauenleiden; von den wenigen in Deutschland gefundenen A 545-50
ist hinsichtlich ihrer Bedeutung nichts bekannt. Im antiken Christentum auf ägpytischem
Boden ist der Frosch in Fortführung des altägyptischen Bildsinnes Symbol der Wieder- A 545
belebung und dann der Auferstehung. Die Kröte erscheint dagegen schon im Mittleren Reich A 540
auf Zauberstäben und auf Lampen der römischen Zeit mit wohl apotropäischer Funktion. In
der bildenden Kunst ist die Kröte seit dem hohen Mittelalter vor allem Symbol der Vergänglichkeit, der sexuellen Lust und des verderblichen und dunklen Teiles der weiblichen Geschlechtlichkeit; aber auch Symbol der physischen Fruchtbarkeit. In beiden Bedeutungen
wird sie mitunter wie der Mond im Schoß einer nackten Frau dargestellt. Im Gegensatz zum A 351
Sichelmondamulett scheint es kaum einen Amulettyp zu geben, der die Sonne figuriert, A 353
sieht man von dem sehr verbreiteten astralischen Sonnensiegel und einzelnen sonnenähnlichen Gestaltungen, deren Sinn meist nicht klar ist, ab. Das Sonnensiegel ist zu kostbar, zu sehr der höheren Astrologie, Schulmagie und der Alchemie verbunden, um ein volks-
tümliches Amulett sein zu können. In den Zauberbüchern und auf Zauber und Segen er- A 437
scheint mitunter die Sonne als Strahlen aussendendes Menschenantlitz zusammen mit dem Mond. Doch ist dieses Bild nie eine selbständige zauberische Gestalt, sondern zusammen mit dem Mond dem Kreuz zugeordnet. Sonne und Mond sind hier als Gestalten, die den Kosmos symbolisieren und auf eschatologische Vorstellungen verweisen, zu verstehen;
ein Bildsinn, der in der volkstümlichen Bilderwelt bis in das 19. Jahrhundert klar bewußt A 333
blieb. In der Volkskunst gibt es nun viele Schmuckmotive, wie das Wirbelrad, viel- A 558
zackige Sterne, Schmuckscheiben usw., die als apotropäische Gestalten oder als Bilder und Heilszeichen, in denen sich gewissermaßen ein latenter, von heidnischer Zeit her in mystischer Weise überlieferter Sonnenglaube und eine auf die Sonne bezogene Heilserwartung darstellen sollen, angesehen werden. Diese Interpretationen sind kaum zu halten, wenn auch Traditionen der äußeren Erscheinung zu derartigen Assoziationen geradezu auffordern. Eher ist anzunehmen, daß diese Gestalten auf Grund ihrer inneren Struktur wegen ihrer unendlichen Variationsmöglichkeiten trotz weniger geometrischer Elemente, ihrer stets überraschenden und manchmal rätselhaft erscheinenden Systematik und der im Sinne von C. G. Jung archetypischen Kreisform immer wieder als faszinierende und staunenerregende

Gestalten, als Äußerungsform der weltimmanenten Ordnung erlebt werden können. Dieses Erlebnis vermag wohl an die Zone des Heiligkeitserlebnisses heranführen, vermag den sensus numinis zu erregen. Ob aber feste Intentionstraditionen, noch dazu mit irgendeiner Form der Sonnensymbolik, gestiftet wurden oder lebendig waren, kann nicht gesagt werden. Engere Sinnzusammenhänge und Formabhängigkeiten mit Kreisornamenten und Kreisgestalten aus vorgeschichtlicher Zeit, die zum Teil mit kühnen Interpretationsverfahren als Kultbilder der
A 557 Sonne gedeutet werden, wie zum Beispiel der Wagen von Trundholm oder die verschiedenen Formen der Svastika, deren Bildsinn und Verwendungszweck im eurasischen Verbreitungsraum äußerst unterschiedlich ist, kann nicht nachgewiesen werden, da die angewendeten Formelemente bei einem bestimmten Niveau des handwerklichen Vermögens als zu werksimmanent und materialgerecht erscheinen, als daß sich in ihnen geistige Inhalte erfahrbar und ablesbar objektivieren könnten. Dies trifft besonders für Kreisornamente zu, die durch bald mehr, bald weniger raffiniert kombinierte Zirkelschläge konstruiert und in Kerbschnitttechnik ausgeführt sind. In der abendländischen Volkskunst sind diese Motive verhältnismäßig jung. Sie sind in größerer Verbreitung kaum vor dem 14. Jahrhundert nachweisbar, während sie z. B. in Palästina in den beiden Jahrhunderten um Christi Geburt zum festen Schmuckbestand der Knochenkisten aus Kalkstein gehören und in der römischen Kaiserzeit als auf Bronze übertragene Kerbschnittmuster vom römischen Kunsthandwerk vorübergehend in die germanische Schmuckkunst übernommen wurden.

Auge - Herz - Glocke

A 568 In den meisten Mittelmeerländern ist es nach wie vor noch üblich, Augenamulette zu tragen.
A 569 Vielfach sind sie primitiv gegossene Glasscheiben, die in vier farbige Ringe eingeteilt sind; der äußere ist blau, dann folgt meist ein schmaler gelber, der eine weiße Scheibe umschließt, in die ein schwarzer Punkt eingelassen ist. Allerdings gibt es auch Anhänger, die äußerst
A 567 realistisch einem menschlichen Auge nachgebildet und kostbar gefaßt sind. Selbstverständlich werden diese »Augen« auch mit anderen amulettartigen Figuren in der unterschiedlichsten Weise kombiniert. Gemalt und gezeichnet findet sich das »Auge« auf Ladenschildern, Schiffen, Autos, Türen, Fußböden usw. Der Zweck dieser Augen ist durchwegs klar: Sie sollen üble Einflüsse abhalten, aber speziell den bösen Blick abwehren. In Mitteleuropa ist die Verwendung von Augenbildern verhältnismäßig selten, sieht man von dem Dreieck mit dem Auge ab, das allgemein als Auge Gottes bewußt ist und die Lehre von der Dreifaltigkeit
A 389 und die Allgegenwart und Allwissenheit Gottes bezeichnet. Dieses Trinitätsdreieck mit dem Auge Gottes – das als theologisches Symbol und Zeichen verhältnismäßig jung ist; es wird erst mit der Reformation und in der Gegenreformation weiter verbreitet – wird außerhalb des Kirchengebäudes vor allem auf Totenbrettern, Toten- und Grabmälern, Marterln, Votivbildern, Haussegen, Andachts- und Erbauungsbildern dargestellt. Der Bedeutungs-

umfang im volkstümlichen Gebrauch ist nicht sehr groß. Er ist bestimmt von dem, was das Dreieck mit Auge bezeichnet: es ist ein Mahnzeichen, daß keine Tat und kein Gedanke vor Gott verborgen bleibt; es bekundet die allgegenwärtige Hilfe Gottes. In diesem Sinne sind auch sehr heidnisch wirkende Gebrauchsweisen zu verstehen; so, wenn in Altessen im Zimmer ein Halbkreis mit einem kleineren Kreis darin angebracht wird, um vor bösem Tun abzuhalten oder wenn in Dänemark auf Dinge, die geschützt werden sollen, Augen gezeichnet oder gekratzt werden. Die »apotropäische« Wirkung dieses »Auge Gottes« liegt offensichtlich darin, daß es durch einen allgemein bekannten Bildsinn zu einer moralischen Entscheidung auffordert, üble Taten zu meiden, während bei den Augenamuletten in den christlichen und moslemischen Mittelmeerländern mit dem Bildsinn des »Auge Gottes« überhaupt keine Verbindung hergestellt werden kann. Die Geschichte dieser Amulette ist einerseits engstens mit dem Glauben an die Wirkung des »bösen Blickes« verbunden, der wie eine gefährliche Naturerscheinung hingenommen wird, und verweist andererseits in ältere Kulturschichten. Im alten Griechenland und Rom gibt es Augendarstellungen, denen apotropäische Wirkung zuerkannt wurde. Welche Vorstellungen sich aber damit verknüpften, ist uns nicht bekannt. Zu bestimmten Zeiten scheinen Augendarstellungen eher als stilistische und ornamentale
Figuren aufgefaßt worden zu sein denn als kultische Sinnbilder und apotropäische Gestalten. *A 560*
Präziser lassen sich auf ägyptischem Boden Vorstellungen, die sich mit Amulettaugen ver-
bunden haben, verfolgen. Hier zeigt sich aber auch, daß die apotropäische und glückbringende *A 561-564*
Wirkung sekundär ist. Primär sind hier die Augendarstellungen Sinnbilder für religiöse *A 565*
Vorstellungen und Lehren, sie sind Chiffren für Götter und Handlungen der Götter, die kosmisches Geschehen symbolisieren. So heißt es, daß eine bestimmte Augendarstellung das Auge des Lichtgottes Horus darstellt, das von Seth verletzt und von Thot wieder geheilt wurde. Sein Name war Uzat, das »Heile«. In die griechischen Zaubertexte wird »Auge« und Wort (οὐάτιον) übernommen und damit späteren magischen Traditionen zugeführt. Ob besondere Fassungen und Steinkombinationen, wie z. B. die auf angelsächsischen Rund-
fibeln, als Amulettaugen aufzufassen sind, ist fraglich. Evans neigt dazu, bestimmte angel- *A 566*
sächsische Broschen im Typus der Kenter Brosche als Augenamulett mit apotropäischer Wirkung zu interpretieren. Zu erwähnen ist noch, daß im rezenten Amulettbrauchtum Steine mit Augenzeichnungen als Amulette zur Erhaltung der Sehkraft und Heilung von Augenleiden, aber auch gegen Hexerei und Bezauberung getragen wurden, so der Augenachat, der Malachit und Sardonyx. Eine noch größere Rolle spielten in diesem Sinne Tieraugen, die gedörrt in Amulettbeuteln oder wertvollen Behältnissen getragen wurden: Fledermausaugen machen unsichtbar, Schlangen- und Schwalbenaugen sind gut für die Augen, Hirschaugen erhöhen die sexuelle Potenz, Wiedehopfaugen schützen vor Hexerei, Truden, Teufelskünsten, gegen Vergeßlichkeit und Verstandesschwäche. Mit diesen Amuletten der organischen und anorganischen Welt hebt sich also neben dem Symbolerlebnis eine weitere Basis der Augenamulette ab, nämlich die volksmedizinischen Überlieferungen.

Eine ähnliche Schichtung läßt sich für das Bild des Herzens im Amulettbrauchtum nachweisen. Allerdings ist die Herzsymbolik noch weitaus differenzierter; die unmittelbar amulettartige Anwendung der Gestalt »Herz« ist dagegen nur in Einzelfällen nachweisbar. Elementare und immer von neuem wirksame Grundlage der Gestaltheiligkeit des Herzens sind Vorstellungen wie die, daß das Herz Sitz, Zentrum und Anfang und Ende des physischen Lebens ist, daß in ihm Charakter und moralische Anlagen einer Person begründet sind und daß es Sitz der Seele und der Gemütskräfte ist. Herzförmig sind deshalb oft die Amulettkapseln, Breverlhüllen und Behältnisse für medizinische Stoffe. Aber auch Amulette aus der organischen und nichtorganischen Natur werden herzförmig gestaltet. Von Natur herz-
A 572 förmige Steine und Pflanzen werden besonders geschätzt. Ein besonderes Herzamulett kannte man auf den Shetlandinseln. Um die Krankheiten der Mattigkeit zu heilen, wurde mit magischen Zeremonien Blei geschmolzen und dann durch einen Schlüsselring in kaltes Wasser gegossen. Die Prozedur war solange zu wiederholen, bis das Blei herzförmige Form annahm. Das so gewonnene Bleistück wurde auf der bloßen Haut am Hals getragen. Als Symbol der irdischen und himmlischen Liebe ist die Herzform ebenfalls geeignet, talismanischen Charakter zu erlangen. Das herzförmige Schmuckstück ist eine Liebesgabe oder ein Liebeszeichen und vermag durch die Gemütsregungen, die sich in und an derartigen
A 577 Minnegaben darstellen und entzünden, zu jenem manischen Erleben führen, das das Zeichen als Repräsentanten und Garanten der gewünschten Verhältnisse erlebt. Als Liebessymbol gehört der herzförmige Anhänger zu den »Klunkern« moderner Armband- und Halsbandgehänge wie Schlüssel und Schloß. Selbstverständlich fehlt es nicht auf geschriebenen, geprägten und gegossenen Liebesamuletten.

In Gebieten, deren religiöse Bilder- und Zeichenwelt die Herzgestalt als Kultrequisit, Symbol, Andachtsbild, Heroen-, Heiligen- und Götterattribut aufgenommen hat, ist das Herzamulett vielfach von diesen Funktionen beeinflußt oder gerade die mit ihnen verbundenen Bedeutungsformen machen die Herzgestalt zum Amulett oder zum amulettartig
A 389 gebrauchten Sakramentale. Im katholischen Volksglauben sind zum Beispiel die Herz-Jesu-
A 507 und Herz-Marien-Bilder derartige Gestalten, die mitunter apotropäische, exorzistische oder
A 575 fördernde Kräfte vermitteln. Sie sind gewissermaßen naive Anwendungsformen einer ausgeprägten Mystik, deren Erfahrungen durch Bilder vermittelt werden und Kulte stiften. So waren die berühmtesten Herz-Jesu-Bilder die Nürnberger Speerbilder, kolorierte Holzschnittbilder mit dem Bild eines Herzens, das mit der Heiligen Lanze, in die ein Nagel vom Kreuze Christi eingefügt ist, durchstochen wurde.

In ein noch komplizierteres Bildgefüge führen uns zum Beispiel die altägyptischen anhängerförmigen Herzen in Stein oder Ton. Als Totenbeigaben stellten sie die Bitte, den Wunsch oder das Vertrauen dar, daß dem Toten im Jenseits sein Herz wiedergegeben, das heißt, das glückselige Weiterleben gewährt wird. Nach anderen Vorstellungen ist das Herz der Verstand. Ptah dachte sich mit dem Herzen die Schöpfung aus. Und so leitet das Herz auch die

Taten der Menschen; ja es wird zu einem Gott im Menschen, zu einer Macht im Menschen, so daß es wie ein zweites, höheres Wesen des Menschen erscheint. Das Organ – und mit diesem die bildliche Darstellung – rückt in die Sphäre der Heiligkeit ein.

Zu den wundersamsten Gestalten des Amulettbrauchtums gehört die Glocke. In Märchen, *A 573*
Sage und Legende werden ihr anthropomorphe Züge zugelegt. Fast durchwegs ist sie eine gute Gestalt, die gegen Dämonen und Naturkatastrophen hilft, warnt und Rettung bringt. Die einzelnen Vorstellungen, die sich mit den Glocken verbinden, sind im wesentlichen eng mit der Bedeutung der Glocke im christlichen Kult verknüpft. Daneben gibt es aber auch Gebrauchsformen, insbesondere der kleinen Glöckchen, die als Anhänger- oder Haus- *A 584/85*
amulette benützt werden, die eindeutig in anderen Schichten fußen. So berichtet der Verfasser der »Hundertachtunddreißig Geheimnisse«, daß nach Theophrast, also nach antiker Tradition, magische Glöckchen gemacht werden können; und zwar müssen dazu alle Metalle *A 583*
verwendet werden. »*Wenn alle Planeten zugleich in Conjunction stehen, so muß alsdann der Guß geschehen. Die Vielheit der Characteren, die dabey seyn müssen, wollen mir nicht gefallen.*« Einem gewissen »*Caspar Thym von Augspurgischen Confession und Pfarrer von Gerstorff*« ist so ein Guß gelungen. Mit seinem Klang konnte er alle Berggeister zwingen, zu erscheinen. Die Traditionen dieser Zauber- und Amulettglöckchen sind ziemlich gut überschaubar. Die wichtigste Überlieferung führt über den Picatrix in den afroasiatischen Bereich, wo – wie in Ägypten – in den Jahrhunderten vor Christus Glöckchen als Anhänger *A 578*
getragen wurden. Nach Aufschriften dienten sie zur Abwehr von Dämonen und riefen die Götter zur Hilfe herbei. Mit dieser Bedeutung, aber mit christlichen Vorstellungen assoziiert, gibt es amulettartig gebrauchte Glöckchen auch im abendländischen Wallfahrtsbrauchtum. *A 579-81*

Maske und Antlitz

Von all den grauenhaften Groteskmasken, die in den Bereichen der afroasiatischen, mediterran-antiken und abendländischen Kulturen erfunden und gebraucht wurden, scheint zumindest ein Typus nicht so sehr eine sprühende Phantasie, sondern ein reales Ereignis widerzuspiegeln. Es ist jener Typus, der – soweit er im antiken Griechenland dargestellt ist – gemeinhin als Medusen- oder Gorgonenhaupt bezeichnet wird und dessen wesentliches Merkmal ein geöffnet-verzerrter Mund, eine weit herausgetriebene Zunge, hervorquellende und weit geöffnete Augen sind. Eine derartige Veränderung des Antlitzes tritt bei langsamer *A 586*
Erdrosselung und bei langsamem Durchschneiden oder Durchsägen des Halses ein; Tötungs- *A 588*
arten, die bei Kopfjägern und in verschiedenen Religionen beim Menschenopfer oder beim *A 599*
zeremoniellen Vollzug eines Racheaktes in ritueller Form angewendet wurden. Die Darstellung des Hauptes der Gorgo in Kult und Mythos und seine Verwendung als Attribut wird deshalb als Survival aus Epochen, in denen Zeremonien und Riten ähnlich den Schädelkulten der Kopfjäger üblich waren, angesehen.

Schon in archaischer Zeit wurden Antlitze von Dämonen männlichen wie weiblichen

Charakters nach diesem Maskentypus gebildet; und bereits in archaischer und frühklassischer Zeit sind Darstellungen dieses schrecklichen und schreckenerregenden Antlitzes in vielseitiger Verwendung üblich. Homer schildert, daß Athene auf ihrem Chiton als Töterin der Gorgo ein Bild dieses Antlitzes trug, ebenso Agamemnon auf seinem Schild. Besondere Verwendungen wie an Giebelsteinen, ausgesetzten Teilen des Daches, Lampen und Lampenspiegeln, Schilden und Fahrzeugen, Trinkschalen und Gräbern, Statuenbasen und Kleidungsstücken lassen vermuten, daß diese Gorgomasken nicht immer nur als Verbildlichungen von Mythologemen und Sagen, als Allegorien oder Zeichen des Triumphes über Dämonen und dunkle Mächte betrachtet wurden, sondern daß ihnen auch eine reale Schutz- und Abwehrfunktion zuerkannt werden konnte. Diese naive Ausprägung der Gebrauchsbedeutung, sei es, daß die Wirkung mehr oder weniger bewußt in psycho-physischer, imaginativ-magischer, in dämonisch-magischer oder auch nur in primitiv-magischer Form erlebt wurde, fand eine kulturelle Grundlage in Mythos und Sage, insbesondere in der Tötung der Medusa durch Perseus. Medusa ist eine der drei Gorgonen, Töchter des Phorkys, in dem offensichtlich die fürchterlichsten und gefährlichsten Erscheinungen des Meeres verbildlicht sind. In den Vorstellungen, die sich um die drei Gorgonen ranken, manifestiert sich die Erfahrung, daß in besonderen Situationen Blicke eine gefährdende, ja vernichtende Wirkung haben können. Es heißt, daß der Blick der Gorgonen den, der in ihre Augen und in ihr Antlitz sieht, versteinert. Um des Kopfes der Medusa habhaft zu werden, näherte sich deshalb Perseus der Schlafenden, indem er rückwärts auf sie zuging und ihr abgewandten Blickes das Haupt abschnitt. Mit der schrecklichen Medusenfratze wurden auch die grauenhaften Söhne des Ares, des Gottes des verheerenden Krieges, Deimos und Phobos, ausgestattet.

Die Geltung und Wertung des Mythenkomplexes »Medusa« und der damit bedeuteten Vorstellungen göttlicher Wesenheiten wie dessen sagen- und märchenhafte Ausgestaltung ist aber so hintergründig und vielschichtig, daß eine erschöpfende Behandlung kaum denkbar erscheint. Im Zusammenhang mit der Amulettforschung ist aber bemerkenswert, daß das Medusenantlitz in der römischen Kaiserzeit auf Amuletten dargestellt ist, die zur Heilung oder Abwendung von Gebärmutterleiden getragen wurden. In dieser Gebrauchsbedeutung zeigen sich Komponenten der Sinngeschichte, die in der Sprache der C. G. Jungschen Psychologie mit »Aspekte des Mutterarchetypus« bezeichnet werden, und zwar der gefährlichen, negativen und unheilbringenden. Die Psychologen sehen sich hierin durch Auffassungen von Religionshistorikern bestätigt, die in der Medusa eine aus dem Kult verdrängte ältere chthonische mütterliche Gottheit sehen, in der sich durch die Abdrängung in den dämonischen Bereich vorzüglich die unheimlichen und schrecklichen Züge in den Vordergrund schoben, und in modernen Kinderzeichnungen, in denen die gefährdenden Seiten der Mutter-Kind-Beziehung durch ein medusenhaftes Antlitz symbolisiert werden.

Der bis in unsere Tage ungebrochene Einfluß der antiken mediterranen Zeichen- und Bilderwelt läßt immer wieder die Gorgomaske, wenn auch in den unterschiedlichsten

Modifizierungen der Erscheinungsform und der ästhetischen wie funktionellen Wertung, in *A 591*
Erscheinung treten. Die Tradition der äußeren Erscheinungsform, ihre Modifizierungen und
die entsprechenden Neugestaltungen beziehen aber offensichtlich ihre Kraft aus einer
elementaren Erfahrung und dem Bedürfnis, diese Erfahrung und ihre Inhalte auszudrücken
und darzustellen, sich aber auch in der Vergegenständlichung abzusetzen und damit den
Grund der Überwindung und Bewältigung zu finden, nämlich aus der Erfahrung, daß sich
gerade im menschlichen Antlitz Ausgesetztheit, Besessenheit, Dämonie und Verderben,
Perversion und Verrottung, Sterben und Tod von Leib, Geist und Seele in überwältigender
und elementar faszinierender Weise bekunden können und darstellen lassen. Daß in rezenten
Anwendungsformen der grotesken und schrecklichen Masken – sei es im Maskenbrauchtum
oder in der Bauplastik – dieses bildnerische Darstellungs- und Ausdrucksbedürfnis, das zu-
mindest im frühen und hohen Mittelalter auch Aspekte des Weltbildes einschließt, und
nicht der Abwehrzauber vom Ursprung her von wesentlicher Bedeutung ist, geht schon
daraus hervor, daß sie als Amulettanhänger in der Antike nur in wenigen Fällen und in der *A 589*
Neuzeit praktisch gar nicht nachweisbar sind. Dies schließt selbstverständlich nicht aus, daß *A 590*
bestimmten Masken an bestimmten Bauten apotropäische oder auch magische Kraft zu- *A 591*
erkannt wurde oder daß in einzelnen Traditionskreisen, die allerdings geographisch wie *A 596*
zeitlich enger umgrenzt erscheinen, »Neidköpfe« und »Schrecklarven« als magisch wirkende *A 600*
Abwehrmittel meist an Bauten, seltener an Fahrzeugen, Werkzeugen, Maschinen und
Einrichtungsgegenständen angebracht wurden. Kohlbrugge, Issatschenko, Kriss, Mielke,
Hünnerkopf, Andree, M. Gschwend und Seligmann bringen hierzu Material. Vielfach wird
in diesen Untersuchungen darauf hingewiesen, daß die magische oder apotropäische Bedeu-
tung der »Neidköpfe« und »Schrecklarven« unter anderem als reduziertes Überlieferungsgut
eines Schädelkultes betrachtet werden muß, indem die Schädel getöteter Feinde oder von
Opfern auf Stangen zur Schau gestellt, oder wie bei den Skordiskern an der unteren Donau als
Trinkschalen benutzt oder wie in der Pfeilerhalle von Roquepertuse in Südfrankreich in
Bauwerke sichtbar eingemauert wurden. In jüngerer Zeit seien dann anstelle der Schädel
Getöteter Bilder von Schädeln, also Masken benutzt worden. In der Zurschaustellung von
Schädeln Getöteter bekundete sich aber – vom Reliquienkult abgesehen – vor allem der
erbarmungslose Wille zur Macht, vernichtender Hohn, hybrider Trophäenprunk und
Triumph, absolute Souveränität über humane Gefühle oder barbarische Gefühllosigkeit. *A 593*
Insofern erfüllt hier der Schädel und dann auch das Bild des Schädels die ganz reale Funktion,
durch Verbreitung von Angst und Schrecken zu schützen und abzuwehren. Diese psycho-
physischen Komponenten in der Anwendung von Masken und Fratzen, sofern sie nicht
Dämonen oder dämonische Mächte inner- und außerhalb des Menschen darstellen, sind auch
bei zahlreichen Spott- und Hohngebärden der Gesichtssphäre festzustellen, in denen ja viel- *A 592*
fach Schutz- und Abwehrbedürfnisse und Überwältigungswille, wenn auch inadäquat und
meist in ekstatischer oder hysteroider Form, ausgedrückt sind und dargestellt werden.

Das Antlitz ist aber nicht allein Darstellungsfeld der dunklen Seiten, sondern der Erlebniswelt in allen ihren Möglichkeiten. Der grauenhaften, blutrünstigen oder blutdürstigen Fratze oder dem Schädel des Todes steht das hehre Antlitz gegenüber, das zu sehen und zu erschauen Glück, Heil und Segen bedeuten kann. Auch diesbezüglich erstand im afroasiatischen und mediterranen Altertum eine Bildgestalt, die in der abendländischen Bilderwelt als das »wahre Antlitz Christi« eine bedeutende Rolle spielen sollte; und zwar in vier Typen: als Schweißtuch der Veronika, auf dem Christi Antlitz mit oder ohne Dornenkrone dargestellt ist, das sogenannte Christusporträt des Abagar und das des Lentulussmaragden.
A 597 Die größte Bedeutung und Wirkung erlangte, wie bei den Masken auch, die symmetrische
A 599 En-face-Darstellung. Mit dieser hat sich sowohl die Abgar-Edessa-Legende als auch die
A 603/4 Veronikalegende verbunden. Wie das Original von Edessa aussah, wissen wir nicht. Die En-face-Darstellungen in annähernd übereinstimmender Physiognomik werden offensichtlich schon seit dem 5. Jahrhundert – im 6. Jahrhundert ist dieses Antlitz Christi bereits auf Ampullen von Monza dargestellt – volkstümlich. Mindestens seit dem 6. Jahrhundert erscheint dieses »wahre Antlitz« auf Spangen, Schließen, Zierscheiben und Anhängern nicht nur in den christlichen Mittelmeerländern, sondern auch in Gallien, in den Rheinlanden und in Süddeutschland. Vielfach sind hier aber Christusantlitz, die Tradition des promul-
A 598 gierten Kaiserantlitzes und pagane Verwendung von Gesichtsmasken kaum zu trennen.
A 601 Dies gilt besonders von Antlitzdarstellungen an den Randzonen der christlichen Kultur.

Diese »wahren Antlitze« wurden nicht nur als Andachtsbilder, sondern schlechthin als Vergegenwärtigung des »Heiligen« erlebt. So wird berichtet, daß in Edessa ein Abdruck des berühmten Christusbildes über dem Stadttor als προπύλαιος, als Schützer der Stadt, angebracht war. Ähnlich wie der Abdruck des Edessabildes wurde das Christusbild von Kamuliana nach seiner Überführung nach Konstantinopel von Maurikios und Heraklios bei Feldzügen als Schutz der Heere und σύμμαχος, als Mitstreiter in Feldzügen mitgeführt. Dasselbe geschah mit dem Tafelbild deutscher oder niederländischer Herkunft, das im 16. Jahrhundert in den Besitz des äthiopischen Kaiserhauses gelangte und als Reichsikone die höchsten Ehren genoß. Zur künstlerischen Vollendung gelangte dieser Typus in der niederländischen Malerei des 15. Jahrhunderts. Vom 13. Jahrhundert bis in unsere Zeit finden wir das »Abgar-Antlitz« immer wieder auf Anhängern und Medaillen, in Miniaturen und kleinen Andachtsbildern, in Amulett- und Reliquienbüchslein, in den volkstümlichen Breverln und Wettersegen, wenn auch das »Schweißtuch der Veronika« in der Wiedergabe des Linnens mit dem dornengekrönten Haupt Christi weitaus volkstümlicher geworden ist. Von den in Kirchenbauten angebrachten Plastiken des »wahren Antlitzes« dürften auch jene meist sehr flachen Reliefs in Holz, Metall oder auch Papiermaché abstammen, die das dornengekrönte Haupt Christi zeigen. Ihre einstige Verwendung läßt sich nicht mehr eindeutig erschließen. Meist sind sie schlichte handwerkliche Erzeugnisse mit dem Charakter von Massenware oder Arbeiten des »Hausfleißes«, also laienhafte Darstellungen. Der

Erhaltungszustand – auch der älteren aus dem 16. Jahrhundert – dieser »wahren Antlitze« ist meist gut. Daraus kann man schließen, daß sie im häuslichen Bereich verwendet wurden.
Im volkstümlichen wie liturgischen Gebrauch der »wahren Antlitze« wird aber immer wieder ein religiöses Erlebnis transparent, wie in jenem Gebet des 13. Jahrhunderts, mit dem eine vera ikon umschrieben ist. Nach diesem Gebet hat uns Christus willentlich im Schweißtuch der Veronika ein Bild seines Antlitzes hinterlassen, daß es über uns leuchte. »*Mögen wir es getrost von Angesicht zu Angesicht (*1. Kor. 13/2*) ansehen können, wenn er zum Gericht kommt, so wie wir es jetzt auf Erden in Spiegelung und rätselvoller Weise verehren, anbeten und in Ehren halten können.*« Gerahmt ist das Bild mit Zitaten aus dem Alten und Neuen Testament: »*Aufgegangen ist über uns Deines Antlitzes Licht, o Herr, Du hast nur Freude ins Herz gegeben*« (Ps. 4, 7 u. 8) und »*ich habe den Herrn von Angesicht zu Angesicht gesehen und meine Seele ist gerettet*« (Gen. 32, 30).
Hier äußert sich ein anderer – der objektive – Aspekt der Andacht. Die Andacht und andächtiges, sich herandenkendes Betrachten bewirken gleichzeitig eine Heiligung und ein Erwerben des Heiles. Diese Vorstellung liegt auch dem Segensspruch »*Et ostendat faciem suam tibi et misereatur tui*« zugrunde. Aber der persönlichen Tat kommt die heiligende Kraft des Gegenstandes entgegen. Ja, der Betrachtende wird zum Schauenden, dem im Schauen Heil und Heiligung widerfährt. Welch aktive Kraft nach Vorstellungen der sensitiven Frömmigkeit aus dem »wahren Antlitz« auszustrahlen vermag, erhellt die Legende, die mit einer Abbildung dieser Art verbunden ist und nach der das »Schröckbare Gesicht« im Wiener Rathaus Anno 1464 erschienen ist, um die Ratsherren von Fehlschlüssen abzuhalten.

Hand, Fuß, Gebärde

Im jüngeren Amulettbrauchtum spielen Handdarstellungen oder Zeichen für die Hand nur mehr im Bereich des Islam eine wesentliche Rolle. Hier gehören aber Handamulette zu den beliebtesten figuralen Anhängern. Offensichtlich gilt es, verschiedene Typen zu unterscheiden, wenn auch in der Praxis die Gebrauchsbedeutungen kaum mehr zu trennen sind. Der bekannteste Typ wurde von Nichtmoslems als »Hand der Fathme« in die Literatur eingeführt und von der nichtmoslemischen Bevölkerung mitunter als Hand Mariens bezeichnet. Diese weibliche Akzentuierung erinnert daran, daß im alten Babylon – wie in der davon abhängigen astrologischen Anthropognomik bis in die Neuzeit – die rechte Hand der Venus zugeordnet war. Mit ihr ist eine Hand – ob rechte oder linke, scheint von keiner Bedeutung zu sein – dargestellt, deren Finger eng aneinanderliegend ausgestreckt sind. Der Daumen liegt ebenfalls an; nur sein vorderes Glied erscheint manchmal nach außen abgebogen. Diese Hände werden seit dem frühen Mittelalter in jedem nur möglichen Material ausgeführt. Meistens sind sie stark stilisiert. Es darf wohl bedenkenlos angenommen werden, daß dieser Darstellungstyp kontinuierlich seit den frühen Epochen des alten Ägypten überliefert wurde

und in der Spätantike und im frühen Mittelalter allgemein verbreitet war. Aber auch für das Altertum sind sicher verschiedene Gebrauchsbedeutungen anzunehmen. In älteren Gräbern Altägyptens wurden plastische Bilder der Hand in der Gegend des Handgelenks gefunden. Ägyptologen sind deshalb geneigt, diese Händchen als Darstellung des Wunsches, daß der Träger und der Verstorbene Glück mit seinen Händen haben möge, oder daß sie dem Tun der Hände Erfolg sichern sollen, zu interpretieren. Andererseits scheint diesen Händchen auch wie im jüngeren Amulettbrauchtum die Aufgabe zuzukommen, Unheil jeglicher Art abzuwehren und Glück zu bringen. Älter als diese Händchen sind aber Darstellungen der flachen Hand mit geschlossenen Fingern auf Siegelzylindern und Reliefs des Zweistromlandes, die offensichtlich die Manifestation einer Gottheit symbolisieren. Diese Bedeutung der Hand, die sich noch erweiterte durch metaphorische Redewendungen und Wortbilder aus Recht und Liturgie, Kult und Göttersagen, nach denen die Hand u. a. Symbol von Macht
A 465 und Herrschaft und Vermittler von Gnade und Heil ist, stiftet eines der wichtigsten Symbole der christlichen Spätantike und des frühen Mittelalters: die Hand Gottes. In der Bilderwelt dieser Zeit ist diese Hand ein überall gültiges Zeichen, wodurch ein Wunder, ein übernatürlicher Gnadenakt oder ein auf den Schöpfergott bezogenes Theologumenon veranschaulicht werden konnte. Es dürfte aber sicher sein, daß von dieser Schicht der Bilder und Zeichen keine Zusammenhänge mit den rezenten Handamuletten konstruiert werden können, es sei denn über die Bedeutung der Segens-, Heils- und Gebetsgebärden, die mit der flachen Hand ausgeführt werden. So sind z. B. in der Antike auf Grabmälern zwei Hände, deren Innenflächen dem Beschauer zugekehrt sind, dargestellt, die das Bittgebet für den Verstorbenen bezeichnen. In Einzelfällen sind diese Handdarstellungen mit Beschwörungs- oder Verwünschungsinschriften verbunden.

A 605/06 Beschwörung, Verwünschung, imaginative und zauberische Abwehr scheint vielfach mit den Bildern von Händen verbunden zu sein, auf denen die Finger gereckt und gespreizt dar-
A 610 gestellt sind. Darstellungen dieser Art lassen sich bis ins Paläolithikum zurückverfolgen. Ihre
A 612 Bedeutung zu klären ist praktisch unmöglich, denn keine Deutung der doch sehr unterschiedlichen rezenten Brauchübungen kann in überzeugender Weise auf diese frühen, wie
A 609 auch auf die verhältnismäßig jungen Darstellungen der nordischen Bronzezeit übertragen werden, in der der erhobene Arm mit der gespreizten Hand zumindest als kultische Gebets- und Beschwörungsgebärde, ähnlich wie auf den Bogumilengräbern, oder als Heilszeichen gedeutet werden kann. Andererseits scheinen Hände mit den gespreizten Fingern weniger Bild- und Sinnbildcharakter zu haben als die Hand mit den geschlossenen Fingern; vielmehr sind sie die ziemlich unmittelbare Umsetzung einer Gebärde in eine figurale Darstellung. Das Vorstrecken und Hochrecken der Hand mit den weit gespreizten Fingern ist eine natürliche Schutz- und Abwehrbewegung, die zuerst rein mechanisch einen möglichst großen Schutzschild gegen körperlichen Angriff bilden soll. Diese körperliche Zweckbewegung kann nun zu einer bedeutenden oder bezeichnenden Gebärde transponiert werden,

wobei der Abwehr- und Schutzeffekt nicht so sehr in mechanischer und körperlicher Form,
sondern in imaginativer und dann in imaginativ-magischer Weise angestrebt wird. In diesem
Stadium des Symbolisierens kann die Gebärde ohne weiteres durch eine bildliche Wieder-
gabe oder ein Zeichen, u. a. auch durch den Handschuh oder durch fünf Striche ersetzt
werden, und es können sich in diesem Stadium der Objektivation die verschiedensten Vor-
stellungen mit der Bildgestalt verbinden, so daß der ursprüngliche Sinn völlig überdeckt
wird, ja ganz neue Sinnzusammenhänge entstehen können. So ist z. B. das Vorstrecken oder
Vorschnellen der Hand mit den gespreizten Fingern auch eine obszöne Spott- und Beleidi-
gungsgebärde; und dies nicht nur in den Mittelmeerländern, sondern auch in Mitteleuropa. *A 677*
Dieser Bedeutungswandel bzw. Bedeutungszuteilung erfolgte offenbar schon in der Antike,
wie M. L. Wagner wahrscheinlich machen konnte. Die Hand und danach vor allem die Faust
ist in diesem Zusammenhang Zeichen für Phallus.
Aus dem vielgestaltigen Brauchtum um die »heilige Hand« seien noch zwei typische Er-
scheinungsformen erwähnt. Aus der römischen Kaiserzeit sind uns Hände – meist aus *A 607*
Bronze – überliefert, deren Daumen, Zeige- und Mittelfinger wie bei der neuzeitlich- *A 608*
abendländischen Schwur- oder Segenshand lose ausgestreckt sind. Ferner sind auf diesen
Händen Tiere und Gegenstände dargestellt, die in anderem Zusammenhang eindeutig als
Apotropaia zu deuten sind. Blinkenberg konnte nachweisen, daß diese Hände im Kulte des
von den Römern übernommenen thrakisch-phrygischen Gottes Sabazios gebraucht wurden
und daß sie die Hand dieses Gottes darstellen. Aufschriften lassen erkennen, daß sich in
ihnen für manche Gläubige die Kraft des Gottes bekundete. Eine Wöchnerin weihte eine
»Sabazioshand«, weil sie bei der Entbindung die hilfreiche Hand des Gottes verspürt hat. Im
abendländischen, christlichen Brauchtum entfaltete sich ein Kult um die Hand der Anna, *A 624*
der Mutter Mariens. Diese Reliquie – in Wien aufbewahrt – ist eine mumifizierte, lang-
fingerige Hand, die vielfach in Wachs nachgebildet und als Heiltum in Haus, Kapelle oder
Kirche aufbewahrt und verehrt wurde. Mit der Verehrung dieser Reliquie und deren Nach-
bildungen verband sich eine Hilfs- und Heilungserwartung, besonders in mütterlichen
Anliegen, für die die heilige Mutter Anna ein besonderes Patronat hat.
Aber nicht nur Hände der Götter und Heiligen und ihre Nachbildungen waren heilkräftig.
Nach volksmedizinischen Anschauungen konnten mit einer Totenhand durch Berührung
Augenleiden, Rückgratverkrümmungen, Geschwüre, Warzen usw. geheilt werden.
Der äußerst umfangreichen Handsymbolik steht eine nicht weniger differenzierte Symbolik
des Fußes, der Fußspur und des Schuhs gegenüber. In beiden Fällen ist anzunehmen, daß *A 613*
auch hier die Symbolik die Grundlage für die heilige Gestalt »Hand« und »Fuß« und für die *A 616*
amulettartige Verwendung dieser Gestalten bildet. Im jüngeren Amulettbrauchtum werden
schuh- und fußförmige Anhänger als Glücksbringer betrachtet. Allerdings gibt es Auf-
fassungen, daß Schuh und Bilder sowohl menschlicher wie tierischer Füße den bösen Blick *A 614/15*
abwehren, Gespenster vertreiben, Zauberei und Hexerei verhindern. Vielfach sind aber die

A 618–23 schuhförmigen Anhänger von der Andenkenindustrie adaptiert worden, wobei offensichtlich
mit unterschwelligen Reizen, die nach psychologischen Analysen auch eine sexuelle Kompo-
nente – es sei nur auf den sexualpathologischen Schuhfetischismus verwiesen – aufweisen,
mehr oder weniger bewußt gerechnet wird oder einfach eine jeglichen Inhalts bare Tradition
weiterläuft. Geht man der Geschichte dieser fuß- und schuhförmigen Anhänger nach, so
stellt sich heraus, daß sie seit dem Neolithikum festgestellt werden können. Ob es sich dabei
um Kultobjekte, Amulette oder nur Schmuckstücke handelt, kann im einzelnen kaum nach-
gewiesen werden. Wie kompliziert hier die Überlieferungen erscheinen, hat R. A. Maier gezeigt.
Eine besondere Form der »Fußheiligkeit« zeigt sich in den Fußspuren, die Götter, Heroen
oder Heilige – meist in Felsen – auf der Erde zurückgelassen haben. Diese Fußspuren werden
A 613 nicht nur hoch verehrt, in Kultstätten einbezogen und als Heilorte aufgesucht, sondern auch
A 616 auf die verschiedenste Weise nachgebildet und als Heiltümer an Gläubige abgegeben.
Auch Gebärden stellen sich, wie eben überhaupt alles, was zum Kommunikationsmittel, zum
Stoff der Darstellung geformt werden kann oder sich als Träger von Ausdruck, wie über-
nommene oder neu produzierte Bilder und Zeichen, Buchstaben und Zahlen, Laut, Ruf und
Wort, Ton, Gesang und Farbe, anbietet, als Material des Amulettbrauchtums dar. Ja, man
kann sagen, daß gerade Gebärden ein besonders aufschlußreiches Gebiet des Amulett-
brauchtums bilden; denn nirgends wird es offenkundiger, wie vielschichtig, vieldeutig und
im Grunde doch immer rätselhaft irrational und kaum deutbar der materielle wie geistige
Hintergrund ist, vor dem sich die Praktiken des Abwehr-, Schutz- und Förderglaubens voll-
A 672 ziehen. Alle Versuche zu deuten, warum das Herausstrecken der Zunge in unseren Breiten
A 679 einerseits eine gemeine Hohn- und Spottgebärde ist, andererseits sowohl als Gebärde wie als
A 591 dargestellte Gebärde ein Abwehrmittel gegen Hexen, Dämonen, gegen Zauberei, Ver-
schreien, Berufen usw. ist, sind ein mehr oder weniger naives Rätselraten. Eine der inter-
essantesten Begründungen wurde schon im Zusammenhang mit dem schrecklichen Antlitz
erwähnt: die herausgetriebene Zunge ist Zeichen des martervollen Verendens, Zeichen des
furchtbaren Todes. Die Präsentierung dieses Zeichens sowohl als Abwehrmittel wie als
Mittel des Spottes und besonders des zornwütigen Hohnes wäre hier einigermaßen ein-
leuchtend. Es wurde aber auch als Zeichen des Blutdurstes erklärt oder im Anschluß an
Darwins Verhaltensphysiologie als Vergrößerung der Leiboberfläche, ein Schutz- und Droh-
verhalten, wie es im Tierreich, wenn auch nicht materialiter sondern nur formal ähnlich
konstatiert werden kann. Ein anderer Erklärungsversuch weist darauf hin, daß gerade die
rote Farbe apotropäische Wirkung hat, und daß also das Maulaufreißen und Zungezeigen die
beste Möglichkeit bietet, gebärdenhaft am Körper die größtmögliche Fläche an Rot zu zeigen.
Andererseits darf aber nicht übersehen werden, daß das Zungezeigen auch eine sexuelle
Bedeutung, die vom Charmant-Zärtlichen bis zum Pervers-Skatologischen reichen kann, hat.
Erwähnt sei nur, daß Zeigen der Zungenspitze oder das Züngeln von jeher eine eindeutige
Flirtgebärde ist, daß es intimen und ekstatischen Zungenkuß oder Cunilingus und

Fellatio bezeichnen kann. Es zeigt sich nun, daß bei fast allen auch »magisch« gebrauchten
Gebärden – sieht man von Gebets-, Segens- und anderen liturgischen Gebärden, wie z. B.
von dem exorzistisch gebrauchten Sich-Bekreuzigen, ab – diese sexuelle Komponente der
Bedeutungsschicht eine wesentliche Rolle spielt. Auf das Vorweisen der flachen Hand mit
geschlossenen oder gespreizten Fingern wurde schon hingewiesen. Sowohl für das Bild als
auch für das Amulett und die Gebärde der Hand gebrauchen die Araber nicht die Bezeichnung A 627
»Hand der Fathme«, sondern nur »die Hand« oder meist hamsa. Dieses Wort heißt »fünf« A 626
und bezeichnet die Anzahl der Finger. Die Begleit- oder Ersatzworte für die Gebärde heißen:
»Fünf in deine Augen« oder »zebb« oder »hut in deine Augen«. Hieraus ist nach M. L. Wagner
die Gleichsetzung von Phallus, Fisch und Hand ersichtlich. Diese Deutung findet eine Stütze
in dem Umstand, daß das Wort hamsa mitunter der Tabuierung verfällt, wie übrigens auch
noch im 19. Jahrhundert in Griechenland πέντε, das Wort für »fünf«. Die Begleitworte
lauten hier νὰ τὰ πέντε 'σ τὰ μάτια σοῦ oder bloß νὰ τὰ πέντε! oder 'σ τὰ μάτια σοῦ!
Dieser Schimpf, wenn er nicht zu Tätlichkeiten führte, konnte nur dadurch überboten werden, daß der Gegner beide Hände ausgespreizt ausstreckte mit dem Rufe νὰ τὰ δέκα! In
Italien und Albanien bestand bzw. besteht derselbe Brauch ebenfalls. Und im abendländischen
Gebärdenbrauchtum gibt es Hinweise genug, daß das Entgegenschnellen der Hand mit A 672
gespreizten Fingern eine schwere Beleidigungsgebärde war. A 677

Diese zweifache Gebrauchsbedeutung – einerseits von Spott und Hohn, andererseits von
Abwehr, Schutz oder Förderung – findet sich auch bei anderen »magisch« gebrauchten
Gebärden oder deren bildlichen Fixierungen, wie beim Weisen des Zeigefingers, des Mittel- A 654-70
fingers, des Hörnchens oder der Feige. Bei der Feige wird der Daumen zwischen Mittelfinger
und Zeigefinger geklemmt und in Richtung des Objektes, das verspottet werden soll oder vor A 641-56
dem man sich zu schützen hat, gehalten, gestoßen oder geschnellt. Mit der Fingerhaltung ist nichts anderes figuriert als die immissio penis und das Weisen der Gebärde bedeutet nichts anderes als das Aufweisen des Geschlechtsaktes. In Form von Anhängern oder in bildlichen Darstellungen ist diese Gebärde in der römischen Zeit im ganzen Mittelmeergebiet und in den römischen Einflußgebieten verbreitet. In Deutschland ist die Geste für das Jahr 1178 in der Chronik von Heinrich von Erfurt bezeugt: »*Ab antiquissimis temporibus prorosum fuit digitum alicui per modum ficus ostendere.*« Seit dem hohen Mittelalter läßt sich nachweisen, daß die besagte Gebärde in den westlichen Sprachen mit einer Redewendung umschrieben wird, in der das Wort für die Feigenfrucht den Bildsinn stiftet.

Nach Gerichtsakten des 17. und 18. Jahrhunderts und nach Bildquellen seit dem Beginn des 15. Jahrhunderts gehört die Feigengebärde zu den bekanntesten, aber auch gröblichsten und zu den besonders hart geahndeten Injurialgebärden. Dies und ihre Verwendung als Verständigungsmittel im Liebesverkehr weist darauf hin, daß ihr Bildsinn fast immer geläufig war. Ihre Verwendung als Abwehrmittel und als Amulett kann ebenso gründlich wie häufig nachgewiesen werden. Die romanischen Völker liefern hierzu die aufschlußreichsten

Belege. Es sei nur ein Beispiel nach Baroja erwähnt. Im spanischen Logroño wurden 1610 Frauen aus Zugarramurdi als Hexen verurteilt und hingerichtet. Kinder, die von ihnen zum Hexensabbath gebracht werden sollten, wurden zu ihrer Rettung in die Obhut des Pfarrers von Vera de Bidasoa gegeben. Diesem entflohen sie aber in einer schlecht bewachten Nacht, indem sie durch die Lüfte entschwanden. In einer Notiz hierzu stellt nun Moratin fest, daß die Kinder gerettet worden wären, wenn sie Eberzähne, Erde von den heiligen Stätten der hl. Theresa, ein Kreuz von Caravaca, den Benediktussegen, die Signatur der hl. Theresa, eine Feige von Azabache mit einem Mond auf der Rückseite, ein Medaillon der hl. Helena und eine indische Kastanie getragen hätten. Es blieb nicht aus, daß man sich über die Wirkungsweise der Feige, wie denn überhaupt der amulettartig angewendeten obszönen Figuren Gedanken machte. Meist werden dabei Theorien geäußert, die der Paracelsischen Imaginationslehre in einer entdämonisierten oder dämonisierten Vorstellung verwandt erscheinen. So gibt der Franzose Jacques Ferrans in seiner Abhandlung »De la maladie d'amour ou melancholie erotique«, Paris 1623, zu bedenken, daß berühmte Schriftsteller, die sich über die Gewalt der Schönheit wunderten, annahmen, Geister würden aus dem Körper des Verliebten in den Leib der geliebten Person einströmen und eine entsprechende Liebe verursachen. Dieses Wirken der Geister habe nun die Frauen des alten Rom veranlaßt, eine unanständige Figur an die Halsbinde zu hängen, die sie fascinum nannten. Diesem Vorbild folgend würden nun die Spanier seines Jahrhunderts eine aus Koralle oder Gagat geschnittene Hand tragen, die sie Higo per na ser viadas nennen. Warum nun aber die Geister gerade durch das Zeigen der Geschlechtsteile und deren bildlichen und gebärdenhaften Vorstellungen fliehen oder ihre Macht verlieren, wurde nie weiter bedacht, es wurde scheinbar immer als selbstverständlich angenommen.

A 658-60 Mit der Feige sowohl im Bildsinn wie in der Gebrauchsbedeutung ist die Gebärde des »Hörnchen« verwandt. Hierbei werden meist Zeigefinger und kleiner Finger vorgereckt, während die übrigen Finger eingezogen bleiben. Als Spott- und Abwehrgebärde ist sie seit der römischen Kaiserzeit, als Amulett seit dem 16. Jahrhundert nachweisbar. Nach den in romanischen Ländern üblichen Begleitworten ist auch hiermit, wie beim Weisen des Zeige-
A 470 fingers, des Zeigefingers und Mittelfingers oder wie bei jener Gebärde, bei der der Zeigefinger in den Mund gesteckt oder ans Auge gelegt wird, oder bei den Darstellungen, die eindeutig phallische Symbole von einer Hand umschlossen darstellen, die imissio penis bedeutet oder die phallische Potenz. Beim »Hörnchen« kommt nun als wesentliche Bedeutungs-
A 703 komponente die Symbolisierung von Agressivität und Kampf durch die Bildgestalt »Horn« hinzu. Sicher hat die alltägliche Erfahrung der Bedeutung der Hörner als tierische Angriffs-
658-63 waffe und Prunkzeichen die Gebrauchsbedeutung und magische Wertung des Bildes »Horn« stets von neuem gestützt. Aber daraus allein wäre ja nicht der Charakter des »Hörnchen« als Spott- und Hohngebärde abzuleiten, oder gar als Mittel, chaotische Empfindungen und Gefühle abzureagieren. Hier müssen doch emotional empfindlichere und ergiebigere

Schichten betroffen werden als die Ebene der mechanischen und nur physischen Auseinandersetzung. Denn alle genannten Gebärden werden auch im Verborgenen gebraucht, ähnlich wie greuliche Flüche oder obszöne Schimpfworte, d. h. also als Ersatzhandlungen, die in ekstatischem Zustand unversehens nicht mehr nur als Entlastungs- und Ausdruckshandlungen, sondern als Tathandlungen erlebt werden, und zwar nicht nur vom Subjekt, sondern auch von dem affizierten oder induzierten Objekt. Ebenso werden die genannten Gebärden mitunter auch als Abwehr-, Schutz- und Trutzgebärden im geheimen gemacht. M. L. Wagner dürfte wohl recht haben, wenn er annimmt, daß die rezenten Hörneramulette, ob es sich um Darstellungen und Symbole oder Naturdinge handelt, zum großen Teil an die Stelle des antiken Phallus getreten sind. Für die magische oder apotropäische Wertung von »Hörnchen« und Gehörn ist aber noch die besondere Geltung des Hornes und Gehörnes als mythische Gestalt, als Kultrequisit, als hinweisendes Zeichen (Götterattribut, Manifestation göttlicher Mächte), als Herrschaftszeichen und als vielfältig ausdeutbares Symbol in älteren Schichten der mediterranen und afroasiatischen Kulturen zu berücksichtigen. Aber auch hier läßt sich feststellen, daß das Horn in Verbindung mit Muttergottheiten das männliche Prinzip, die in Fülle zeugende Ekstase bedeuten kann.

Lebzeuge und Fisch

In allen antiken Religionen nahm die Zeugung als Vorstellung sowohl im Bildgut wie im Saggut eine bedeutende Rolle ein; dies nicht nur als das wesentliche Mittel der Versicherung irdischer Existenzmöglichkeit durch Fruchtbarkeit von Mensch, Tier und Pflanze, sondern auch als Mittel und Zugang zur Ekstase. Die Objektivation kann auf allen Realitätsschichten vollzogen werden: als rituell tatsächlich begangener Koitus, in bildnerischer oder gebärdenhafter Darstellung oder durch zeichenhaftes Bedeuten der zeugenden Vereinigung. Durch Symbolisieren werden die verschiedensten Bedeutungsebenen erschlossen. So können Anthropogonie wie Kosmogonie bedeutet sein, pragmatische Weltbewältigung wie ewiges Leben. Zur Vergegenwärtigung dienten vor allem auch die sichtbaren zeugenden und empfangenden
Glieder und Organe, Phallus und Vulva, in den verschiedensten Qualitäten der Verbild- *A 683*
lichung. Entsprechend der natürlichen und kulturellen Grundlagen differenzieren sich die *A 682*
Bedeutungen noch weiter. Der Phallus kann mit Betonung der funktionellen Aktivität so zum *A 709*
Zeichen der Herrschaft, der gesetzgebenden Macht oder des Sieges werden, die Vulva als *A 710*
Pforte des Lebens zum Zeichen ewiger, strahlender Lust, der göttlichen Geburt, der Wiedergeburt für ein höheres Dasein. Aber schon zu Beginn der geschichtlichen Zeit sind im Bereich der Hochkulturen in Nordafrika und Asien, also in der Wende vom 3. zum 2. Jahrtausend, die Lebzeuge als Vorstellung den unterschiedlichsten ästhetischen und moralischen Wertungen ausgesetzt. Neben der Einschätzung als heilige Gestalten mit positiven Aspekten läßt sich die Anschauung der vernichtenden und bedrohlichen Kräfte animalischer Mächte er-

kennen. Tabuierung, Abdrängung in den Bereich der Dämonen und niederen Götter oder gar in die Sphäre des Asozialen und Vulgären ist die Folge. Alle hier angedeuteten Wertungen sind auch in der Verwendung der bildlichen Darstellungen von Phallus und Vulva als Amulette oder als amulettartig gebrauchte Gebilde erkennbar. In der späteren griechisch-römischen Antike scheint aber vielfach jene Wertung die übliche zu sein, wie sie Plutarch gibt. Danach ist alles, was unanständig ist und Lachen erregt, geeignet, die Augen von übelvermögenden Menschen und Dämonen auf sich zu ziehen und den Blick vom bedrohten
A 684–90 Gegenstand abzulenken. So fand die Phallus- und Vulvagestalt vielfache Verwendung, als Anhänger, in Lampenform, als Auszier der verschiedensten Gegenstände des täglichen Gebrauchs, an Stadttoren, über Hauseingängen, an Backöfen und Fahrzeugen, wie zum Beispiel an den Fahrzeugen der triumphierenden Feldherren. Welche Wünsche und Vorstellungen sich mitunter mit diesen Darstellungen verbanden, geht aus Inschriften hervor. Auf einem pompejanischen Flachrelief steht neben dem Phallus: hic habitat felicitas. Ursprünglich sah man darin die obszöne Losung eines Freudenhauses. Da sich aber dieses Relief in einer Backstube fand, setzte sich die Auffassung durch, daß es sich um ein Apotropaion handelt, zumal überliefert ist, daß gerade in Backstuben die Zauberei, das Verwünschen und der Einfluß dämonischer Mächte besonders gefürchtet wurde. Auf einem Mosaikfußboden fand sich neben phallischen Symbolen die Verwünschung »ἔῤῥε« »geh zum Henker«; also eine verbale Verstärkung der abwehrenden Wirkung wie das καὶ σύ neben einem geflügelten Phallus auf einem Stein und das »Hoc vide vide et vide ut possis pura videre«, das auf einem Steinblock aus Thala neben einem Phallus und einer stilisierten Pflanze eingemeißelt war. Der Wunsch »ut possis« tatt »ne possis« ist ein zynischer Euphemismus wie der Zuruf »τοῖς φίλοις«, den Freunden, neben dem Phallus an einer Mauer in Thera.

Aus Beischriften dieser Art geht aber auch eindeutig hervor, daß diese Phallen und dann auch jene aus Edel- und Mischmetallen, Horn, Holz oder Ton und die synonymen Bildgestalten von Phallus, wie Horn, bestimmte Zähne und Fisch, und von Vulva, wie Dreieck, Raute und bestimmte Arten von Muscheln und Schnecken, die von Männern, Frauen und Kindern gegen jede Art von Faszination getragen wurden, nicht immer als magische, mit geheimnisvoller Kraft geladene Gegenstände betrachtet wurden, sondern daß man einfach ihre imaginative, irritierende und affizierende Wirkung zu schätzen wußte und gewissermaßen psychophysische Erlebnisformen über die durch das Geschlecht bestimmten Grenzen hinaus erweiterte. So zeigt es sich, daß im Abwehrbrauchtum gerade latente sadistische und masochistische Züge der Geschlechtsbeziehungen eine besondere Betonung erhalten und damit das Erlebnis der ekstatischen, affektiven Überwältigung, ja Vernichtung. M. P. Nilsson geht in seiner griechischen Religionsgeschichte auf dieses Problem nicht weiter ein und sieht in der amulettartigen Verwendung von Abbildungen des Phallus und der Vulva im Sinne der religionswissenschaftlichen These vom »Dynamimus« kraftgeladene Gegenstände, denen ein primitiver Glaube einfach eine abwehrende oder fördernde Kraft zuschreibt; im Gegensatz hierzu glaubt er aber auch eine Art Heiltümer in Phallusgestalt feststellen zu können, die in Ritus, Kult und Andacht eine Rolle spielten. Sie sind Sinnbilder. »*An und für sich sind sie den Amuletten nicht unähnlich, der große Unterschied ist aber, daß sie im Kult gebraucht werden, sie sind ausgesprochen sozial, auch wenn sie nicht zu den Göttern in Beziehung gebracht werden. Wichtig ist ferner, daß in diesen Fällen die Kraft mit dem betreffenden Gegenstand nicht dauernd verbunden ist, sondern daß für jede Gelegenheit ein neuer Maizweig gebrochen, ein neuer Phallus verfertigt wird: die Kraftvorstellung haftet nicht an dem individuellen Gegenstand.*« Das fördernde und abwehrende Vermögen wird dem individuellen Gegenstand durch die kultische Begehung, die meist in das Jahreslaufbrauchtum eingeordnet ist, zu eigen. Hier haben wir eine Parallele zum Sakramentalismus.

Im rezenten Amulettbrauchtum macht sich vor allem bei den Südslawen, Griechen, Arabern und Südromanen die sadistisch-vulgäre Komponente in der Wertung von Phallus und Vulva und deren Bild bemerkbar. Dies geht aus den Begleitworten der entsprechenden Gebärden, die meist mit hemmungsloser Agressivität vollzogen werden, hervor. Die Araber benutzen dabei aber nicht nur »Euphemismen« – wie bei den Gebärden schon angeführt wurde –, sondern sagen mitunter in aller Deutlichkeit »den Phallus (zebb) in dein Auge«, wobei nun das Wort »Auge« als Synonym für Anus oder Vulva aufzufassen ist. Andererseits sind aber auch anders geschichtete Erlebnisformen der Lebzeuge feststellbar und Brauchtümer, die eindeutig antike Traditionen weiterführen. M. L. Wagner und H. A. Winkler bringen hierfür bezeichnende Beispiele. Ersterer berichtet zum Beispiel, daß in Cagliari, der Hauptstadt Sardiniens, eines Nachts alle freistehenden Mauerflächen von irgendeinem Individuum mit meterlangen Phalli versehen worden sind, »*unter anderem zwei Marmortafeln neben dem Eingang zu einer Kirche an einer der verkehrsreichsten Straßen der Stadt. Als ich meinen Hausherrn, einen durchaus auf Anstand und Sitte bedachten Herrn, darauf aufmerksam machte und meinte, es würde sich doch gehören, daß diese unpassenden Zeichnungen entfernt würden, bemerkte er, schließlich könne das doch nicht schaden, da dadurch die bösen Blicke abgelenkt würden. Als ich nach einjähriger Abwesenheit nach Cagliari zurückkehrte, prangten immer noch die beiden Riesenexemplare von Phalli zu beiden Seiten der Kirche.*« Winkler sah bei den 'Azâize in Ägypten am Feldrand die Lehmfigur eines nackten Mannes. Diese Figur wird sab, Löwe, genannt und muß ithyphallisch sein. Aufgestellt wird sie, um neidvolle Blicke abzuwehren. Im Gebiet des alten Koptos erinnert dieses Bild vor allem an den alten Schutzgott der Stadt und der Wüstenstraßen, an den altägyptischen ithyphallischen Erntegott Min. Ähnliche schützende und fördernde ithyphallische Figuren in Gärten, Feldern unter Bäumen kannte man bei allen antiken Mittelmeervölkern. Wo immer aber auch Darstellungen von Geschlechtsteilen als Anhänger, Broschen- und Fingerringverzierungen getragen wurden, schätzte man sie sicher auch als sexuelles, imaginatives Stimulans, als *A 697*
Aphrodisiaka und Prunkzeichen. In diesem Sinne können sie sowohl verhältnismäßig schlicht und primitiv ausgeführt sein, wie auch äußerst kostbar, wie der goldene Fingerring aus der

Zeit König Christians V. (1670–1699) von Dänemark, der aus einem Phallus und einer Hand, die ihn umfaßt, besteht. Diese Einstellung bezeugen Inschriften, wie zum Beispiel jene auf einem Eberhauer eines Uhrkettenensembles, das wohl von einem Salzburger Jäger stammt: »*Vivat! Es lebe, was die Eva hat, unterm Feigenblatt.*«

Die Gebärde, die Scham zu berühren, zu entblößen und zu weisen, um damit Übel oder Dämonen abzuwehren, läßt sich zu allen Zeiten immer wieder nachweisen. Plinius verzeichnet diese Gebärde: »*iam primum abigi grandines turbinesque contra fulgura ipse mense nudata; sic averti violentiam coeli; in navigando quidem tempestates etiam sine menstruis*«; im Picatrix heißt es, daß kein Hagel auf die Saat ringsum fällt, wenn sich eine menstruierende Frau auf den Rücken in ein Saatfeld wirft, sich entblößt und ihre Füße zum Himmel emporhebt. Die bildliche Wiedergabe dieser und ähnlicher Scham weisender Körperhaltungen wurden und werden ebenfalls als Apotropaia verwendet. Die ikonographische Ausgestaltung und kultische Zuordnung dieser Figuren ist aber schon in der Antike nicht möglich. Im alten
A 710 Ägypten und den davon zehrenden Traditionsgebieten können einige dieser meist primitiven
A 586 koroplastischen Figuren als Darstellungen des Bes oder der Beset oder von Pallakiden des Bes,
je nachdem es sich um männliche oder weibliche Figuren handelt, oder der Baubo und Jambe bezeichnet werden. Allerdings läßt sich die angeführte Körperhaltung, die meist zu einer obszönen Hockerhaltung gewandelt ist, nicht nur im ganzen Mittelmeerraum als Signum einer bestimmten Art niederer Gottheiten oder Dämonen oder als Hierophanie des Geschlechts mit den verschiedensten Bedeutungsmöglichkeiten nachweisen. Die abendländische Kunst nimmt dieses Motiv auf. In der romanischen Bauplastik stellen die mit gespreizten
A 711 Beinen Hockenden Aspekte der durch den Abfall der Engel und durch die Ursünde ge-
A 715 brochenen Schöpfung dar. Ikonographisch entwickelten sich zum Teil in phänomenal engster
Verbindung mit spätantiken Bildvorstellungen zwei Typen, von denen der eine in Gestalt eines nackten Menschen die erdhafte, chthonische Seite zu verkörpern scheint, während der andere, eine nackte menschliche Gestalt mit einem oder zwei Fischschwänzen, wohl als Survival älterer dämonisierter Fischgottheiten wie Dragon und Atargatis, die dunkle, gefährdende Seite des Wassers und des Meeres – es sei nur auf die apokalyptische Vorstellung vom meerentsteigenden Leviathan verwiesen und darauf, daß in afroasiatischen Exorzismen wie dem Zar die Safina, eine fischschwänzige Dämonin eine bedeutende Rolle spielt – symbolisiert und beide mitunter als Darstellungen der Unkeuschheit oder der Luxuria gelten.
A 713 Bildwerke und die Bildvorstellungen beider Typen gingen einerseits in die Groteskenkunst,
A 716 andererseits in die volkstümliche Glaubenswelt ein. Vor allem das einschwänzige und doppel-
schwänzige Meerweib, das durch die Melusinenerzählung und durch die naturkundlichen
A 712 Berichte von den Meermenschen seit dem hohen Mittelalter immer wieder einen sagenhaften
A 714 Impuls bekam, wurde zu einer volkstümlichen Bildgestalt, die nicht nur als Ziermotiv oder
als Verbildlichung einer mirakulosen oder sagenhaften Welterscheinung, sondern auch als Apotropaion und als Amulettanhänger in reicher Form angewendet wird. Wie aber bei allen

Amulettgestalten, zeichnen sich auch hier wieder Verbindungen zu andern als Amulett im Zauber gebrauchten Gestalten ab, so zu den Mischgestalten aus Tier und Mensch, wie Greife, Basilisken, Sphingen, Sirenen, Harpyen usw., und vor allem zum Fisch.

Im jüngeren Amulettbrauchtum gelten bestimmte Fische oder vereinfachte Darstellungen eines Fisches ganz allgemein als Glücksbringer und als Apotropaia. Die Frage, welcher Bildsinn hinter dieser Gebrauchsbedeutung steht, ist wohl kaum zu beantworten; denn der Fisch als Bildgestalt weist wohl die bunteste, vielschichtigste und irrationalste Symbol- und Sinngeschichte von allen Tieren auf. Es gab Fischgötter und Götter und Dämonen, die man sich fischgestaltig vorstellte oder in Fischgestalt verehrte; Fische galten als Verkörperung oder Manifestation göttlicher oder dämonischer Kräfte; die Fischgestalt war Zeichen und Symbol elementarer Fruchtbarkeit und als Vertreter des Meeres der sich stets erneuernden Welt; das antike Christentum schuf sich in der Fischgestalt ein Symbol Christi und des ewigen Heiles (vgl. Dölger). Der Fisch erfüllte seine Rolle als Orakeltier und Zukunftskünder; in der Volksmedizin wie im Zauber und Gegenzauber findet er ausgedehnte Verwendung; insbesondere im Liebeszauber. So weiß Frater Rudolphus von einem äußerst verwerflichen, nach antiken Vorbildern variierten Liebeszauber zu berichten: »*Drei Fischlein legen sie, eins in den Mund, das zweite unter die Brüste, das dritte an den unteren Teil* (nach einem Korrektor zu Burchard von Worms in die Vagina), *bis sie sterben; dann machen sie sie zu Pulver und geben sie den Männern in Speise und Trank.*« Hier ist die Verbindung zum Bild des Fisches als Sexualsymbol, wie es vor allem heute noch bei den Mittelmeervölkern üblich ist, wo fischgestaltige Amulette allgemein gebraucht werden, offenkundig. M. L. Wagner und Kriss/Kriss-Heinrich bringen zahlreiche Beispiele dafür, daß die Fischgestalt sowohl als Faszinans wie als Glücksbringer und Abwehrer des bösen Blickes und sonstiger zauberischer Einwirkungen – wie übrigens auch bei höhnenden, beschimpfenden und fluchenden Redewendungen – ein Synonym für Phallus gleich der Hand, der Fünfzahl und dem Horne sein kann. Dieser Bildsinn mag bei den Anhängern in Fischform seit vorgeschichtlicher Zeit wirksam gewesen sein. Daneben müssen aber auch noch andere Symbolkombinationen möglich gewesen sein; so vor allem in Altägypten, wo einerseits der Fisch und das Fischefangen in einem Liebeslied des Mittleren Reiches als Symbol der Liebe besungen wird und wo der Fisch teils als unrein tabuiert war, andererseits im Kult der Götter im Osiriskreis geopfert wurde, weil Fische – der Oxyrhynchos und Lepidotos – den Phallus des Osiris verschlungen haben. Es ist also denkbar, daß hier die Fischanhänger einerseits primitive Amulette mit einem nekromantischen Anstrich, andererseits Liebesamulette und dann Devotionalien aus dem kultischen Bereich waren. Vorwiegend als Devotionalien müssen wohl die zum Teil in kostbarem Material ausgeführten Fischanhänger im Bereich der syrisch-phönizischen Kultur betrachtet werden, wo der Fisch ein heiliges Götterzeichen – der Atargatis, des Baal Hammon, der Tanit usw. – und Symbol des Lebens war. Es kann kein Zufall sein, wenn in diesen Bereichen heute noch das Bild des Fisches als Glückszeichen und Apotropaion besonders geschätzt wird.

INRI
Ain gebet Sixti des
fierden papst
fur die pestilenz.
Durch das zaichen thau T von der pestilenz
vnd hunger erlöß vns ihs xpe. das ist der
sighaft tytel. ihūs T nazarenus ain küng der
iuden Cristus ist kūmē im frid vnd got ist
werden mensch ihūs T Amen. Sprich .v. pr̄
nr̄. vnd .v. aue maria. xl. tag applas.

265 *402*

402 *Pestblatt mit dem hl. Sebastian, der durch das Spruchband »O Gott verzeih dem Volke« als Fürbitter dargestellt ist. Im Text werden die machtvollen Zeichen und Siegel wie INRI, IHŪS, XPC und T verwendet. Der Text: »Durch das Zeichen thau T von der Pestilenz und Hunger erlöst und in XPC (Christus) das ist der sieghafte Titel IHŪS (Jesus) T nazarenus ein König der Juden. Christus ist gekommen in Frieden und Gott ist geworden Mensch IHŪS T Amen.« wurde auf Papst Sixtus 1471–1484 zurückgeführt. Kolorierter Holzschnitt, Schwaben um 1480. München Bay.St.Bibl. H 182*

403 *Anhänger aus rotem Stein. Auf der Vorderseite ist ein nackter Mann mit erhobenen Armen und einer Gebets- und Bittgebärde von zwei Löwen flankiert dargestellt (Daniel in der Löwengrube). Auf der Rückseite ist eingraviert: das T-Zeichen mit einem Ring darüber und die Inschrift* εἷς Θεός *und IHC. 4. Jahrhundert, Ägypten (?). H 43. Royal Ontario Museum of Archaeology, Toronto C 1163*

404 *Goldener, mit Karneolen, blauer und grüner Paste ausgelegter Anhänger. Dieser Anhänger wurde um die Fesseln geknüpft in dem Glauben und in der Hoffnung, daß er Heil und Segen sichert. Um 1850 v. Chr. H 22. New York, Metropolitan Museum*

405 *Zweigeschlechtige Fruchtbarkeitsgötter. Kalksteinrelief aus der Grabanlage des Königs Sahure in Abusir, 5. Dyn., um 2450 v. Chr. Nach Pantheon 1963, 275. Androgynie und Anchknoten verbildlichen die Dauer zeugenden Lebens.*

406 *Grabplatte aus Badari. Koptisch, 6. Jh nach Guy Brunton Qau and Badari III Tafel LVI, 5 Text S. 31*

407 *Grabplatte aus Badari. Ende 5. bis Anfang 6. Jh nach Guy Brunton, Qau and Badari III*

408 *Runenstein von Aby, Gemeinde Västermo, Södermanland, 10./11. Jh. Die Inschrift lautet: »Asmund und Fröbjörn ließen mit Siegesrunen geschmückte Denkmäler über Härbjörn, ihren Vater, erheben.« Die Ritzung befindet sich auf der leicht nach vorne geneigten Fläche eines erdfesten Steinblockes, 177 cm hoch. Das T-förmige Zeichen mit dem Antlitz darüber hat die Form des Thorshammer, der aber sonst mit dem Querteil nach unten hängend dargestellt wird, wie auf dem Stein von Stenkvista. Von dieser Darstellung aus läßt sich der Synkretismus von Hammer und Kreuz verfolgen. Das Antlitz über dem*

406

407

403

404

408

405

409

410

T-Kreuz entspricht den frühen nordischen Darstellungen, in denen Kreuz und Kruzifixus formal miteinander verschmolzen erscheinen, wobei der Kruzifixus körperhaft das Kreuz überdeckt, wie z. B. auf dem Kreuzanhänger von Birka

409 410 Holzschnitte aus Inkunabeln, 2. H. 15. Jh. Nach Schramm. In **409** hängt der Kruzifixus am T-Zeichen, in **410** hat das Kreuz in den Händen Gottvaters T-Gestalt. Zur christologischen und ekklesiologischen Bedeutung des T-Zeichens von der Spätantike bis in das hohe Mittelalter vgl. Hugo Rahner Symbole der Kirche 1964

412

413

414

415

416

411

421

419

418

420

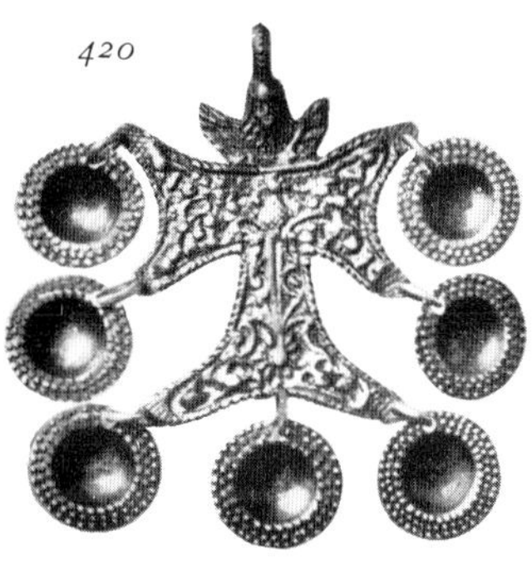

422

411 *Silberne Scheibe mit der Darstellung der Gregoriusmesse (Blutwunder) und des T-Zeichens links unten. 16. Jh GN KG 277 Dm 55*

412 *Hans Holbein. Bildnis seiner Frau mit Trinitäts-T-Ring als Halsanhänger. Um 1520. Paris Louvre. Vgl. P. Pieper. Auf Bildern aus der 1. Hälfte des 16. Jh sind öfters diese Anhänger dargestellt, z. B. auf einem Muttergottesbild des Hermann tom Ring, um 1550, Landesmuseum in Münster und auf einem Bilde der Muttergottes mit nacktem stehenden Kind, Albrecht Altdorfer zugeschrieben (Pantheon 2 1932)*

413 *Trinitätsthauring. V. S. PATER FILIUS SPIRITUS UNUS DEUS. R. JESUS MARIA JOSEPH. Zinn, deutsch, 17.–18. Jh BN 31/276 Dm 28*

414 *Trinitätsthauanhänger. V. PATER FILIUS SPIRITUS UNUS DEUS. R. FRANCISCUS. JESUS MARIA JOSEPH. Papier verglast, deutsch 17. Jh K KR 117 Dm 30*

415 *Thau-Anhänger. V. TETRA * GAMAT. INRI. R. ANANNI * SAPTA * DEI. Silber, deutsch 17./18. Jh K KR 119 Dm 19*

416 *Rochussiegel. Pestamulett. V. SIGNUM ROCHI CONTRA PESTEM PATRONUS INRI ADONAY ELENV ECHAT AGLA. R. hl. Georg. Gebrauchsort Brixen 16./17. Jh Dm 37. Zu den Abb. 413–422 vgl. Münsterer*

418 419 420 *T-kreuzförmige Anhänger aus Skane und Smaland, Südschweden. Silber, vergoldet. Vor allem als Brautschmuck getragen. 17./19. Jh H 75, 90, 82. Stockholm, Nord. Museum*

421 *Thaukreuz mit großem Ring. Silber. Deutsch. Vor 1800. K KR 121 H 41 (ohne Anhängeröse)*

422 *Ordenszeichen der Antoniter. Silber mit blauem Email. Deutsch 15./16. Jh K KR 118 H 50*

423 *Lucas Cranach d. Ä. Kurfürst Johann der Beständige 1526. Ausschnitt. Dresden, Staatl. Gemäldegalerie. In der Verwendung mit den Fingerringen am Halsband zeigt sich, daß das Antoniter-T nicht oder nicht nur als Ordenszeichen, sondern auch als Amulett getragen wurde*

424 *Im Frauenhaus. Der Mann trägt an einer schweren Halskette das Antoniterkreuz mit Antoniusglöckchen. Oberdeutscher Schrotdruck um 1480*

425 *Kreuz mit Zachariassegen als Mittel gegen Pest, Hexerei, Sturm usw. Umgebung Traunstein, 17./18. Jh Messingbronze K KR 17 J 114*

426 *Hölzernes messingbeschlagenes Kreuz nach dem Typus des Reliquienkreuzes von Caravaca mit den Arma Christi und Marienmonogramm. Gebrauchsort Land Salzburg 17./18. Jh*

427 *Doppelbalkiges Kreuz nach dem Reliquiar von Caravaca. Silber. Das Kreuz ist hohl, der vordere Teil abklappbar. Offensichtlich war es dazu bestimmt, Reliquien oder Eulogien (geweihtes Wachs usw.) aufzubewahren, BN 30/715 L 80 1. H 17. Jh*

428 432 433 *Valentinkreuze. Der hl. Valentin ist Patron für Krüppel und Helfer in Epilepsie und Krankheiten mit konvulsivischen Erscheinungen. Kleine Kreuzchen, auf die sein Name geschrieben ist, wurden – meist geweiht – als Apotropaia in entsprechenden Anliegen getragen.* **428** *Bronze K KR 125 17. Jh H 30.* **432** *Silber K KR 126 16./17. Jh H 20.* **433** *Vernickelt K KR 124 19. Jh aus Bad Reichenhall H 19*

429 *Benediktuspfennig. Silber. 17. Jh BN R 2235 Dm 14 Vgl. Abb. 393 ,,In der Schrift von Prosper Gueranger, ,,Bedeutung, Ursprung und Privilegien der Medaille des hl. Benedikt'' (Deutsch-Einsiedeln 1861) sind die Wunderkräfte der Medaille aufgezählt, daß sie alle Zaubereien abwehrt, Tiere von Seuchen befreit, Gift zerstört, vor Pest, Steinleiden, Seitenstechen, Fallsucht, Blutspeien, Feuer schützt, zur leichten Entbindung verhilft, und alle Einwirkungen des Teufels entkräftigt... Man trägt sie auf der der Brust, legt sie in die Geldbörse und hängt sie an den Rosenkranz, vergräbt sie unter der Schwelle des Hauses und des Stalles, hängt sie an die Wiege des Kindes, an den Rührkübel (Drehbutterfaß), an den Glockenriemen der Kühe, gräbt sie an vom Hochwasser oder Lawinen gefährdeten Stellen mit dem Antlassei ein, usw.'' Andree-Eysn 126. Vergl. A393*

423

425

430 431 *Ulrichskreuze (17./18. Jh) wurden als Weihenmedaillen und Wallfahrtsandenken am Grabe des hl. Ulrich in Augsburg ausgegeben. Wie Caravacakreuz, Scheyrerkreuz, Benediktussegen wurden die Ulrichskreuze vielfach zusammen mit Ulrichserde und Ulrichswasser als Schutz- und Heilmittel gebraucht, oder wie in Schwaben gegen Mäuse und sonstige Schädlinge in die Erde vergraben*

434 *Haussegen (Südd. 18. Jh), genannt »glückseliges Hauskreuz«, mit doppelbalkigem Kreuz, in das Initialen verschiedener Segen und Beschwörungen eingeschrieben sind, zwei Rochussiegel, mit dem Hinweis auf die heilsame Kraft des T, mit Darstellungen der heiligen Anna, Agnes, Joachim, Benediktus, Sebastian, Rochus, Anastasius, Ignatius und Florian. Im großen Mittelmedaillon sind vor dem dreibalkigen Kreuz, dem Symbol der Dreifaltigkeit, Gottvater, Gottsohn und Gottheiligergeist dargestellt. Nach der Inschrift soll dieser Haussegen vor allem Zauberei, Pest, Feuer und Sturm abhalten.*

426

427

424

428

429

430

431

432

433

434

437

435

436

435 436 *Anhängerkreuze aus dem Goldschatz von Hiddensee. Die vierfache Kreuzform ist durch drei zu einem Flechtwerk verschlungene Bänder gebildet. Die falkenköpfige Hängeöse ist ein Motiv, das sich auch auf Thorshämmer findet. 10/11. Jh L etwa 70. Stralsund. P. Paulsen. Der Goldschatz von Hiddensee 1936 56f.*

437 *Kreuz aus Kupferblech mit Siegeln und Charakteren, Initialen von Beschwörungsformeln, Sternzeichen, Sonne, Mond, verschiedenen Kreuzformen, Sechsstern mit AGLA, Scheibe mit drei konzentrischen Ringen und 24 Kreuzchen, INRJ und der Anrufung der Gertrud. Das Kreuz fand sich im Stadtarchiv von Bludenz neben einem Ratsprotokoll von 1560: »dieweil die Pest im Lande gar übel grassieret wird den Torwärtern aufgetragen, die Pestkreuze unverzüglich an die Tore zu hängen bei hoher Strafe.« Ob das Kupferblechkreuz identisch ist mit den genannten Pestkreuzen, ist nicht sicher. Bludenz, Stadtarchiv H 180. Oberer Teil fehlt*

417 *Bartholomäus Bruyn. Ausschnitt aus dem rechten Flügel des Passionsaltars, gestiftet von Arnold von Siegen, Bürgermeister von Köln, 1538 bis 1539, mit den Bildnissen der Gemahlin und einer der Töchter Arnolds. GN 876 (HG 102) H 96. Die beiden Frauen tragen Antoniterketten*

417

438

439

441

442 ▷

440

438 *Zechende Hetären, vom Psykter des Euphronios. Die Frauen tragen um den Hals, um den Oberarm oder um den Oberschenkel Bänder mit Amulettknoten oder mit verknoteten Amuletten. Leningrad, Ermitage. Nach Buschor Griech. Vasen 1940*

439 *Hermes des Berliner Andromedakraters; aus schriftlichen Zeugnissen ist zu schließen, daß im alten Griechenland um den Hals geknotete Fäden und Bänder als Glücksbringer getragen wurden. Nach Wolters 1905*

440 *Frau mit verknotetem Amulettband um Schulter und Oberschenkel. Die schräg um die Schulter gelegte Schnur ist im alten Griechenland und Rom sehr häufig. An ihr hängen vielfach eine ganze Reihe von Amuletten, meist kunstvoll miteinander verknotet. Bei Griechen und Südslawen wurden verknotete Schnüre bis in die jüngste Zeit als Amulette getragen. S. Reinach Répertoire II S. 317*

441 *Figur von einem gravierten etruskischen Spiegel mit lang herabhängendem, verknotetem Amulettband. Gerhard und Körte V Tafel 74*

442 *Kästchen mit Reliefs aus Elchschaufelplatten. Ehemals Domschatz von Bamberg, gearbeitet in Schonen oder Skane um 1000. Ähnliches Stück in der Domkirche von Camin, Pommern. BN MA 286 H 122 L 257*

443

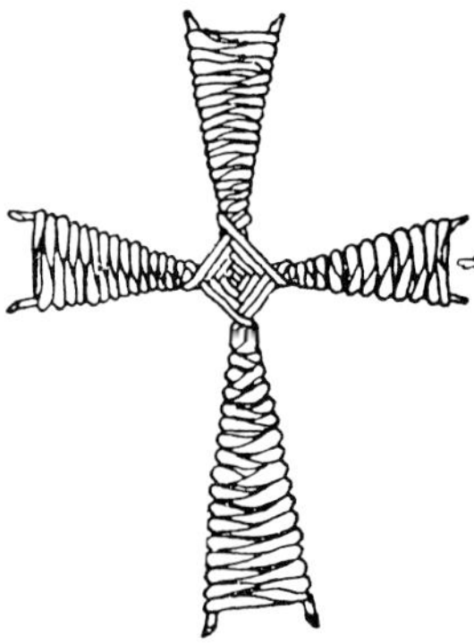

444

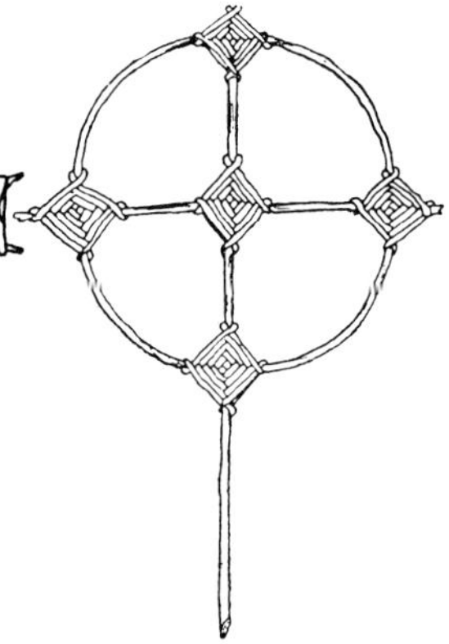

445

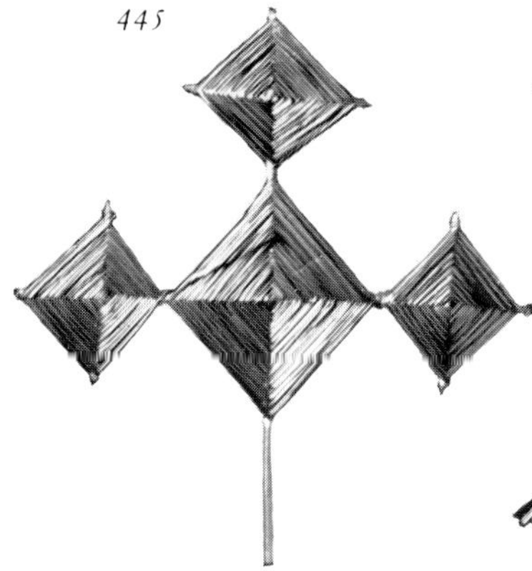

446

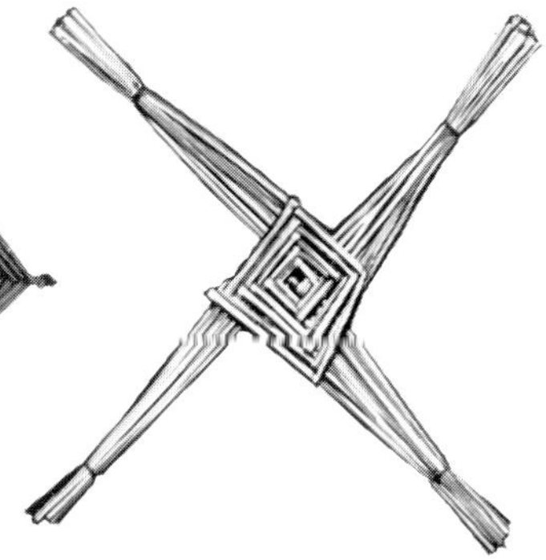

443 444 *Aus Weidenzweigen geflochtene Kreuze. Sie werden zum 3. Mai (Kreuzauffindung) geweiht und dann auf Haus-, Stadel-, Stalltüren und an den Feldrändern angebracht, um Unheil abzuwehren. Aus dem Bourbonischen (Dep. Allier u. a.). H 100–250. Nach Bernard-Gagnon.*

445 446 453 *Flechtkreuze aus Stroh, in Irland als Apotropaia in Haus und Stall gegenüber der Tür aufgehängt. H 400, 155 und 265.* **453** *Donkycross.* **445 446** *Brigittenkreuze, am Brigittentag hergestellt und für ein Jahr aufgehängt. Wegen der äußerlichen Ähnlichkeit wurde vielfach auf zentralasiatische, vor allem tibetanische Fadenkreuze, die Dämonen abwehren, verwiesen*

447 *Truden- oder Schradlgatterl. Meist aus fünf, sieben oder neun Spänen geflochten. Sie wurden im Haus aufbewahrt oder an Türen angebracht. Sie sollten gegen böse Geister, gegen Hexerei und Zauberei schützen. Die abwehrende Wirkung wurde wohl der ungeraden Zahl und den verschiedenen Kreuzungen und Verflechtungen zugeschrieben. Gebrauchsgebiet: Süddeutschland und Österreich. Länge der Späne meist zwischen 300 und 400*

448 449 *Apotropäische Knoten aus der Rinde der am Palmsonntag geweihten »Palmbäume« (Weide).. Neben diesen Formen gab es auch noch kreuzförmige Knoten. Gebrauchsgebiet: Süddeutschland, vor allem Altbayern und alpenländische Nachbargebiete*

447

448

449

450

451

452

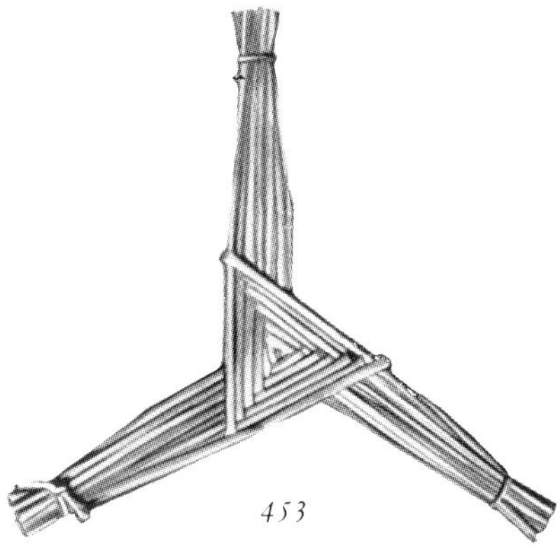

453

454

450 *Form der sogenannten Hexenstiche, wie sie vor allem an Kleidungsstücken von Kindern, Brautkleidern und Wöchnerinnen mit weißem oder rotem Zwirn angebracht wurden. Nach DG*

451 *Ernteknoten aus Getreideähren geflochten. Gegen den bösen Blick über Türen und in Wohnungen aufgehängt. Aus Kairo. K A 1535 H 240. Ähnliche Ernteknoten sind in fast allen Mittelmeerländern und bei den Südslawen gebräuchlich*

452 *Ernteknoten aus Stroh. Irland ca. 1954. K A 1366 H 82 (vergl. Paterson)*

454 *Gebäckmodel in Form eines Sechssternes mit Raute und sich damit kreuzender achterförmiger Schleife, Slg. König, Gmunden. Gebildbrote und Bildgebäcke vermitteln nach immer wieder lebendigen Vorstellungen Heil., Segen und Schutz.*

456

455

457

456 *Bauplastik aus Wannweil bei Reutlingen. Ehemals wohl Türsturz der rom. Kirche. L 1500 H 450. Zweite Hälfte 11. Jh. Links Scheibe mit mehreren ineinandergefügten Kreuzen, Drache und Aspis miteinander kämpfend. Die Doppelschwänze sind miteinander verflochten. Rechts: Basilisk und Löwe (?) versuchen einen Baum (arbor vitae in symbolischer Bedeutung) zu verschlingen*

455 *Pentagramm in Form des unendlichen sich überkreuzenden Striches. Steinplatte von einem Bau des 10. oder 11. Jh, die mit anderen Platten aus dieser Zeit im 13. Jh zur Ummantelung eines Taufbeckens benützt wurde. Split, Jugoslawien*

457 *Wiege mit Fünfstern (Drudenfuß) an der Innenseite des Kopfteiles und »Jesuswappen« (IHS), von zwei Engeln gehalten an der Außenseite des Fußteiles. BN R 1262 Zirbel und Nußbaum, dat. 1579, L 950*

466

466 *Anhängerscheibe. Dargestellt ist der hl. Georg, der den Drachen tötet, umgeben von Rankenwerk und Tieren. Mazedonien oder europäisches Anatolien. Silber, gegossen und geprägt. K A 1089 Dm 75. Rings um den Anhänger sind die in den östlichen Mittelmeerländern gebräuchlichen Amulettgestalten angehängt, die wie die Leiter, der Hase, die Hand, der Fuß (Schuh), die gemuldete Scheibe, der Schlüssel, der Frosch (Kröte?), der Hammer und die mehrfach durchlochte Scheibe (reduziertes Akanthusblatt oder Feigenblatt) seit der Antike und zum Teil seit der archaischen Zeit als Amulette – vielfach auch in Reihung an Brust- und Halsbändern – getragen wurden. Zutaten der neueren Zeit sind die Pistole und die Kaffeekanne. Die Amulettwertigkeit der letzteren ist wohl von der »Heiligkeit« der Kaffeekanne als Kultrequisit bei Weihehandlungen, Wallfahrten und Exorzismen im islamischen Volksglauben abgeleitet. Die Pistole bezieht ihre Wertung als Amulett von ihrer Gestalt als Phallussymbol und von der allgemein verbreiteten Anschauung, daß durch Schießen Dämonen vertrieben werden.*

458 *Votivtafel aus Stadeleck. 1675. Der Votant liegt in einem Bett, an dessen Fußteil ein »Drudenfuß« angebracht ist. K V 53 H 265*

459 *Schuhleisten aus Nordfriesland mit Sechsstern, Wirbelrad, Zirkelschlagrosette in Kerbschnitzerei. Schuhleisten dieser Art wurden auch in Dänemark und Schweden verwendet. Schleswig-Holst. Landesmuseum. Inv. Nr. 15/63, dat. 1794*

460 *Lampendeckel mit Schlangenknoten aus zwei Schlangen. Tello, etwa 2200 v. Chr., aus Steatit. Paris, Louvre*

461 *Schlangenknoten aus einer Schlange auf dem Deckel einer Bronzekassette. In dieser Form war der Schlangenknoten in Altägypten von der 25. Dyn. bis in die Ptolemäerzeit gebräuchlich. Während im alten Ägypten die meisten Bildgestalten dieser Art einen besonderen Namen hatten, ist uns für diesen Schlangenknoten keine Benennung überliefert. L 152. London Univ. Coll. nach Petrie 98*

462 *Schlange aus Silber, deren Schwanzende pfeilförmig gestaltet ist. Amulett oder Alchimistenzeichen. Deutsch 17./18. Jh K A 169 L 73*

463 464 *Hand, eine verknotete Schlange würgend. Silber. Mittelitalien 18./19. Jh. Nach Toschi. Gegen bösen Blick, Verhexen, Malaria u. a.*

459

460

461

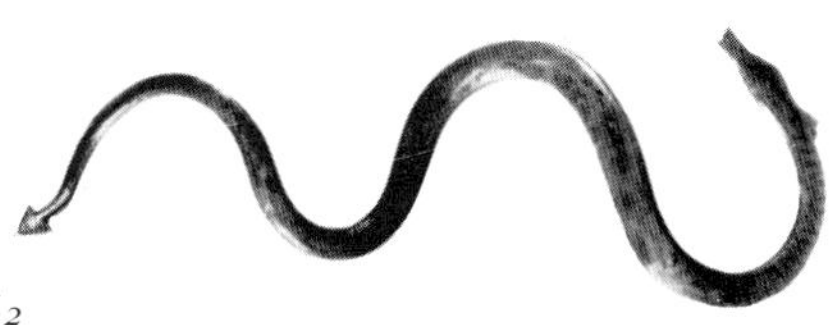

462

Alii in auxilium
adhibent ligaturas, sigilla, caracteres, imagunculas, agnum Dei, numismata, certique generis monetas: ***Die alten Franckfurter Creutz-Pfennige, Mansfeldische thaler.*** Denique alii pro amuletis habent, supellectilem rei haereditariae ***Erb-Tischtuch, Quehle, Schere, Würtel, Bürste, Messer, Loeffel, Schlüssel,*** &c. Sed melius foret, si vbique semper istarum rerum praesto copia esset, pro amuletis aduersus futuram indigentiam, desidiam, atque detestandum otium, quod hæc illicita suadent molimina.

Blumler Amuletorum historiam 1710 S. 31

464

463

458

Ao. 1675 hat georg Bauer zu Jging
Für Ihn Und sein Müetter Magdalena
gewestne Bäurin zu Jging dises Täfel versprochen
sambt einen opfer zu Unser Lieben
Frauen Von Wegen Ihrer
gehabten Kopf schmerzen der sohn
gott sey gedanckht ist daran besser wo
rden die Müetter aber ist gestorben
gott Verleiche Ihr und allen Christ
glauben Seelen die Ewig Rueh Amen

467

465

465 *Unterseite des Querbalkens mit der Hand Gottes in einer Scheiben- und Wolkenaureole und Außenseite des Ringes um die Kreuzvierung vom Kreuz in Muiredach, Irland. Sandstein, 10. Jh. Die nach spätantiker Tradition dargestellte Hand Gottes bedeutet Heil, Segen, unmittelbares Wirken des Schöpfergottes und Weltenherrschers und die Erlösungstat Christi. Das ineinander geflochtene Schlangenpaar darunter, mit den maskenhaften Köpfen, bezeichnet die korrumpierte Schöpfung und den Bereich der Dämonen und abgefallenen Geister*

467 *Helgoländer Hattje (Hemdspange). In Holland hergestellt (?). Silber, 1660. Altona, Museum f. Volkskunde 1933/218 H 140*

468 *Uhrgehänge mit Amuletten aus Gold, Koralle und Bergkristall. Getragen von Erzherzog Sigismund. Wohl ital. Arbeit. 19. Jh K A 1710 L 65*

469 *Uhrkettenanhänger aus der Umgebung Traunsteins. 18./19. Jh K A 1709 L 65*

470 *Kompositamulett. Venedig etwa 1935. Silber. K A 305 L 11*

471–474 *Vier italienische Kompositamulette, Cimaruta genannt. An den Spitzen eines vielfach verästelten Zweiges aus Silber sind meist folgende Amulettgestalten angebracht: Vogel, Blume, Schlüssel, Herz, Hand mit Stab oder Flöte (?, Phallussymbol), Mondsichel, Schlange, Muschel, gemuldete Scheibe oder Muschel, Fisch, dreiteiliges Blatt, geflügelter Mensch. Die Zahl der Amulettgestalten variiert, ist aber immer ungerade (5, 7, 9, 13). Reiche Cimarutas sind auch mit Amulettsteinen, Korallen oder blauen oder roten Glassteinen besetzt.* **471** *K A 297 Florenz 18. Jh H 68.* **472** *K A 301 Florenz 18./19. Jh H 74.* **473** *K A 299 Florenz 19. Jh H 50.* **474** *K A 300 Rom 18./19. Jh H 69. Dem Namen Cimaruta ist zu entnehmen, daß in diesen Amuletten auch die Waldraute dargestellt ist. Die Waldraute gilt seit der*

468

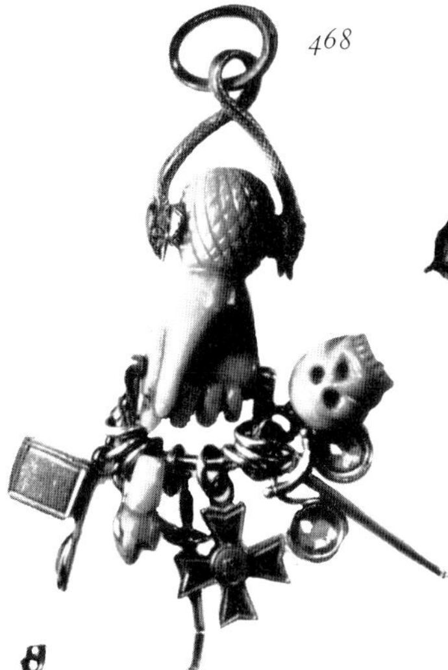

469

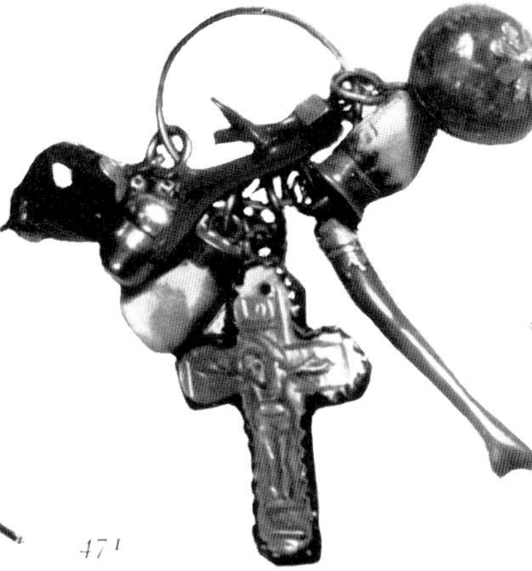

470

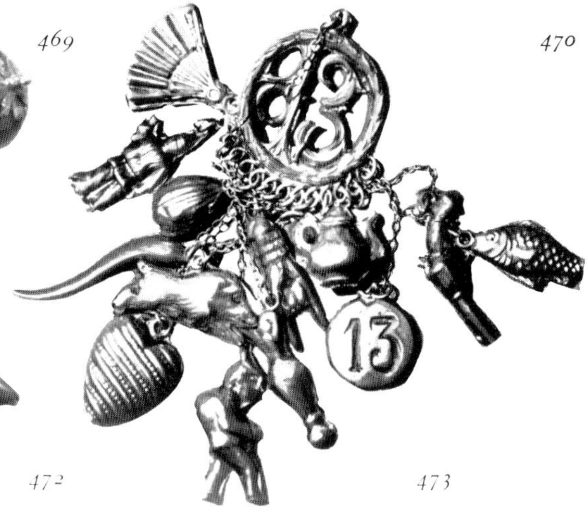

471

472

473

475

474

476

Antike als hervorragendes Heilmittel und als Amulett gegen Schlangenbiß, Skorpionstich, Kopfweh usw. Im Abendlande wurde die geweihte Rute der Raute beim Exorzismus verwendet (Dölger 5, 40)

475 *Sardinischer Anhänger mit zwei blauen und zwei roten Steinen, in der Mitte grotesker Mann, dessen Körpermitte mit einem Pfeil durchbohrt ist. Nuoro, Sardinien. K A 1601 L (ohne Kette) 45. Der Name »spurgadentes« weist auf die Vorbilder dieser Anhänger hin*

476 *Gehänge aus Sardinien. Dieser Amulettanhänger hängt als Typ mit den meist kostbar ausgeführten Ohrlöffelchen- und Zahnstocheranhänger der Renaissance zusammen. Als Amulette sind sie dieser Funktion entledigt. Cagliari, Sardinien, Silber K A 699 L mit Kette 90 (lioncorno)*

477 *Zierkamm, meist an Pferdekummet gehängt. Niederösterreich, 19. Jh K A 809 H 140 Messing*

478 *Kleiner silberner Kammanhänger. Süddeutsch. K A 1095 H 20*

479 *Liturgischer Prunkkamm aus Elfenbein, gefaßt mit Goldbändern, Rubinen und grünen Steinen. Quedlinburg, Schatzkammer der Schloßkirche. 10./11. Jh*

480 *Glückskleeblatt mit Marienkäfer, Silber modern*

481 *Weintraube. Flachrelief aus grünglasiertem Ton. Neues Reich bis römische Zeit. K AÄ 153 H 32. Wahrscheinlich Liebessymbol oder auch Liebesamulett.*

482 483 *Zwei Weintrauben aus Silber getrieben. Süddeutsch-alpenländisch. 18./19. Jh. Wurden von Frauen am Miedergeschnür oder Rosenkranz getragen. Minnegabe (?). K A 1142 L 50; K A 1143 L 55*

484–486 *Fünf Hämmerchen aus Silber und Bandachat.* **484** *K A 1051 H 20–25 Süddeutsch alpenländisch.* **485** *K A 1250 H 38 Corfu.* **486** *K A 499 H 21 Hallein*

487–489 *»Wolfgangshackeln«. Geweihte Wallfahrtsandenken aus St. Wolfgang am Wolfgangsee oder aus St. Wolfgang in der Schwindau. Meist aus Zinn oder Silber. BN 28/1793 K A 1990 A 684 L 30–40. Bilder von Beilen wurden schon in der Antike als Glücksbringer getragen. In Rom wurden kleine Beilchen mit dem Namen der Mutter den Knaben umgehängt*

490 *Miniaturbeil als Anhänger zu tragen. Amulett oder Berufszeichen? K A 228 L 95. 17./18. Jh*

491–493 *Anker aus Koralle und Silber. Getragen als Glücksbringer. Italien 18.–19. Jh K A 163 H 45 K A 1711 H 23 K A 1713 H 30*

494 *Korallenhand mit goldenem Pfeil. Florenz. Liebesamulett (?). K A 801 L 20*

495 496 *»Sebastianspfeile«. Wallfahrtsandenken, sakramentalisch gebraucht, vielfach geweiht. Aufschriften: ST. SEBASTIAN. MARTYR.ORA P(RO)N(OBIS). IHS und Marienmonogramm. Früher auch gegen Pest und andere Seuchen getragen. BN 28/1793a H 34 Bronze 18. Jh; BN 31/294 H 38 Silber 16. Jh*

497–499 *Mauererkellen und Spiegel (?). Silber und Goldfiligran. Seit der Spätantike als Glücksbringer und Apotropaia getragen. K A 1953 Silber 17./18. Jh Südd. K A 219 H 25 u. 27 von einem Armband, um 1955, Florenz*

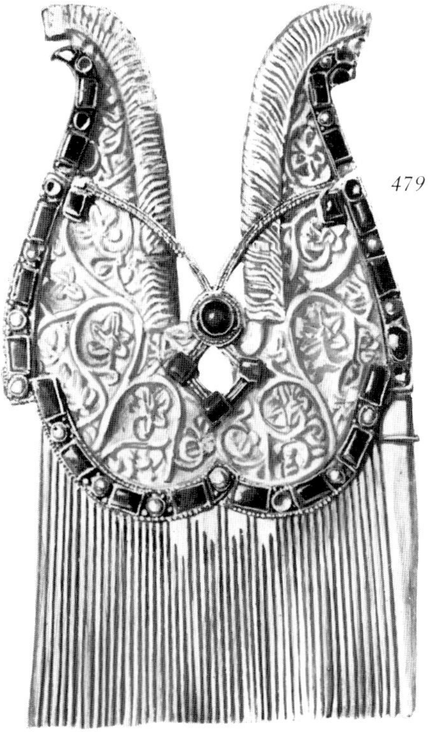

479

480

481

482

478

477

483

484 485 486 487 488 489 491 492

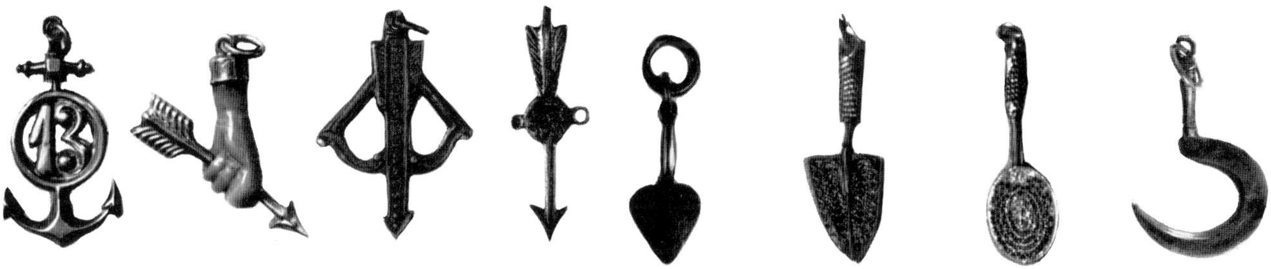

493 494 495 496 497 498 499 500

490

501 502 503 504 505 506

500 *Notburgasichel. Silber geschmiedeter Anhänger in Form einer Sichel. Tirol 18. Jh. Sakramentalisch gebrauchtes Wallfahrtsandenken aus Ebern. K A 1102 L 27*

501 *Greifenkopf aus Koralle in goldener Manschette. Florenz, etwa 1936. K A 164 L 39*

502 *Wallfahrtsandenken an die Marienwallfahrt Madonna delle Grazie, Udine, etwa 1955, in Form einer Schere in Storchengestalt. Anhängend eine kleine Medaille mit dem Gnadenbild. K A 1318 L 42*

503–506 *Verschiedene Amulettschlüssel. Von links nach rechts: südd. Fraisenschlüssel, Silber 17./18. Jh. K A 1104 L 35. Sog. Reiner Schlüssel, geweiht und ausgegeben im Kloster Rein, Steiermark, Silber 1684. K A 322 L 40. Zwei Schlüssel aus italienischen Kompositamuletten des 18. Jh*

509

508

510

507

507 *Silbernes Kompositamulett aus Korfu mit Elephant, buckligem Männlein, Herz und Kreuz und Schlüssel. Modern. K A 1247 L des Schlüssels 40*

508 *Sechs Anhänger von der Georgsscheibe A 466*

509 *Buckliger. Italienisches Taschenamulett als Glücksbringer und gegen den bösen Blick. K A 1327 H 38. Silber 19. Jh*

510 *Miniaturschlüsselbund aus Zinn. An sich Kinderspielzeug, auch als Amulett getragen. Oberbayern 19. Jh. L 105 K A 839*

511 *Fraisenschlüssel aus Silber in Filigran. Altbayern 18. Jh. K A 1520 L 55*

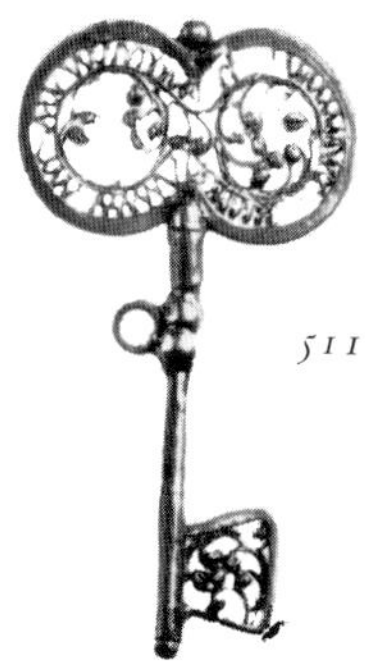

511

wiewol derselben noch mehr vñ vil seind/ so seind doch dise zwen principal ob allen anderen characteribus, pentaculis, vnnd sigillis. Wie dise nuh gemacht werdẽ/ solt jhr von dem ersten also vernemmen.

Es seind zween Triangel/ die werden creutzweiß vber eynander gezogen/ vnnd in siben spacia außgetheylt/ mit sechs außwendigen ecken/ in dieselbigen werden die sechs Bůchstaben des hohen nammen Gottes ADONAI geschriben/ vnd nach rechter ordnung gesetzt.

Aus Paracelsus »Archidoxa« 1570

512

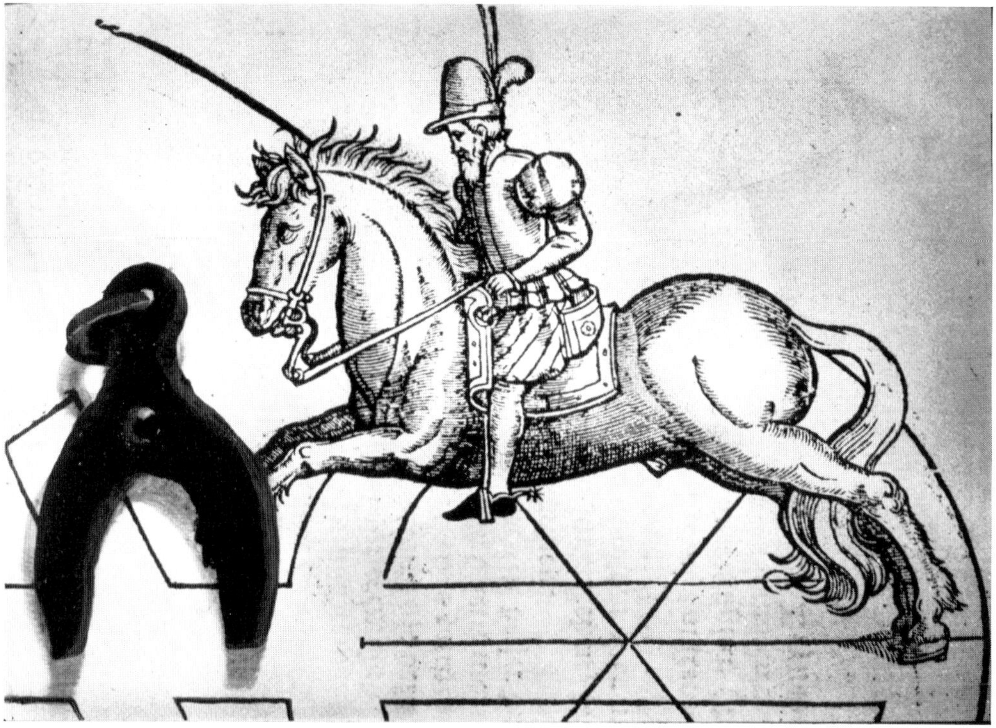

513

514

512 *Kleines geschmiedetes Hufeisen aus der Umgebung von Traunstein. K A 807 L 60*

513, 514 *Kleiderknöpfe mit facettiertem Glasstein und geprägtem Hufeisen. Bamberg 1962 Dm 34 bez. 36*

515–517 *Drei Hufeisenanhänger in Gold und Silber aus Italien, Deutschland und Korfu. K A 1268 H 15. A 448 H 16. A 1249 H 15*

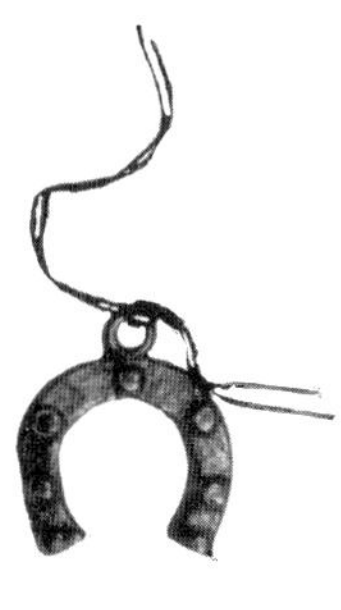

515 516 517

Daß ein Pferd schnell lauffe, auch sanfft- und lind-zaumig werde.

Sisar meldet, wann man die Huf-Eisen aus einem Eisen schmieden lässet, damit einer umgebracht worden, so machte es geschickte, ferig und wendig behende Pferde, und so man die Gebisse und Mund-Stücke daraus machet, so macht es die Pferde auch fromm, gedultig und gehorsam, wann sie gleich noch so wild oder beißig sind.

»138 Geheimnisse« 1732

521

Wunder mit dem hůfnagel
Vnd etlich die steckend nadel
Den leüten in den magen
Vnd étlich lassent iagen
Die hůnd aůff der rechten fert
Etlich seynd so wol gelert
Das sy sich mit gewalt
An nemen eyner katzen gestalt
So vindt man denn zaůbereyn vnreyn
Die den leüten den weyn
Trinckent aůß den kelleren v̄stolen
Die selben heysset man vnholen
So seynd denn étliche
Wenn sy lebend eyn leiche
Des nachtes auff die schlauffende leút
Das es in heymliche ding bedeút
Vnd vil zauberey vnreyn
Die sehent an dem schulter payn
Was dem menschen sol beschehen
Vnd etlich die yehen
Es sey nit gůt das man
Den lincken schůch leg an
Vor dē gerechten des morgens frú
Und vil die iehen man stoß der kú
Die milch auß der wammen
So seynd etlich der ammen

518 519 520

522

525

551

518 *Zu einem Anhänger gebogener Hufnagel mit eingeschlagenem doppelbalkigem Kreuz. Süddeutsch. K A 1646 L 40*

519 *Glücksnagel. Miniaturnachbildung eines Hufnagels in Goldfassung. Rom, modern. K A 1737 L 20*

520 *Fingerring oder Stockring aus einem Hufnagel. Deutsch 19./20. Jh. K A 1335 Dm 27*

521 *Aus Vintlers »Blumen der Tugend«. Vintler, der sich in diesem Buch über eitlen Wahn und Aberglauben lustig macht, erwähnt hier einen Schadenzauber mit Hufnägeln. Aus einem Augsburger Druck von 1486. Zingerle 7941-7957, 7845 ff.*

522 *Eberzahnamulett, gefaßt in einem Eberkopf aus Bronze. Eberzähne dienten u. a. zu einem Halbmond gefügt als Pferde- oder Wagenamulette. Dieser gefaßte Eberzahn kann am Pferdegeschirr oder Wagen mittels einer Öse unter der Bodenplatte befestigt gewesen sein. Römisch 3. Jh nach Chr. Bonn, Rhein. Landesm. A 184 H 130*

525 *Eber aus Bronze. Latène–zeitlich, aus Prag-Sarka. Prag. Nat. Mus. L 116*

551 *Andrea Mantegna 1431–1506. Fresco. Dekoration der »Camera degli sposi«, Mantua, Palazzo Gonzaga. Neben Mondanhängern am Geschirr trägt das Pferd auch eine lange Quaste an der Stirn.*

527

526

523 *Heliotrop, achteckig, in schlichter Silberfassung. Auf der Rückseite ist ein Skorpion eingeschliffen. 17. Jh. K A 91 L 32*

524 *Stempel zum Anfertigen von Amuletten gegen Pest, Gift, astralische Krankheiten nach Oswald Croll »Basilica Chymica«.*

526 *Holzschnitt auf der Lasche einer Spielkartenpackung, gedruckt bei Pierre Baudart, Rouen 1660 bis 1691. Paris, Bibl. Nat.*

527 *Kompositamulett mit Gamskrickl, Schwein, Hund, Feige aus Bein, Kreuz, Totenkopf und zwei Münzen. Land Salzburg. 18.-19. Jh. K A 168 H gesamt 60*

528 *Unterseite eines Skarabäus. Draufsicht* **532** *Nephrit, L 55, Neues Reich. MP. Eingeschrieben ist die Anrufung der Mutter aus dem 6. Kapitel des „Totenbuches".*

529 *Fingerring mit Skarabäus. Gold, Steatit. Dm 27. 18. bis 23. Dynastie. MP*

530, 531 *2 Skarabäen aus grauem Stein, bzw. aus Lapislazuli. L 19 und 16. 18. bis 23. Dynastie. MP*

523

524

529

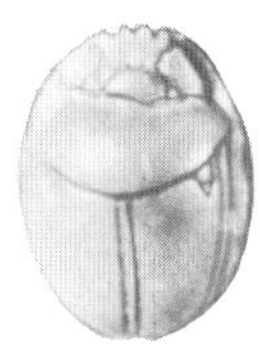

530

531

528

533

534

532

533 *Möndchenförmiger Anhänger aus Surafeh, Ägypten, genannt Aoh. Koptische Zeit. Bronze. H 30 London Univ. Coll. P 8 nach Petrie 85 n*

534 *Grabrelief aus Palmyra. Um 225. Dresden Staatl. Kunstsammlungen. »Und nicht die apotropäischen Lunulae, welche von den Frauen getragen werden, schützen vor den Dämonen unter dem Mond, sondern der Christ denkt auch beim Tragen des Schmucks an die Kirche, welche der wahre Mond ist«: habent mulieres in Lunae similitudinem bullulas dependentes, quae illuminatur Sole justitiae. H. Rahner 169, Hieronymus, Isaiaskommentar 2 (PL. 24, 70 D)*

535

535 *Kämpfende Amazone, deren Pferd einen Mondanhänger am Brustgeschirr trägt. Amphora von Concesti, Moldau. A. 7. Jh. Leningrad, Eremitage.*

536 *Handzeichnung von Jacopo Bellini, geboren um 1400 in Venedig. Paris, Louvre. Das Pferd trägt auf der Stirn einen Mondanhänger*

537 *Pferdekummet für ein Schlittengespann mit Löwenköpfen und Türkenmond. Alpenländisch (?) 18./19. Jh Offenbach, Ledermuseum*

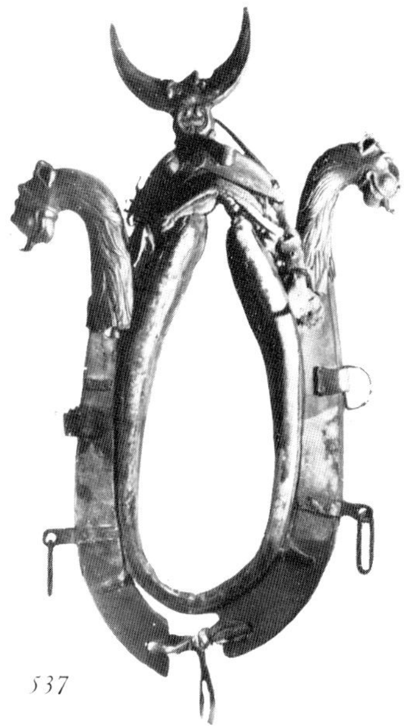

537

538

539

536

538 *Phantastisches Gebilde aus Tierleib, Menschenantlitz, Sonnenstrahlen und zwei menschlichen Armen. Silberner Anhänger aus Italien gegen den bösen Blick. Nach Toschi 536. 18. Jh*

539 *Kröte mit Mond aus Scamo (Abruzzen). Silber 18. Jh K A 906 H 35*

540
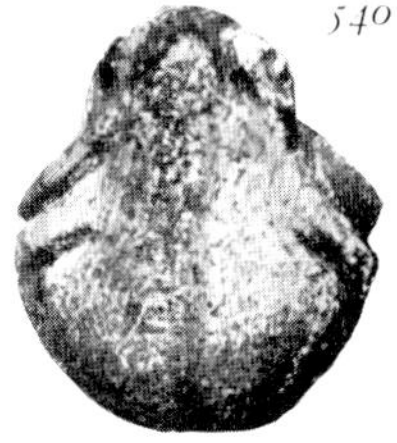
545

541
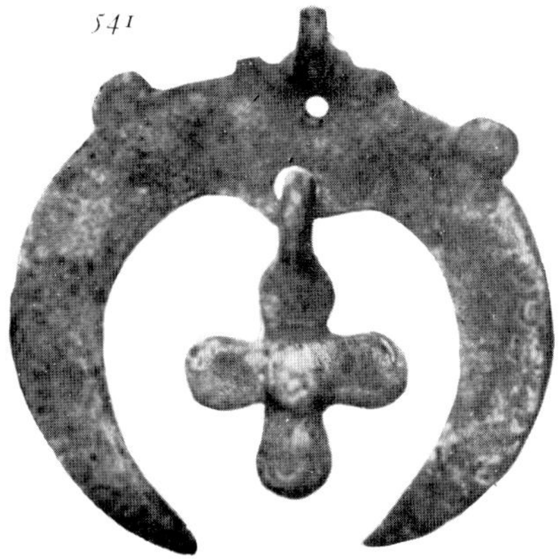
542

543

546 547 548 549 550
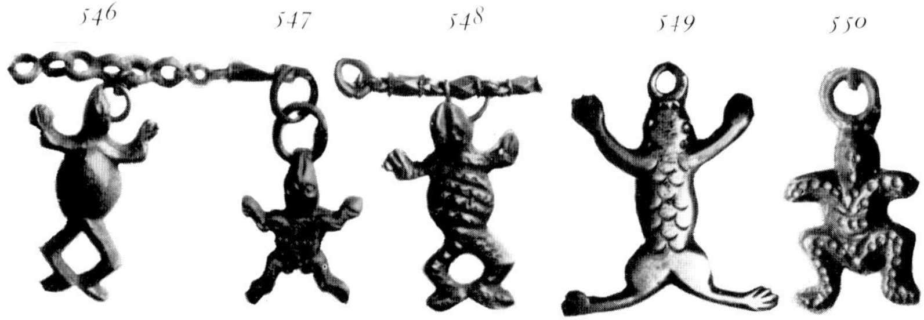

540 *Frosch aus Stein. Altägypten XII. Dyn. H 35 Frösche dieser Art wurden hergestellt aus Feldspat, Ton, Jaspis, Glas, Lapislazuli, Karneol, Bronze, Bergkristall, Serpentin, Steatite, Diorite, Haematit, Chalzedon, Gagat, Amethyst, Porphyr, Marmor, glasiertem Ton, Elfenbein und Muscheln. Man fand sie am Hals, auf der Brust, am rechten Arm und auf dem unteren Teil des Leibes*

541 *Mond mit Blume aus Silber. Gefunden in Gurob, Ägypten. Röm. Zeit, nach Petrie 85. H 64. Die vierblättrige Blume wird zu einer sehr häufig verwendeten Amulettgestalt in den Mittelmeerländern. Vielfach wird sie als »Rose von Jericho« gedeutet. In Mitteleuropa wird sie zum vierblättrigen Kleeblatt*

542 *Anhänger aus rotem Leder, blauen Perlen und Eberhauern für Esel. Saloniki 1959. H 122. SM*

543 *Halbmondförmige Anhänger aus Goldblech, teils mit reichem Filigran verziert. Der linke trägt einen Karneol. Aus den Königsgräbern von Sacrau, Kr. Öls, bei Breslau. 1. Hälfte 4. Jahrhundert. Pontisch-germanische Arbeit. Mondförmige Anhänger fand man seit der römischen Kaiserzeit von Nordafrika und Kleinasien bis nach Skandinavien*

544 *Mondamulett aus Eisen, mit kreuzförmigem Durchbruch und innen angehängter Faust. Wie in Italien, so wird auch in Spanien der »spitze Mond« besonders von Kindern gegen alle Folgen »schlechter Lüfte« bes. Fieber und Epilepsie, dann natürlich auch gegen den bösen Blick getragen. Madrid, Museo del Pueblo Español No. 8383 H 70*

545–550 *Frosch- und Krötenanhänger aus dem Kaukasus, aus Italien und Land Salzburg 18.–19. Jh. H etwa 25*

603 *Antlitz Christi. Kolorierter Holzschnitt, Südd. um 1480. Mü. BStB H 282*

603

544

556

552 *Engel mit Möndchen. Mittelitalien, modern. Silber. K A 308 H 32 Amulett für Kinder*

553, 554, 555 *Süd- und mittelitalienische, meist aus Bronze gefertigte Mondanhänger. In dieser Form werden sie vor allem als Zug- und Reittieramulette gebraucht. 553 und 555 nach Toschi. 554 K A 385 H 60*

556 *Paolo Uccello 1397–1475. Aufbruch zur Jagd, Ausschnitt. Oxford Ash. Museum*

557 *»Sonnenwagen«. Moorfund von Trundholm im Odsherred. Mittlere Bronzezeit, um 1000 v. Chr. Die Deutung der Scheibe als Sonne wird unter Hinweis auf bronzezeitliche Raddarstellungen in Felszeichnungen weithin angenommen. Es ist wahrscheinlich, daß der Wagen als Kultbild Verehrung genoß. Vgl. Brondsted. Nat. Mus. Kopenhagen*

558 *Mangelbrett mit pferdeförmigem Griff mit Wirbelrädern und Sechsstern in Kerbschnittechnik. Nordfriesische Westküste, datiert 1781. Schleswig-Holst. Landesmuseum, Inv. Nr. 1902/76 L 645*

559 *Wandkasten mit Fünfstern, Sonne, Mond und Pferd auf Schiebedeckel. Schleswig-Holsteinisches Landesmuseum Inv. Nr. AB 1920 L 400 19. Jh*

Beschreibung des astralischen Sonnensiegels aus Israel Hiebners „Mysterium" von 1651 (vergl. 351, 353)

Zweydte Heilung aller Kranckheiten durch die Himmlische Influentz, mit Hülf d 7. Sigillen aus den Metallē und Edelgest:

Beschreibung des vierdten Metalls Goldes oder des Siegels Solis, wie selbiges zuzubereiten und wieder alle Solarische Kranckheiten nützlich zugebrauchen.

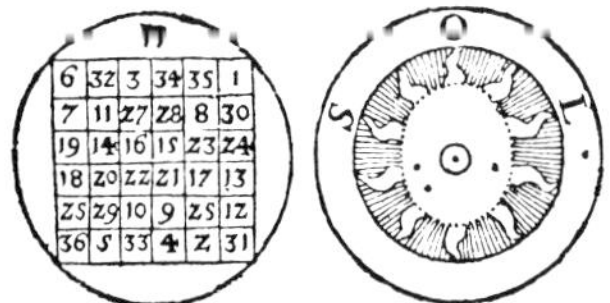

Purgatio ☉

Laß 3. Theil fliessen/ und wenn er im Fluß stehet/ so wirff part. 1. ☉. zu/ laß es mit e. a. ⅛. einer ♃ im △ stehen und wohl treiben/ alsdenn in eine warme fette Gießpockel gegossen/ klopffe daran/ so fällt das ☉. zu grūde/ und scheidet sich alle Unreinigkeit ab/ jedoch bleibet noch etwas wildes von ♂ beym ☉/ dieses ☉ giesse noch 3. mahl durch den ♂/ setze ihm alsdenn ein wenig des besten ♄. zu/ und treibs auff einer Treibscherben durch/ denn blaß davon/ setze das abgetriebene ☉ in einen newen Tiegel mit ein wenig Borras, schmeltze es/ so ist das Gold linde und zu diesem Werck gerecht.

Kürtzere Beschreibung der Purgation oder Absäuberung ☉ ex Theophrasto.

DAs ☉/ so es dreymahl per Antimonium gossen/ und nachmahls durch ♄. abgetrieben und geleutert wird / bedarffs sonst keiner andern Purgantz mehr. Allein/ daß es gantz dünne geschlagen und in Saltzwasser 24. Stunde geleget/ und darnach mit einem saubern Tuch getrucknet werde/ alsdenn behalten/ bis zu der Pregung antretender und beqvemer Solarischen Influentz-Zeit.

Configuratio.

Von solchem gereinigten und geleutertem Golde muß man ein Siegel/ wie vorgeschriebene Figur zeiget/ giessen/ auff dessen einer Seiten das hellflammende Corpus Solis, in dem Corpore der Character ☉/ und umb erwehntes Corpus das Wort oder Nahme SOL, auff der andern Seiten die Zahlen von 1. bis uff 36. inclusivè in einem Qvadrat/ der Gestalt als vor Augen gestellet/ verwechselt und gesetzet stehen müssen/ also/ das solche Zahlen uff allerley Art/ so in die Länge Breite/ als Creutzweise etc. addiret, in der Summa 111. heraus gebracht werde; über diese in Qvadrat ordentlich eingeschlossene Zahlen/ ist zu letzt der Hebreische Buchstab ה zusetzen.

Impressio.

Gleich wie nun mit der vorigen Planeten Siegels Pregung verfahren worden/ also muß es auch hier mit dem Sigillo Solis bey Einsenck- oder Einschneidung der Figur und Zahlen Solis ergehen / und zur angetretenen guten Solarischen Influentz gepreget werden.

Usus.

Dis Solarische Siegel nun/ so es gebührender Weise bereitet/ in ein goldgelb seidenes Tüchlein eingenehet und an Halß/ so daß es die blosse Brust anrühre/ gehenget wird/ dienet es dem Gesunden zur Ablehnung und dem Krancken zur Vertreibung aller bevorstehenden oder bereits eingeschlichenen Solarischen Kranckheiten/ die meistentheils fol. 5. benamd zu finden seyn.

552

553

554

555

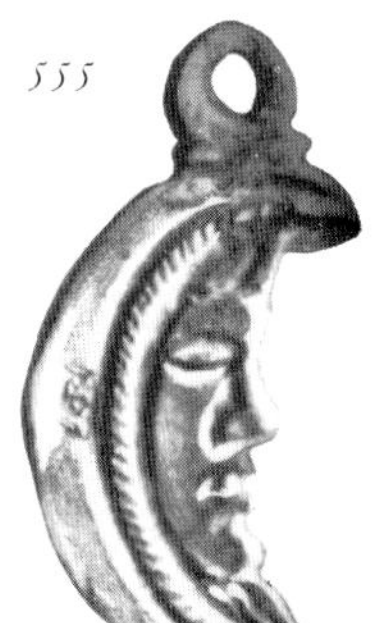

557

558

559

Oculis affectis amuleta succurentia 252.
canis nigri canes arcet 55
Leonis bestias fugat 57.
Lupi dexter gestatus fugat feras & per medios hostes transire facit 54.

Jakob Wolff 1617: aus dem Sachwortregister

570

560 *Augenschale des Exekias. Innen die Meerfahrt des Dionysos. München, Ant. Slg.*

561–564 *Uzat-Augen aus blauglasiertem Ton, 18. Dynastie H 42; aus Silber, durchbrochen, 12. Dyn. H 13; grünglasiert H 22; grün und blau glasiert H 62*

565 *Augenamulett mit 28 Augen. Ton, grün und schwarz. H 57. Altägypten. Nach Petrie 140 j*

566 *Sogenannte Kenter Brosche aus Sarre. Fibel mit en cabochon gefaßten Steinen. Die einzelnen Zellen bestehen aus vergoldeter Bronze und umschließen rote Almandine und sparsam verteilte grüne und blaue Glaspasten. Besonders auffallend ist die en cabochon Einsetzung eines Steines auf eine buckelförmig vorgetriebene weiße Masse von unbekannter Art (jetzt meist als Meerschaum aufgefaßt). British Museum, Dm 70. 1. Hälfte 7. Jh*

567 *Augenamulett. Italien 16. Jh. Auf einer goldenen Scheibe mit Filigranauszier ist ein Auge aus weißem und rotbraunem Achat gefaßt. Dm 50. Hamburg Museum für Kunstgewerbe*

568 *Modernes Augenamulett aus Tinos mit Medaille des marianischen Gnadenbildes. Blaues, gelbes, weißes Glas. K A 1241 L des Gehänges 40. Wird besonders Kindern gegen den bösen Blick umgehängt*

569 *Augenamulett aus Rhodos in silberner Fassung mit kleinem Kreuz. Aus blauem, gelbem und weißem Glas. Modern. K A 1246 Dm 25*

570 *Aquamanile in Gestalt eines Reiters. Ziergehänge mit herzförmigen Anhängern. Bronze. 13. Jh. New York. Metrop. Mu. (Coll. Lehmann)*

560

568

561

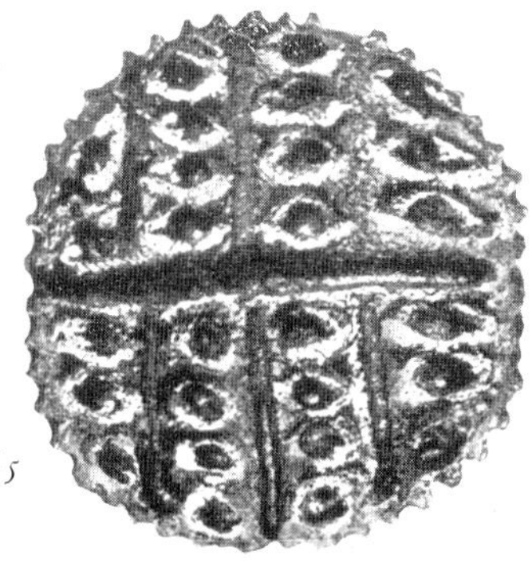
565

562

569

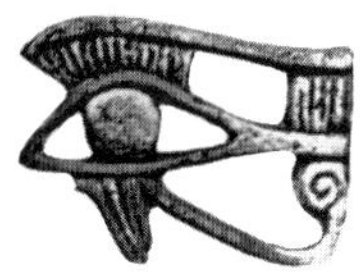
563

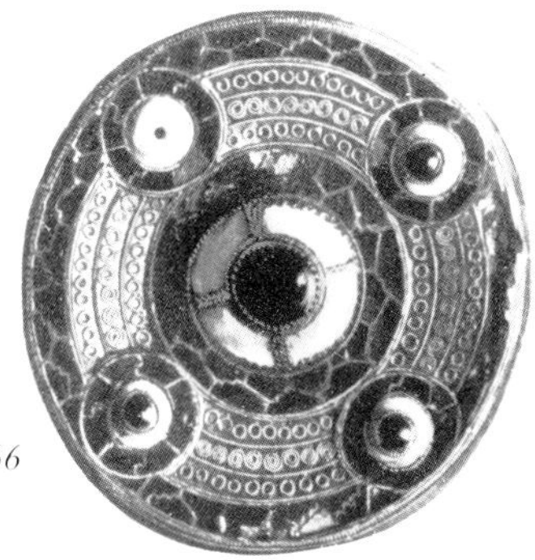
566

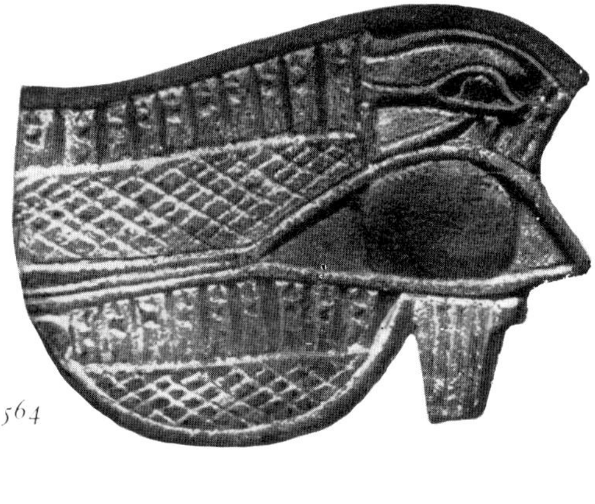
564

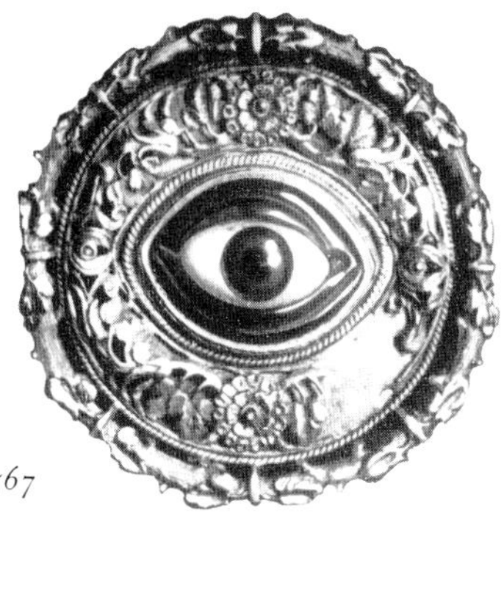
567

571

572

573

574

575

576

577

571 *Lucas Cranach d. J. Bildnis der Frau von Minckwitz mit zahlreichen Ringen und herzförmigem Anhänger. 1543. Stuttgart, Staatsgalerie, Inv. Nr. 631*

572 *Herzförmiger durchlochter Kieselstein mit Gebrauchsspuren. Mit anderen ähnlichen Lochsteinen gefunden in einem Schutthaufen nördl. von Rosenheim. BN 35/260 H 75. Natürlich duchlorchte Steine galten auch als hervorragende Hausamulette, vor allem gegen Blitzschlag und gegen die Trud*

573 *Bronzeherz mit griechischen Inschriften. 3./4. Jh. V. u. a. in der Mitte Bes, doppelköpfig. Links unten »ΑΒΛΑΝΑΘΑΝΑΛΒΑ« und »ΑΚΡΑΜΜΑΞ« Horus auf dem Krokodil; rechts »ΙΑΩ« und »ΑΒΡΑΣΑΞ«, »CΑΒΑ«. R. oben ΙΑΩ ΙΗCΟΥC, in der Mitte Horusknabe auf dem Lotus, links davon ithyphallischer Mann mit erhobenen Armen, beide in der Horusbarke. H 80. Bronze. Petrie 135 aa. London, Univ. Coll.*

574 *Riech- und Gewürzdose von der Nordseeküste in Herzform. Silber vergoldet um 1720 H 45 MP*

575 *Herzförmige Kapsel. V. Nackter Jesusknabe umgeben von den »Waffen Christi«. R. IHS und ebenfalls Leidenswerkzeuge. Schwaben. Messing 17. Jh. KA 531 H 45*

576 *Herzförmige Kapsel mit zwei im Herz sich kreuzenden Pfeilen und einer zur Hälfte eingedrungenen Säge. Zwei gewölbte Deckel über einer Trennwand. Vordere Schale ist dreimal rosettenförmig durchbrochen. Hintere Schale weist vier Gefache auf. Silber, innen und außen vergoldet. Süddeutsch 18. Jh. KA 798 H 25*

577 *Herz aus Steinbockhorn mit Goldbeschlag. 18. Jh. Liebesunterpfand oder Liebestalisman. Seit dem 18. Jh sind in edlen Metallen ausgeführte Bilder von Vorhängeschlössern und Schlüsseln ein beliebtes Unterpfand der Liebe. Land Salzburg. MPr. H 32*

578 *Ein eisernes und ein bronzenes Glöckchen aus Illahun und Gurob, Altägypten. Ab der 26. Dyn. (7. Jh) lassen sich Glöckchen als amulettwertige Anhänger feststellen, vor allem als Kinderamulette. London Univ. Coll. und Petrie 5. H 52 62. Nach Petrie 124*

579 *Weihbuttermodel aus Land Salzburg. Dargestellt ist das Gnadenbild von Filzmoos, ein Jesukind mit einem Glöckchen in seiner linken Hand. Diese Glocke ist wohl eine Übertragung des Loretoglöckchens. Slg. König, Gmunden*

580 *Glöckchen vom Loretokloster in Salzburg aus Zinn mit der Aufschrift »St. LORETO«. Gebrauchsort Wien. 19. Jh K A 817 H 45*

581 *Gewitterglöckchen (Hexenglöckchen). Glöckchen dieser Art wurden an einigen großen Wallfahrtsorten als »Geweihtes« abgegeben. Gebrauchsort Land Salzburg, 18. Jh. K A 1664 H 40*

582 *Zwei Glöckchen, Wallfahrtsandenken von Loreto, Italien. Modern. K A 392 H 92 und 40*

583 *Darstellung einer Zauberglocke mit Planetenzeichen aus einem französischen Zauberbuch des 18./19. Jh. Paris Bibl. de l'Arsenal Ms. 3009. Nach Givry 176*

584 *»Wetterglöckchen aus dem Nachlaß (1673) der Kaiserin Margarete, der Gemahlin Leopolds I. Die Glocke wurde der Kaiserin »wegen Wötter« von der »Königin« – wohl ihrer Mutter Maria Anna von Spanien – geschickt. Gold, mit Smaragden und Perlen besetzt. Spanische Arbeit um 1600 (?). München, Schatzkammer in der Residenz 634 H 87*

585 *Bildnis des Infanten Philipp Prosper 1659. Diego Rodriguez de Silva y Velasquez 1599–1660. WKM Inv. Nr. 319 1285 x 995. Am Schulterband hängt ein Riech- und Gewürzbüchslein und – auf der Schulter – eine Gagatfeige (?), am Schürzenband eine Koralle, eine goldene Glocke und eine Jadekugel. Über Kinderporträts mit zahlreichen Amuletten vgl. Baroja Catalogo 1945*

578

583

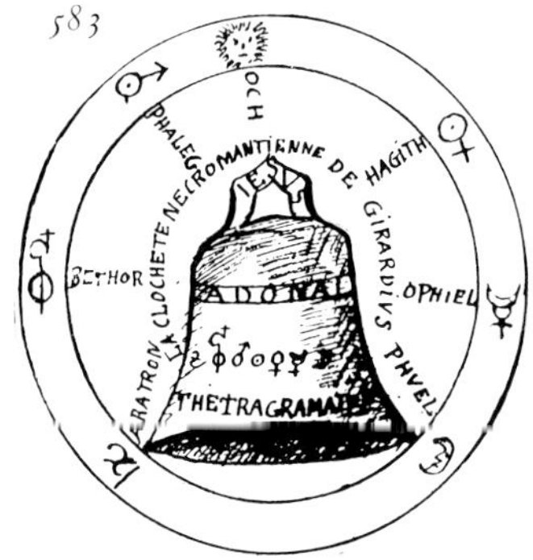

581

582

580

584

579

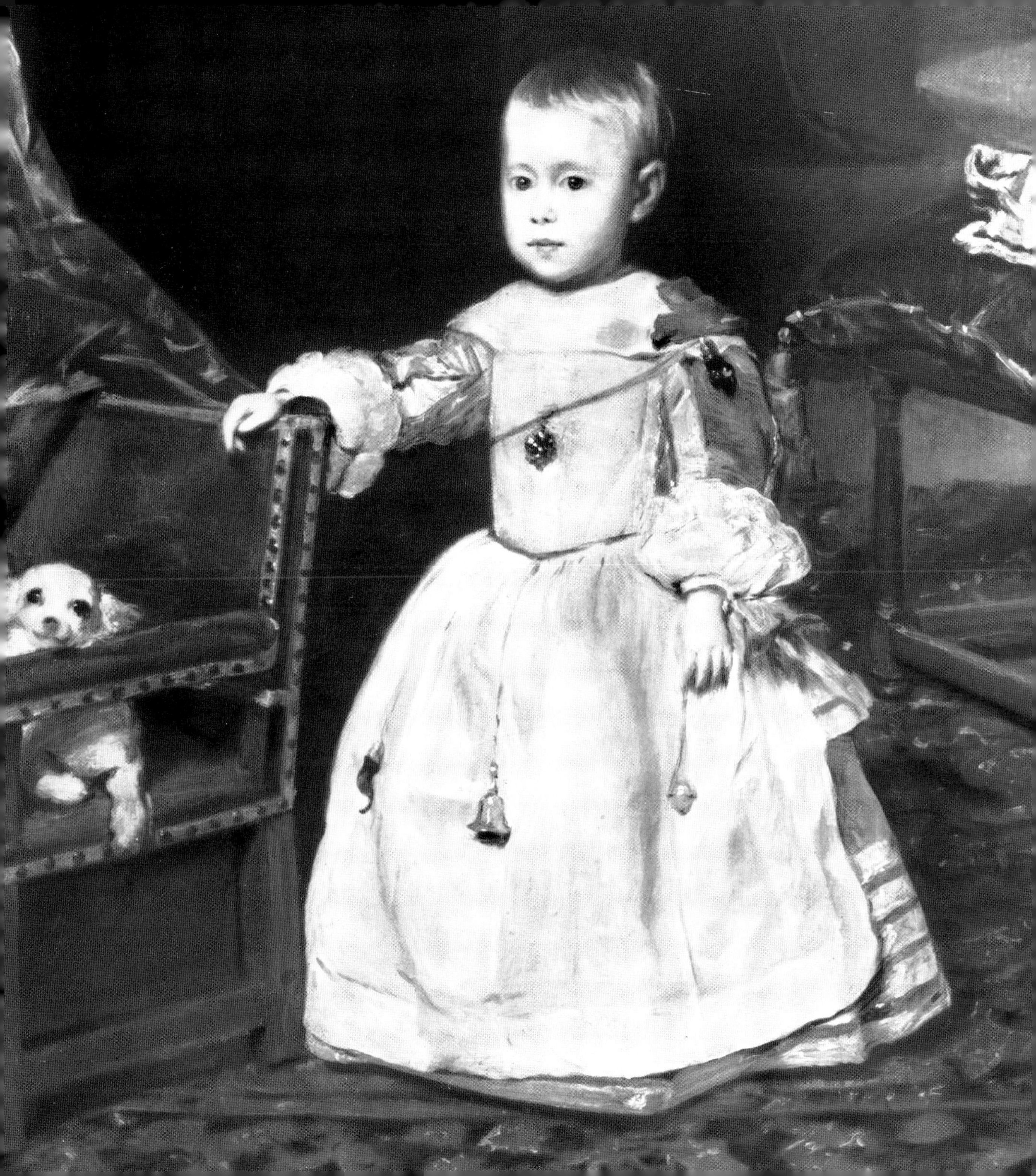

586 *Unterseite einer etruskischen Bronzelampe, 5. Jh Cortona, Museum. Flöte und Syringen blasende, ithyplallische Satyren in hockender Stellung, dazwischen Sirenen. In der Mitte Haupt der Medusa, umringt von wilden Tieren. Im Altertum wurden vor allem Lampen mit Gestalten ausgestattet, die je nach Kondition des Benutzers als Apotropaia – wie das Licht selbst – erlebt werden konnten. Im antiken Christentum traten an die Stelle der magischen Zeichen und Heilsbilder der paganen Religion christliche Zeichen wie Kreuz und Christusmonogramm.*

607

587

588

587 *Bocca della verità. Antikes, stark überarbeitetes Marmorrelief in der Kirche Santa Maria in Cosmedin, Rom. Mit dieser Maske verbindet sich ein scherzhaftes Wahrheitsorakel: Steckt ein Lügner die Hand in den Rachen der Maske, so beißt diese zu.*

588 *Athene von einer Schale des Panitios-Malers mit dem Thema Theseus bei Amphitrite. Dm 390*

607 *Figuren aus »Der Geburtstag des Großmogul« von Melchior Dinglinger. Verfertigt 1701–1708 für August den Starken. Auf dem Karren gefaßte, geschmelzte und vergoldete Sabazioshand der späten Kaiserzeit. Dresden, Grünes Gewölbe.*

590

589

591

589 *Wasserspeier. England 12. Jh. London, Victoria and Albert Museum*

590 *Kleiekotzer. Elsaß. Strasbourg, 17. Jh*

591 *Schrecklarve von einer Stadelwand in Holzing, Gem. Pram/Oberösterreich. K A 591 H 250. 19. Jh. Die Maske ist so geschnitzt, daß sie nicht getragen werden kann. Außerdem fehlen Sehschlitze für den Träger. Auffallend ist die Bemalung der Zunge. Sie ist grellrot, während die übrigen Teile in Zurückhaltenden Farben bemalt sind.*

592 *Jörg Breu d. Ä. Dornenkrönung und Verspottung. Ausschnitt vom Wullersdorfer Altar. 1502. Melk, Kloster*

592

593

594

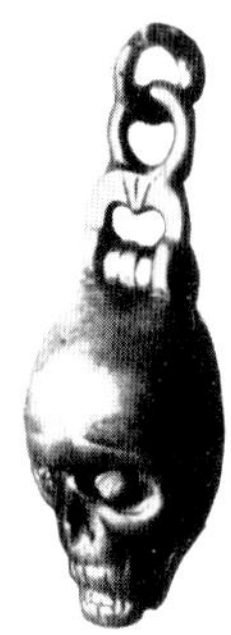

595

596

593 *Schädel getöteter Serben in einem Turm bei Nisch, von Türken eingemauert nach der Schlacht an der Kamenica, 1809*

594 *Krebsaugenbüchsen in Form eines Totenkopfes. Silber. München 17. Jh K A 769 L 20*

595 *Totenkopf aus einem Florentiner Kompositamulett. Florenz 18./19. Jh K A 367 H 10. Vgl. die Kompositamulette Abb. 468 u. 527*

596 *Steinkopf, ehemals wohl eine Bauplastik. Bodenfund aus Willing bei Bad Aibling. Bad Aibling, Heimatmuseum*

597

598

599

600

597 *Christusantlitz. Fragment eines aus Blech getriebenen Weihwasserbeckens aus der Kirche von Puzcomberok, Tschechoslowakei. Ende 18. Jh (?). Puzcomberok, Bezirksmuseum*

598 *Goldbrakteat aus einem Frauengrab in Ash bei Sandwich (Kent). Vier schematisierte anthropomorphe Antlitze sind kreuzförmig um zwei kreuzförmig ineinander verflochtene, oval liegende Bänder angeordnet. 7. Jh London, British Museum Dm 32. Zu den Darstellungen von Antlitzen im frühen Mittelalter vgl. Müller-Karpe.*

599 *Waffeleisen mit eingeritztem Veraikon. 18. Jh (?) Pardubice, Kreismuseum, Tschechoslowakei*

600 *Blattmaske auf einem Konsolstein in Notre Dame de l'Ortiguière (Basses-Alpes). 11./12. Jh. Die En-face-Maske wird im hohen Mittelalter als Bauplastik zum suggestiven und faszinierenden Ornament. Ursprünglich war sie sicher ein Mittel, bestimmte Aspekte und Schichten der Geisterwelt zur Anschauung zu bringen. Mit dem Bedürfnis zu beschwören und zu bannen konnte die Darstellung zum Machtmittel und Apotropaion werden*

633

633a

633 *Hand der Fatme. Marokko, 19. Jh. L 70 MP*

633a *Hand der Fatme als Bekrönung einer türkischen Standarte aus dem 18. Jh. Messing mit gravierten Koran-Texten und Anrufungen. H: 33 cm. Victoria und Albert Museum London. Die Hand in Verbindung mit dem Feldzeichen beschwört offensichtlich den Sieg unter dem Schutze Allahs und die Vernichtung der Feinde*

604

601

602

601 *Langobardisches Goldblattkreuz aus der Gegend von Mailand mit vier Gesichtern und Knotenornament. Die vier maskenhaften Antlitze sind von je zwei Drachenköpfen flankiert. 7. Jh H 170. Diese Kreuze wurden auf der Brust oder in der Nähe der Schulter auf das Gewand genäht; u. a. auch auf dem Munde der Toten gefunden (Derendingen bei Tübingen). Fuchs, Langobardische Goldblattkreuze*

602 *»Shadaï«. Antlitz Gottes. Aus La clavicule de Salomon, Bibliothèque de l'Arsénal, Ms. Nr. 2348. Givry S. 378, 380. Im Sinne der kabbalistischen Geistmonisten wurde die subjektive En-face-Darstellung des Schöpfergottes mit der Zitierung des Schöpfungsaktes verbunden. Hiermit wird eine »charakteralische Kur« im Sinne der Kabbalisten und deren geistesverwandten »Wissenden« vollzogen, die Macht über Schöpfung und Geisterwelt verleiht. Der Sechsstern, das Siegel Salomons wirkt hier als Signatur, die die Darstellung als Machtmittel ausweist*

604 *Taschenuhr in Buchform von Michael Bumel 1625. Auf der Innenseite des Klappdeckels das Antlitz Christi. GN WI 1846 H 79*

605 *Antiker Anhänger in Gestalt einer Hand mit gespreizten Fingern aus der Umgebung von Neapel. Bronze K A 213 L 61.*

606 *Stein mit eingravierter Hand, deren Finger gespreizt sind. Gefunden in Jaegerspris in Nord-Sjoelland. Ähnliche Steine waren als Decksteine über bronzezeitliche Steinkistengräber gelegt. Ältere Bronzezeit. Kopenhagen, Nationalmuseum B 13447 H 600*

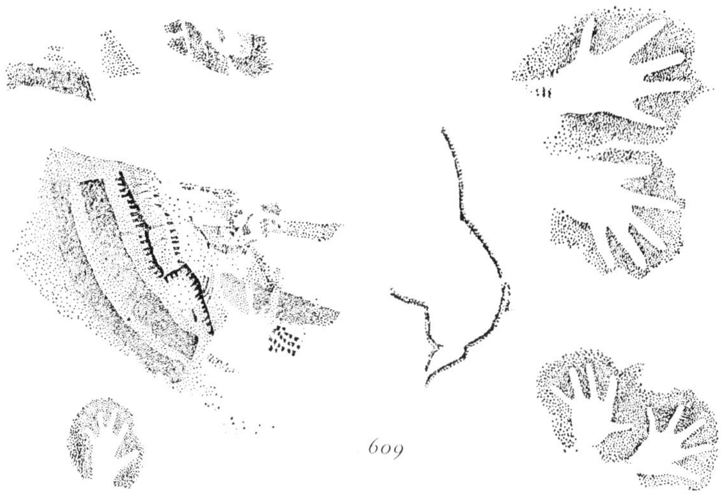

609

606

608

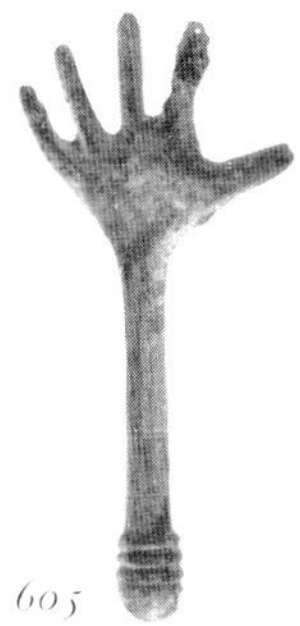

605

608 *Sabazioshand mit Bildzeichen, die auch als Amulette getragen wurden. Bronze. Paris Louvre. Nach Stemplinger, Antiker Volksglaube. Seit Athanasius Kirchners Ödipus, der im 3. Buch dieses Werkes Sabazioshände abbildet, waren diese begehrte Objekte für die Kunstkabinette, nicht zuletzt deswegen, weil die dargestellte Gebärde der neuzeitlichen Schwurfingerhaltung entsprach.*

609 *Auf die Decke eines Höhlenganges gemalte Hände. El Castillo, Santander. Jüngere Altsteinzeit. Das Handabdrücken in Kultstätten kann ein schlichter Anwesenheitsvermerk, Devotionsbeweis, eine Votivhandlung, aber auch ein Beschwörungsakt und Segenshandlung sein. Es handelt sich nicht um apotropäische Gestalten, sondern um eine sakrale Begehung, deren spezieller Inhalt unbekannt ist*

611

610

610 *Hand- und Buchstabengravierungen an einer Almtüre im Berchtesgadener Land. 18./19. Jh. Daß diesen Händen eine apotropäische oder exorzistische Funktion zuerkannt wurde, ist wegen der Einschreibung der Jesusmonogramme und der Buchstaben A O anzunehmen*

611 *Mercedes-Taxi in Beirut. Über dem Nummernschild eine magische Hand. Vgl. Kriss und Kriss-Heinrich*

612 *Kanzel in der Pfarrkirche San Pietro in Gropina, Arezzo. Die Kirche selbst entstand um die Mitte des 12. Jahrhunderts. Die Kanzel ist aus Teilen eines älteren Ambo (?) zusammengefügt. Es liegt nahe, sie mit langobardischer Architekturplastik in Verbindung zu bringen. 8. Jahrhundert. Elemente der späteren romanischen Ikonologie sind hier schon entfaltet: das verknotete Säulenpaar, die »Flehenden« mit erhobenen Händen, das Meerweib und der von Schlangen bedrohte Kniende. Nach Decker.*

612

315

613 *Das wahre Maß der Fußsohle Mariens. Kupferstich auf Papier. Deutsch 18. Jh. Der Besitz von »wahren« Längen, Dicken, Fußstapfen-, Hand- und Armgrößen von Göttern, Heroen, Heiligen sind wie die sagenhaften Rücklassungen von Körperspuren in Steinen heilbringend und abwehrend (vgl. Abb. 400 Länge Christi) K Z 173 H 220*

614 *Stiefelamulett aus roter Koralle. Italienische Arbeit, gebraucht in Süddeutschland. K A 206 H 35*

615 *Fuß aus Elfenbein. Im Knie abgebogener Damenfuß mit Schuh in silberner Fassung. Süddeutsch-alpenländisch. Anf. 18. Jh K A 615 H 62*

616 *»Vishnupâda«, Fußsohlen des Gottes Vishnu, Kangrá-Schule (?) 19. Jh H 29. Bilder und Zeichen symbolisieren Vishnus Allwissenheit.*

617 *Öllampe in Form eines Fußes mit »spitzem Mond«. Röm. Kaiserzeit. Fundort Birten. Bonn, Rhein. Landesmuseum. Inv. 33775 L 138*

618–620 *Persische Stiefelamulette. 12. Jh v. Chr. bis Neuzeit. Offenbach, Deutsches Ledermuseum. Schuh- und Fußanhänger sind in eurasischen und afroasiatischen Kulturen seit dem Neolithikum epochenweise immer wieder gebräuchlich. Seit der Antike wird die sexuelle Bedeutung immer wieder offenkundig (vgl. Aigremont, HDA, Maier Tierknochenidole). In Italien werden sie Kindern gegen den bösen Blick umgehängt. Von Erwachsenen scheinen sie mitunter als Aphrodisiaka geschätzt zu werden.*

621 *Silberner Fuß mit halbmondförmigem Ösenansatz, Oberbayern 17./18. Jh K A 209 L 19*

622 *Aus Bein geschnitzter Fuß mit Wundmal des Kreuznagels. Kein Amulett, sondern Andachtszeichen, das mit den anderen Zeichen der Wundmale Christi (Hände und Herz) dem Rosenkranz eingefügt ist und als Bildzeichen für die fromme Betrachtung des Leidens Christi dient. K A 210 H 22*

623 *Schuh aus roter Koralle. Rom, modern. K A 623 L 7. Das Bild des Fußes kann in der Amulettpraxis ein Symbol für Phallus sein, der Schuh, Pantoffel oder ein Kesselchen ein Bild für Vulva.*

624 *Reliquiennachbildung der »Hand der Mutter Anna« in Wien aus Wachs. Nachbildungen dieser Art wie in Kupferstich wurden als Heiltümer auch zu Hause aufbewahrt. Wien 18. Jh. Gebrauchsort Bayern. K A 1991 L 115 (vgl. Brückner)*

625 *Altägyptischer Handanhänger aus grüner Masse (Ton?). Die extrem stilisierte Form des Handamuletts ist seit dem Beginn des 3. Jahrhunderts gebräuchlich. K A Ä 63 H 14*

617

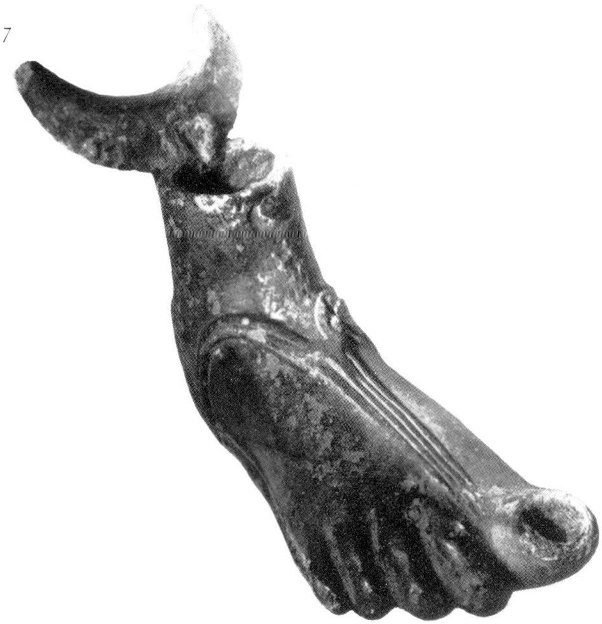

613

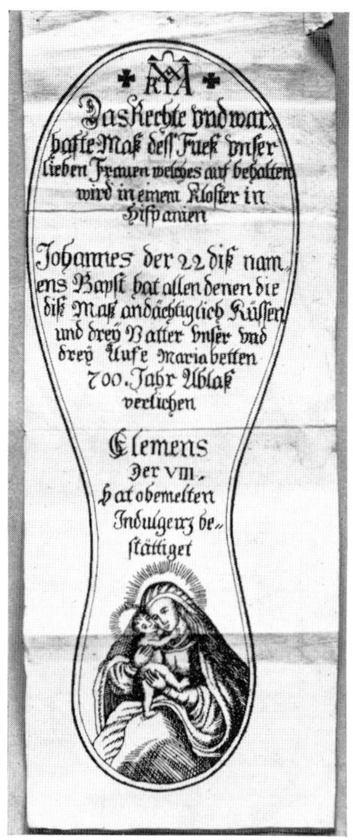

616

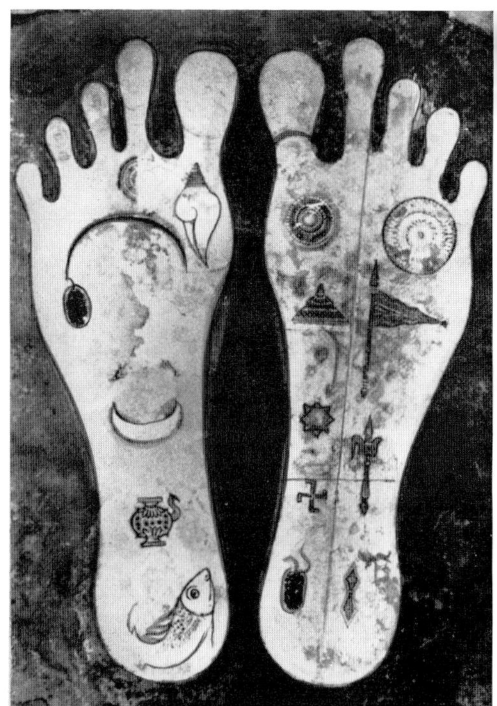

615

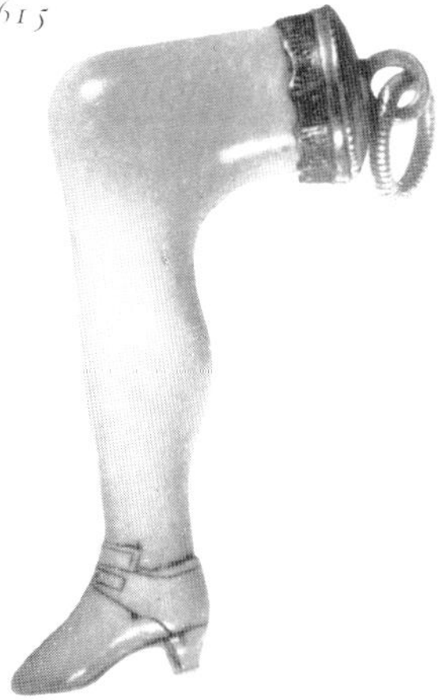

618

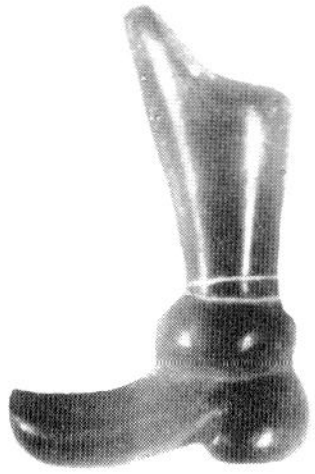

619

620

621

622

623

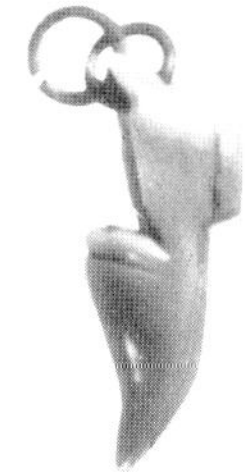

614

625

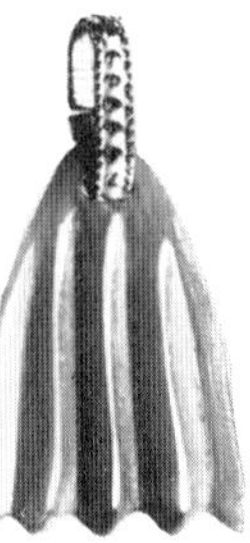

626

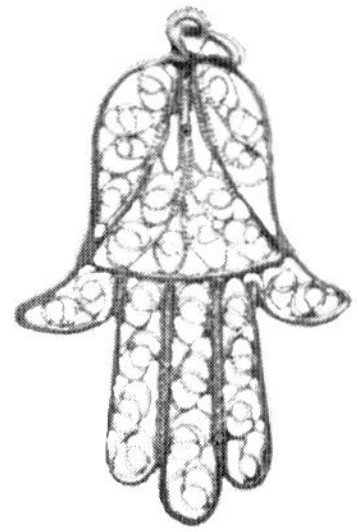

627

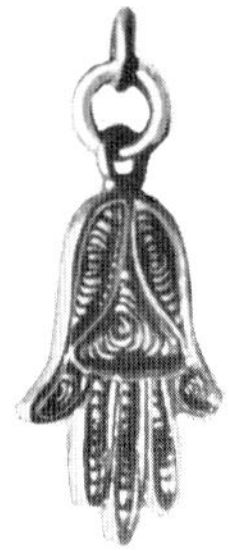

628

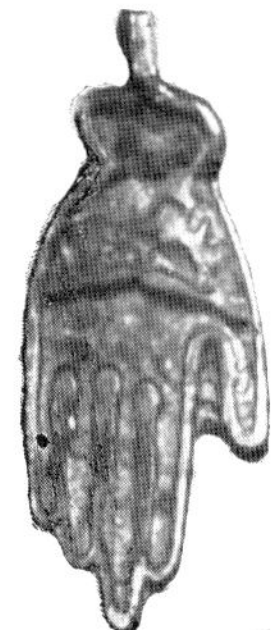

629

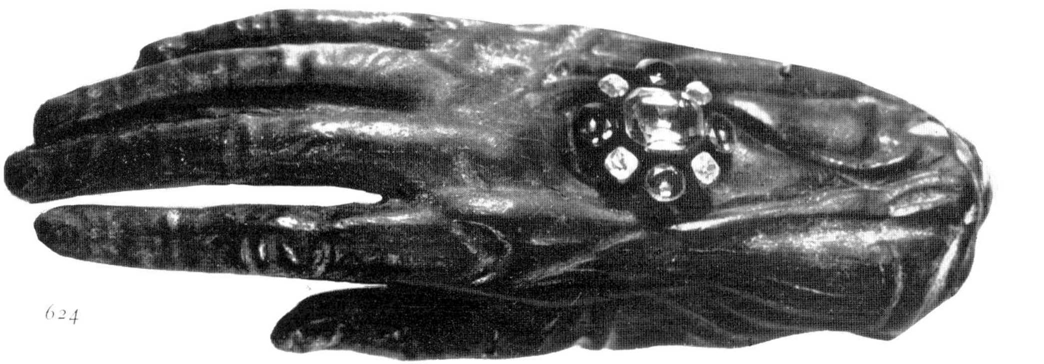

624

626 *Stilisierte Hand, Chamsa genannt, aus Marokko. Modern. Aus Horn. K A 218 L 40*

627 *Sog. Hand der Fathme. Silberfiligran. Tunis, 19. Jh K A 214 H 37*

628 *Hand aus verlötetem Silberdraht. Neapel, 18./19. Jh K A 215 H 25*

629 *Hand von der Georgsplakette Abb. 466*

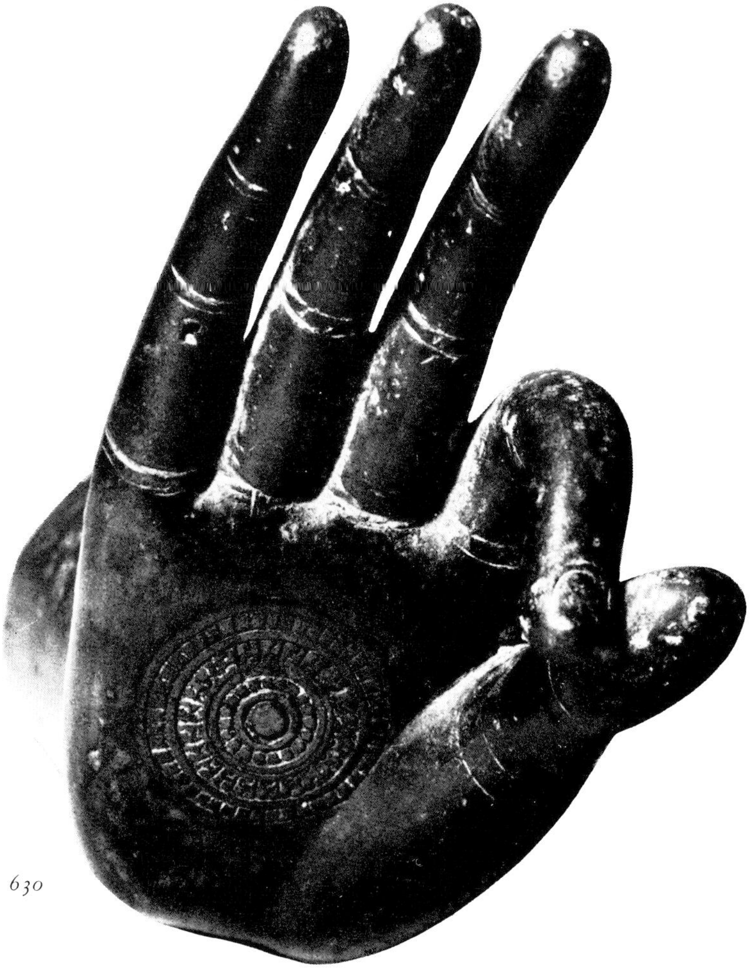

630

632

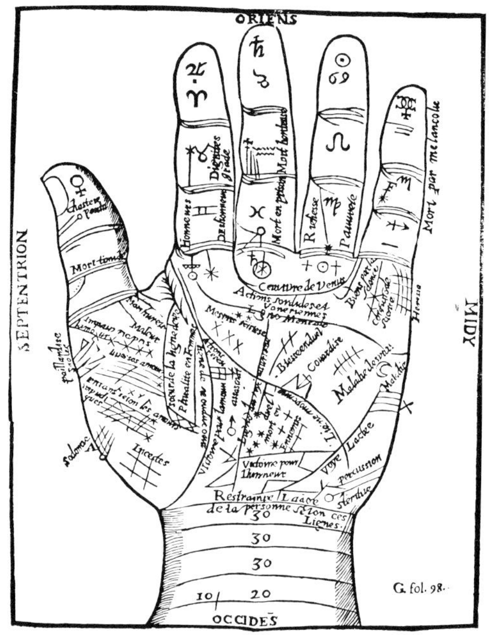

630a

631

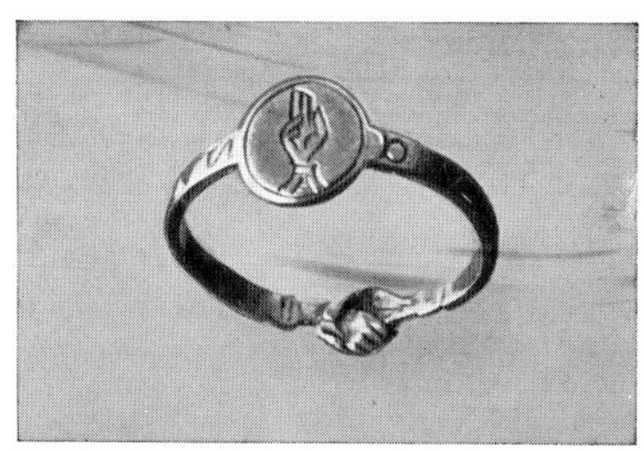

630 *Hand einer Buddhafigur in der Gebärde der Argumentation und mit der Mandala in der Handinnenfläche als Zeichen der Vermittlung des Heiles durch die Lehre. Aus Svargaloka, Bronze H 245. Bangkok, Nat. Museum*

630a *Die Himmelsrichtungen und die Stellung der Tierkreiszeichen auf der Hand. Holzschnittillustration aus dem chiromantischen Werk „Les Oeuvres contenant la Chiromence" von Jean Baptiste Belot, Rouen 1647*

631 *Liebesring mit Schwurhand und zwei einander fassende Hände. BN MA 4240 Dm 21. Gold, Deutsch 14. Jh*

632 *Sog. Hand der Fathme. Marokko 18. Jh Silberfiligran. Nach J. Cola Alberich 1949*

634 *Albrecht Dürer, Handstudien von 1494. Wien, Albertina 45.420*

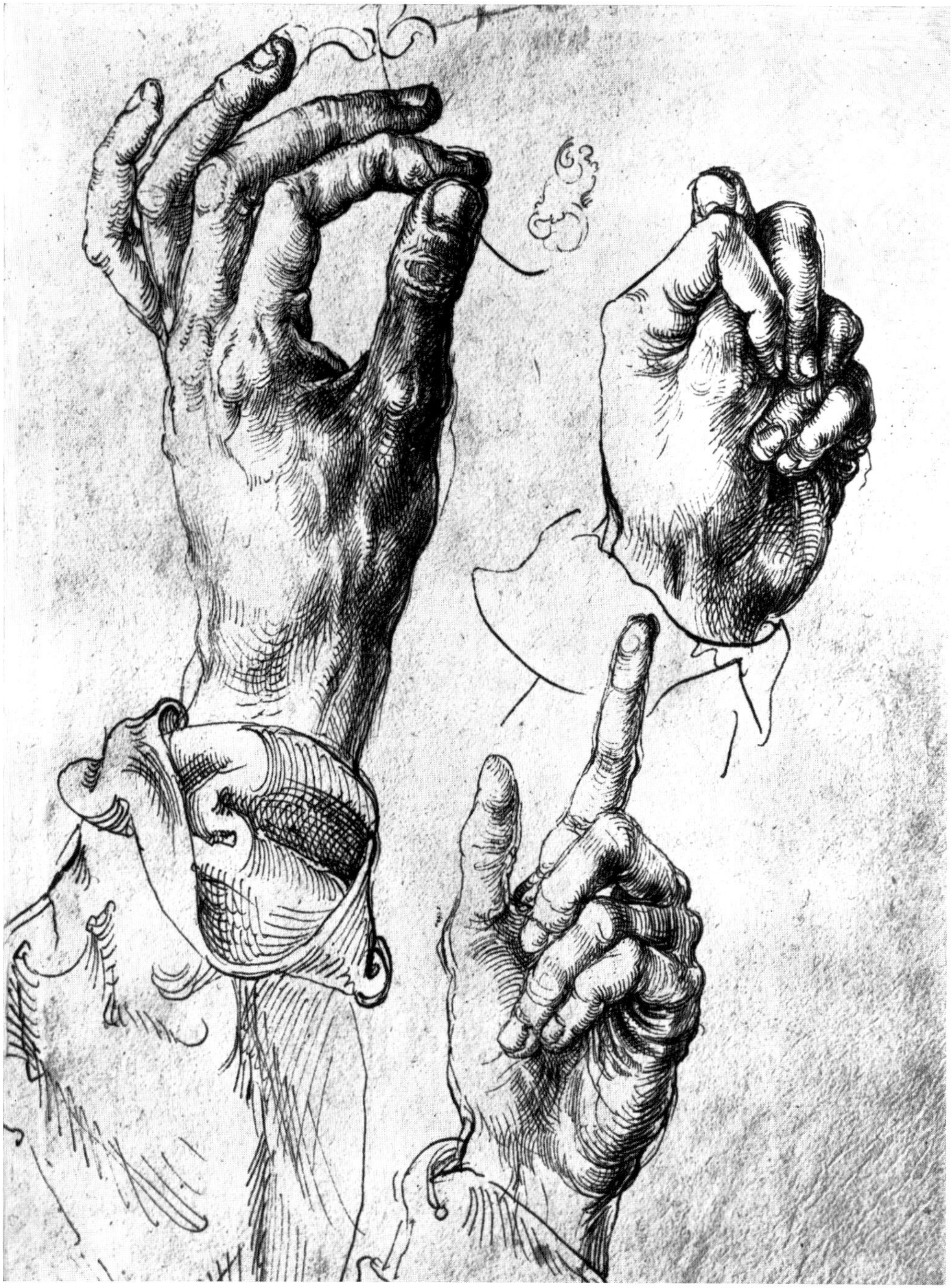

634

635

636

637

638

639

641

635 *Hand aus Horn in der Gebärde des ausgestreckten Zeigefingers. Sie hält einen silbernen Ring, an dem eine Eichel aus Silber, eine Feige aus Koralle und ein gefaßter Bernstein hängen. Süddeutsch-alpenländisch 17./18. Jh K A 635 L 70*

636 *Hand aus Horn, umfaßt einen Drahtring, an dem drei Korallenästchen hängen. Süddeutsch-alpenländisch 18./19. Jh*

637 *Faust mit phallischem Gebilde in Silbermanschette. Weiße Koralle. Florenz, modern. K A 199 H 26*

638 *Hand im Hörnchengestus umfaßt den Schwanz eines Basilisken. Silber. Italien 17.–18. Jh. Nach Toschi 361*

639 *Faust mit Kranz, in dem sich eine vielfach geringelte Schlange verbissen hat. Silber. Italien. Nach Toschi 361*

640 *Feige aus Bergkristall in goldener Manschette. Deutsch (?) 16./17. Jh H etwa 60*

641 *Korallenfeige in goldener Manschette aus der Hinterlassenschaft der Kaiserin Amalie († 1756). MR Inv. 1783 H 58*

642 *Korallenfeige In goldener Manschette aus der Hinterlassenschaft der Kaiserin Maria Josepha, Tochter des Kurfürsten Karl Albrecht und Gemahlin des Kaisers Joseph II. († 1767) MR Inv. 553 H 50*

643 *Korallenast in reicher goldener Fassung mit mehrfarbigen Schmelzeinlagen, zwei Rubinen, zwei Smaragden und drei kleinen angehängten Perlen. Astenden geschnitzt. Zwei davon als Feigen. Norditalien, Ende 16. Jh MR 551 H 175. Darüber reich gefaßter Bezoarstein. Ende 16. Jh MR*

640

644

645

646

642

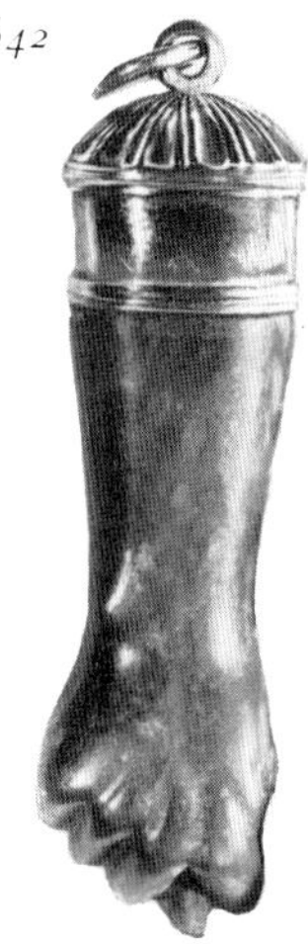

644 *Feige aus grauer Masse (Ton ?). Ägypten, röm. Zeit. K H 20*

645 *Feige aus Malachit in goldener Manschette. Spanien 18./19. Jh K 645 H 35*

646 *Feige aus Silber. Korfu 20. Jh. K A 184 H 24*

643

647 648 649 650 651 652

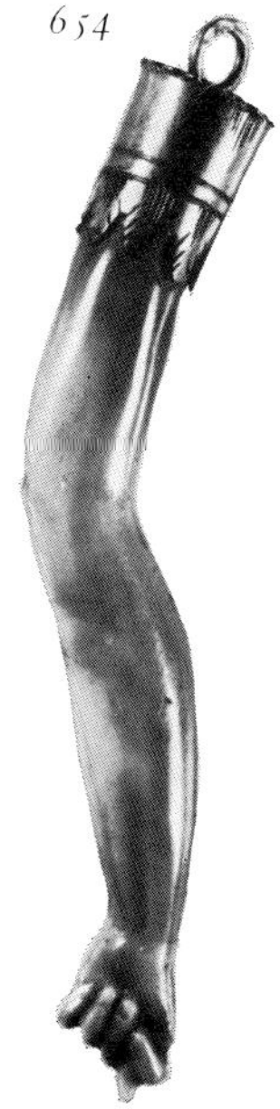

654

655

653

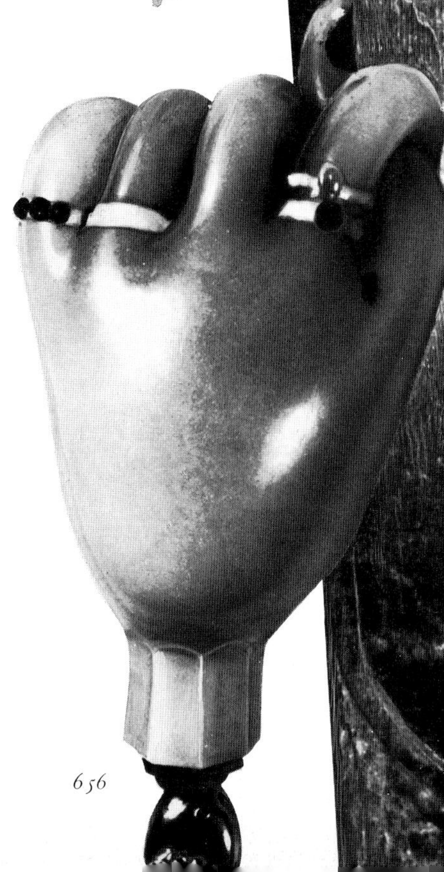

656

647 *Riechfläschchen aus weißblauem Glas in Gestalt der Feige mit zinnernem Schraubverschluß. Niederbayern oder Böhmen 18. Jh. Gebrauchsort Tölz. BN 27/54 L 80*

648 *Feige aus Perlmutter in vergoldeter Fassung. Süddeutsch 17. Jh BN 31/24 H 43*

649 *Silberne Feige mit Filigranmanschette. Schwäbisch-Gmündner Arbeit 18./19. Jh KA 180 H 46*

650 *Feige aus Perlmutter in silberner Manschette. Süddeutsch 16./17. Jh KA 178 H 53*

651 *Feige aus Azabache geschnitten. Hergestellt in Santiago di Compostela. Die geometrische Form ist in Santiago seit dem 16. Jh gebräuchlich. KA 183 L 47*

652 *Feige aus Silber geprägt. Rom 18.–19. Jh KA 179 H 70*

653 *Feigenförmiges Ende eines Preßbalkens von einer Weinpresse aus der Wachau. Krems, Weinmuseum*

654 *Arm mit zur Feige geballter Hand in silbervergoldeter Manschette. Süddeutsch 17.–18. Jh KA 182 L 102*

655 *Feige an langem Stab aus Bronze. Fragment einer Haar- oder Hutnadel, italienisch (?) oder antik (?) KA 187 H 84*

656 *Schnupftabakdose aus weißem Glas in Form einer Feige. Messingverschluß ebenfalls in Feigenform. Böhmerwald 19. Jh BN 30/2148 H 110*

657 *Luna, Holzschnitt aus »Deutscher Kalender«. Heinrich Knoblochtzer, Straßburg 1483*

659 *Weibliche Figur mit Bisonhorn, sog. Venus von Laussel. Jüngere Altsteinzeit, Solutréstufe (Aurignacstufe?). Kultbild für Muttergottheit oder Fruchtbarkeitssymbol. Ehemals in die überhängende Wand eines Felsblockes eingemeißelt und rot bemalt. Slg. Dr. P. Charon, Bordeaux*

659

657

660

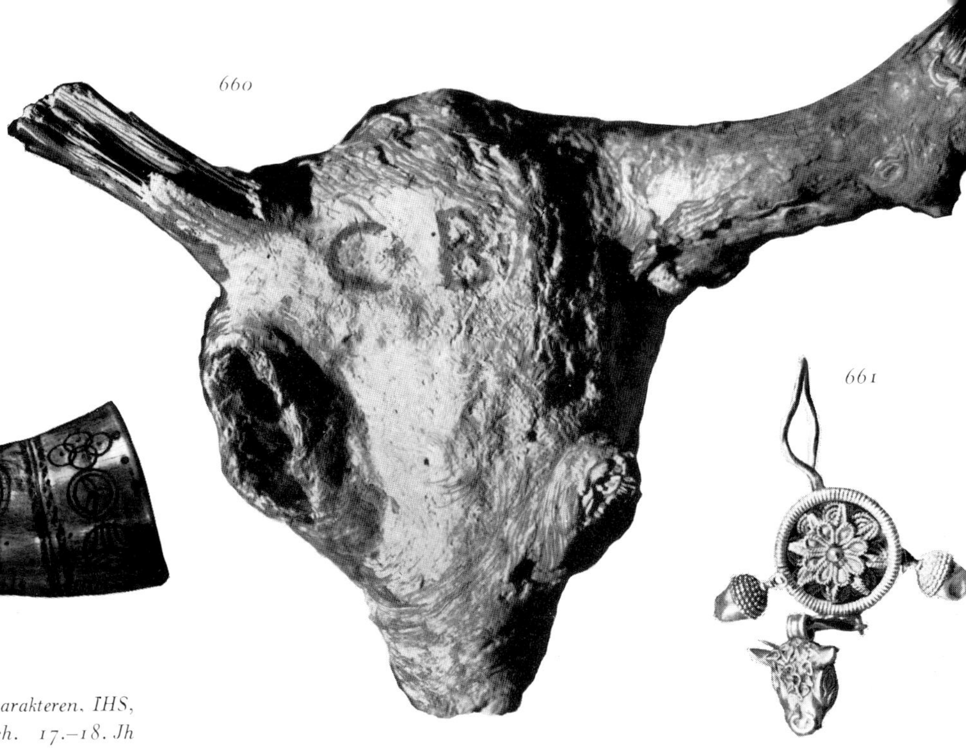

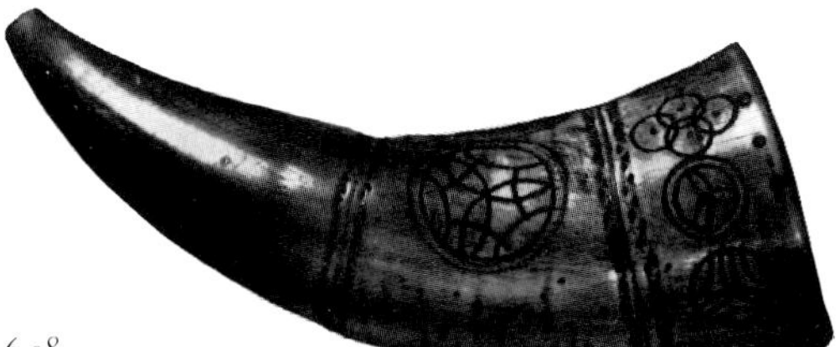

658

661

658 *Pulverhorn mit eingeritzten Charakteren. IHS, Kreuzen. Österreichisch-alpenländisch. 17.–18. Jh K A 1176 L 150*

660 *Baumwurzel in Form eines Rinderschädels mit C + B + M von einer Stadelwand aus der Umgebung von Kitzbühel 19. Jh K A 1923 H 305*

661 *Ohrgehänge. Stierkopf an einer Rosette und zwei Eicheln. Griechisch 4./3. Jh MPr H 47*

662 *Steigbügel mit Rinderschädel und groteskem Widderkopf. Eisen mit Gold- und Silberdamaszierung. 16. Jh H 165. Die Steigbügel gehören wahrscheinlich zum Prunkharnisch Guidobaldos II. von Urbino, jetzt in Ameria. London, Victoria und Albert Museum M 662/1910*

663 *Entwurf für einen grotesken Anhänger mit Widderschädel und mit einer mit Steinen besetzten Maske von Pierre Woeiriot, Lyon 1532–1596. Nach P. Jessen*

664 *Hand aus roter Koralle mit gerecktem Zeigefinger in silberner Manschette und mit silbernem Armband, auf dem ein blauer Glasstein befestigt ist. Rom, modern. K A 197 H 40*

665 *Frauenhand aus Elfenbein in silberner Manschette. Zeigefinger auffallend gekrümmt dargestellt. Süddeutsch 17.–18. Jh K A 198 H 40*

662

663

671

664

665

667

668

669

670

666

666 *Ein Knecht aus der Verspottung Christi von Johannes von Zittau um 1410. Höhnt und spottet durch Weisen des Zeigefingers und durch das Anlegen der Zeigefingerspitze an die Nasenspitze. Breslau, Stadtbibliothek, Breviarium R 166 f 1 v*

667 *Hörnchen aus Horn geschnitten. An der Handwurzel Guckkasten mit Ansicht von San Marino. C 1955 K A 192 H 42*

668 *Hörnchen aus Silber getrieben. Auf dem Handrücken und auf der Manschette Fazetten. Florenz, modern. K A 196 L 29*

669 *Hörnchen aus Elfenbein. Rom, 19. Jh. K A 193 H 37*

670 *Aus vergoldetem Silber getriebenes Hörnchen. Rom, modern. K A 194 H 32*

671 *Noahs Schande und Verspottung (Gen. 9, 21–23). Fresko in der ehemaligen Benediktinerkirche von Saint-Savin-sur Gartempe (Vienne). Um 1100. Der Mann links spottet, indem er den Hörnchengestus gegen den berauschten und entblößten Noah macht*

672 *Jan van Hemessen. Verspottung Christi 1544. Spott und Hohn wird durch Gebärden geäußert, die auch als Abwehrgebärden und Zaubergebärden gebraucht wurden, wie Finger vorschnellen, Zeigefinger und Feige weisen, Mund breitziehen, Zeigefinger an Mund legen. BSG Inv.-Nr. 1408 21/17, Holz 123 × 102 cm*

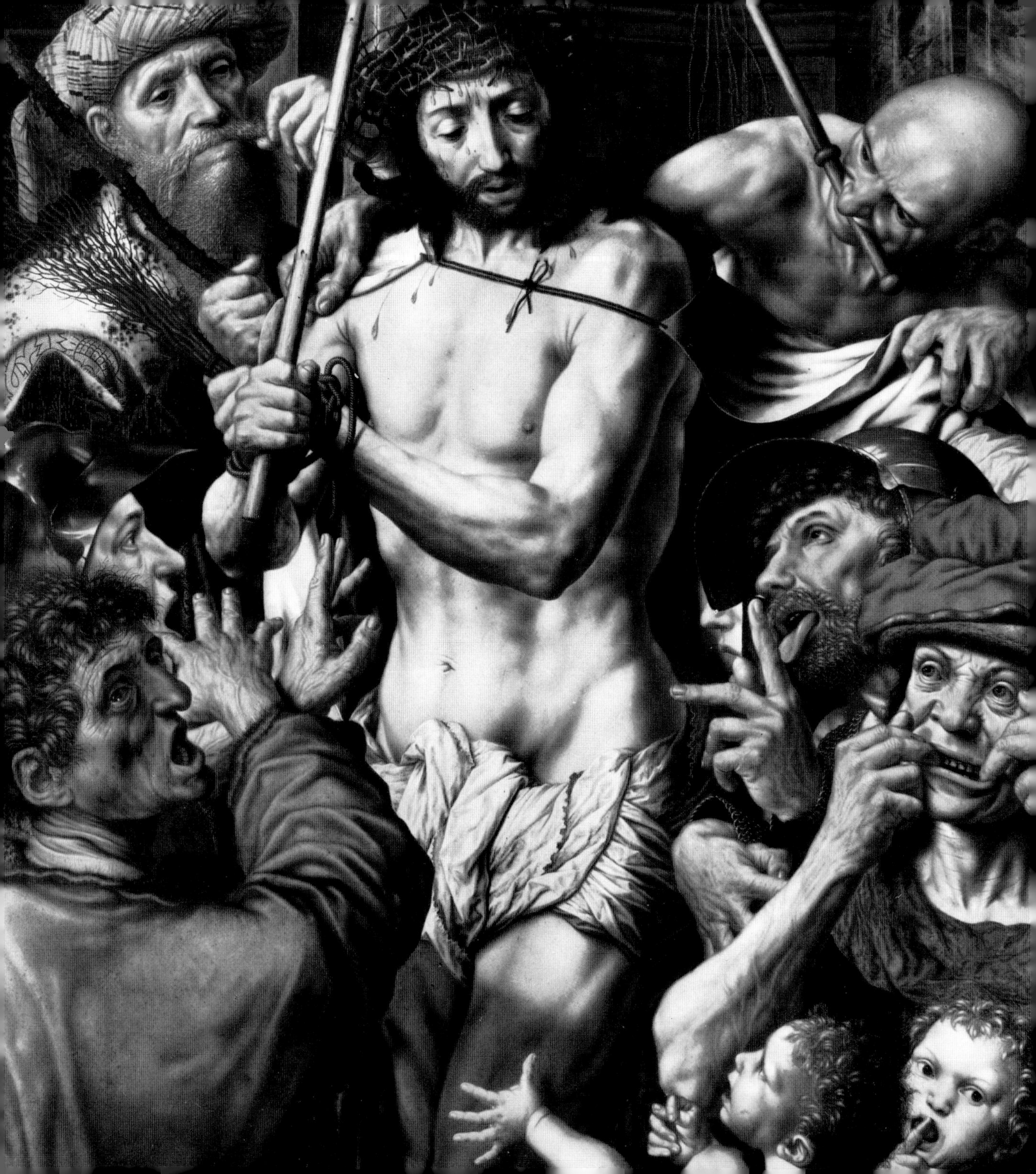

684

684 *Tonlampe. Daraufliegend: Phallusanhänger aus Bronze, 35. Römische Kaiserzeit. MP*

673

674

675

676

677

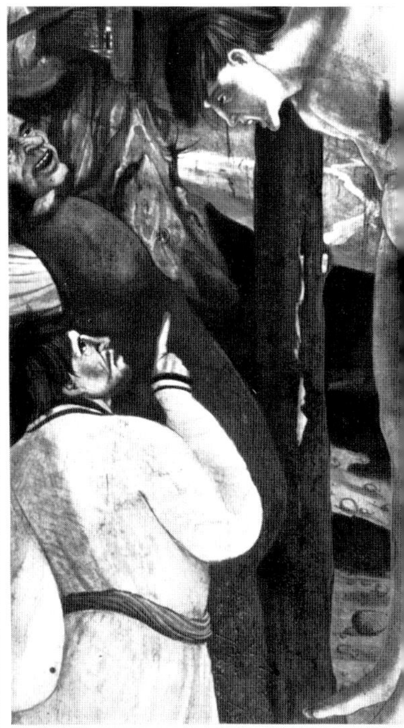

678

673 *Scherge aus dem Kreuzweg von San Romedio, Südtirol 18. Jh. Er verspottet Christus, indem er mit seinen beiden Händen die Feige weist.*

674 *Esther vor Ahazver, Ausschnitt, von Peter Candid; 1548 – etwa 1628. Narr an der Säule verspottet mit der Hörnchengebärde die Begleiterinnen Esthers*

680

679

675 *Kupferstich. Die Guten und die Bösen. Zwei Männer machen gegen die Teufel Gebärden, die sowohl als Spott- und Fluch- wie als Abwehrgebärden gedeutet werden können. Meister der Nürnberger Passion, Mitte 15. Jh, London*

676 *Ausschnitt aus der Dornenkrönung vom Flügelaltar aus der Kartause Aggsbach. Jörg Breu d. Ä. 1501. Herzogenburg, Stift. Der Scherge verspottet Christus mit der Gebärde des Hinternweisens. Auch diese Gebärde, insbesondere das Entgegenstrecken des nackten Hintern, ist im Abwehrzauber und in der bildlichen Darstellung ein geläufiges Apotropaion.*

677 *Dornenkrönung und Verspottung. Um 1480. Meister der Freisinger Passion. BSG 12352 59 × 52*

678 *Marter des Heiligen Vinzenz. Um 1510. Heiligenblut, Pfarrkirche. Verspottung durch das Vorrecken des Zeigefingers*

679 *Dornenkrönung und Verspottung. Ausschnitt. Außenseite des linken Flügels vom Bamberger Altar, 1429. BN 2625 225 × 127 cm*

680 *Geißelung Christi und Verspottung. Ausschnitt. Um 1500. Meister der Dominikuslegende, Oberrhein (?). Darmstadt, Landesmuseum*

681

681 *Spottender Scherge aus dem Bordesholmer Altar, 1514–1521. Meister Hans Brüggemann. Schleswig, Dom. Wie in 677 erfolgt die Verspottung durch das Weisen des Zeigefingers und durch das Vorstülpen der Lippen*

683

682

682 *Lech de Kervadel en Plobannalec. Großer Monolith in Phallusform aus der frühen Megalithkultur, zur römischen Kaiserzeit bearbeitet und als Kultbild verwendet. Dargestellt sind möglicherweise Merkur, Herkules und Mars. Quimper, Musée breton*

683 *Doppelphallus aus einem Rengeweih aus Gorge d'Enfer, Dordogne. Altsteinzeit, Magdalenien. St. Germainen-Laye, Museum.*

685 *Geflügelter Phallus aus Bronze. Römische Kaiserzeit. K A 369 H 19 Br 33*

686 *Bronzeanhänger mit drei Phallen. Römische Kaiserzeit. L 60 MSlg. Rose*

687 *Anhänger in Form eines Papyruszepters aus grüner Paste. 26.–30. Dyn. Es ist Symbol der Kräfte des Gedeihens. L 70. Nach Petrie 20*

688 *Szepterförmiger Anhänger aus Bronze mit Pinienzapfen. Der Pinienzapfen ist in seiner Bedeutung vergleichbar mit dem Papyruszepter. Römisch. K A 1349 L 60 Vgl. Abb. 607, 608 Pinienzapfen auf dem Daumen der Sabazioshand*

689 **690** *Penisknochen von Iltis, Marder und Fuchs, in Altbayern, meist Maderboanl genannt, in silbernen Manschetten. Als Aphrodisiaka oder Trophäen von Männern getragen. 690 A 1363 Land Salzburg L 76*

686

685

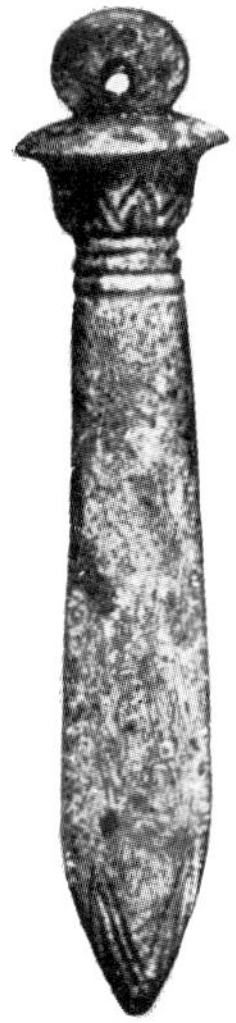

687

688

689

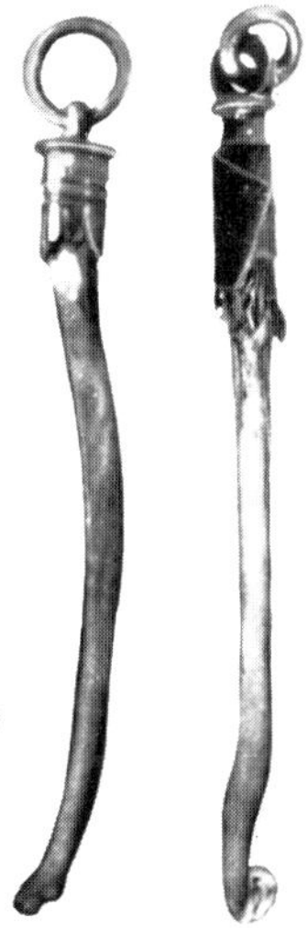

690

691

692

693

694

695

691 *Gehänge mit fünf Korallenästen. Die Fünfzahl wie die Form weisen dieses Gehänge als Phallussymbol aus. Neapel 19./20. Jh K A 159 L 70*
692 *Zwei kugelige Korallen in kegelförmiger, silberner Fassung aus Bayrisch-Schwaben. 18. Jh K A 161 H 37*
693 *Bronzephallus. Italien, modern. K A 345 L 34*
694 *In grüner Paste nachgebildeter Krokodilszahn. Altägypten, von der 22. Dyn. bis in die römische Zeit gebräuchlich. Als Phallussymbol wird dieses Amulett als Aphrodisiacum und gegen periodisches Fieber getragen. H 56. Nach Petrie 25*
695 *Ornamentierter Korallenzapfen in sibervergoldeter Fassung. Rom 19./20 Jh K A 160 H 32*

Salve, sancte pater Priape rerum,
salve da mihi floridam iuventam,
da mihi ut pueris et ut puellis
fascino placeam bonis procaci
lusibusque frequentibus iocisque
dissipem curas animo nocentes
nec gravem timeam nimis senectam,
angar haud miserae pavore mortis,
quae ad domus trahet invidas Averni,
fabulas manes ubi rex coercet,
unde fata negant redire quemquam,
salve, sancte pater Priape, salve.

Hymnus an Priapos, dem Gott mit dem mächtigen Zeugungsglied. Er wird nicht nur angerufen und verehrt als Spender der Lust in Liebesspielen, sondern auch als Garant der Fruchtbarkeit der Frauen, der Felder und Gärten. Sein Bild, aufgestellt in Gärten und an Feldrainen, schützte aber auch – wie das Bild des Phallus – vor Dieben und vor der Wirkung des Neides mit Sichel und mächtigem Schamglied. Ovid. met. 14, 640: Quique deus fures vel falce vel inguine terret. Ähnlich bei Diodor und vielfach in den Priapeia. Im Felde wählten Soldaten den Phallos zum Schildzeichen und zur Marke der Schleuderbleie. Vgl. Herter, Sittl, Wagner.

696 *Oben: Fingerring, vergoldete Bronze, mit einem Klappdeckel und ausschwenkbarem Phallus aus Bein. Auf dem Deckel grüner Stein. Dieser Ring wurde von einem Bauern in Kuchl, Land Salzburg, getragen. 18. Jh K A 611 Dm 20. Mitte: In Silber gefaßte Kaurimuschel. KA 287. Oberbayern 18./19. Jh L 28. Unten: Glans penis aus dunklem Horn (Steinbockhorn?). Oberbayern. 16. Jh K A 745 L 35*

697 *Faust mit Ring in schlichter Messingmanschette. Am Ring hängen ein Dreieck mit mugeligem Mittelteil, Fisch und ein Weihwasserkessel. Grauer Speckstein. Aus dem Rupertigau, italienische Arbeit, 19. Jh. K A 170 L 57. Die Anhänger können sowohl als Sexualsymbole wie als religiöse Zeichen aufgefaßt werden.*

703 *Gedrehtes Horn aus rotem Kunststoff. Florenz 1956. K A 1992 H 120. Links: Uhrkettenanhänger mit Antilopenhorn, Zangen eines Hirschkäfers, zwei Rehkrickel. Alpenländisch 19. und 20. Jh K A 1993 L 78. Rechts: Ein silbernes Horn. Paarweise werden Hörner dieser Art neben Spiegel oder Lampen gehängt. Rom. 19. Jh K A 361 L 100. Unten links: Glans penis aus Horn geschnitzt in silberner Fassung. Süddeutsch-alpenländisch, 16./17. Jh L 48. Unten rechts: Bernsteinklumpen in Silberfassung. Oberbayern 17. Jh K A 128 H 54*

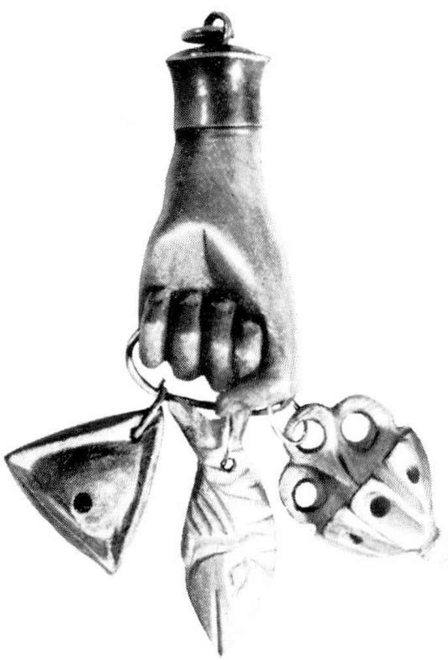

697

696

703 ▷

Cartons
3 CHARACTERS.
Cav! Ghezzi del.
Annibal Carracci inv!
4 CARICATVRAS.

698 *Nachbildung der Cyprischen Muschel oder Kaurimuschel in schwarz-weißem Porphyr. 18. Dyn. K AÄ 162 H 24. Die Muschel wurde von prähistorischer Zeit bis in die Gegenwart immer wieder als Symbol der weiblichen Scham gewertet und getragen. Nachbildungen wurden als Anhänger aus Gold, Silber, Karneol, grünem und blauem Ton und Bronze ausgeführt. Seit römischer Zeit gegen Hexerei, bösen Blick, Faszination und Zauberei, aber auch als Fruchtbarkeitszauber getragen*

699 *Muschelförmige Darstellung der Vulva als Bronzeanhänger. Römisch. K A 1161 H 20*

700 *Kaurimuschel mit aufgebrochener Rückseite. Als Amulett verwendet Südd. 19.–20 Jh. K A 255 H 18*

701 *Kaurimuschelanhänger in gezähnter Silberfassung. Süddeutschland. 18. Jh K A 225 H 23*

702 *Verschiedene bis in die Neuzeit gebräuchliche Zeichen des Planeten Venus und Symbole der weiblichen Scham nach arabischer und antiker Tradition. Reihe nach Agrippa*

704 *Stilisierte Frauengestalt, als Anhänger getragen; Mammutelfenbein. Aus Dolni Vestonice, Bez. Mikulow. Jüngeres Aurignacien (Gravettien). Brünn, Mährisches Museum. H 86. Nach Poulik-Forman*

705 *Durchbrochene Bronzescheibe mit zwei verschränkten Hockern. Bajuwarisches Gräberfeld von Linz-Zizlau, Grab 139 (Kindergrab?). 7. Jh. Linz, Stadtmuseum C 2392 Dm 83*
Eine ähnliche Scheibe wurde in Soest (Münster, Museum) und in Heilbronn gefunden. Diese durchbrochenen Scheiben, auf Taschen genäht, wurden vor allem von Frauen getragen. Sie kommen nur in Frauengräbern vor und scheinen innerhalb des Merowingerreiches bei den Alemannen beliebter gewesen zu sein als anderswo. (Werner)

706 *Bronzene Zierscheibe mit ithyphallischem Hocker von Löhningen, Kt. Schaffhausen. Alemannisch 7. Jh Dm 80*

707 *Durchbrochene Scheibe aus Bronzeblech mit zwei stilisierten Hockern. Fundort Pfahlheim Grab 21/1893, 7. Jh GN FG 1479 Dm 84*

708 *Unterseite von drei Siegelamuletten. Altägyptisch. 2. Hälfte 3. Jahrtausend vor Chr. Nach Brunton Qau and Badari I. Bereits in der Felsenmalerei der jüngeren Altsteinzeit finden sich weibliche und männliche Hockerdarstellungen, so z. B. Fuencaliente (Cinedad Real) und Fezzan*

705

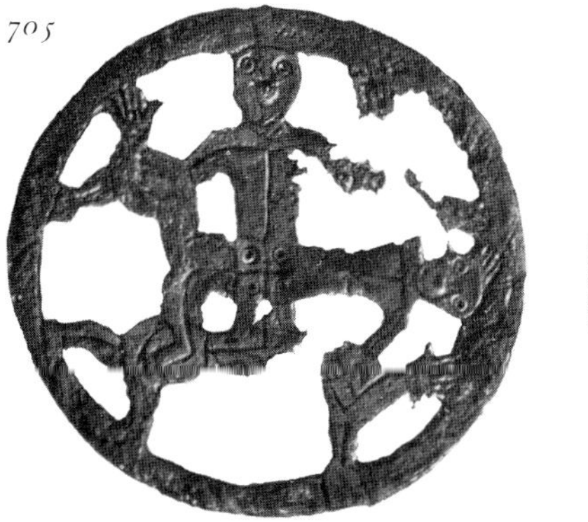

706

707

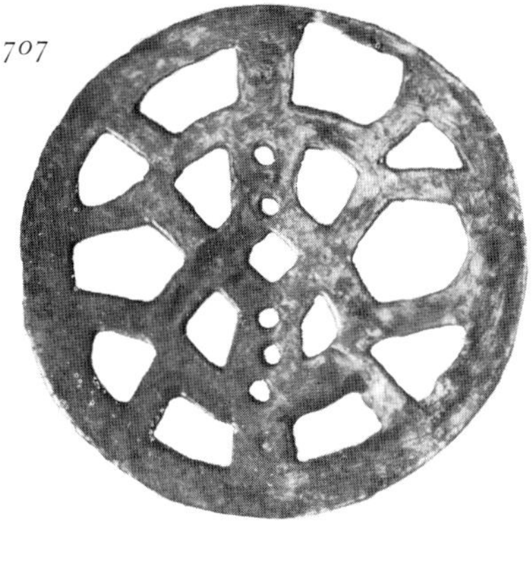

704

702

708

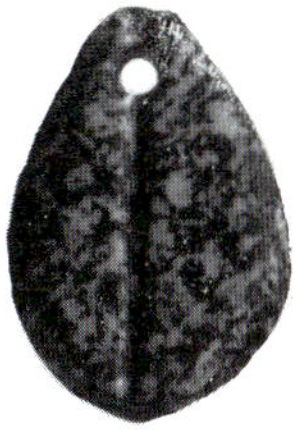

698

699

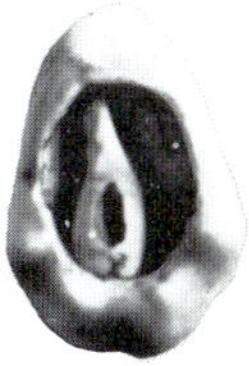

700

701

719

719 *Meerfrau. Goldener, geschmelzter Anhänger mit Brillanten und Rubinen besetzt. Deutsch 16. Jh Dresden. Grünes Gewölbe*

711

710

709

709 *Schematisierte Darstellung der Zeugung. Steindeckel zu einem Felsengrab der Nekropole von Castelluccio, Sizilien. 17. Jh v. Chr. Siracusa, Museo*

710 *Hockende weibliche Figur. Offensichtlich handelt es sich um eine Nachbildung des Kultbildes einer Muttergottheit in Ägypten oder in dessen nächstem Einflußbereich. Formale Verwandtschaft mit Besetdarstellungen sind deutlich. K H 155. Fast gleiches Stück in Bonn. Hellenistisch-römisch. Ähnliche Darstellung im Iran, 8.–7. Jh vor Chr. Allerdings ist die weibliche Gestalt die Brüste pressend dargestellt. In Ägypten, röm.-hell. Zeit, wurden Hockerinnen als Anhänger getragen (Petrie)*

711 *Doppelschwänzige Sirene am Portal in San Michele in Pavia 10./11. Jh*

712 und **714** *Holzschnitte aus Inkunabeldrucken. Ein- und zweischwänzige Meerfrauen. Bis in das 18. Jh wurde immer wieder von der Existenz dieser Meerbewohner berichtet, z. B. bei Athanasius Kircher, der diese Fabelwesen genau beschreibt*

712

717

713

716

715

714

718

713 *Aus einem Ornamentstich von Agostino de' Musi Veneziano, tätig in Rom 1514–1540*

715 *Nackte Hockerin mit hoher Krone würgt zwei Drachen. Kapitell von S. Maria in Borgo. 10./11. Jh. Museum Pavia. Die nackten Hocker, männlichen und weiblichen Geschlechts, sind in der romanischen Plastik sehr häufig. In ihnen ist ein bestimmter Aspekt der Dämonenwelt dargestellt, vor allem die Wollust, aber auch die dämonisierte heidnische Götterwelt*

716 *Satyrgestaltige Hockerin, Ornamentstich von Heinrich Aldegrever von 1549*

717 *Schmuckanhänger, Entwurf von Aldegrever. Doppelschwänzige Melusine mit 2 Blattmasken, 1536*

718 *Doppelschwänzige Sirene auf einem Backmodel des 18. Jh GNM*

720

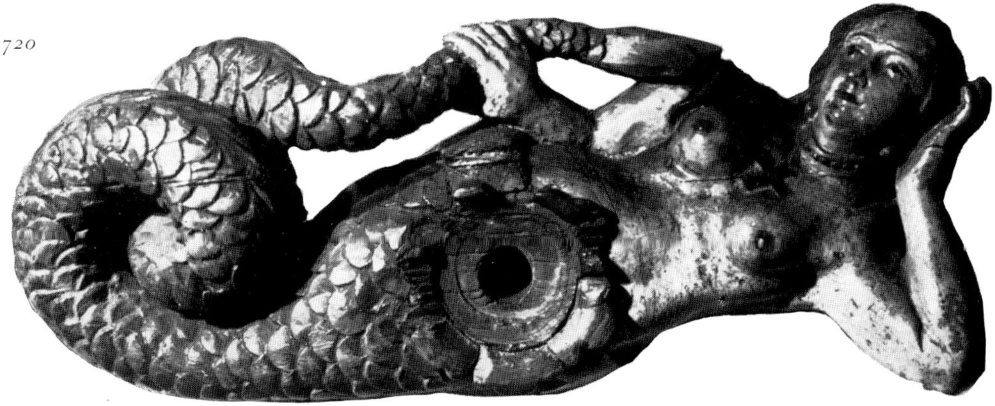

720 *Faßriegel in Gestalt einer einschwänzigen Meerfrau. Oberrhein 18. Jh Straßburg Mus. alsacien*

721 *Pferdekummet mit Sirenenbekrönung. Südd. 18. Jh NM NN 1108 H 930 Br 610 mm*

722 *Bildnis der Barbara Straub, geb. Pirkheimer, 1525. Nürnberger Meister (Hans Plattner ?). GNM GM 180. Die Glieder des schweren Halsbandes bestehen aus doppelschwänzigen Melusinen und Bäumen*

723 *Anhänger in Form einer doppelschwänzigen Meerfrau aus Silber mit fünf Schellen. Mittelitalien 18./19. Jh. Nach Toschi*

724 *Sirena, einschwänzig mit Krone und Spiegel, über ihr ein Pfeifchen – Phallussymbol und Tonzauber – und eine Kugel. Am Leib der Sirena sind vier Schellen und ein Glöckchen befestigt. Spanien 18./19. Jh. Madrid, Mueso del Pueblo Español No. 9775 L 80. Nach Baroja 1945*

725 *Sirena aus Silber mit fünf Muschelschalen. Toledo 19. Jh, Museo del Pueblo Español No. 1690 L 70. Nach Baroja 1945*

726 *»Sallakors« (Siebkreuz) genannter silbervergoldeter Anhänger mit IHS und Engelskopf und drei Anhänger, die als stilisierte Meerjungfrauen oder als Wucherform des T-Zeichens gedeutet werden. Skane 17. Jh L 130. Stockholm, Nordiska Museet, nach Wistrand*

727 *Anhänger in Gestalt eines Fisches (Tilipia nilotica) aus grünem Stein. 12. Dynastie bis römische Zeit. K A Ä 151 L 28*

728 *Fischanhänger aus goldgefaßtem Türkis. Altägypten, 12. Dynastie, um 1850 v. Chr. New York, Metrop. Museum L 19*

722

729 *Fische aus Gold mit Augen aus Smaragd. Manschettenknöpfe. Norditalien 17./18. Jh L 18*

730 *Riech- und Gewürzbüchschen in Fischform, mit starren und beweglichen Leibern sind seit dem Beginn des 17. Jh nachzuweisen. S-HLM Inv. Nr. 34/25*

726

725

723

721

724

727

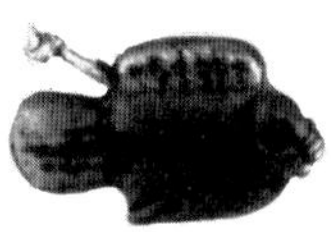

728

729

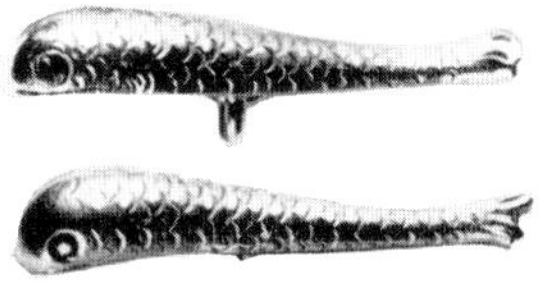

730

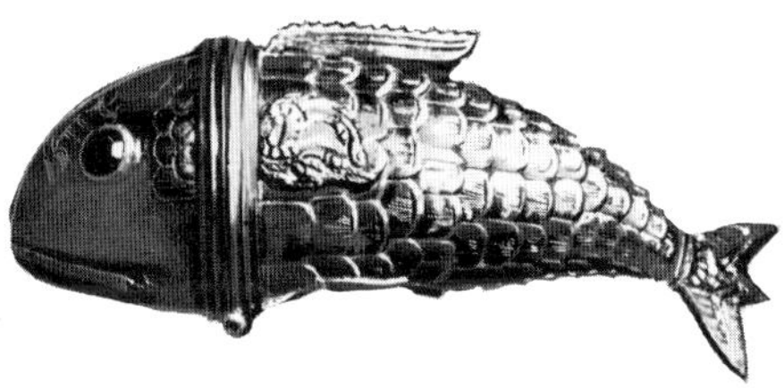

733

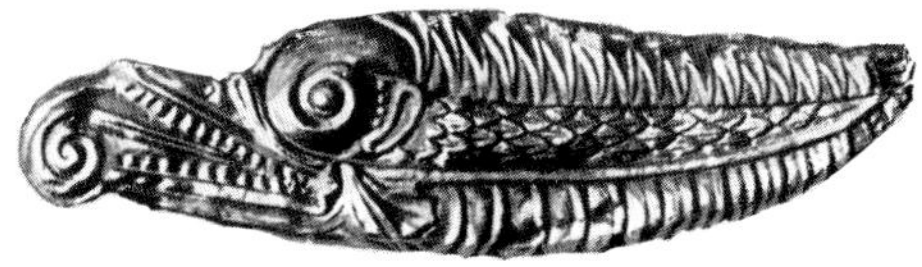

734

732

735

731 *Kinderamulett, Silberfiligran. Italien A. 19. Jh*

732 *Schwertfisch und Sirene. Bildgebäck aus Soriano. Modern. Basel, Schw. M. f. Vk. VI 23126/7*

733 *Pferdeohrenschmuck aus der Zimbalowa Mogila bei Melitopol, Südrußland. Geprägtes Goldblech. 2. Jh v. Chr. Leningrad Eremitage. Nach Rostowzew hatten diese Fische wie der von Abb. 735 nicht nur eine Schmuckfunktion, sondern als heilige Tiere einen wohl der asiatischen Anahita verwandten Muttergottheit eine apotropäische oder zumindest heiligende und fördernde Kraft*

734 *Fisch aus Perlmutter. Italien 19./20. Jh K A 983 L 56*

735 *Pferdestirnschmuck aus Goldblech, Südrußland, 3.-2. Jh vor Christus. Leningrad. Eremitage*

731

Situation

Eisengeschmiedete Wetterfahne mit Melusine. Pommern 1701. Deutsches Museum für Volkskunde Berlin. Wetterfahnen, Dachbekrönungen, Giebelbretter und Firstzeichen haben mitunter wie das Akrotherion und die Gorgonenfratzen antiker Bauwerke die Doppelfunktion als heiliges Zeichen und Apotropaion gegen Blitzschlag, Wetter- und Dämonenbedrohung

»Er (angeblich Aristoteles für Alexander d. Gr.) führt ein Amulett an, das al Gidamatis heißt, zur Zügelung der Begierden der Soldaten, denn die Unzucht mit Weibern im Heere ist ein Übel, das um sich greift und kann die Ursache des Sieges der Feinde werden. Die Züglung aber wirkt Entschlossenheit und Sieg. Das Amulett aber: ,ist weiß und die Herstellung besteht darin, daß du 5 D Blei, je 1 D Kupfer und mit weißem Schwefel geschmolzenes Eisen und ½ D Silber zum Schmelzen bringst und darauf das Blei wirfst, dann nimmst du je ½ Dq Magnesia und Diamant, ½ D gelben Schwefel und 4 Dq rotes Auripigment, pulverisierst alles und streust es darauf und laß es erkalten. Dann machst du einen Geist, indemndu Gazellenfett und Pferdehirn zu gleichen Teilen zerläßt und Sperlingsblut darauf gießt, bis es sich verfestigt. Dann nimmst du 1 D geschmolzene Schweinsknochen, etwas Borax, ½ D Magnesia, 1 D gelben Schwefel und 1½ D rotes Auripigment, pulverisierst alles und wirfst es auf das geschmolzene Hirn, Fett und Blut, wenn es kalt ist und zerbrichst es. Dann bringe das Erste zum Schmelzen und laß es allmählich diese Mittel verzehren. Wenn es kalt wird, drehst du es rund und besternst – dem astralischen Einfluß aussetzen – es 3 Tage mit der Gebetsformel. Dann mach zwei Bilder aus Kupfer, Mann und Frau und leg das Amulett in den Mund des Mannes und stell sie Rücken an Rücken. Nimm sodann einen eisernen Nagel und sprich über ihn dreimal das Gebet. Nun schlägst du ihn durch beider Brust und legst die Bilder in einen eisernen Kasten und sprichst darüber obigen Spruch einen Tag und eine Nacht. Nimm ihn mit dir und du wirst die Gelüste deines Heeres von Unzucht und Verderbtheit zurückhalten, solange dies bei dir ist.«

D = Dirhem, Dq = Danaq (arabische Münz- bzw. Gewichtseinheiten)

Aus dem »Picatrix« oder »Ziel der Weisen« von Pseudo Magriti. Wie die meiste Zauberliteratur, sind diese Handschriften aus dem hohen und späten Mittelalter aus vielen älteren Quellen zusammengeformt.

In den Vorschriften zur Zitation astraler Geister, wie sie in der »Picatrix« genannten Sammlung arabischer und persischer Verarbeiter spätantiker Traditionen zu den Prozeduren der Amuletthersteilung gegeben werden, hat sich eine der merkwürdigsten Destillationen okkulter Lehren, esoterischer und alchimistischer Signaturenschlüssel erhalten. Die kunstvolle Verschränkung der Zahlenmystik, einer obskur systematisierten Naturdeutung, der zauberischen Segens-, Anrufungs- und Gebetsformalistik traf im magielüsternen Abendland des 16. Jahrhunderts auf die Adepten einer verwandten, mechanistischen Weltschau. Horrende Fälschungen und Legitimationsbemühungen durch Berufung auf Gelehrte der Antike, sagenhafte Kaiser und Könige sollten die Autorität solcher Werke stützen. Fürsten und Hofmagier der Renaissance – dem Glauben entfremdet und doch gefangen in der Ausschließlichkeit christlichen Weltschemas – haben sich zeitweise an den Verheißungen von Macht und Reichtum berauscht, die immer an solche Wunschprojektionen gebunden scheinen. Sie sichern auch heute der Astrologie ihren Einfluß, der noch manchen parapsychologischen Positionen, wissenschaftlicher Kritik zum Trotz, eignet. Hier tritt eine der Bewußtseinslagen zutage, die allem magischen Drang, dem Distanzierungsstreben zur »Masse«, vorhergeht. Sie will die Identifikation mit einer vielgliedrigen Welteinheit, die Suche nach dem Universalschlüssel, der nicht im erarbeiteten Wissen, in der exakten Kälte der Forschung vermutet wird, sondern im Dunkel, im Geheimnis einer intuitiven Orientierung, in der Negierung des Zufalls, in der Geborgenheit einer doktrinären Kausalität, in der gnostischen Mitte zwischen kosmischer Dämonologie und dem »bekannten« Gott.

Amulett ist Versicherung der Kraft – Dauermedizin – private Trophäe im weitesten Sinne oder vieles in einem. Es entspringt der mehr oder weniger naiven Vorstellung der Inkorporierung bestimmter Kräfte in einem Stück Materie, Gestalt oder Zeichen, das man zu eigen hat, seien dies nun Eigenschaften des Heiligenden und Heilenden, von Macht, Fruchtbarkeit und Fülle oder Erscheinungsformen des Außergewöhnlichen. Die Erfassung und Anwendung einer solch rein physiognomischen Betrachtung der Umwelt versteht sich aus den stets gleichermaßen erregenden »Vor«-Formungen der Natur. Diese verführen zu Wahrnehmungen wie im Märchen jenseits kritischer Analyse. Der Naive verharrt im Spontaneindruck des von der Situation Vorgegebenen: Beute und Existenzsicherung, Sexus und Zusammenleben, numinose Ergriffenheit im Allgemeinsten vom Kosmischen bis zum örtlichen Ereignis. Es genügt aber vielleicht auch schon ein Assoziatives in Struktur- und Farberlebnis eines Gegenstands oder sekundäre Motivationen in Spieltrieb und Neugier. So leitet ein Wahrnehmungsinhalt des Objekts zu bestimmten Bahnen über, denen magische Verhaltensneigungen eine adäquate Paßform anbieten. Eine Reizfiguration bildet die Herausforderung zur Einordnung ins magische Konzept. Dies gilt für das Individuum ebenso wie für die Großgruppe, die häufig überraschend konform zu handeln befähigt ist. Kollektive Amulett-Typen stellen sich um so leichter ein, je stärker statische Formen des Verhaltens magisch fixiert sind. Aus gleicher Aktivität – es gibt kaum eine Situation ohne »Amulettbedarf« – erwachsen auch Tauschmöglichkeiten zur Sicherung; es bietet sich ja eine Vielzahl von »kraftgeladenen« Stoffen an. Sie leiten sich her aus dem eigenen Erkennen der biologischen Funktionen des Körpers von Mann und Frau, der Stilisierung der Lebensform und Akzentuierungen, die aus der Überlieferung erwachsen, oder Identifikationen mit Stein, Pflanze, Tier, einer totemistischen Umweltinterpretation. Die historische Kontinuität kann geschwächt werden, ja aufhören, durch Wanderbewegungen der Gruppe in neue Regionen, durch Überwanderung durch Fremde. Sie kann aber auch schon früh bei entsprechenden Lebensbedingungen zum Schema geronnen, in sterotyper Praxis fixiert leben. Erweitert man die Untersuchung, zeigt sich, daß viele frühe Kultformen und deren Deszendenz in den Religionen von Kraftzuweisungen an einmal »gesetzte« Lebensstoffe herrühren. So erwachsen Mythen aus Ritualisierungen und den Scheinbegründungen dieser Primäreindrücke in einer höheren Bewußtseinsstufe. Ähnliche Zusammenhänge und Gewichtsverteilungen lassen sich im Talismanischen aufspüren. Amulettformen unterliegen darnach temporärer Ritualisierung, ob sie offen oder nur dem Träger bewußt getragen werden, ob die Differenzierungen offiziellem Wissensgut entspringen oder intuitiv nach einer Mehrungsmaterie gesucht wird, ob die Aspekte von »Kraft« und »Schutz« kompliziert abwandelbare oder stereotype Verhaltensmuster darstellen.

Aus unserer industriellen Produktionsvielfalt heraus fällt es schwer, den Wert zu ermessen, den der Mensch der Familienfertigung aller Lebensgüter gewissen materialgebundenen Eigenschaften, besonderen Strukturen und Texturen zuerkennt. Wie viele amulettwertige Substanzen sind schon als Rohstoff oder mit geringer Zurichtung im Farbigen und Formalen auffallend. Wie viele archetypische Faszinationsvorgänge sind an das metallisch Harte gebunden oder werden im Glattpolierten, im Transluciden, im Mehrdeutigen erlebt. Welcher Wert eignet schon der starken Farbe allein. Zeichen und Ornament sind mehr als reine Bereicherungsfunktion, auch im Spielerischen bewußtes Abbild, immer in der Nähe von Bildzauber und den Aneignungs- und Übertragungsformen imaginativer Kräfte zugesellt. Auch Bildschrift als »spontane Abbreviatur« bedeutet in Wachstums- und Schwundformeln, in Segensbeschwörung und Schadenszauber Machtzeichen für den Wissenden. Die psychologische Funktion des Besitzes an Materiellem und Immateriellem steht zudem im kindlichsten Sinne zentral für den persönlichen und gesellschaftlichen Rang, gleichwie die geheime Erhöhung im Individuellen noch voll genossen wird durch die »Eingeweihten«. Natürlich existieren diese Kategorien heute ebenso, aber sie sind doch in etwa domestiziert. Es soll aber auch des Mutes gedacht werden, dessen es zur Magie und zu jeglichem okkulten Zuordnungswillen bedurfte, wenn man darin einmal nicht die superstitiöse Entartung und Perversion des herrschenden Glaubens sehen will, sondern die Haltung des Zweiflers, die Schutzsuche des Enttäuschten, die verwildernden Experimente des Hysterikers. (Dies alles verkörpert die Gestalt des Dr. Faust in vielen prismatischen Spiegelungen.) Der Alchimist bezieht daraus ebenso intellektuelle Reize wie die Geheimbünde ihre mystischen Ekstasen. (Religiöse Exaltations- und Hysterietypen treten im späten Mittelalter derart gehäuft in Erscheinung, daß man versucht ist, von Normverhalten zu sprechen.) Vom Hexerischen bis zu okkulten und häretischen Sekten ist das Aufspürenwollen pantheistischer, astralischer, der makro- und mikrokosmischen Influenzen als versuchte Kommunikation mit einer Geister- und Dämonenwelt zu interpretieren. Minoritäten bilden typische Geheimzeichen, eine eigene elitäre Symbolsprache aus, die schon Sphären des Talismanischen in der Auto- und Gruppensuggestion berühren.

Mannigfache Ausgangspositionen des Amulettglaubens liegen aber in Regionen intuitiver Medizin gegründet. Solange Krankheit und körperliches Versagen als Götterstrafe, Dämonenbosheit und Schadenszauber Lebender gesehen wird, deckt sich Heilkunst mit Heiligung, Sühnezeremonie, Stellvertretungsopfer, Weihe- und Dämonenrauch und deren halluzinatorischem Gewinn für den Glaubensbereiten. Diese Anwendungen erhalten sich nach den frühen empirischen in den formalistisch degenerierten und in den superstitiösen Heilpraktiken gleicherweise. Übertragungsvorstellungen, wie etwa Abstreifen an Pflanzen und

Steinen, an Heiligengräbern und heilsgeladenen Thronen, das Vergraben der Krankheitsstoffe, das Verkeilen in Baumhöhlen, das Binden lebender Tiere oder frischer Organe auf echte und vermeintliche Krankheitsherde, das Besprechen, das Ausräuchern und schließlich
A 327, 328 der Gebrauch sakramentaler Mittel, wie Schluckbildchen, Schabefiguren, geweihte Kräuter, und andere gehören hierher. Ebenso in sich logisch gegen die »unnatürlichen« Krankheiten ist der Gebrauch phylakterischer Amulette, die vor Schadensgefährdung und Behexung bewahren. Je stärker die Glaubensfähigkeit, desto unbestrittener die subjektive Erfahrung und der Anreiz zu geistlicher Medizin und Talismanie.

Wie der Mensch sich im Amulett zu schützen glaubt, wie er sein Kind ausrüstet mit den »erprobten« Abwehrmitteln, so versieht er auch Haus, Vieh und Flur mit Kraftstoffen und heiligen Zeichen. Er bedient sich der sakramentalen Riten gegen die Geister- und Dämonenwelt und setzt sich in den Heiligengestalten Hüter gegen jede Art von Sonderbedrohung in einer pantheistischen Unterwanderung der Dogmen. Damit setzt eine Wucherung geist-
A 302, 303 licher Schutzformen ein, wie sie sich in den sogenannten Wettersegen des alpenländischen Rokoko zum Haustalisman einer umfassenden prophylaktischen Programmierung ausweiten. Aber auch zahlreiche Frühformen solcher allgemeinen Schutzvorstellungen leben bis in unsere Zeit. Bauopfer und Grundsteinlegung entspringen der gleichen Vorstellung, auch dem Bau das einzufügen, was als Numen zu wirken vermag. Das Haus ist die »Welt« der Familie, sie bedarf des Zentrums, das in einigen Kulturen der Eckstein, in anderen die Feuerstelle oder die Gebeine der Ahnen und ähnliches ist. Lebensstoffe werden eingefügt, von den symbolhaft floralischen als Wachstums-Signatur bis zu Tieropfern reichend und in deren letzter Perversion auch lebend eingemauerte Wesen. Der Hahn als Wächtertier, wie auch
A 840 die Schlange unter der Schwelle, die Katze als Dämonenopfer und schließlich Menschen,
A 842 deren Geist eine Hüte- und Warnfunktion ausüben soll, wenn dem Bau und seinen Bewohnern Unheil droht. Bauopfer als abergläubisch erkannter Brauch wurden in Vorstellungen
A 841 legalisiert, sie seien Werklohn der Geister und des Teufels, der ohne solche Ablösung Gewalt über den Bau behalte. Großbauten werden als Hybris des Menschen gesehen (Turmbau zu Babel). In anderer Sicht sind sie ein Werk der Riesen oder der Baumeister hat sich dem Dämon mit einem Opfer (Seele) verschrieben. Die Zufallsfunde von eingemauerten Tieren zeigen, daß das Abendland noch an der Schwelle zur Neuzeit jener Praktiken fähig war und derartige Bau- und Gründungssagen nicht nur auf Reminiszenzen beruhen.

Der erstaunlichen Vielfalt der altorientalischen Amulette entsprechen ägyptische, hellenistische, spätrömische Zeiten der Fülle und den Grabfunden folgend zu schließen, auch die Nach-Völkerwanderungszeit, sowie das 16. und 17. Jahrhundert in Mitteleuropa. Seit der Spätantike sind es Perioden schwindenden Autoritätsglaubens ohne dynamische Perspektiven eindeutiger religiöser Dogmen oder deren formalistische Erschlaffung. Je kräftiger die Kategorien des Privatreligiösen, des Autosuggestiven sich erweisen, desto häufiger entstehen die

Sammlungen des auswechselbaren, zu spezieller Bedrohung getragenen Amuletts, entstehen die kosmobiologischen Arsenale im Kleinen. Es sind außer den Phasen zweipoliger Religiosität, der Zurschaustellung einer Verweltlichung aber auch Zeiten handelspolitischer Expansion, des Austauschs, des Reisens, der erweiterten Horizonte, in denen sich ein geistiges Vakuum auffüllt mit Fremdem und Neuem, mit Sektierertum, magischer und okkulter Praxis, auch Kriegszeiten mit dem Absinken alter Eliten und freier Gesellschaftsschichten, kurz alle sozialmorphologischen Trümmerfelder, in denen das Einsickern auf mannigfachen Wegen möglich ist. Fremdes und Altvertrautes gewinnt in der Dämonisierung aller Lebensbereiche an Heilssuggestion. Das Verlangen nach dem Bizarren wird nun laufend gespeist aus einer paramedizinischen Gerüchte- und Publikationsflut, die stets dann auftaucht, wenn sich Lebensangst merkantil verwerten läßt. Je größer die Gefahr, je ungewisser die Zukunft, desto intensiver die Hinwendung zum Amulett, desto stärker die Legitimation alles Superstitiösen, die der »vereinsamte« Mensch der Skepsis gegenüber auftürmt.

Die geistige Überlegenheit der altorientalischen Stadtstaaten hat den antiken viele Wertfindungen und Verhaltensnormen suggeriert, die dort eingeschmolzen und angepaßt, nach Norden weiter wandern. Die ranghöhere Kultur überlebt fast immer, auch wenn sie militärisch unterliegt, denn es gibt neben der Neurose der Besiegten gleichermaßen die Neurose der Barbaren, die unter der eigenen Geschichtslosigkeit leidend, magische Fremdformen und Machtsymbole übernehmen. Dann erweisen sich plötzlich autonome Traditionen als überraschend formbar, zumal wenn nur der Tausch von Gestalt und Stoff vorgenommen, die eigentliche Kette gewisser Altvorstellungen aber nicht unterbrochen wird. Der innerlichen Vertiefung mancher zunächst magischer Form in den Hochreligionen halten die individuellen Psychomechanismen im Amulett die Waage. Wo komplizierte talismanische Systeme entstehen, etwa die der arabischen Kompilatoren und deren Erben (Alchimisten), bleibt die Wirkung, bezogen auf das begriffliche Denken, außerhalb dieser Schicht gering. Es bilden sich zwar mit der Zeit Verselbständigungen der Symbole im Vulgärbrauch (z. B. der Drudenfuß), aber jegliche Sublimierung bleibt aus. So zeigen sich (seit dem 18. Jahrhundert etwa) in Volksbrauch und Tracht die zu Mechanismen und Gemeinschaftshandlungen degenerierten Formen, an denen zwar mit der Wärme des Gefühls festgehalten wird, die aber nur noch aus den schwächlichen Impulsen des Beharrens vollzogen werden. Was einst im Bereich vom unbestrittenen Wissen zum umstrittenen sich abspielte als organischer Vollzug alter Schutzriten, erstarrt in der sozusagen »permanenten Pubertät« mancher Volksbräuche.

Der Vielzahl der Typen entspricht auch eine Variationsbreite der Anwendung des Amuletts, der Zusatzhandlungen in Herstellung und Gebrauch. In den Überlieferungen zeichnen sich immer andere Sektoren ab im Usus und in der Erwartung dessen, was das Amulett leisten, wie und wo es getragen werden soll, wie sich mit der Stellung zum Körper auch die Wirkung ändert. Andere ernstzunehmende Äste entspringen gesellschaftlichem Snobismus oder gar modischem Diktat. Übergeordnet bleibt der stoffliche Gehalt, der Symbolwert der Gestalt in

Ornament, Ring und Anhänger, Orden, Pelzbesatz, Quasten, Federn, Borten, Stickereien, ja Web- und Knüpfarten, Knoten, Knöpfen, Gürtel und Schließen, Dolch und Besteck. Letztlich vervollständigt die Wahl der Schmuck-, Textil- und Bekleidungsrohstoffe, deren Harmonie, Mischung und gegenseitige Paßform die magische Rüstung. Die Farbabstimmung spielt gleichfalls eine Rolle. In Zeiten, welche die Signaturen beherrschend systematisieren, wird der dem Okkulten zuneigende Mensch dem Zufall keine Chance einräumen.

So wie das antike Heilpriestertum mit der Säkularisierung der alten Ganzheitsreligion dem Arztberuf weicht, erlebt das Abendland vom 14. bis 16. Jahrhundert die Emanzipation des Heilberufes, seine Konsolidierung und gesellschaftliche Stärkung. Waren vorher die »Wissenden«, die »Meister« Hersteller und Ordinatoren von Talismanen und Schutzstoffen, so geht diese Tätigkeit beinahe nahtlos in die Hände der Ärzte und Apotheker über, wenn hier von der Zweitfunktion des Amuletts als Rangzeichen und persönlichem Signum abgesehen wird. (Der Jäger, der Finder besitzt im glücklichen Erwerb einer Trophäe eine authentische Kraftmehrungsmaterie, die er trägt, die ihm in Frühzeiten auch ins Jenseits mitgegeben wird.) Im überschaubaren Bereich abendländischer Amulett-Traditionen läßt sich die Kohärenz zwischen medizinischer Praxis und der des Talismanischen verfolgen und, wie sie sich gegenseitig ergänzen. Anders: wie als wirksam betrachtete Stoffe am Körper getragen im Rang der Schutzmittel weiterleben und ältere amulettwertige Stoffe in der medizinischen Anwendung an Gewicht gewinnen. Solche Gepflogenheiten leben später unter der Decke offiziellen Wissens im Range einer zum Selbstzweck degradierten Funktion fort. Die Wertsetzungen der Vergangenheit erfahren im Volksbrauch keinen Abbau; die affektive Betrachtung verhindert oft die Integrierung »moderner« Medizinformen, da deren gleichfalls nur relative Wirksamkeit die Schätzung des Altvertrauten nicht ernsthaft gefährdet.

In den ersten christlichen Jahrhunderten können wir, soweit aus umfangreichen Grabbeigaben und den seltenen schriftlichen Zeugnissen eine Kontur zu ziehen erlaubt ist, klar nur die Edelstein- und Metallfaszination ablesen, eine Fortsetzung frühgeschichtlicher Gestalttypen als Zeichen der Kraft erkennen, dazu apotropäischen Gewürz- und Kräuterbrauch in Kapseln und Säckchen feststellen. Hinzu tritt der in seinen Dimensionen noch bescheidene Reliquienbrauch. Diese Linie deckt sich mit der geistesgeschichtlichen Situation. Das antike Erbe liegt im Dämmer, ist bestenfalls einigen Hochgebildeten zugänglich, die, fest in einem noch puristischen Christenglauben verankert, für solche »heidnischen« Prägungen keine Sympathie zeigen. Amulett-Systematik lebt noch in Juden und Arabern als den Bewahrern der antiken Traditionen fort. Im gleichen Maße, wie in Klöstern und an hohen Schulen das Wissen des Altertums zum vertrauten Lehrstoff aufbereitet wird, regenerieren die Impulse von den Lehren mineralischer, floralischer und animalischer Wirkstoffe, der Siegel und Charaktere ihre alte Lebenskraft. Die unreflektierte Übernahme antiker Heilbräuche führt in mehrfachen Renaissancen zur Apotheose des Alten bis hin zu allen medizinischen Entartungsformen jener Epochen.

Das Mittelalter findet in den Kreuzzügen und in verstärkten Handels- und Austauschkontakten mit den alten Kulturräumen die intensiveren Anregungen zur Gestalt- und Stoffmagie. Die Spätantike und Byzanz als »Katalysatoren« des Christentums bestärkten die Reliquien- und Blutergriffenheit, wie sie in der Apokalypse erstmals sichtbar wird. Das Aufblühen des Reliquienkultes und seine unausbleibliche Merkantilisierung erleben durch das IV. Lateranum 1215 unter Innozenz III. eine zeitweilige Einschränkung, indem der Papst allein als zuständig erklärt wird. Das Tridentinische Konzil (1545–63) als Instrument der Gegenreformation begriff und festigte die Elemente des Volksglaubens, der Volkskultur in bewußter Abgrenzung zum Puritanertum des Protestantismus. Die letzte große Universalkultur des Abendlandes, der Barock, entfesselte gewaltige Emotionen und belebte auch die devotio reliquiarum von neuem. Im hohen Mittelalter sind die Amulettformen meist reliquiengestaltig oder Edelsteine. Die frühe Dichtung stützt die Vermutung, daß der Gebrauch anderer Kraftstoffe, die keine religiöse Legitimation besaßen, noch ziemlich begrenzt war. Die offiziösen Heilformen verbleiben in einer schmalen Zone der Kräuteranwendung. Merkwürdig berührt, daß der Kreis der Heilenden und Amulетthersteller sich aus gesellschaftlich Verfemten zusammensetzt, wohl weil der Umgang mit Kranken als »Besessenen« und »Gottgestraften« nur diesen oder Heiligen zugemutet werden konnte. Sozial outclassed waren Juden, Landfahrer, Schäfer, Scharfrichter, Abdecker und Bader, zu denen noch in Fortsetzung germanischer Heilüberlieferung weise Frauen und Hebammen traten. Wie die Quellen erweisen, blieb die Heilpraktik auf dem Lande lange auf diesen Personenkreis beschränkt. Noch Paracelsus will viele seiner Mittel und Secreta von jenen erfahren haben. Mit den medizinischen Fakultäten und der Etablierung professioneller Ärzte, von Kräutergärten und Apotheken in Klöstern und Städten wird auch der Amulettgebrauch und die Amuletttherstellung aufgewertet und erfährt in der medizinischen und alchimistischen Literatur zunehmende Bedeutung, Rechtfertigung und stilisierten Überbau. Die Bibel als Gebot der Weltauffassung, als Limitierung wissenschaftlichen Denkens auf der einen Seite, auf der anderen die mythische Verklärung der gesamten Antike hemmen kritische Impulse und freie Hypothesen. Die geistige Produktionskraft wird in Bahnen gewiesen, die das Legitimierte allein höher destilliert und im Glaubensschema zugleich Grenzen sachlicher Analyse und systematischer Forschung vorfindet. Um das Christentum mit den alten kosmischen Systemen auszusöhnen, um die »Influenzen« im Glauben zu rechtfertigen, werden immer neue Versuche unternommen und umfangreiche Theorien aufgestellt. Diesen Vorstellungen sollten auch Forderungen an den Talismanologen dienen. Agrippa verlangt von dem, der Siegel fertigt, daß er ein gereinigter, frommer Mann sei, zuversichtlicher Hoffnung und standhaft im Vertrauen zum Allmächtigen, wenn das Siegel die göttliche Kraft erhalten solle. Es scheint ihm eine Berufung, eine Art Weihe notwendig, wie auch dem Eliphas Levi, der häufig als Autorität zitiert wird: »*Es muß einer das Licht des Lebens in sich tragen.*«

Die Verschränkung von Naturwissen, Medizin und Talismanologie bleibt bis ins 19. Jh. erhalten:

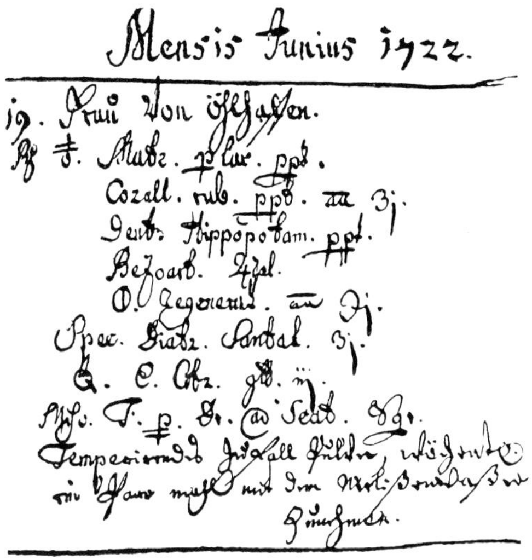
Mensis Junius 1722.

Rezept: (Dr. Herelius, Nürnberg, Juni 1722). Pulveris matris perlarum präp. (Perlmutter); Corallii rubri präp. drachmam unam (Koralle); Dentis hippopotami präp. (Nilpferdzahn); Bezoartici jovialis (Metazinn- und Antimonsäure); Nitri regenerati ana scrupulum unum (aus Weinstein und Salpeter bereitetes Kaliumkarbonat); Specier. diatragacanthae Santali drachmam unam (Tragant-Santal-Tee)
Olei corticis citri guttas tres (Zitronenöl) Misce fiat pulvis, detur ad scatulam. Signa: Temperierendes Zufall-Pulver, wöchentlich ein Paar mahl mit Melißenwasser nehmen.

Ein kräfftig und fürtrefflich Pulver wider die Rotheruhr: (Oswald Croll 1628 S. 222.) Nimb Augstein / Drachenblut / Blutstein / rothe Coralln / Saamen von Burtzelkraut / Wegrich und Gifftheyl / Tormentillwurzel / Ungarische Terrae Sigillatae, jedes 4 Loth; Wildt Granatblühet, 2 Loth; Muscatnuß numero 4. Zimmet 1 Loth; Croci Martis, Calciniert Talci, calciniert Perlenmutter und calciniert Menschenbein jedes 2 Loth; Laß die Stein auf einem Reibstein subtiel zerreiben / mit allen andern Sachen vermischen und zu einem Pulver formiern.

Ematites (Hämatit) **Blutsteyn:** (Johannes von Kuba 1486 Kap. 173). . . . disser steyn ist kalt und trockener Natur. Disser steyn in die handt genommen, so die nase blut, stillet das bluden in der Nasn. Dissen steyn gepulvert und gemischet mit Taschenkrautsaft und diß in die Naßlöcher gestrichen, benimpt das bluden darauß. Welcher blut speyet, der nehme disses steyns pulver gemischt mit rosenwasser und dazu gummi arabicum und darauß pillen gemacht . . . eyn quintlein benimpt das blutspyen. Welcher den blutgang hätte, der neme eynes eyeß weyss und essyg zwey lot, rosenöle 4 lot, deß pulvers von dißem steyn ein lot und lass diß unten inn mit eynem clistier eß hilffet . . . .
Für den fluß genannt menstruum nutzt diß pulver mit wegerichsafft, eß stopffet den weißen und roten fluß der Frauen.

In diesen Mixturen fanden sich also meist Stoffe, die nach offiziellem Wissen bis zum »Erfahrungsschatz« des Volkes ihre Wirkung ebenso gut auch am Körper getragen erweisen konnten. Das superstitiöse Element zeigt sich fast immer geringer, als man annehmen möchte. Mit Hexenkult und Zauberwahn erfolgt zwar über diese legitimierten Kraftstoffe

hinaus noch eine gewaltige Dämonisierung und jedwede Entartung, aber selbst diese erscheint nach den religiösen und medizinischen Vorstellungen nur abstrus und pervertiert, doch nicht durchaus unglaubwürdig. Die »seriösen« Autoren trennen deshalb auch präzis zwischen dem rechten Gebrauch, dem »Probatum est« und den fragwürdigen, im Glauben nicht mehr gerechtfertigten „teuflischen, hexerischen und abergläubischen Mitteln“.
Wie das Studium griechischer und lateinischer Schriften in den Klöstern die frühesten Früchte aufweist, waren auch Mönche und Kleriker die ersten namentlich bekannten Verfasser von Heilbüchern. In den Schriften des Marbod von Rennes, der Hildegard von Bingen, des Konrad von Megenberg, des Albertus Magnus und anderer mehren sich die Spuren des Auflebens der Vorstellungen von den am Körper zu tragenden Stoffen und ihre ausdrückliche Beglaubigung durch antike, biblische und arabische Quellen. All das bleibt aber dank der geringen Verbreitung durch Abschriften noch eng umgrenzt. Die Epen der Minnesänger lassen wenig davon spüren, nur die Edelsteinmystik findet breiten Raum vom Glanz des Rittertums und vom höfischen Prunk her. Daneben erweist sich, daß alte Gestalttypen, wie Knoten, Tau, Ring etc. als Abbreviaturen ganzer Mythologeme eine Rolle spielen. Auch die Runen, Besitzmarken und heraldischen Embleme bedeuten mehr als persönliches Signum. Die phantastischen Stilisierungen, denen der Wappenkult im Mittelalter unterliegt, legen die Vermutung nahe, daß hier bereits talismanische Bereiche aufklingen. Doch bald zeigt sich die Erstarrung, der das Rittertum erliegen sollte, die eine Anpassung an den zivilisatorischen Fortschritt der Städte ausschloß. Wie die mittelalterliche Stadt in ungeheuren Anstrengungen Kathedralen, Dome und immer neue Kirchenbauten schuf aus einem Glauben ohne Zweifel, scheint sicher, daß auch im Bürgertum der Talisman sich noch auf getragene Reliquien und sakramentale Anhänger beschränkt. Die Kleiderordnungen verbieten ohnehin Gold, bestimmte Edelsteine und Schmuck. Aus dem Bauernstand sind die Zeugnisse so gering, daß sich nur auf Grund allgemeiner Strukturen und den Heilpraktiken sagen läßt, daß hier vermutlich zahlreichere Primitivvorstellungen fortleben, wie sie schon aus der engen Verbindung mit der Natur, dem Wachstum und dem Jahreslauf hervorgehen. In diesen Schichten erhalten sich auch jene Amulettformen, die auf älterer Faszination beruhen, wie etwa die Gebiß-Amulette, obgleich sie niemals in der »offiziellen« Literatur auftauchen. Während die Heil- und Übertragungskraft der Zähne als einwandfrei angeführt wird, besonders der fossilen oder der vom Hingerichteten, von Bär, Wolf, Hirsch, Elefant, Walroß, Hai und Hecht, fehlen die Hinweise auf die Marder-, Dachs-, Fuchsgebisse und Gemsenkiefer. Und gerade diese treten uns im rezenten Brauchtum des alpenländischen Bereiches so häufig entgegen. Hier walten also außerhalb der Strömungen der Schulmedizin und Amulettpraxis noch ältere Traditionen. In ihrem sporadischen Auftreten, wie etwa bei den »Flohpelzen«, den an Fibeln und Schwertbeschlägen der Völkerwanderungszeit in Nordeuropa bis ins 12. Jahrhundert gebrauchten Gebißformen zeigen sie, wie solche Altvorstellungen permanent weiterwirken können. Das Auftauchen dieser Amulette, das vielleicht aus Be-

rufsbräuchen der Jäger entstanden sein mag, verweist auf die enge Verbindung zu Jägertum und Jagdritualisierung, die man beim Gebirgsbauern häufig feststellen kann.
Zum Ende des 15. Jahrhunderts gründet die Erfindung des Buchdrucks eine neue Situation. Der erste »Hortus sanitatis« des Johannes von Kuba, 1486, folgt noch dem allgemeinen medizinischen Konzept, nach dem Heilwirkungen fast ausschließlich den Kräutern und Pflanzen zuerkannt werden, zu denen einige »Steine« wie Koralle, Gagat, Bernstein und animalische Stoffe wie Hirschhorn, Herzkreuze, Einhorn und Elfenbein treten. Erst der spätere sogenannte »Große Hortus sanitatis« bringt auf der Linie Marbod von Rennes (Steinbuch mit 64 Mineralien und deren Indikation), Hildegard von Bingen, Arnoldus Saxus mit dem ins Mystische deutenden Physiologuskomplex und Konrad von Megenberg mit der Organsteinlehre (Buch der Natur) die Fülle der Steine, Metalle, Animalia und Humana als Medikament und Amulett. Die Geschichte der Intrigen, Nachdrucke, Übersetzungen und Fälschungen und der äußere Umfang dieser Buchgattung bezeugen Nachfrage und Popularität. In der Inkunabelzeit stellt sie die größte geschlossene Gruppe außerhalb der Bibeldrucke und Erbauungsbücher dar. Nicht zufällig scheint jetzt eine Hochzeit der Amulette angebrochen. Mit dieser Zeitenwende ersteht ein neuer Menschentyp. Kaiser und Fürsten, Papst und Klerus haben gegenseitig ihre Autorität zerschlagen. Die Gelehrten, die Reformatoren, die Ketzer, Hexen und Magier versuchen auf den verschiedensten Wegen ein neues Verhältnis zur Welt, das des individuellen Standpunktes, zu erzwingen. Das »Existenzielle« tritt mehr und mehr in den Vordergrund, mit ihm die persönliche Suche nach Kraftmehrung und -bewahrung und damit das »profane« Amulett. Es entsteht im Rückgriff auf Stoff- und Gestaltergriffenheit archaischer Denkstrukturen und deren selektive Anpassung an veränderte Entwicklungsstufen, wie sie sich im Dasein von Jäger, Herdenzüchter, Ackerbauer und dem Menschen der Stadtzivilisation notwendig ergeben.
Denken und Wissen in der Dogmatisierung durch Bibel- und Antikentradition wird erst mit der Aufklärung fragwürdig, die Vormundschaft der Überlieferungen geht zu Ende. Die Lebensfähigkeit des Amulettglaubens, der auf Materialfaszination ruhenden Medizin büßt aber auch im 18. Jahrhundert noch nichts von ihrer Kraft ein, wenn auch die Schrecksteine, Säcklein und Anhänger schon seit dem Barock im Halsausschnitt ihrer Träger verborgen sind, ein Zeichen dafür, daß sich eine privatere Stellung zum Amulett anbahnt. Anders das 19. Jahrhundert: Während sich die Medizin vom alten Ballast befreit und in biologischen und psychischen Vorgängen die Krankheitsursachen feststellt, entzündet sich in den romantisierenden und historisierenden Allüren der Zeit eine neue Talismanbewegung modischer
A214 Freundschafts- und Liebespfänder. Dem kurzen rationalistischen Zorn der Revolutionen und der Säkularisationen folgte die politisch-religiöse Restauration und in deren Sog die letzte große Woge eines »Sakramentalismus«, getragen von Bauer und Kleinbürger, während der vierte Stand sich schon von solchen Vorstellungen emanzipiert. Durch neue Fabrikationsmöglichkeiten »religiöser Bijouterie«, geweihter Bildchen und Segensdrucke zu billigsten

Preisen, vulgarisiert sich noch einmal das Schutzdenken im Andenken- und Medaillontragen. Der Andenkenramsch, wie er noch heute an Wallfahrts- und Urlaubsorten feilgeboten wird, durchdringt sogar mit der allgemein zunehmenden Konsumfähigkeit auch Schmuckformen. Bei den Juwelieren werden alte und neue Gestalttypen, durch Stein- und Materialwert bereichert in zunehmendem Maße gekauft.

Die individuelle Einstellung, die heute dem Amulett zukommt, die sich spontan entzündet und permanent im Glauben an Gegenwarts- und Zukunftssicherung nistet, die Erinnerungen, Hoffnungen und Absichten verkörpert, ist qualitativ etwas durchaus anderes als der magische, religiöse und gesellschaftliche Boden oder gar die gelehrte Systematik, die jene Amulettbewegungen früherer Jahrhunderte beflügelt hat. Allgemeine Kristallisationspunkte scheinen in den Normen, in welchen unsere Entwicklung verläuft, nicht mehr möglich. Die Forschung durchleuchtet alle Dämmerzonen, Tabus und jeglichen Eskapismus und fixiert diese in sachlichen Wertskalen – und doch – in der Aura persönlichster Schätzung, von Zufallsverknüpfung und Eigenritual ist der Amulettboden bereitet wie eh und je: im Streben des Individuums, »ein Gewisses« zu besitzen, im Glauben an den kleinen Akkumulator von Glück, Erfolg und Sicherheit, der beinahe in jedem siedelt im irrationalen Feld zwischen Amulett und Talisman.

737

737 *Adrian Matham »Mephistopheles führt Faust die Helena zu«. Kupferstich um 1642. Rijksprentenkabinett Amsterdam. Das magische Quodlibet von Knochen, Schädeln, Tierbälgen und Pfoten entspricht ganz der dämonisierten Betrachtungsweise der Animalia und Humana, wie sie seit dem Ende des 15. Jahrhunderts auch die Medizin beherrschte*

738 *Die magische Rüstung des kleinen Habsburgers von Juan Pantocha de la Cruz (1551–1608, malte Infant Philip 1594), Wien, Kunsthist. Museum Inv. 3268, weist beinahe alle Versicherungen auf, die Material, Gestalt und Zeichen boten. Auf der Brust Reliquienanhänger mit Marienmonogramm, am Gürtel neun Amulette, darunter Fica, Dachspfote, edelsteinbesetzte Kralle, Dreikettenhänger mit Hörndl, Bisamapfel und apotropäisches Glöckchen*

Es entspricht dem tief eingewurzelten Glauben an die Abwehrkraft der Kette in ihrer Reihung von Stoff und Gestalt, daß die Künstler des späten Mittelalters und der Renaissance auch dem göttlichen Kind das Attribut dieses Lebensabschnittes, die Schutzkette, zuordnen. Sie bedeutet Teilhabe an den Segenskräften der Natur, die der Schöpfergott durch sein Tragen sanktioniert. Es scheinen gerade im künstlerisch schaffenden Menschen, der aus Tiefenschichten der Intuition produziert, die frühen magischen Erlebnisstufen nachzuwirken bzw. in neue Bedeutungsschichten gehoben zu werden

739 *Engel mit Christkind, um 1480, aus dem Ursulinenkloster Landsberg/Lech. BN 20/204 Holz H 705. Die korallenrote Schutzkette des Kindes ist sicher barocke Zutat*

738

741

740

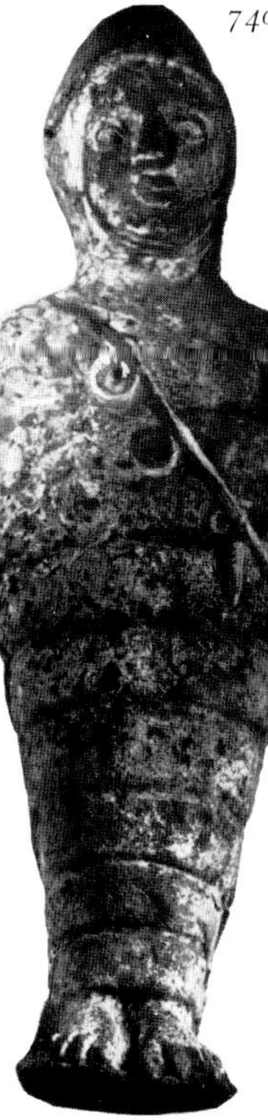

742

744

743

740 *Wickelkind, Votivgabe aus Ton. KT50 H 290 Capua. Römische Kaiserzeit. Die Kette mit verschiedenen Amuletten, darunter Scheibe, 2 Möndchen, Hand, zeigt die Schutzprogrammierung für das Kind, wie sie bis in unsere Zeit gebräuchlich blieb*

741 **a** *Kinderschepper aus Silber mit 6 Schellen, als Pfeifchen endend, Elfenbeinstiel, spanisch 18. Jh K A 1116 H 158.* **b** *Lutscher aus rotem Bandachat, Silberfassung 17. Jh K A 152 H 94 süddeutsch.* **c** *Silberschepper mit angehängter Medaille des Hl. Ignazius von Loyola. Madrid 20. Jh KA 1118 H 144*

742 *Kinderlutscher aus Zedernholz, Silberfassung 16./17. Jh deutsch K A 478 H 77. Die vielen Wortzeugnisse über die Zeder in der Bibel erhoben sie im Abendland zu fast sakramentalem Wert*

743 *Lutscher aus Koralle in granatapfelförmiger Silberfassung an silberner Kette 19. Jh Italien H 100 BN 28/313*

744 *Durchbohrter Wolfszahn als Lutscher in Silberfassung mit Pfeifchen 17./18. Jh süddeutsch H 85 K A 245*

745

Eine der ältesten Akkumulationsvorstellungen ist an die Reihung numinoser Dinge gebunden, wie sie in den Ketten aller Kulturstufen auftaucht. Seit dem Lithikum zeigt sich ihre ambivalente Gestalt zwischen Schutz und Besitzfunktion fest verankert. Sind es zunächst Zähne, Schnecken, Knochen und Muschelringe, so treten durch die Steinbohrung die Edelsteine in zunehmendem Maße in die magische Bedeutung einer Kraftversicherung ein. Die Kette wird zum Zeichen für den Träger des Charisma, zum Rangabzeichen, zur Auszeichnung schlechthin. Auch im kultischen Bereich dient sie in den verschiedenen Formen von Gebetskette und Gebetszählschnur als Medium der Meditation, als Verbindung zum Göttlichen und in solcher Sicht als geistlicher Schutz, wie ihn jeder geweihte Gegenstand darstellen kann

745 *Alabasterrelief aus dem Palast in Kalchu »Anbetung des Heiligen Baumes«. König Assurnasirapli II (883–859 v. Chr.) trägt die Halskette mit 5 Planetensymbolen, die ihn mystisch mit den Göttern verbinden; dazu Armbänder, Ohrring, Gewandquasten und Fellstreifen. Der adlerköpfige Genius hat eine Kette aus Steinperlen, deren Amulettwert durch Literatur und Grabfunde bekannt ist. Die Geste des erhobenen Pinienzapfens findet zwei Deutungen: nach der ersten, wahrscheinlicheren, soll die Baumfrucht Heiligung verleihen; ähnliche Darstellungen finden sich an Tempel- und Palasttoren, um die Eintretenden zu entsühnen. Nach der zweiten Version soll es sich um die männliche Palmblüte handeln, mit der schon die Babylonier künstliche Befruchtung an Dattelpalmen vollzogen. Dies würde ein Fruchtbarkeitssymbol darstellen, das in Verbindung mit der geheiligten Person des Königs auch für sein Reich gilt. BrM II 2180*

746

748

749

747

746 *»Hexensabbath« Neujahrsblatt des Urs Graf (um 1485–1527) weißgehöhte Federzeichnung 1514. Wien Albertina Inv. 3048D/333. Die linke Hexe hebt eine Schüssel mit Menschenschädel und Knochen; die mittlere, auf der Ofengabel reitend, hält eine Kette, die vielleicht eine ins Hexerische pervertierte Gebetskette darstellt, mit Spielwürfeln, aufgefädelten Schellen, Totenkopf und Brettsteinen(?); die untere Hexe löscht auf unflätige Weise eine geweihte Kerze. Dazu Zauberbuch, Öllampe und die Katze als Dämonen- und Nachttier*

747 *Kettenverkäufer, Vignette zum Stichwort Gagat aus dem Meydenbach'schen Hortus, Indikation: Prüfung der Virginität, verscheucht Schlangen und Dämonen*

748 *Ausschnitt aus dem »Heuwagen«, Triptychon von Hieronymus Bosch (1450–1516). Prado Madrid. Der Kurpfuscher mit umgehängter Zahnkette und dem Berufsschild will durch phantastische Aufmachung seinem Gewerbe Ansehen verleihen*

749 *Kette mediterranen Typs, Glasperlen, Anhänger aus einer Hirschhornrosette mit Zirkelschlagmotiv. Frühmittelalterlich (aus röm. Kaiserzeit bekannt). Grabfund Klärlich Kreis Koblenz. RhL Inv. 2538 L 260 Scheibe Dm 50*

FRAISKETTEN: Unter Fraisen (mhd: fraisa = Not, Gefahr) werden in volksmedizinischer Vereinfachung eine ganze Reihe verschiedenster Krankheitssymptome verstanden, die von krampfartigen und konvulsivischen Erscheinungen begleitet sind, insbesondere auch Kinderkrankheiten. Die Fraisketten sind Universalamulette mit meist ungerader Anhängerzahl, bei denen die sakramentalen und devotionalen Typen in der Durchsetzung mit reinen Amulettformen in eindeutige Amulettwertigkeit überführt werden

750 *Fraiskette mit 11 Anhängern, Salzburg 18. Jh L 420 K A 1043: Breverl (verschlossen), herzförmiger Karneol mit IHS, Rudbertmünze Salzburg 1673 (viereckig), Bocksbart, dreipaßförmig zusammengelötete Münzen 1635, Rehledersäckchen, Maulwurfspfote, Paris Graf von Lodron-Münze (Salzburg), Karneolkugel, Ferdinand-Münze 1556, leere Zahnfassung*

751 *Kinderkette mit 7 Korallenperlen, 9 Schellen, 2 leeren tütenförmigen Silber- und 1 hörnchenförmigen Manschettenfassung, 2 schwarzen Hörnchen, 1 Krummsäbel, 1 Schere aus Silber. Italien 18. Jh KA 2020 L 280*

752 *Fraiskette, 12 Anhänger, Österreich/Alpenland 17./18. Jh K A 1939 L 190: »Donnerkeil« (Belemnit), Pestpfeil, Karneolperle, Leopoldmünze 1694, Bergkristallperle, »Blutstein«, Beilchen, »Schweinsg'hörl«, Bergkristall, Korallenperle, Alraunwurzel, Rauchtopas*

753 *Fraiskette, 13 Anhänger, alpenländisch 18./19. Jh K A 1785 L 410: Breverl, Schneidezahn, Reliquienbüchse (Rosalia u. Theresia), Beil, Luchskralle, Bocksbart, Wolfszahn, Karneol herzförmig, Fica, Nuß, Stockzahn, Silbermünze 1610, Stück Horn*

754 *Kinderkettchen aus Natternwirbeln mit rotem Läppchen, Doppelbalkenkreuz und Gitterguß, H 12 GNoN*

755 *Fraiskette aus Natternwirbeln. K A 1044 L 230*

756 *Fraiskette, 10 Anhänger; Oberbayern 19. Jh K A 1046 L 220: Bronzemedaillon Christus von der Wies, Horn-Fica, Stiel eines Wolfgangsbeils, Antoniusmedaille, Bergkristall, Ungarische Silbermünze, Geschweiftes Hörnchen, Beinerner Fingerring mit 3 Kreuzen, Schneckenhaus, Vogelknochen*

757 *Rosenkranz aus Salzburg, 18. Jh, vermutlich Weihegabe an das dortige »Loretokindl« und schon nicht mehr Originalzustand. Die geschwärzten Holzperlen mit Schildpattblättchen sitzen zwischen Silberkalotten. Die Anhänger 16./17. Jh mit Ausnahme des Silberhändchens mit flammendem Herz (18. Jh). An dem tropfenförmigen rotbraunen Marmorstein*

750

751

752

754 756 757 758 755

hängt eine Heilig-Geist-Taube aus Silber. Die vergoldete Medaille stammt aus Loreto, V: Loretomadonna, R: Antonius von Padua. Die Korallenäste stecken in silbernen Fassungen. Silber-Anhänger: Der Hl. Sebastian auf einem Hirschgeweih mit Kugelanhänger, 16. Jh wohl Zeichen einer Schützenbruderschaft

758 *Rosenkranz aus roter Koralle, südd. 16./17. Jh K A 502 L 410 mit Anhängern: Riechbüchschen als Totenkopf, Backenzahn in silbervergoldeter Fassung mit Aufschrift ST. AGATHA, silbergefaßter Dorn, Wolfgangsbeil aus Bronze, Muttergottes mit Kind und hl. Katharina, 3 Gittergüsse: Maria mit den 7 Schwertern, Verkündigung, Maria lactans*

759

760

761

SCHARIVARI (Berlocken) sind den Kompositamuletten ähnlich, als Schmuck- und Trophäenanhänger von den Männern an Gürtel und Uhrkette getragen, meist aus Devotionalien, Erinnerungstalern und Jagdtrophäen zusammengestellt. Sie sind seit dem 18. Jh im Bürgertum üblich

759 *Francisco Goya (1746–1828) »Der Blinde mit der Gitarre«, 1778 Ausschnitt Spanier mit Scharivari. Prado Madrid*

760 *Scharivari eines bayerischen Skiläufers mit 3 »Ullr« (Schutzpatron der Skiläufer). Die Verwendung der altnordischen Göttergestalt mit dem Bogen stellt eine bewußte Amulettneuschöpfung der modernen Geschäftswelt dar. Interessant der Anhänger rechts unten mit dem Autoreifen kombiniert. Außerdem eine Christophorus-Plakette und Andenken an San Marino. Modern K A 2001 H 1 : 1½*

761 *Goldener Uhrkettenanhänger 18./19. Jh H 70 Pr München. Oben: Doppeldukaten der Reichsstadt Nürnberg, 1700, V: 3 Wappen, R: Lamm Gottes über der Weltkugel. Mitte: Goldmünze Maria Theresia, R: Patrona Regina Hungariae. Unten: Rautenförmiger Anhänger, V: Auge Gottes, R: das Lamm*

762 *Scharivari an silberner Uhrkette: Marientaler mit Patrona Bavariae, R: Ludwig II. H 28. Hirschgrandel und Mardergebiß in Silberfassung mit Eichenblättchen, 1871. SM*

Der Kreis als magische Gestalt, zum ältesten Vorstellungsgut gehörend, wird im Ring und Reif zum Glücks-, Segens- und Kraftmittler. Die Bedeutung des Ringes als Amulett tritt besonders dort hervor, wo er nicht in Schmuckfunktion an den Händen getragen wird, sondern als Anhänger an Kette oder Kopfbedeckung. Den zahlreichen astromedizinischen Ringvorschriften entsprachen Indikationen gegen Dämonen- und Seuchenbedrohung

763 *Reliquienring (?), Gold mit Almandin-Cabochon, sog. syrischer Granat, im Nebenkasten unter dem kreuzverzierten Deckel Hohlraum für Reliquie. Byzantinisch, etwa 6. Jh H 31 Dm 16 Pr München Ringe mit einem zweiten Kasten an der Öffnungsseite tauchen in der Spätantike auf und halten sich bis ins 17. Jh (vgl. C. C. Oman »Victoria and Albert Museum, Catalogue of Rings« London 1930 Nr. 23*

762

763 764 765 766 767 768 769 770 771 772 773 784 785 787 786 774 778 775 776 777 783 779 780 781 782 788

803 ▷

764 *Fingerring mit Uzat-Auge aus blauer Masse. Altägypten Neues Reich. K AÄ 178 Dm 18*

765 *Beinring mit Schlange und 7 roten Tupfen. Nach antiker Tradition. Oberbayern 18./19. Jh K A 958 Dm 17*

766 *Ring mit Totenkopf und gekreuzten Schenkelknochen, silbervergoldet und geschmelzt, deutsch 16. Jh Dm 14 GN T 3516*

767 *Goldring, Rundstab mit gefaßter Goldmünze (primitive Nachprägung eines byzantinischen Vorbilds). Aus dem Grab einer Fürstin in Wittislingen. 7. Jh Dm 16 BN Kat. IV 1893*

768 *Buckelring, Kupfer vergoldet, je zwei rote und blaue Glasflüsse, Dm 18, 17. Jh GN T 3106*

769 *Goldring mit Opal und kleiner Kröte, dreieckiger Querschnitt. An den Seitenflächen magische Worte graviert: +AGLA+AD??? OS+VDROS +IDROS+ TEBAL+GUT+G(?).TEBAL: GVTA. 15./16. Jh englisch? Dm 19 BrM 866. Nach Evans III/2*

770 *Goldring mit Krötenstein und Inschrift: IEXUS AVTEM TRANSIENS PER MEDIVM ILLORVM IBAT ET VERBVM CARO FACTVM EST ET (habituit in nobis), Lucas 4,30. Italien 15. Jh Dm 20 BrM 895*

771 *Männerring, Bronzeguß mit eisernem Kopf (nach Angabe des letzten Trägers aus Sargnägeln geschmiedet). Wien 19. Jh Dm 19 K A 897*

772 *Vergoldeter Ring mit 2 Hirschgrandeln, 4 roten Sternen und angehängtem dreieckigem Vorhängeschloß und 2 Schlüsseln. Land Salzburg, Ende 18. Jh Dm 21 K A 1479*

773 *Liebesring mit großem Quarz. Auf dem silbernen Ring ein Herz mit Zahl 3 (treu). Wien 18./19. Jh Dm 19 K A 898*

774 *Silberring mit Gravuren: auf der Ringplatte zahlreiche Charaktere, auf dem Reif: Sadayel+raphael +tiriel. 17./18. Jh Dm 23 BrM 894. Nach Evans*

775 *Goldener Siegelring mit Pentagramm. In den 5 Außenfeldern die Buchstaben LSAVS, wohl als SALVS zu lesen. Englisch? 16./17. Jh Dm 23 BrM 891. Nach Evans*

776 *Silberring mit Turboschneckendeckel (Umbilicus marinus) »Hochvater« oder »Meernabel« genannt. Südd. Dm 19 18. Jh K A 1459*

777 *Silbervergoldeter geschmelzter Ring mit olivfarbenem Stein. Italien 16. Jh Dm 19 GN T 232*

778 *Goldring mit den Namen der Hl. Drei Könige. Englisch 15. Jh Dm 22 BrM 885. Nach Evans III/6*

779 *Goldring mit 5 Ausbuchtungen, auf denen die Trinität, Maria mit Kind und die Heiligen Georg und Christophorus graviert sind. Innen die Worte: Gut+got+hunuyu+ananizapta. 15. Jh Dm 24 BrM. Nach Evans III/8*

780 *Goldring mit Buchstabenreihe: GVG VEDEVGVBEAVAVALDERA+VRVANIALRRA+PHAEDARAO+ 16. Jh Dm 19 BrM. Nach Evans III/4*

781 *»Aloisius«-Ringe, Devotionalien aus Mariazell, gebraucht als Krampfringe und bei schwerer Geburt. Kupfer 20. Jh Dm 19/20 K A 1492 und A 1659*

782 *Geschmelzter Goldring, Inschrift: JESVS, auf der Unterseite der Platte 3 Nägel. Italien? 16./17. Jh Dm 18 GNT 149*

783 *Geschmelzter Goldring, graviert, mit Inschrift, außen: JIACOB DIG: PRAE: ET DNS ELVA 27. IANVA 1621; innen: Inschrift auf der Innenseite*

VIRTVTE LABORE ET CONSTANTIA. Dm 21 deutsch 1621 GN T 151

784 *Silberring mit gefaßtem Rhinozeroshorn, deutsch 17./18. Jh Dm 19 K A 1476*

785 *Goldring mit Smaragd in Kastenfassung, italienisch, 16./17. Jh Dm 20 GN T 311. Siehe etwa »Thurneisser« S. 53/3*

786 *»Hebammenring« (bei der Ausübung des Berufes getragen), Silber mit Malachit, deutsch 17./18. Jh Dm 18 K A 725*

787 *Silbervergoldeter, geschmelzter Ring mit Rubin, Smaragd, Saphir, Diamant; zum Öffnen: innen in Goldemail nacktes Kind auf Totenschädel gestützt, in Grotte. Inschrift: An Gottes Segen ist alles gelegen. Deutsch 18. Jh? Dm 19 GN T 3565*

788 *Silberner Ring aus Ceylon mit blauem Opal. Wurde getragen, um in bessere Verhältnisse zu gelangen. Modern Dm 19 K A 991*

803 *Hieronymus Bosch (1450–1516) »Die Kreuztragung« um 1505, Gent Musee des Beaux-Arts. Offensichtlich wollte der Maler das rohe und abergläubische Volk in seiner dämonistischen Verblendung durch Kugelanhänger am Kinn, Ringketten an den Wangen und Ohrringe charakterisieren. Inwieweit er für diese Darstellung über zeitgenössische Beispiele im Volksbrauch verfügte, läßt sich bisher durch keine anderen Bildzeugnisse stützen*

789

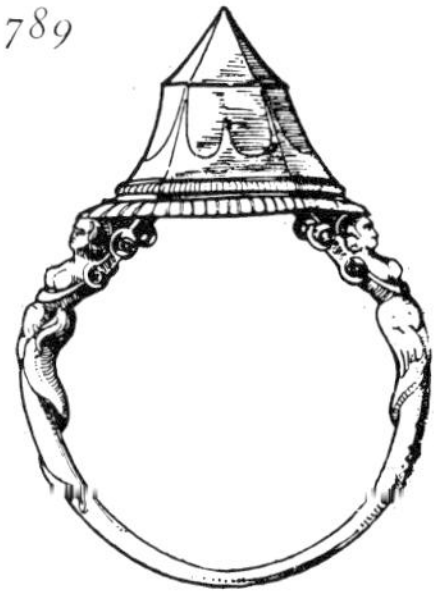

790

795

796

797

798

799

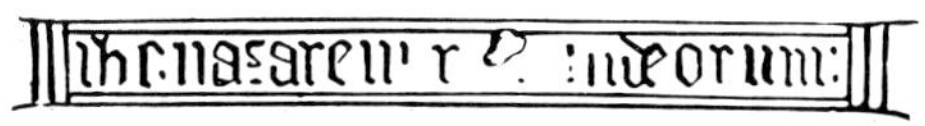

800

791

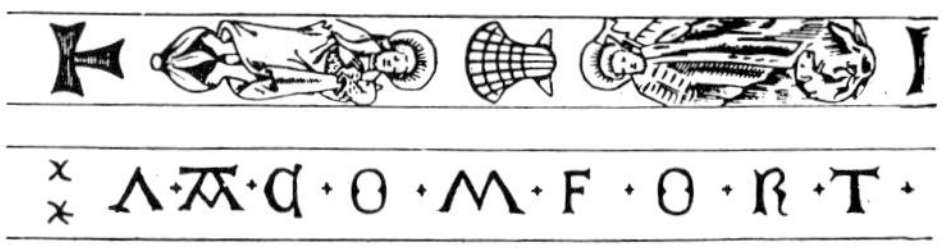

792

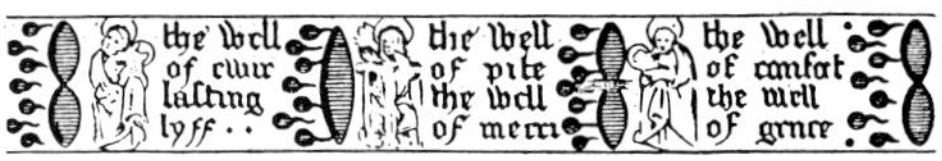

793

794

789 *Zunftring zu Totenfeiern, Silber H21 1606 (nach J. Lessing)*
790 und **793** *Silberner Fingerring mit der Aufschrift: ihc maria (Jesus, Maria). 15. Jh Dm 23 BrM 694. 790–800 nach Dalton*
791 *Abrollung eines Goldringes mit den Heiligen Johannes Bapt. auf Blütenkelch und Antonius mit T-Stab, Schwein und Feuerbrand. Dazwischen Tau-Zeichen und Kamm-Muschel graviert. Die Buchstaben bedeuten etwa: »Johannes und Antonius stehet mir bei«. Englisch 15./16. Jh Dm 20 BrM 721*
792 *Breiter Goldreif mit den »Fünf Wunden« und einem Fünfwundengebet. Auf der Innenseite: Vulnera quinque dei sunt medicina mei/pia crux et passio XRI sunt medicina michi/jaspar melcior balthazar ananyzapta tetragamaton. Englisch 16. Jh Dm 23 BrM 719*
794 *Abrollung eines Bronzeringes, Inschrift: MATER DEI MEMANTO (memento mei). 14./15. Jh Dm 24 BrM 696*
795 *Goldring, Stein verloren. Text: AVE MARIA GRATIA PLENA DOMIN. Italien 14. Jh Dm 22 BrM 688*
796 *Silberring mit Schrift: Jhc Nazarenus rex. 15./16. Jh Dm 25 BrM 882*

801

802

804

804 *Max Joseph I. (1756–1825), König von Bayern, mit Ohrring. Gemälde von J. Stieler, Ausschnitt. Schloßmuseum Berchtesgaden (Replik Bayerisches Armeemuseum)*

797 *Silbervergoldeter Ring, Aufschrift: ihc nazarenus rex iudeo. Ringschluß ein Herz (mit Seitenwunde?). Englisch 15./16. Jh Dm 26 BrM 701*

798 *Goldring mit Devise: kute (caute) dormio tute vigilo victis parco nullum fugio (»Wachsam bin ich im Schlafe, sicher im Wachen, gnädig den Besiegten niemand fliehe ich«). Italien 15. Jh Dm 27 BrM 920*

799 *Hochzeitsring mit zwei sich fassenden Händen, Inschrift der Abrollung: Ihc nazaren' r(ex) (j)udeorum. Englisch 15./16. Jh BrM 1012 Dm 24*

800 *Abrollung eines Goldringes mit Kreuz, Sichelmond, Sonne (?), 2 Geißeln. Innen: Anrufung des Erzengels Michael: Sce michael. Englisch 15./16. Jh Dm 23 BrM 716*

801 *Johann Friedrich v. Sachsen als Bräutigam. Bildnis von Lucas Cranach d. Ä., gemalt 1526, 550x370, Weimar, Staatl. Kunstsammlungen, Schloßmuseum*

802 *Markgraf Christoph von Baden, gemalt 1515 von Hans Baldung Grien (1485–1545) 40 × 31 BSG 1407/162*

806

807

808

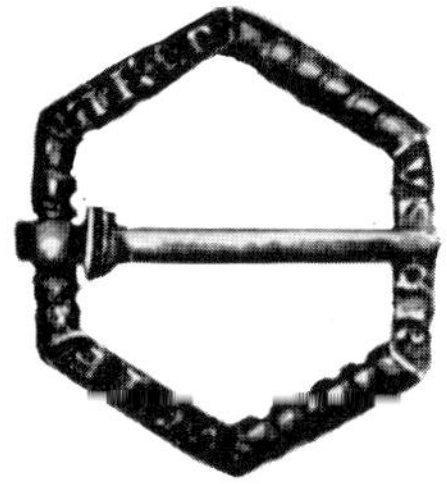

810

805

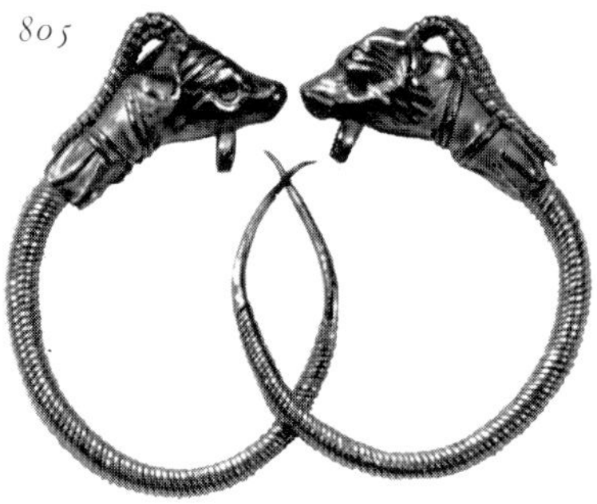

809

In den meisten Kulturen findet sich der Ohrring oder Ohrknopf, bei den mediterranen Völkern ebenso wie bei Germanen und Kelten. Fast überall liegen dem Brauch volksmedizinische Vorstellungen einer engen Verbindung zwischen Auge und Ohr zugrunde. Während heute beim Frauenohrring die Schmuckfunktion vorherrscht, findet sich noch in ländlichen Bereichen Mitteleuropas der Männerohrring, weil er im Volksglauben die Sehkraft stärkt, Augenleiden abwehrt und Jähzorn verhindert

805 *Griechische Goldohrringe, in Ziegenköpfen endend, 4./5. Jh v. Chr. Pr München Dm 23. Bei den griechischen und etruskischen Ohrringen finden sich mannigfach Gestaltungen (Gorgonaion, Stier, Widder, Eichel), die auf apotropäische Bestimmung des Schmucks schließen lassen.*

Englische Silberbroschen mit Sakramentalformeln, 15. Jh BrM Legat Frank 250, 251, 249. Nach Evans:

806 *V: NASERRENE (Nazarenus), R: JHESUS*

807 *V: JESUS NAZA. REX JUDEORUM, R: AVE MARIA GRACIA PLENA DVM.*

808 *R: JHESUS NAS, V: ARENUS CRUCIF.*

809 *Glenlyon-Brosche, R: caspar. melchior. baltazar. consumatum. V: Perlen, Amethyst- und Bergkristallbesatz, silbervergoldet, schottisch*

Der Kopfaufsatz als Kampf- und Ritualhabitus erhöht, bewahrt und »ermächtigt« seinen Träger

810 *»Hörnerhelm von Vikso« (Nordseeland) H ca. 400, jüngere Bronzezeit um 500 v. Chr. Nationalmuseum Kopenhagen. Parallelfunde lassen als Entstehungsgebiet Norditalien vermuten (Norling-Christensen).*

Hörnerhelme und Hörnerkronen entstehen aus Stier- und Bock-Totemismen. Diese Art der Persönlichkeitsstilisierung reicht bis in die abendländische Wappentradition

811

812

811 *Sardische Statuette der Abini-Gruppe, H 235 um 1000 v. Chr. Museum Cagliari. Die noch rätselhaften sardischen Votivbronzen zeigen verschiedene Formen des Hörnerhelms, die neben anderen Merkmalen Verbindungen zum iberischen und mykenischen Kulturkreis andeuten*

812 *Marmorrelief eines sterbenden Kriegers, H ca. 1100 5. Jh v. Chr. Nationalmuseum Athen. Die von Norden her eindringenden Griechen brachten aus den Pontischen Steppen das domestizierte Pferd nach Hellas. Wie dem Hörnerhelm der altmediterranen Völker Übertragungsvorstellungen von der Heiligkeit und Kraft des Stieres zugrunde liegen, mögen vielleicht hier beim Mähnenhelm ähnliche Bezüge zum Kampfgeist des Hengstes bestehen*

813

814

813 *Zwei keltische Reiter vom Randfries des »Gundestrup-Kessels«, Bronze 2. Jh Nationalmuseum Kopenhagen. Die Krieger tragen tiergestaltige Helmzier, wie sie wohl auch die Germanen kannten in Beziehung zur heimischen wehrhaften Fauna*

814 *Reiterstandbild von den Scaligergräbern, Verona, 14. Jh. Reiter und Pferd tragen wappenmäßige Flügelauszier als Triumph- und Prunkzeichen*

814a *Helm mit Schembart-Visier, Stahl getrieben mit echten Mufflon-Hörnern; Innsbruck um 1510, Geschenk Kaiser Maximilian I. an Heinrich VIII. Waffensammlung im Tower London*

816 *»Potzenhaube« aus der Hallertau mit Silberdrahtspitzen, Spiralen und Filigran, kleinen Spiegeln, Blumen in Eglomise, Schleifen aus roter Seide, blaue Glassteine, in Kupfer getriebene Blättchen in Gestalt von Weintrauben. Mit dem Spiegelschmuck verbinden sich Abwehrvorstellungen: Die Dämonen sollen durch das eigene Bild wie auch durch die Lichtreflexe abgeschreckt werden. H 240 BN 28/1209*

814a

815 *»Flinserl« = geprägte Metallplättchen für Brautkronen und Jungfernkränze. Schon in Sumer in der ersten Hälfte des 3. Jahrtausends beim Goldkranz der sog. Königin Schubad in Ur (Grab 800) finden sich geschlagene Goldanhänger mit offensichtlich magischen Gestaltbezügen. Die Sitte der Kultkränze und -kronen setzt sich bei Griechen und Römern fort. In den Brautkronen der Volkstrachten lebten diese Traditionen weiter. Neben der allgemeinen Glücks- und Fruchtbarkeitssymbolik erscheinen Bereiche der Gestaltmagie mit apotropäischen und exorzistischen Bedeutungen. O. Bramm verwies auf die deutliche Verwandtschaft der Motive zu Schmuckformen der römischen Terra-Sigillata-Werkstätten diesseits der Alpen. Dieser alte Fundus wird durch jüngere Glücksgestalten immer wieder ergänzt und bereichert, wie sich auf zahlreichen Bildzeugnissen seit dem 14. Jh nachweisen läßt. Häufigsten Typen sind: Sonne, Rad, Quirlmotiv, runder und achteckiger Spiegel, Mond, Stern, Krone, Glocke, Knoten, Schiff, Anker, Quaste und floralische Motive: Weintraube, Raute, Wein-, Klee-, Eichenblatt, Eichel und Granatapfel. Im alemannischen Raum findet sich auch eine Mischform zwischen Sonne und Gorgonenhaupt, die wohl eindeutig außerhalb einer Schmuckfunktion steht*

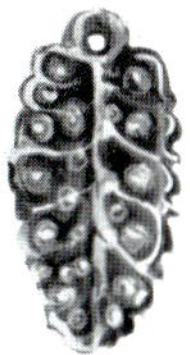

815

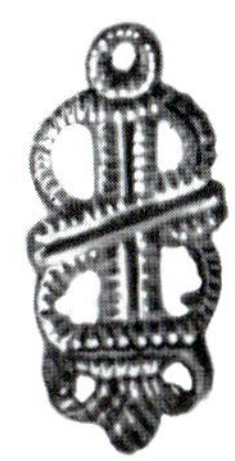

816

817

815

817 *Brautkrone aus Oberfranken mit spiralig gedrehten Gold- und Silberfäden, Blumen aus Blattgold, Perlen und geprägten Kupfer- und Goldplättchen in Form von Sonne, Mond, Weintraube, kleinen Spiegeln und farbigen Glassteinen. Vorne wie häufig bei Brautkronen ein Spiegel. H 170 BN 28/506. Geburt, Taufe und Hochzeit sind Situationen dämonischer Bedrohung, weshalb auf glückbringenden Angang und Zukunftssicherung besonders geachtet wird.*

818 *»Schmuckpercht« und »Vogelpercht«, Maskengestalten aus dem rezenten Winterbrauchtum im Pongau. Die hypertrophe Form des Kopfputzes entstand erst im 19. Jh. In diesen Erscheinungen kommen trotz unverkennbarer Züge eines Volksschauspiels doch immer wieder die älteren Exorzismen zum Durchbruch (Spiegel, Reflexe, Vogelbalg, Gehörn – andere Vogelperchten haben auch noch Rehstangen und Hirschgeweihe). Volkskundemuseum Salzburg*

373

818

820 *Meraner Saltner, 19. Jh., Tiroler Volkskunstmuseum Innsbruck. Das Wächteramt im Weinberg gegen Traubendiebstahl und Schädigung der Ernte durch Vogelschwärme ließ eine Schreckmaskierung entstehen, die bis etwa 1900 im Gebrauch war. Man glaubte früher, darin Spuren archetypischer Vermummungen zu sehen, doch scheint der martialische Aufzug mit den großen Gehängen aus Sauzähnen, Gamskrickeln, maritimen Schneckengehäusen, Fuchsschwänzen und Vogelbälgen bewußt auf theatralische Wirkung hin zu zielen, wenngleich noch alte Materialfaszinationen mitklingen mögen.*

820

821

Figurale Aufsätze, die der Überhöhung der Persönlichkeit dienen, werden auch auf Geräte übertragen. Neben der Stilisierung des Reit- und Zugtieres an Kopf und Kummet ist seit alters auch das Schiff Objekt solcher Formalisierung

821 *Friedrich von Husen, Minnesänger aus der Manessischen Handschrift, 13. Jh, Heidelberg, Universitätsbibliothek. Vordersteven und Heck des Schiffes enden in Tierköpfen, wie sie ähnlich in den Darstellungen des Teppichs von Bayeux zu sehen sind. Die Gallionsfiguren bis ins 19. Jh sind ein Relikt der alten Tier-analogen Schiffsgestalten*

822

823

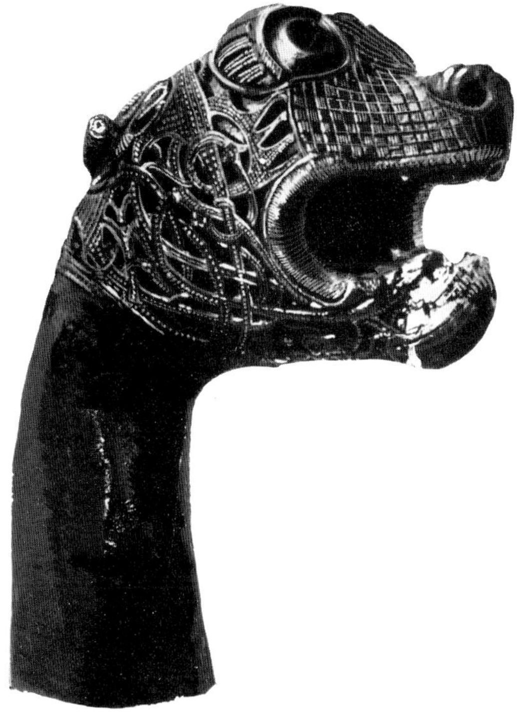

824

Glockenläuten und Schreien die Dämonen vertreiben und mit Stampfen und Springen die Erweckung der Saat darstellen wollen. Um sich in dieser ausgesetzten Situation, in der Teilhabe an den geheimnisvollen Kräften, zu sichern, werden sakramentale Mittel gebraucht (Gebet, Weihwasser) und möglicherweise auch besondere Amulette wie Gebisse, Krallen, Hörndl

822 *Rentiere und elchköpfige Boote, Felsgravierung im Vyg-Delta/Weißmeerküste UdSSR, sog. arktischer Stil, spätsteinzeitlich, L 3 m (nach Maringer). Im Norden weckt der Elch ähnliche Faszination wie der Hirsch, zu der sich die des vorzüglichen Schwimmers gesellt*

823 *Sardisches Bronzeschiff mit Hirschkopf aus Chiaramonte (Nuraghe Spiena) um 1000 v. Chr., Votiv für erfolgreiche Seefahrt oder Grabbeigabe. L 255 Museo Archeologico Cagliari*

824 *Drachenkopf vom Vordersteven des »Oseberg-Schiffes« (sog. 2. Tierstil) im Museum Uppsala. Das Boot stammt vom Schiffsbegräbnis einer Königin des 9. Jhs. Die Drachenboote der Wikinger und Normannen, die alle Seestädte Mittel- und Südeuropas in Schrecken versetzten, waren prunkvolle Stilisierungen der »Seeschlange«, von der man noch nicht sicher weiß, ob sie ein Erinnerungsbild an eine ausgestorbene Spezies ist oder ob sie wie die Drachenvorstellungen auf fossile Saurierfunde zurückgeht*

825

819 ▷

819 *»Altartuxer« aus Thaur/Tirol, 19./20. Jh. Volkskundemuseum Innsbruck. Neben der verschwenderischen Pracht von Blüten, Glaskugeln und Spielhahnstößen als Fruchtbarkeitssignaturen, den Pfauenfedern mit dem Augenzeichen, spielt auch hier der Abwehrspiegel eine Rolle. Farbigkeit und Funkeln sind Analogien zum ersehnten Frühjahrsaufbruch der Natur und vertreiben die Geister der Dunkelheit, der Kälte und der Schädigung. Zur äußeren Pracht der Maske gesellt sich der tänzerische und rhythmische Habitus der Träger, die mit Peitschenknallen,*
Im spätmittelalterlichen Tischzeremoniell spielten die Tafelaufsätze eine wesentliche Rolle; sie vereinten als giftabwehrend geltende Materialien mit Gestaltfaszination. Die Präservativstoffe wurden im fürstlichen Tisch- und Tafelgerät verarbeitet oder als sog. ESSAI, ESPREUVE, TOUCHE, CRÊDENCE aufgestellt, wobei mit diesen Gerätschaften sich spezielles Zeremoniell und Vertrauensstellungen verbanden. In der Frühzeit dieser Tischsitte haben sich besondere Gebrauchsformen entwickelt: der Baum und das Schiff »NÊF« (vgl. Pogatscher und G. Ritz)

825 *»Schlüsselfelder Schiff«. Silberner Tafelaufsatz, von einer doppelschwänzigen Melusine (s. S. 264) getragen, der Werkstatt des Ludwig King, Nürnberg, zugeschrieben. H 780. Das Lederfutteral dazu ist 1503 datiert. GN HG 2146*
Solche Schiffe dienten zur Aufnahme von Salz, Gewürzen und Eßbesteck. Da Salz sich besonders zur Beimischung von Gift eignet, wurde wohl dem Behältnis große Aufmerksamkeit gewidmet. Dem Salz gebührte auch sonst jede Sorgfalt als reinigendes, entsühnendes und konservierendes Material, als sakramentaler Stoff (im Exorzismus des katholischen Taufritus wird es noch heute verwendet). Die Heiligkeit des Salzes im Volksbrauch erweisen u. a. die geschnitzten Holzgefäße in Kirchenform (Alpenländer).

826 *Strauß als eisenfressender Vogel, silbervergoldetes Gefäß mit gefaßtem Straußenei von Martin Burckhardt, Eger um 1600 H 470. Hessisches Landesmuseum Kassel. Der eisenfressende Vogel (s. S. 78) erscheint auch als Emblem auf Romanusbüchlein und Zauberliteratur*

827 *Tafelaufsatz „Sündenfall“: Silberfiguren, teilvergoldet; Korallenzinken als Baum; Boden aus Amethyst, Malachit, Bernstein, Quarzen und natürlichen Muscheln. H 350 Meisterzeichen des Hans Kellner Nürnberg 16. Jh BN R 2488*

830 *826*

830 *»Zochascher Willkomm« Hirsch silbervergoldet, Kopf abnehmbar. Geweih aus Korallenzinken, Kugelanhänger, Medaillon unter Bergkristall mit den Wappen des Stifters Ritter Joh. Wilh. v. Zocha. H 350 Beschauzeichen 1667, Meisterzeichen Melchior Bay(e)r. Schatzkammer des Deutschen Ordens Wien Inv. 63*

827

828 *Bezoar als Baum gefaßt; am Fuße des Stammes ein Eber, Gold. Boden aus der Kalotte einer Pantherschnecke. H 178 deutsch Ende 15. Jh Kunsthistorisches Museum Wien Inv. 957*

829 *Großer Bezoar in goldgeschmelzter Fassung mit Smaragd- und Rubinbesatz, H 205 1. H. 16. Jh, Spanien? Seit 1750 in der Kaiserlichen Schatzkammer nachweisbar. Kunsthistorisches Museum Wien Inv. 981*

832 *Wetterkreuzchen aus Weidenholz an einem Stadeltor bei Deutschlandsberg / Südl. Steiermark*

828

829

833

834

836

833 *Wetterkreuzchen, Hirschstange und Bockshörner an einer Scheune im Kindtalgraben/Steiermark*
834 *Holzschnitt »Die Hexe im Stall« von Hans Baldung Grien (1485–1545). Daraufliegend: Wetterkerze, zwei Zinngittergüsse als Stallsegen: St. Benedikt, St. Wolfgang, St. Michael. H 70 K A 2000. Unten: St. Wolfgang. H 73 K A 1336 Gebrauchsort: Salzkammergut. Nach Modeln um 1500*
836 *Widderschädel, Beckenknochen und Hufeisen als Apotropaion über der Tür einer Almhütte bei Krimml/Oberpinzgau*

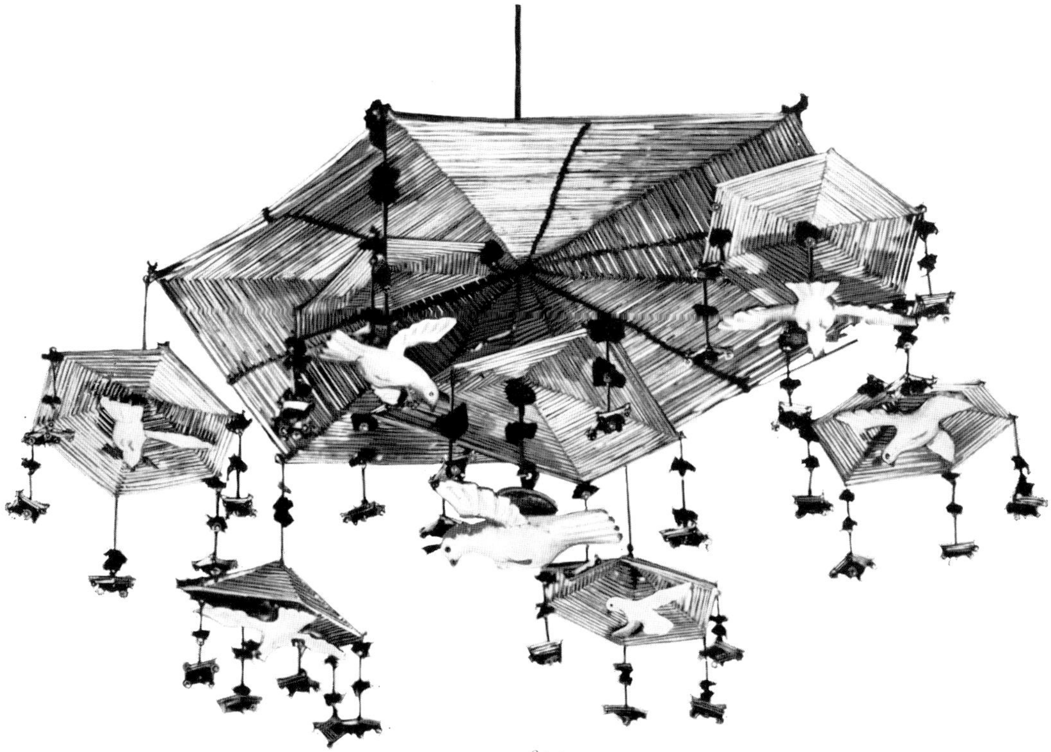

835

835 *»Unruh« Strohgeflecht mit sieben weißen Tauben, süddeutsch, 18. Jh Dm 460 BN 35/368. Vgl. Kriss-Rettenbeck »Bilder und Zeichen«: Unruh, Heilig-Geist-Taube*

838 *Christophorus-Fresko an der Pfarrkirche von St. Sigmund/Pustertal, 1519, H ca. 8 m*

Bei der Darstellung des Christusträgers wurde häufig das Wasser mit seiner fabelhaften Gestaltenfülle als Unterwelt ausgeschmückt. Melusinen und wundergestaltige Fische verkörpern die Verlockung zur Sünde (Luxuria), andererseits die der Zeit noch stark innewohnende Dämonisierung des fremden Elements

Tor, Türschwelle und Dachfirst sind die Punkte des Hauses, an denen Dämonen sich Einlaß verschaffen können, und sie gilt es vor allem zu schützen. Die zahlreichen Formen von Geweih- und Schädelschmuck, Vogelbälgen, sakramentalen und Gestalttypen lassen sich da einreihen, so wie alljährlich mit der Kräuterweihe neue Schutzstoffe in Stube und Stall kommen und mit Räuchern und Aussegnen die latente Bedrohung durch Wetter, Brand, Krankheit, Mißernte usw. aufgehoben werden soll

831

831 *Bockskopf mit eingesetzten Hörnern, Kröninger Keramik, 19. Jh. Stadtmuseum Landshut*

838

837

839

837 *Christophorus-Plakette, 17. Jh H 42 KA 2003*
Zu den Heiligen, deren Gestalt oder Attribute im Amulettbrauch besonderes Gewicht erhielten, zählt Christophorus, dessen reich ausgeschmücktes Legendenbild im 7. Jh aus dem Orient eingewandert. Als einer der 14 Nothelfer bewahrt er vor Pest, hilft beim Schatzgraben und sogar beim Zaubern. Mit dem Entstehen der Christophorus-Bruderschaften seit dem 14. Jh häufen sich die Darstellungen des Heiligen in den Kirchen-Vorhallen oder als große Fresken an der Außenwand weithin sichtbar, denn im Volksglauben »kann man an dem Tage, an dem man Christophorus gesehen hat, nicht eines unvorbereiteten Todes sterben«. Als Patron der Reisenden wird erst im 17. Jh sein Bild an Brücken und Furten von Nepomuk verdrängt, dessen Gestalt im barocken Überschwang der Zeit zum vorherrschenden Brückenheiligen erhoben wird. In jüngster Zeit gilt Christophorus als mächtiger Schützer im Straßenverkehr und Patron der Autofahrer. Plaketten mit seinem Bild werden am Zündschlüssel oder am Fahrzeug befestigt und rangieren an der Spitze der Auto-Talismane

841 *St. Cado reicht dem Teufel eine Katze als Lohn für den Brückenbau. Volksbilderbogen, Epinal 19. Jh, wohl auf eine frühere Darstellung zurückgehend*

841a *„Belsazar", Ausschnitt aus einem Gemälde von Rembrandt (1606—69); der große Menschenschilderer hat den der Bibel nach letzten babylonischen König prunkvoll ausgestattet mit apotropäischem Schmuck (Haarquaste, mondgestaltige Ohrgehänge). National Gallery London*

839 *Gitterguß »Die Hl. Drei Könige«; wohl Köln um 1300 (Gandert) H 53 GN KG 1175. Andenken an die Pilgerfahrt zum Schrein der Heiligen, deren Reliquien 1164 nach Köln kamen. Eines der frühesten deutschen Pilgerzeichen wurde am Rock getragen, an Stuben- und Haustüren befestigt. Die Hl. Drei Könige galten als Seelenführer*

841

482 ▷

840

Süddeutsche Zeitung Nr. 31

Mit Andenken im All

Bei ihren Raumflügen haben die sowjetischen Kosmonauten kommunistische Andenken als Glücksbringer mit in das All genommen. Die Moskauer Zeitung Der junge Kommunist *berichtete, unter den Andenken seien ein gesticktes Porträt von Lenin und ein Bild von Marx, das einst Lenin gehört habe, gewesen. Andere hätten Anstecknadeln der kommunistischen Jugendorganisation bei sich getragen. Das älteste der Andenken sei ein Band von der Fahne der Pariser Kommune aus dem Jahre 1848 gewesen.*

DER SPIEGEL

Ihr Gottvertrauen wankte nie. In der rechten unteren Tasche seines Raumanzuges trug der Methodist Edward White während des ganzen Fluges eine Christophorus-Medaille, ein goldenes Kreuz und einen Davidstern. Dreifach genäht hält am besten.

Und doch war die Wiederkehr ihr größtes Erlebnis. Es begann schon während des Eintritts von Gemini-4 in die Atmosphäre, als die Astronauten den

840 *Katze als Bauopfer, Gefunden bei Abbrucharbeiten im 19. Jh Wien. Historisches Museum der Stadt*

842 *Skelett-Fund aus Manching um 1000 v. Chr. Prähistorische Staatssammlung München. »Genau in der Mitte der südlichen Tordurchfahrt lag als rechtsseitige Hockerbestattung das Skelett eines sechsjährigen Kindes (Schicht 2 a). Die exponierte Lage dieser Bestattung im Tor, gewissermaßen an der Schwelle zum Opidum, macht die Deutung als Bauopfer wahrscheinlich« (Rolf Gensen in Germania 43 1965). Menschen als Bauopfer spielen im europäischen Sagengut immer wieder eine Rolle; sie legen die Vermutung nahe, daß die tatsächlichen Funde der Tieropfer Ablöseformen früherer Menschenopfer sind.*

843, 844 *Aus »der Spiegel« Heft 15/1965 und »Süddeutsche Zeitung« 31/1966.*

Anhang

Abkürzungen

A	vor der Randzahl = Abbildung
B	Breite
BJ	nach BN = Sammlung Bassermann-Jordan
BJV	Bayerisches Jahrbuch fur Volkskunde
BN	Bayerisches Nationalmuseum. München
Br	The British Museum. London
DACL	Dictionnaire d'archéologie chrétienne et de liturgie publié par du F. Cybrol et H. Leclercq 1924ff.
DG	Deutsche Gaue
DGG	Grünes Gewölbe. Dresden
Dm	Durchmesser
GN	Germanisches Nationalmuseum. Nürnberg
HDA	Hanns Bächtold-Stäubli, Handwörterbuch des deutschen Aberglaubens. Berlin und Leipzig 1927–1942
H	Höhe
Hs	Handschrift
J	Jahrbuch
Inv.	Inventar
K	Sammlung Kriss im Bayerischen Nationalmuseum. München. Anschließendes A = Abteilung Anhänger, B = Abteilung Bücher, Z = Abteilung Zauber und Segen
L	Länge
MR	Schatzkammer des Residenzmuseums. München
Mskr.	Manuskript
Obb.	Oberbayern
ÖMV	Österreichisches Museum für Volkskunde. Wien
ÖZV	Österreichische Zeitschrift für Volkskunde
OZV	Oberdeutsche Zeitschrift für Volkskunde
PL	Migne Patrologia Latina
Rh	Rheinisches Landesmuseum. Bonn
Pr	Privatbesitz
PW	Pauly-Wissowa, Realencyclopädie der classischen Altertumswissenschaft
RDK	Reallexikon der deutschen Kunstgeschichte. Stuttgart 1937ff.
RGG	Die Religion in Geschichte und Gegenwart. Handwörterbuch für Theologie und Religionswissenschaft 3. Auflage 1957ff.
RVV	Religionsgeschichtliche Versuche und Vorarbeiten
SAV	Schweizerisches Archiv für Volkskunde
Slg	Sammlung
SM	Sammlung Maier-Kaas. München
SMV	Schweizerisches Museum für Volkskunde. Basel
V	Verein, Volk, Volkskunde
WZV	Wiener Zeitschrift für Volkskunde
Z	Zeitschrift
ZÖV	Zeitschrift für österreichische Volkskunde
ZV	Zeitschrift für Volkskunde
ZVV	Zeitschrift des Vereins für Volkskunde

Dank

Die wesentliche Grundlage dieser Arbeit bildete die Sammlung »Religiöse Volkskunde« im Bayerischen National-Museum von Professor Dr. Rudolf Kriß; ihm vor allem fühlen sich die Autoren verpflichtet.

Besonderer Dank gilt:

Herrn Generaldirektor Professor Dr. Theodor Müller, Bayerisches Nationalmuseum, München

Herrn Generaldirektor Dr. Erich Steingräber, Germanisches Nationalmuseum, Nürnberg

Herrn Dr. Herbert Brunner, Schatzkammer des Residenzmuseums, München

Herrn Direktor Dr. Joachim Menzhausen, Staatliche Kunstsammlungen, Grünes Gewölbe, Dresden,

Frau Direktor Dr. Susanne Heiland, Museum der Bildenden Künste, Leipzig,

Frau Dr. Friederike Prodinger, Salzburger Museum Carolino Augusteum,

Herrn Dr. Robert Wildhaber, Schweizerisches Museum für Volkskunde, Basel,

Herrn Direktor Dr. Franz Colleselli, Tiroler Volkskunst-Museum, Innsbruck,

Herrn Direktor Prof. H. von Petrikovits, Rheinisches Landesmuseum, Bonn,

sowie den privaten Sammlern, die in entgegenkommender Weise in ihren Sammlungen arbeiten ließen.

Für freundliche Unterstützung und Hinweise danken die Autoren:

Frau Dr. Elisabeth Rückert, Frau Dr. Leonie von Wilckens, den Herren Dr. Bernward Deneke, Dr. Günter Schiedlauski, Dr. Heinz Stafski, Dr. Ludwig Veit, Dr. Fritz Zink – alle Germanisches Nationalmuseum, Nürnberg

Herrn Dr. Erwin Neumann, Kunsthistorisches Museum Wien,

Herrn Dr. Theodor Haltenorth, Herrn und Frau Dr. Fechter, Herrn Dr. Terofal – Zoologische Staatssammlung München,

Herrn Dr. Jürkel Grau, Institut für systematische Botanik, München,

Herrn Dr. Karl-Ludwig Weiner, Mineralogisches Institut der Universität München,

Herrn Dr. Laszlo Vajda, Dozent an der Universität München,

Herrn Erich Ortenau, München,

Frau Georgette Bán-Volkmar, Traunstein.

Unsere Arbeit kann selbstverständlich nur einen Ausschnitt des abendländischen Amulett-Brauchtums darstellen. Welche Dimensionen dieser Komplex hat, zeigt die anhängende Bibliographie, in der die wichtigsten einschlägigen Arbeiten verzeichnet sind. Ausgangspunkt für die vorliegenden Untersuchungen sind neben dem Handwörterbuch des Deutschen Aberglaubens die umfangreichen Forschungen von Elworthy, S. Seligmann, Leite de Vasconcellos, Giuseppe Bellucci, George Fr. Kuntz, O. v. Hovorka und A. Kronfeld, Rudolf Kriß, H. O. Münsterer, um nur einige der wichtigsten Autoren zu nennen. Entscheidende Impulse für die jüngere Amulettforschung geben die Untersuchungen von Leopold Schmidt und Wolfgang Brückner.

Bildnachweis

Klischees wurden freundlicherweise zur Verfügung gestellt von den Verlagen:
Albert Skira, Genf: A 33, 209, 551, 803
F. Bruckmann KG, München: A 193, 299, 405, 630
Walter Herdeg »Graphis«, Zürich: A 465, 586
Hirmer Verlag, München: A 745
sele-arte, Florenz: A 224
Agis, Baden-Baden: A 377

Für die bereitwillige Überlassung von Fotos verbindlichen Dank an:
Amsterdam, Rijksmuseum, Prentenkabinet: A 737
Berchtesgaden, Fotoarchiv R. Kriß: A 610
H. Kriß-Heinrich: A 611
Berlin, Ehem. Staatliche Museen: A 114
Kunstgewerbe-Museum: A 166
Verwaltung ehemals staatlicher Schlösser und Gärten: A 297
Dresden, Deutsche Fotothek: A 82
Staatliche Kunstsammlungen: A 534
Frankfurt, hix-foto Hildegard Stein: A 600
Städelsches Kunstinstitut: A 119
Leipzig, Museum der Bildenden Künste: A 16
London, Victor & Albert Museum: A 662
München, Bayerische Staatsgemäldesammlung: A 672, 802
Leopold Kretzenbacher: A 832, 833
Lenz Kriß-Rettenbeck: A 711
Nürnberg, Germanisches Nationalmuseum: A 347, 355, 359, 363, 372, 379
Offenbach, Deutsches Ledermuseum: A 161
Paris, Jacques Dubois: A 201
Louvre: A 536
Musée Cluny: A 164
Rotterdam, Museum Boymans van Beuningen: A 177
Salzburg, F. Krimmel: A 836
Stuttgart, Staatsgalerie: A 140, 571
Washington, A. W. Mellon Lectures: A 609, 659, 683
Weimar, Staatl. Kunstsammlungen Schloß: A 801
Wien, Albertina: A 634, 746
Historisches Museum der Stadt Wien: A 840
Kunsthistorisches Museum: A 279, 390, 585, 738, 828, 829
Schatzkammer des Deutschen Ordens: A 258, 830
Schroll-Verlag: A 612
R. Schlumberger: A 104
Willing/Bad Aibling; H. Ullrich: A 596

Alle anderen Aufnahmen:
Claus Hansmann, München

Literatur

Abel, E. Orphei Lithica, accedit Damigeron de lapidibus. Berlin 1881

–, Orphika. Leipzig 1885

Abt, A. Die Apologie des Apuleius von Madaura und die Antike Zauberei. Gießen 1908 (= RVV 4,2)

Adrian, K. Gegen Trud, Tod und Teufel. Schätze des Naturglaubens unseres Alpenvolkes. Salzburg 1934

Agrell, S. Die spätantike Alphabetmystik und die Runenreihe, in: K. Humanistika Vetenskapssamfundets i Lund. Årsberättelse 1931/1932, VI

–, Die pergamenische Zauberscheibe und das Tarockspiel, in: Arsberättelse 1935–1936, I.

–, Die Herkunft der Runenschrift, in: Arsberättelse 1937–1938, IV.

Agrippa, H. C. De occulta philosophia libri tres. Coloniae 1533

–, Opera omnia. Lugduni 1600

–, De incertidudine et vanitate scientiarum declamatio invectiva. Köln 1575 (1530 zum erstenmal erschienen). Deutsch hrsg. von Fritz Mauthner, München 1913

–, Magische Werke. 5 Bde. 3. (Scheible) Auflage Berlin, Hermann Barsdorf 1915. 10–14. Bd.

Ahrens, W. Über magische Quadrate, Anzahlbestimmungen. Vorkommen auf Amuletten. Leipzig, Berlin 1914

–, Die »magischen« Zahlenquadrate in der Geschichte des Aberglaubens. Leipzig 1915

–, Das »Magische« Quadrat auf Dürers »Melancholie«. Leipzig 1915

–, Hebräische Amulette mit magischen Zahlenquadraten. Berlin 1916

–, Planetenamulette mit magischen Quadraten, in: Berliner Münzblätter NF 7, 1920, 1 ff., 18 ff., 36 ff.

–, »Magische Quadrate« und Planetenamulette, in: Naturwissensch. Wochenschrift (35.) 19, Jena 1920, 465–475

Aigremont Füße und Schuhsymbolik und Erotik. Folkloristische und sexualwissenschaftliche Untersuchungen. Leipzig 1909

Alexander Trallianus De medicamentis. Basileae 1556

Alfonso X. el Sabio Reproducción fotográfica de lapidario de El Escorial. Madrid 1881

Allendry, R. Le symbolisme des nombres. Essai d'arithmosophie. Paris 1921

Andree, R. Ethnographische Parallelen und Vergleiche. N. F. Leipzig 1889

–, Menschenschädel als Trinkgefäße, in: ZVV 22, 1912, 1–33

Andree Eysn, M. Volkskundliches aus dem bayrisch-österreichischen Alpengebiet. Braunschweig 1910

Angermann, G. Glückspfennige, in: Rhein.-westf. ZV 3, 1956, 246

Anhorn, B. Magiologia. Christliche Warnung für dem Aberglauben und Zauberey. Basel 1674

Anonymus Der alten Aberglaubischen Weiber Kunststücklein von Prophezeyungen / welche alle von einem Tauben und Blinden Steinalten Weib eigener Person sind probirt worden. o. O. 1610

–, Hundert acht und dreyßig neu-entdeckte und vollkommen bewährte Geheimnisse. Oder allerhand magische, spagyrische, sympathetische und antipathetische Kunst-Stücke. Frankfurt und Leipzig 1732

–, Lapis mineralis oder die höchste Artzney auss denen Metallen und Mineralien, absonderlich dem Vitriolo. Straßburg, Dolhopff 1681

–, Terra sigillata, Bericht und Erforschung der kostbaren Erden, welche versigelt. Nürnberg 1589

Arnold, C. F. Caesarius von Arles und die Gallische Kirche seiner Zeit. 1894

Arpe, P. F. De prodigiosis naturae et artis operibus, talismanes et amuleta dictatis cum recentione scriptorum hujus argumenti. Hamburg 1717

Arwidson, G. Demon mask och gudabild i germansk folkvandringstid, in: Tor 9, 1963, 163–187

Bächtold – Stäubli »Finger«, in: HDA 2, 1495

Baedtke, W. Das Heilige im Germanischen, Tübingen 1942

Barb, A. A. Three Elusive Amulets, in: Journal of the Warburg and Courtauld Institutes 27, 1964

BAROJA, J. C. La magia en Castilla durante los siglos XVI y XVII. 2. Ausgabe. Madrid 1944
–, Catalogo de la colección de amuletos (Trabajos y materiales del Museo del Pueblo Espanol, Madrid). Madrid 1945
BARTELT, J. Anhänger und Amulette in Volksglauben und Volksmedizin, in: Mitteil. d. Ges. f. Salzburger Landeskunde 100, 1960, 569–576
BARTHOLIN, C. De unicornu, lapide nephretico et amuletis praecipuis, in: Bartholini Casp. Opuscula Quatuor. Hafniae 1628
BASILIUS, V. Von den natürlichen und übernatürlichen Dingen. Auch von der ersten Tinctur-Wurtzel und Geiste der Metallen und Mineralien ... treulich eröffnet durch Fratrem Basilium Valentinum und nunmehr in Druck publiciret durch Johann Thölden. Leipzig 1624
BASSERMANN-JORDAN, E. Der Schmuck, Leipzig 1909
BASSETT, F. S. Legends and superstition of the sea and of sailors. London 1885
BATTKE, H. Die Ringsammlung des Berliner Schloßmuseums, zugleich eine Kunst- und Kulturgeschichte des Ringes, Berlin 1938
–, Geschichte des Ringes. Baden-Baden 1953
BAUHINUS, C. De Lapidis bezaaris ortu natura. Basiliae 1625
BAUMER, J. W. Naturgeschichte aller Edelsteine; wie auch der Erden und Steine; so bisher zur Arznei sind gebraucht worden ... Wien 1774
BAZALA, V. Über das Pentagramm in Kroatien, in: Antaios 1, 1960, 344–353
BECKMANN Marbodi Liber lapidum seu de gemmis. Göttingen 1799
BEHLING, L. Die Pflanze in der mittelalterlichen Tafelmalerei. Weimar 1957
–, Rembrandts sog. »Dr. Faustus«, Johann Baptista Portas Magia naturalis und Jacob Böhme, in: Oud-Holland 79, 1964, 49–77
BELLUCCI, G. Amuleti italiani antichi e contemporanei. Cataloge descritivo. Contributo alla storia della medicina. Perugia 1898
–, La Grandine nell'Umbria con note esplicative e conparative e con illustrazioni. Perugia 1903
–, Il feticismo primitivo in Italia e le sue forme di adattamento. Perugia 1907
–, Un capitolo di psicologia popolare. Gli Amuleti. Perugia 1908
–, Amuleti italiani e contemporanei. Atti del primo Congresso di Etnografia italiana. Perugia 1912, 121 ff.
–, Parallèles ethnographiques – Amulettes. Libye actuelle – Italie ancienne. Perugia 1915
–, Amuleti ed ornamenti con simboli magici della Libia. Roma 1915
–, Il Feticisuo primitivo in Italia. Perugia 1919
BENZINGER, J. Raritäten aus Baiern. Eine Sammlung von merkwürdigen Pfennigen, wundertätigen Kreuzlein und kuriosen Galanterieamuletten. München 1956
BERGER, W. Fossile Haifischzähne als Material mittelalterlicher Goldschmiedearbeiten, in: Unsere Heimat, Monatsbl. d. Vereins f. Landeskunde, Wien, 21, 1950
BERTHELOT, M. Les origines de l'Alchemie. 1885
BESIG, H. Gorgo und Gorgoneion in der archaischen griechischen Kunst. Diss. Berlin 1937
BIENKOWSKI, P. Malocchio, in: Eranos Vindobonensis, Wien 1893
BISSING, W. von Ägyptische Knotenamulette, in: Archiv f. Religionswissenschaft. 8. Bd. Beiheft, Leipzig 1905, 23–26
BLACK, G. F. Scottish Charms and Amulets, in: Proc. Soc. Ant. Scot. 27, 1892–1893
BLANKENBURG, W. von Heilige und Dämonische Tiere. Leipzig 1943
BLAU, L. Das altjüdische Zauberwesen. Straßburg 1898
BLUMLER, M. F. Amuletorum historiam eorumque censuram publico examini, submittit ... sub praesidio DN.M. Augusti Nathanaelis Hubneri. Halae Magdeburgicae 1710
BOCK, H. Kräuterbuch. Straßburg bei Wendel Rihel 1539 und Straßburg 1546
BÖCKELER, M. Hildegard von Bingen. Wisse die Wege. Salzburg 1957
BÖKÖNYI, S. Trinkbecher aus Urhörnern in Ungarn, in: Säugetierkundliche Mitteilungen von Dr. Haltenorth, Band 4, 1956
BOJANOWSKI, M. Rembrandts »Faust«, in: Dt. Vierteljahresschr. f. Literaturwiss. Geistesgeschichte 30, 1956, 526 ff.
BODIN, J. De magicis actionibus, sententiae Johannis Bodini, in: Tobias Tandler Dissertatio de fascino et incantatione. Wittenberg 1606

Boll, F., Bezold, D. und Gundel, W. Sternglaube und Sterndeutung. Die Geschichte und das Wesen der Antrologie. 4. Aufl. Leipzig – Berlin 1931

Bonner, C. Studies in magical amulets, chiefly graeco–egyptians (Studies, Univ. of Michigan, Hum. Ser. 49). Norwood, Mass. 1950

Bonnet, H. Reallexikon der ägyptischen Religionsgeschichte. Berlin 1952

De Boot, A. B. Gemmarium et lapidum historia. Lugdunum Batavorum 1636

Borrichius, O. De cabala characterali. Haffniae 1649

Bott, H. Bajuwarischer Schmuck der Agilolfingerzeit. Formenkunde und Deutung. München 1952

Bouisson, M. La Magie, ses grands rites, son histoire. Paris 1958

Bramm, O. Deutsche Brautkränze und Brautkronen, in: Jahrbuch für historische Volkskunde 3/4, Berlin 1934, 162–185

Bräuner, J. J. Physicalisch-Historisch-Erörterte Curiositäten; oder Entlarvter Teufflischer Aberglaube. Frankfurth 1737

Brocatti, H. Talisman und Pentakel. Diss. Berlin 1944

Brøndsted, J. Bronzealderens Soldyrkelse, in: Fra Nationalmuseets Arbejdsmark, Kopenhagen 1938, 81–100

–, Danish arm- and hand carvings, in: Acta Archacologica 12, Kopenhagen 1941, 119–125

Brückner, W. Das Bildnis in rechtlichen Zwangsmitteln. Zum Magieproblem der Schandgemälde, in: Festschr. f. Harald Keller. Darmstadt 1963, 111–129

–, Cera – Cera Virgo – Cera Virginea. Ein Beitrag zu »Wörter und Sachen« und zur Theorie der Stoffheiligkeit, in: ZV 59, 1963, 233–253

–, Roß und Reiter im Leichenzeremoniell. Deutungsversuch eines historischen Rechtsbrauches, in: Rheinisches Jahrbuch für Volkskunde 15/16, 1964/65, 144–209

–, Bildzauber, in: Handwörterbuch zur deutschen Rechtsgeschichte (1965) 428ff. Bildnisstrafe, a. a. O., 424ff.

–, Hand und Heil im »Schatzbehalter« und auf volkstümlicher Graphik, in: Anzeiger des Germanischen Nationalmuseums 1965, 60–109

Brunton, G. Qau and Badari. 3 Bde. London 1927–1930

Budge, E. A. W. Amulets and superstitions, Oxford and London 1930

Cabrol, F., Leclercq, H. Dictionnaire d'archéologie chrétienne. Paris 1907ff.

Caillois, R. Der Komplex Medusa, in: Antaios 1, 1960, 527–555

Carcopino, J. Notes sur les épitaphes Africaines a ascia, in: Mélanges en l'honneur de Monseigneur Michel Andrien, Strasbourg 1965

Cassirer, E. Die Begriffsform im mythischen Denken. Berlin 1922

–, Philosophie der symbolischen Formen, II. Das mythische Denken, 1925

Catelanus, L. Ein schoener newer Historischer Discurs von der Natur/Tugenden/Eigenschaften ond Gebrauch deß Einhorns. Übersetzt von Georg Faber, Frankfurt 1625

Cellarius, A. Harmonia Macrocosmica, Amsterdam 1660

Cellini, B. Das Leben des B. C. Goldschmiedes und Bildhauers, geschrieben von seiner eigenen Hand, 1559, übersetzt von Heinrich Conrad, München 1913

Chalon, J. Fetiches, idoles et amulettes (en Belgique) G. Servais 1920–1922, 2 Bände

Chastel, A. Marsile Ficin et l'art. Genf 1954

Χατζηνικολάου, Α. Μετάλλικα μαγικὰ εἰκονίδι Κωνσταντίνου καὶ 'Ελένης, in: 'Επετερὶς Βυζ. Σπ. 23, 1953, 508–518

Cintas, P. Amulettes puniques, in: Publ. Inst. des Hautes Etudes de Tunis 1, 1946

Clarence, E. W. Sympathie, Mumia, Amulette, okkulte Kräfte der Edelsteine und Metalle. Einleitung und Historisches von G. W. Surya. Berlin 1927

Clinth, J. De fascino per visum et vocem. Diss. Wittenberg 1684

Collin de Plancy Dictionnaire critique des Reliques. Paris 1821

Coote Lake, E. F. More notes on amulets round the Mediterranean Basin, 1954, in: Folk-Lore 67, 1956, 151–156

Corso, R. Amuleti contemporanei calabresi, in: Revue des Ét. ethnographiques et sociologiques 2, 1909, 250–257

Cramer, M. Das altägyptische Lebenszeichen ☥ im christlichen (koptischen) Ägypten. Wiesbaden 1955

Croll, O. Basilica Chymica. Alchymitisch Königlich Kleynod. Beneben angehengtem seinem

neuen Tractat von den innerlichen Signaturn oder Zeichen der dinge. Frankfurt a. M. 1623
–, Tractatus de Signaturis internis Rerum, seu vera et viva Anatomia maioris et minoris mundi. Frankfurt 1608
Curtius, L. Die antike Herme. Diss. München 1903

Dalmann, G. Die Worte Jesu. Leipzig 1888.
–, Der Gottesname Adonay und seine Geschichte. 1889
Dalton, O. M. Franks Bequest catalogue of the finger rings. London 1912
Daneu, A. L'arte Trapanese del Corallo. Palermo 1964
Debidour, V. H. Le Bestiaire sculpté du Moyen Agen en France. Paris 1861
Delrio, M. Disquisitionum magicarum libri VI, quibus continetur accurata curosiarum artium et vanarum superstitionum confutatio. 3 Bde. Lovanii 1599
Dempf, A. Theoretische Anthropologie, München 1950
Diederich, E. Das Dekret des Burchard v. Worms. Diss. 1908
Diefenbach, J. Der Zauberglaube des sechzehnten Jahrhunderts nach den Katechismen Dr. Martin Luthers und des P. Canisius. Mainz 1900
Dieterich, A. Abraxas. Studien zur Religionsgeschichte des späteren Altertums. Leipzig 1891
Dieterich, K. Hellenistische Volksreligion und byzantinisch-neugriechischer Volksglaube, in: Angelos 1, 1925, 2–23, 2, 1926, 69–73
Dioskurides Pedanii Anazarbei, De Materia Medica. Libri V. Berlin 1907–1914
Dobschütz, E. v. Christusbilder, Untersuchungen zur christlichen Legende. Leipzig 1899
Dölger, F. G. Sphragis. 1911
–, Der hl. Fisch im Kulte der Atargatis-Tanit und der Fisch als altchristliches Sinnbild der Eucharistie, in: Görres-Gesellschaft, zweite Vereinsschrift für 1910, Köln 1910, 83–93
–, IXΘYC. Das Fischsymbol in frühchristlicher Zeit. 1. Bd. Religionsgeschichtliche und epigraphische Untersuchungen, zugleich ein Beitrag zur ältesten Christologie und Sakramentenlehre. Rom 1910
–, Der heilige Fisch in den antiken Religionen und im Christentum. Tafeln. Münster 1922
–, Die Fisch-Denkmäler in der frühchristlichen Plastik, Malerei und Kleinkunst. Tafeln. Münster 1927 und 1943
–, Sol Salutis. Münster 1925
–, Heidnische und christliche Brotstempel mit religiösen Zeichen, in: Antike und Christentum 1, 1929, 1–46
–, Eine christliche Grabinschrift vom Jahre 363 mit exorzistischen Zeichen als Zeilensicherung, in: Antike und Christentum. 1, 1929, 299–315
Doresse, J. Des hiéroglyphes à la Croix, ce que le passé pharaonique a légué au Christianisme. 1960
Dorn, G. De summis naturae mysteriis libri tres: Medicina coelestis sive de signis Zodiaci et mysteriis eorum, quatuor comprehensa tractatulis = Bücher I–IV der Archidoxis magica Basel, Perna 1570, deutsch Basel 1571
Dornseiff, F. Das Alphabet in Mystik und Magie. Leipzig–Berlin 1922

Ebermann, O. Zur Aberglaubensliste in Vintlers Pluemen der Tugent, in: ZVV 23, 1913, 1–18
Eckert, G. und Formozis, P. E. Beiträge zur mazedonischen Volksmagie (= Volkskundliche Beobachtungen und Materialien aus Zentralmazedonien und der Chalkidike, Heft 1). Thessaloniki 1942
Eckert, G. Schädelamulette in Griechisch-Mazedonien, in: Kulturhistor. Studien Braunschweig 1961
Eckstein, F. und Waszink, J. H. Amulett, in: Reallexikon für Antike und Christentum. I coll. 397–411
Ehnmark, E. Religion und Magic – Frazer, Söderblom, and Hägerström, in: Ethnos 21 (Stockholm 1956), 1–10
Einszler, L. Das böse Auge in Palästina, in: Z. Deutsch. Palästina-Vereins 12 (Leipzig 1889)
Eis, G. Altdeutsche Zaubersprüche. Berlin 1964
Eliade, M. Die Religionen und das Heilige. Salzburg 1954
–, Schmiede und Alchemisten. Stuttgart 1960
Elworthy, F. Th. The Evil Eye. An account of this ancient and widespread superstition. London 1895
–, Horns of honour. London 1900

EMELE, J. Über Amulete und das was darauf Bezug hat. Mainz 1827

ERASTE, T. Dissertatio de amuletis, in seinen Dissertationes. Tigurii 1595

ETTLINGER, E. British amulets in London Museums, in: Folk-Lore, 50, 1939, 148–175

–, Contributions to the interpretation of Rembrandt's etching known as "Faust in his Study". The subject of Rembrandt's etching, in: The Connoisseur 141, 1958, 119

–, Bayerische und Österreichische Amulette der Sammlung Hildburgh im Wellcome Historical Medical Museum, in: ÖZV 60, 1957, 295–305

EVANS, J. Magical jewels of the Middle Ages and the Renaissance particularly in England. Oxford 1922

FEHRLE, E. Die kultische Keuschheit im Altertum. Gießen 1910 (= RVV VI. Bd.)

–, Zauber und Segen. Jena 1926

FEIGEL, F. »Das Heilige«. Kritische Abhandlungen über Rudolf Ottos Buch. 2. Auflage, Tübingen 1948

FERGUSON, J. Bibliotheca Chemica. 2 Bde. London 1954

FIEDLER, W. Studien zum antiken Wetterzauber. Diss. Würzburg 1930

FILIPPONE, L. Il substrato degli amuleti in Italia. Napoli 1955

FORRER, R. Muschelmedaillen und Perlmutterplaketten, in: Archiv für Medaillen- und Plaketten-Kunde 1, 1913/14, 92–96

FOSSEL, V. Volksmedizin und medizinischer Aberglaube in Steiermark. 2. Auflage, Graz 1886

FRANCISCUS, E. Das eröffnete Lust-Haus der Ober- und Nieder-Welt. Bey mehrmaliger Unterredung vor dißmal so wol von der Natur/Welt/Himmel und dem Gestirn, insgemein als auch insonderheit von dem Mond/der Sonnen/und allen übrigen wandelbaren Sternen... Talismannen oder vermeinten Krafft-Bildern... Nürnberg 1676

FRANKE, H. Das eisenfressende Tier in Märchen, Mythos, Dichtung, in: Festschrift von der Leyen. München 1963

FRANZ, A. Die Messe im deutschen Mittelalter. 1902

–, Die kirchlichen Benediktionen im Mittelalter. 2 Bände. Freiburg 1909

FRAZER, J. G. The Golden Bough. A Study in magic and religion. 12 Bde. 3. Ausgabe London 1913–1918

FREUDENTHAL, H. Hufeisen, in: HDA IV, 438 bis 446

–, Das Feuer im deutschen Glauben und Brauch, Berlin-Leipzig 1931

FRIESENEGGER, J. M. Die Ulrichskreuze mit besonderer Berücksichtigung ihres religiösen Brauchtums. Augsburg 1937

FRIESENHAHN, P. Hellenistische Wortzahlenmystik im Neuen Testament. Leipzig 1935

FRONMANN, J. CHR. Tractatus de fascinatione novus et singularis. Nürnberg 1675

FUCHS Kräuterbuch. Basel 1543 bei Michael Isengrin

FUCHS, S. Die langobardischen Goldblattkreuze aus der Zone südwärts der Alpen. Berlin 1938

FUHRMANN, E. Das Tier in der Religion. 1922

FUHSE, F. Kabbalistische Amulette aus dem 16. Jahrhundert, in: Volkskunde-Arbeit (= Festschrift Otto Lauffer) Berlin 1934, 97–108

GAERTE, W. Volksglaube und Brauchtum Ostpreußens. Beiträge zur vergleichenden Volkskunde. Würzburg 1956

–, Zur Deutung des Großwördener Schriftzaubers, in: Niedersachsen 1954, Heft 1

–, Beschriftete Thau-Amulette aus dem Mittelalter, in: Rheinisches Jahrbuch für Volkskunde 6, 1955, 225–234

GAFFAREL, E. Curiositez inouyes, sur la sculpture talismanique des Persans etc. 1650

GANDERT, O. F. Ein romanisches Pilgerzeichen aus dem mittelalterlichen Magdeburg, in: Frühe Burgen und Städte, Beiträge zur Burgen- und Stadtkernforschung, Berlin 1954, 167–173

GANZ, P. Die Abzeichen der Ritterorden, in: Schweizerisches Archiv für Heraldik. Archives Heraldiques Suisses Zürich 1905

GARBOE, A. Kulturhistoriske Studier over Aedelstene, med saerligt Henblik paa det 17. Aarhundrede, Kopenhagen 1915

GAUZONS, TH. DE La magie et la sorcellerie en France. 4 Bde. Paris 1910–1912

GEHEIME WISSENSCHAFTEN Eine Sammlung seltener älterer und neuerer Schriften über Alchemie, Magie, Kabbalah, Rosenkreuzerei, Freimaurerei, Hexen- und Teufelswesen, etc.

Unter Mitwirkung namhafter Autoren hrsg. von A. v. d. Linden. Berlin 1913–1925

GEHLEN, A. Der Mensch. 4. Auflage, 1950

–, Urmensch und Spätkultur. Frankfurt 1964

GESSMANN, G. M. Die Pflanze im Zauberglauben. Wien/Leipzig o. J.

GIEDION, S. The eternal present: the begining of art. Washington 1957

GLAUBER, J. R. Tractatus de natura salium ... Sambt angehängtem Traktätlein de Signatura Salium, Metallorium et Planetarium. Amsterdam 1658

GOLDAMMER, K. Die Formenwelt des Religiösen. Stuttgart 1960

GOLDZIHER, J. Eisen als Schutz gegen Dämonen, in: Archiv für Religionswissenschaft 10, 1917, 41 ff.

GOODENOUGH, E. R. Jewish symbols in the Greco-Roman period. New York 1956

GRABNER, E. Volkstümliche Fiebervorstellungen, Ein Beitrag zur steirischen Volksmedizin, in: ÖZV N. S. 15, 1961, 81 ff.

–, Der »Wurm« als Krankheitsvorstellung, in: Süddeutsche und südosteuropäische Beiträge zur allgemeinen Volksmedizin, in: Z. dtsche. Philologie 81, 1962

–, Mondglaube und Mondkraft in der Volksmedizin, in: ZHV Stm. 54, 1963, 79 ff.

–, »Das Nachtweinen«. Eine kindliche Neurose in Volksmedizin und Volksglaube des Südostalpenraumes, in: Carinthia I, 152, 1962, 250 ff.

–, Kinderkrankheit und Volksvorstellung. Ein Beitrag zur Volksmedizin der Südostalpen, in: Carinthia I, 153, 1963, 735–753

–, Das »Zapflheben«. Volksmedizin und magische Heilmethode um das Gaumenzäpfchen, in: Blätter für Heimatkunde 37, 1963, 23 ff.

–, Das »Abbeten«. Magische Heilmethoden und Beschwörungsgebete in der Steiermark, in: ZHV Stm. 53, 1962, 359 ff.

–, Das »Heilige Feuer«. »Antoniusfeuer«, Rotlauf und »Rose« als volkstümliche Krankheitsnamen und ihre Behandlung in der Volksmedizin, in: ÖZV N. S. 17, 1963, 89 f.

–, »Warta« und »Hintersieden«. Krankheit und Heilorakel in der ostalpinen Volksmedizin, in: Carinthia I, 154, 1964, 357–364

–, »Blut, steh still ...!« Die Blutstillung in der steirischen Volksmedizin, in: Blätter für Heimatkunde 38, 1964, 127–136

–, Verlorenes Maß und heilkräftiges Messen, Krankheitserforschung und Heilhandlungen in der Volksmedizin, in: ZV 60, 1964, 23–34

–, Das »Umgürten« als Heilbrauch. Kulturhistorisches und Volksmedizinisches um die Gürtung menschlicher Körperteile, in: Carinthia I, 155, 1965, 548–568

GRÄBNER, K. Bilder der Wunderkunst und des Aberglaubens. Mit Berücksichtigung der sogenannten Zauberbücher von Albertus M., Dr. Faust, Paracelsius, Trittheim, Agrippa u.a.m. Weimar 1834

GRAESSE. J. G. TH. Bibliotheca Magica et Pneumatica oder wissenschaftlich geordnete Bibliographie der wichtigsten in das Gebiet des Zauber-, Wunder-, Geister- und sonstigen Aberglaubens einschlagenden Werke, Leipzig 1843, photomech. Nachdruck. Hildesheim 1960

GRASSHOF, J. Aperta arcani artificiosissimi oder des großen und kleinen Bauers eröffneter und offenstehender Kasten der allergrößten und künstlichsten Geheimnissen der Natur. Hamburg 1705

GRESSMANN, H. Die hellenistische Gestirnreligion. 5. Beiheft zum »Alten Orient«, Leipzig 1925

GRIMM, J. Deutsche Rechtsaltertümer. 4. Auflage 1899

–, Deutsche Mythologie. 3 Bde. Berlin 1875–1878

GRIMM, W. Über die Bedeutung der deutschen Fingernamen, in: Kleinere Schriften, Bd. 3, Berlin 1883, S. 428 ff.

–, Die Sage vom Ursprung der Christusbilder, in: Kleinere Schriften, Berlin 1883, S. 138–199

GROSSMANN, G. Über die Handamulette der von Portheimstiftung in Heidelberg, in: OZV 5, 1931, 50–60

GRUSCHOFF, G. Abhandlung von den Fingern, deren Verrichtung und symbolischen Bedeutung. 1756

GSCHWEND, M. Köpfe und Fratzen an schweizerischen Bauernhäusern, in: Basler Beiträge zur Geographie und Ethnologie, Bd. 2 (= Festschrift Alfred Bühler). Basel 1965, 139–170

GÜNTHER, R. T. The Cimaruta: Its structure and development, in: Folk-Lore 16, 1905, 132 bis 155

GUGITZ, G. Das kleine Andachtsbild in den österreichischen Gnadenstätten. Wien 1950

GUNDEL, W. Sternglaube, Sternreligion und Sternorakel. Leipzig 1933
–, Dekane und Dekansternbilder. Glückstadt-Hamburg 1936
GUTIERREZ, J. L. Opusculum de Fascino. Lugduni 1653
HABERLANDT, W. Gürtel als Heiltum, in: Volkskunde-Arbeit (= Festschrift Otto Lauffer). Berlin 1934, 93–96
HAIN, M. Sankt Gertrud, die Schatzmeisterin, in: ZV 57, 1961, 75–89
–, Amulett, in: Lexikon für Theologie und Kirche
HAMMARSTEDT, N. E. Inspirationsfoageln, in: Fataburen 1908, Stockholm 1909, 83–104
HARMJANZ, H. Die deutschen Feuersegen und ihre Varianten in Nord- und Osteuropa. Helsinki 1932 (= FF Communications No. 103)
HARTLAUB, G. F. Signa Hermetis. Zwei alte alchemistische Bilderhandschriften, in: Zeitschrift des Vereins für Kunstwissenschaft 4, 1937, 93–112, 144–162
–, Alchemisten und Rosenkreuzer. Sittenbilder von Petrarca bis Balzac, von Breughel bis Kubin. Heidelberg 1947
–, Der Stein der Weisen. Wesen und Bildwelt der Alchemie. München 1959 (= Bibliothek des Germ. Nationalmuseums Band 12)
HARTMANNUS, J. L. Greuel des Segensprechens durch allerley gewisse Formulen, Charakteres, Kräuter usw. Nürnberg 1680
HARTMANN, J. J. Commentatio juridica de coniugibus incantatis eorumque separatione. Von bezauberten Eheleuten, durch Nesselknüpfen, Schloßzuschnappen ec. und derselben Scheidung. Jena 1741
HAVER, J. VAN Nederlandse incantatieliteratur. Een geconmentarieerd compendium van Nederlandse bezweringsformules. Gent 1964
HECKENBACH, J. De nuditate sacra sacrisque vinculis. Gießen 1911 (= RVV 9. Bd.)
HEIMBERGER, H. Beiträge zur Zahnheilkunde im Mittelalter, in: OZV 4, 1930, 58–64
–, Fiebermittel aus dem Mittelalter. Beiträge zur Volksheilkunde, in: OZV 5, 1931, 125–133
–, Beiträge zur Volksheilkunde. Zur Behandlung des Rotlaufs im Mittelalter, in: OZV 7, 1933, 113–116
–, Neidköpfe zwischen Neckar und Main, in: Mainfränkisches Jahrbuch 3, 1951, 252–271
–, Das gefeite Dorf. Wegkreuze zwischen Neckar und Main, in: Mainfränkisches Jahrbuch 4 1952 263–307
HEITZ, P. Neujahrswünsche des XV. Jh. Straßburg 1900
–, Pestblätter des XV. Jahrhunderts. Mit einleitendem Text von W. L. Schreiber. Straßburg 1901
HELDMANN, H. Jüdische Feuerbeschwörungspraktiken, in: Zs. Erlanger Bausteine zur fränkischen Heimatforschung 8, 1961, 1–23
HELLWIG, A. Moderne Zauberbücher und ihre Bedeutung für den Kriminalisten, in: Archiv für Kriminal-Anthropologie 19, 1905
HELLWIG, CHR. Curieuser, nützlicher und approbierter Hundert-Jähriger Calender. Stuttgart 1701
–, Anmuthige Berg-Historien, Worinnen Die Eigenschaften und Nutz der Metallen, Mineralien, Erden, Edel- und anderen Steinen beschrieben. Leipzig 1702
HELMONT, VAN Aufgang der Artzney-Kunst, das ist noch nie erhörte Grundlehren von der Natur. Sulzbach 1683
HEPDING, H. Magische Ringinschriften, in: Hessische Blätter für Volkskunde 29, 1930, 192 ff.
HERGOUTH, A. Giebelzeichen, Schutz für Haus und Familie. Wien 1963
HERRMANN, F. Ein glückbringender und übelabwehrender Sattelaufsatz, in: OZV 7, 1933, 56–59
–, Neapolitanische Zugtieramulette, in: ZV NF 5, 1935, 177–189
–, Die deutschen astrologischen Amulette, in: ZV 7, 1937, 74–86
HERTER, H. De Priapo. Gießen 1932 (= RVV XXII. Bd.)
HIEBNER, J. Mysterium sigillorum, herbarum et lapidum, oder Vollkommene Cur und Heilung aller Kranckheiten, Schäden und Leibes- auch Gemüths-Beschwerungen. Erfurti 1651, 1653, 1696
HILDBURGH, W. L. Notes on Spanish Amulets, in: Folk-Lore 17, 1906, 454–471
–, Notes on some contemporary Portuguese Amulets, in: Folk-Lore 19, 1908, 213–224
–, Notes on some Flemish Amulets and Beliefs, in: Folk-Lore 19, 1908, 200–224

–, Notes on some Amulets of the Three Magi Kings, in: Folk-Lore 19, 1908, 83–87
–, Further notes on Spanish Amulets, in: Folk-Lore 24, 1913, 63–74
–, Notes on Spanish Amulets, in: Folk-Lore 25, 1914, 206–212
–, Lunar cresents as amulets in Spain, in: Man 42, 1942, 73–84
–, Cowrie shells as amulets in Europe. Folk-Lore 53, 1942, 178 ff.
–, Some Spanish Amulets connected with lactation, in: Folk-Lore 62, 1951, 430–448
–, Psychology underlying the employment of amulets in Europe, in: Folk-Lore 62, 1951, 231–251
–, Images of the human hand as amulets in Spain, in: Journ. of the Warburg and Courtauld Inst. 18, 1955, 67–89
HILDEBRAND, W. Magia naturalis. Kunst und Wunderbuch darinnen begriffen wunderbare Secreta, Geheimnüsse und Kunststücke, auß vieler alter und neuer Bücher. Erfurt 1611/12
HILDEGARD VON BINGEN siehe BÖCKELER, M., SCHULZ, H.
HÖFLER, M. Der Frauen-Dreissiger, in: ZÖV 18, 1912
–, Volksmedizin und Aberglaube in Oberbayerns Gegenwart und Vergangenheit. München 1899
–, Deutsches Krankheitsnamenbuch. München 1899
HOLZMAIR, E. Katalog der Sammlung Dr. Josef Brettauer. Medicina in nummis. Wien 1937
HOMMEL, H. »Schöpfer und Erhalter« (Über das SATOR-Quadrat). Studien zum Problem Christentum und Antike. Berlin 1956
HOPFNER, TH. Griechisch-ägyptischer Offenbarungszauber. Leipzig 1921, 1924
–, Mageia, in: Pauly-Wissowa-Kroll, Realencyclopaedie der Altertumswissenschaft, Bd. 14, 1928
HORTUS SANITATIS Gart der Gesundheit. Mainz, Peter Schöffer 1485. Meydenbach 1494. Straßburg o. J. bei Pryss
HOVORKA, O. und KRONFELD, A. Vergleichende Volksmedizin. 2 Bde. Stuttgart 1908/1909
HUBNER, N. siehe Blumler, M. F.
HÜNNERKOPF, R. Hohnstangen und Hohnzeichen, in: Brauch und Sinnbild, Eugen Fehrle zum 60. Geburtstag, Karlsruhe 1940, 138–147
HUNT, J. Jewelled neck furs and „Flohpelze", in: Pantheon 21, 1963, 150–157

JAHN, O. Über den Aberglauben des bösen Blicks bei den Alten, in: Ber. über d. Verhandlungen d. kgl. sächs. Gesellschaft der Wissenschaften zu Leipzig. Philol. Hist. Classe 7, 1855, 28–110
JACOBY, A. Heilige Längenmaße. Eine Untersuchung zur Geschichte der Amulette, in: SAV 29, 1929, 181–216
–, Die Zauberbücher vom Mittelalter bis zur Neuzeit, in: Mitteilungen der schlesischen Gesellschaft für Volkskunde 31, 1931
–, vgl. Adonai, Agla, Davidschild in HDA
JARITZ, K. Dattelkern-Amulette aus Babylon, in: ZfE 82, 1957, 169–173
JASPERS, K. und BULTMANN, R. Die Frage der Entmythologisierung. München 1954
JENNY, W. A. VON und VOLBACH, W. F. Germanischer Schmuck des frühen Mittelalters. Berlin 1933
JENSEN, A. E. Mythos und Kult bei Naturvölkern. 2. Aufl. 1960
JESSUP, R. Anglo-Saxon jewellery. London 1950
JOHANNES DE CUBA vgl. Hortus Sanitatis
JUNGBAUER, G. Deutsche Volksmedizin. Ein Grundriß. Berlin/Leipzig 1934

KÄSEBERG, F. siehe WEDELIUS, G. W.
KAUFMANN, A. Caesarius v. Heisterbach. 1892
–, Thomas von Chantimpré. Köln 1899
KIENLE, R. v. Tier und Völkernamen bei indogermanischen Stämmen, in: Wörter und Sachen 14, 1932, 25–67
KIESSLING, E. Zauberei in den germanischen Volksrechten, Jena 1941
KIRCHER, A. Magnes sive de arte magnetica. Köln 1643
–, Oedipus Aegyptiacus. Hoc est Universalis Hieroglyphicae Veterum. Rom 1652–1654
KIRFEL, W. Der Rosenkranz, Ursprung und Ausbreitung. Walldorf 1949
KIRNBAUER, F. Eisen und Erz im Volksglauben. Wien 1957
KLAPPER, J. Altschlesische Schutzbriefe und Schutzgebete, in: Mitteilungen der schlesischen Gesellschaft für Volkskunde 30, 1929, 134–179
KLIBANSKY, R., PANOFSKY, E. und SAXEL, F. Saturn and Melancholy. London 1964

KLINGBEIL, W. Kopf- und Maskenzauber in der Vorgeschichte und bei den Primitiven. Diss. Bonn 1932
KLUSEMANN, K. Das Bauopfer. Graz-Hamburg 1919
KNIGHT, R. An account of the remains of the worship of Priapus . . . London 1786
KOCH, W. A. Zauberknoten und Knotenzauber, in: Mensch und Schicksal 14, 1960
KOHLBRUGGE, J. H. F. Tier- und Menschenantlitz als Abwehrzauber. Bonn 1926
KONRAD V. MEGENBERG vgl. PFEIFFER, Fr.
KRÄUTERMANN, V. Der Curieuse und vernünftige Zauber-Artzt / Welcher lehret und zeiget wie man nicht alleine extriplici regno curieuse Arztneyen verfertigen, sondern auch per sympathiam et antipathiam et magiam naturalem oder vermeynte Hexerey, die vornehmsten Krankheiten des menschlichen Leibes glücklich curieren kann. Leipzig 1725
KRAMER, K. S. Zum Verhältnis zwischen Mensch und Ding. Probleme der volkskundlichen Terminologie, in: SAV 58, 1962, 91–101
KRAUSE, C. CHR. De amuletis medicis cogitata nonnulla auctoritate gratiosae facult. medicae pro loco in eadem obtinendo defendet Carolus Christianus Krause responsuro Carolo Christiano Wagner. Leipzig 1758
KRETZENBACHER, L. Die heilige Rundzahl 72, in: Blätter für Heimatkunde 26. Graz 1952, 11–18
KRISS, R. Das Gebärmuttervotiv. Augsburg 1929
–, Die Schwäbische Türkei: Beiträge zu ihrer Volkskunde, Zauber und Segen, Sagen und Wallerbrauch. Düsseldorf 1937
–, Gemse und Steinbock im Amulettglauben der Alpenländer, in: Volk und Heimat, Festschrift für Viktor v. Geramb, Graz–Salzburg–Wien 1949, 251–255
KRISS, R. und KRISS-HEINRICH, H. Peregrinatio Neohellenica. Wien 1955
–, Volksglaube im Bereich des Islam. 2 Bde. Wiesbaden 1960/62
KRISS-RETTENBECK, L. Das Kranzvotiv, in: BJV 1955, 93–102
–, Lebensbaum und Ährenkleid. Probleme der volkskundlichen Ikonographie, in: BJV 1956, 42–56
–, Bilder und Zeichen religiösen Volksglaubens. München 1963
–, Probleme der volkskundlichen Gebärdenforschung, in: BJV 1964/65, 14-46
KRONFELD, M. Zauberpflanzen und Amulette. Wien 1898
–, Sagenpflanzen und Pflanzensagen. Leipzig 1919
KROPATSCHECK, G. De amuletorum apud antiquos usu capita duo. Diss. Greifswald 1907
KÜSTER, E. Die Schlange in der griechischen Kunst und Religion. Gießen 1913 (= RVV XIII, 2)
KUHN, K. G. Über die Entstehung des Namens Jahwe. In: Orientalische Studien. Enno Littmann zu seinem 60. Geburtstag. Hrsg. von R. Paret. Leiden 1935, 25–42
KUNCZE, L. F. Systematik der Weihemünzen. Raab 1885
KUNZ, G. F. Natal stones, sentiments and superstitions associated with precious stones. New York o. D.
–, The magic of jewels and charms. Philadelphia–London 1915
–, The curiouse lore of precious stones. Philadelphia–London 1914

LAARS, R. H. Das Geheimnis der Amulette und Talismane. Geleitwort von R. Grötzinger. Leipzig 1919
LAMBEL, H. Das Steinbuch. Ein altdeutsches Gedicht von Volmar. Heilbronn 1877
LAMPRECHT, H. Das Amulettenkästchen des Traunsteiner Heimathauses, in: Heimatbilder aus dem Chiemgau 46, 1926, 173–189
LASALLY, O. Von der Entstehung des Aberglaubens an Edelsteine. NZV 5, 1927
–, Amulette und Tätauierungen in Ägypten, AR 29, 1931
LAWRENCE, M. R. The magic of the horseshoe. Boston und New York 1898
LECLERCQ, H. Amulettes, in: DACL I,2, 1924, 1784–1860
–, Phylactère, in: DACL 14,1, 1939, 806–810
–, Plomb, in: DACL 14,1, 1939, 1191–1222
LECOTTE, R. Les chaînes magiques, in: Bull. folkl. Ile-de-France 16, 1954, 582–584
LEEUW, G. V. D. Phänomenologie der Religion. Tübingen 1933
–, Sakramentales Denken. Kassel 1959
LEHMANN, O. H. Contributions to the interpretation of Rembrandt's etching known as

„Faust in his Study". 1. Text and interpretation, in: The Connoisseur 141, 1958, 118
LEITE DE VASCONCELLOS Amuletos populares portiqueses, in: Revista da Soc. de Inst. de Porto 2, 1882
–, Signum Salomonis. Estudo de Etnografia Comparativa. Lisboa 1918
–, Amuletos italianos e portuqueses, in: Revista da Soc. de Inst. do Porto 3, 1883
–, A Figa. Estudo de etnografia comparativa precedido de algumas palavras a respeito do «Sobre-natural» a medicina popular portuguesa. Porto 1925
LEVY-BRÜHL, L. La mentalité primitive. 4. Aufl. Paris 1925
LILIENBLAD, G. P. De amuletis Hebraeorum. Upsalae 1695
LINDEN, A. V. D. Geheime Wissenschaften. 14 Bde., 1911–1916
LINK, A. M. Sinnzeichen und Formen auf den alpenländischen Trachtengürteln, in: Eugen Fehrle zum 60. Geburtstag. Brauch und Sinnbild. Karlsruhe 1940, 179–188
LLOMPART, G. El sombrero de peregrinación compostelana de Stephan Praun III (1544-1591), in: Revista de Dialectología y Tradiciones Populares 17, Madrid 1961, 321–329
LOESCHER, V. E. De talismanibus vel signis quae nummi vel gemmae exhibent superstitiosis. Wittenberg 1697
MAACK, F. Die heilige Mathesis. Beiträge zur Magie des Raumes und der Zahl. Leipzig 1924
MAIER, R. A. Naturalien in schmuck-, amulett- und idolhafter Verwendung. Privatdruck. München 1961
–, Zu keltischen Würfelfunden aus dem Oppidum von Manching, in: Germania 39, 1961, 354–360
–, Roter Steinschmuck des nordwestalpinen Äneolithikums, in: Germania 39, 1961, 8–11
–, Neolithische Tierknochen-Idole und Tierknochen-Anhänger Europas. Berlin 1962 (= SA aus 42. Bericht der Römisch-Germanischen Kommission 1961)
MAIER, R. A. Steinöhrenperlen und Kieselanhänger des nordwestalpinen Äneolithikums, in: Germania 40, 1962, 33–43
MALINOWSKI, B. Magic, science and religion. Boston 1956
MEFFEREYS, M. D. W. Cowry, vulva, eye, in: Man 70/71, 1942, 120
MANDEVILLE, J. Le Lapidaire du quatorzième siècle. Description des pierres précieuses et de leurs vertus magiques. Vienne 1862
MANNHART, W. Zauberglaube und Geheimnisse im Spiegel der Jahrhunderte. Leipzig 1897
MARBODE V. RENNES Migne Bd. 171, col. 1725
MARQUES-RIVIERE, J. Amulettes, talismans et pentacles dans les traditions orientales et occidentales. Paris 1938
MARSHALL, F. H. Cataloque of the finger rings, Greek, Etruscan, and Roman in the Department of Antiquities. Brit Museum, London 1907
MARTIN V. AMBERG siehe WERBOW, St. N.
MARTINUS DE ARLES De superstitionibus contra maleficia et sortilegia, quae hodie vigent in orbe terrestre. Paris 1517 (Venedig 1584)
–, Tractatus de superstitionibus. Roma 1560
MARZELL, H. Die heimische Pflanzenwelt im Volksbrauch und Volksglauben. Leipzig 1922
–, Bayerische Volksbotanik. Volkstümliche Anschauungen über Pflanzen im rechtsrheinischen Bayern. Nürnberg 1926
–, Der Luchs und der Luchsstein, in: BJV 1963, 71–75
MATTHIOLUS, A. Kreutterbuch deß Hochgelehrten und weitberühmten Herrn D. P. A. Matthiolus. 3. Ausgabe durch Joachim Camerarius, Frankfurt 1611
MEISEN, K. Der böse Blick und anderer Schadenzauber in Glaube und Brauch der alten Völker und in frühchristlicher Zeit, in: Rhein. Jb. V 1, 1950
–, Der böse Blick, das böse Wort und der Schadenzauber durch Berührung im Mittelalter und in der neueren Zeit, in: Rhein. Jb. f. VK 3, 1952
MELY, F. DE Le Reliques du Lait de la Vierge et la Galactite, in: Revue Archéologique 1890
–, Les Cachets d'Oculistes et les Lapidaires de l'Antiquité et du haut Moyen Age, in: Revue de Philologie 16, 1893, 81–95
–, Les lapidaires de l'antiquité et du Moyen Age. 1896–1902
MENZEL, H. Ein christliches Amulett mit Reiterdarstellung, in: Jahrb. des Rö.-Germ. Zentralmuseums 2, 1955, 253–261
MEYER, C. Der Aberglaube des Mittelalters und der nächstfolgenden Jahrhunderte. Basel 1884

MIELKE, R. Neidinschriften und Neidsymbole im Niederdeutschen, in: NZV 10, 1932, 51–69, 178–195
MOLTKE, E. Mediaeval rune-amulets in Denmark, in: Acta Ethnologica 2/3, 1938, 116–147
MORALES, G. Libro de las virtudes y propiedades de las piedras preciosas. Madrid 1604
MÜHLMANN, W. Rassen, Ethnien, Kulturen. Neuwied-Berlin 1964
MÜLLER, W. A. Nacktheit und Entblößung in der altorientalischen und älteren griechischen Kunst. Diss. Leipzig 1906
MÜNSTERER, H. O. Das Caravacakreuz und seine deutschen Nachbildungen, in: BJV 1951, 32–46
–, Die doppelbalkigen Partikelkreuze von Scheyern, Wiblingen und Donauwörth, in: BJV 1952, 20–64
–, Von »Geburtsschnecken«, »Wendehäuptern« und »Krebsaugenbüchschen«, in: DG 44, 1952, 60–63
–, Anastasiushaupt und Anastasiusmedaille, in: DG 45, 1953, 91–93
–, Zur Frage der Riechbüchsen, in: DG 45, 1953, 23–28
–, Die magischen und kabbalistischen Schutzkreuze, in: BJV 1953, 51–77
–, Das Pest-Tau, ein Trinitätssymbol, in: DG 46, 1954, 86–94
–, Die süddeutschen Segens- und Heiligenkreuze, in: BJV 1954, 90–122
–, »Menschenhaut in Silber gefaßt«, in: DG 46, 1954, 28–29
–, Krebsaugen, Aufstieg und Niedergang eines Medikaments, in: Münchener Medizinische Wochenschrift 97, 1955, 1543
–, Die Secalevergiftung, eine mittelalterliche Volksseuche, in: Münchener Medizinische Wochenschrift 97, 1955, 1053
–, Menschenhaut als magisches Schutzmittel, in: DG 47, 1955, 89–91
–, Menschenhaut als Heilmittel, in: Münchener Medizinische Wochenschrift 97, 1955, 737–739
–, Das Pest-Tau und der Trinitätsgedanke, in: DG 48, 1956, 89–93
–, Medizingeschichtliches auf alten Andachtsbildern, in: Mediz. Monatsschrift 1955, 253–256
–, Die Münze in der Volksmedizin, in: Medizinische Monatsschrift 1957, 380–385, 454–459
–, Das Caravacakreuz und die Weltgeschichte, in: Forschungen und Fortschritte 38, 1964, 236 bis 239
MUSEUM WORMIANUM Lugduni. Batavorum 1655

NILSSON, M. P. Geschichte der griechischen Religion. 2 Bde. München 1951
NORLING-CHRISTENSEN, H. Et bronzealders Helligtegn, in: Fra Nationalmuseets Arbejdsmark 1941, 49–59

OREND, M. Das Fortleben der germanischen Rundfibel bei den Siebenbürger Sachsen, in: Volkskunde-Arbeit (= Festschrift Otto Lauffer). Berlin 1934, 176–180
OSMA, G. J. DE Catálogo de azabaches compostelanos (del Museo de Valencia de Don Juan) Madrid 1916
OTTO, R. Das Heilige. Freiburg 1921

PACHINGER, A. M. Wallfahrts- und Weihemünzen des Erzherzogtums Österreich ob der Enns. München 1906
–, Wallfahrts-, Bruderschafts- und Gnadenmedaillen des Herzogtums Salzburg. Wien 1908
–, Wallfahrts- und Weihemünzen der gefürsteten Grafschaft Tirol und Vorarlberg. Wien 1908
–, Krankheitspatrone auf Medaillen. Leipzig 1909
–, Über Krankheitspatrone auf Heiligenbildern. Leipzig 1909
–, Glaube und Aberglaube im Steinreich. München 1912
–, Ein Talisman der Katharina von Medicis, in: Mitt. d. Bay. Numism. Gesellsch. 31, 1913, 52–72
–, Ein Talisman der Katharina von Medicis. Ergänzungen, in: Mitt. d. Bay. Num. Gesellsch. 32, 1914
–, Eine astrologische Kupfermedaille aus der Mitte des XVII. Jahrhunderts, in: Archiv für Medaillen und Plaketten-Kunde 1, 1913/14, 145–150
PAPYRI GRAECAE MAGICAE Die griechischen Zauberpapyri. Hrsg. und Übers. von Karl Preisendanz. 3 Bde. Leipzig/Berlin 1928–1941
PARACELSUS Archidoxa Philippi Theophrasti Paracelsi Bombast / des hocherfahrnen / und berühmtesten Philosophi / und beyder Artzney

Doctori / Von Heymlichkeyten der Natur / Zehen Bücher. Item I. De tinctura Physiocorum. II. De occulta Philosophia. Straßburg, Theodosius Rihel 1570
–, Archidoxa, zwölff Bücher darein alle geheimnuß der natur eröffnet etc. Auch noch ein andere Büchlein etc. von D. Joanne Alberto Wimpinaco. München, Adam Berg 1570
–, Archidoxis Magica. Siben Bücher des weüttberümpten D. Philippi Theophrasti Paracelsi ab Hohenheim in Schweitz. Handschrift 1570. GNM Hs. 9829
–, Bücher und Schriften / des Edlen . . . Philosophi v. Medici, Phil. Theophr. Bombast von Hohenheim / Paracelsi genannt: Jetzt auffs neu auß den Originalien gebn: Durch Johannem Huserum Brisgoivm. Basel 1589–1591 (1599)
Paschius, M. J. Διασκέψις φυσιολογική. De fascino per visum et vocem. Wittenberg 1684
Paterson, T. G. F. Harvest-Knots and Brigid's Crosses, in: Ulster Folklife, Belfast 1956, 16–18
Paulsen, P. Der Goldschatz von Hiddensee. Leipzig 1936
–, Axt und Kreuz bei den Nordgermanen. Berlin 1939
Pazzini, A. Le pietre preziose nella storia della medicina e nella leggenda. Roma 1939
–, Medicina primitiva. Roma 1941
Petrie, W. M. F. Amulets. Illustrated by the Egyptian Collection in University College, London. London 1914
Pettersson, O. Magic – Religion. Some marginal notes to an old problem, in: Ethnos 22 (Stockholm 1957), 109–119
Pfeiffer, Fr. Das Buch der Natur von Konrad von Megenberg. Stuttgart 1856
Pfeiffer, L. und Ruland, C. Pestilentia in nummis. Geschichte der großen Volkskrankheiten in numismatischen Documenten. Tübingen 1882
Pfister, F. Der Reliquienkult im Altertum. 1. Das Objekt des Religionskultes. Gießen 1909 (= RVV V. Bd.). 2. Der Reliquienkult als Kultobjekt. Geschichte des Reliquienkultes. Gießen 1912 (= RVV V. Bd.)
–, Zur Geschichte der technischen Ausdrücke der Wahrsagekunst, in: OZV 7, 1933, 44–55
Pforta, J. B. Magia Naturalis, 1. Ausgabe Neapel 1558. 2. Leyden 1651. 3. Amsterdam 1664
Picatrix Das Ziel des Weisen von Pseudo-Magriti. Translated into German from the Arabic by Hellmut Ritter und Martin Plessner. London 1962 (= Studies of the Warburg Institute, vol. 27)
Pierius, Joh. Hieroglyphica. Bolzano 1546
Pinsk, J. Die sakramentale Welt. Freiburg 1938
Pires de Lima, A. Tradições populares de Santo Tirso, in: Revista Lusitana 17, 1914, 17–54; 19, 1916, 233–257
Placet, F. La superstition des temps reconnue aux talismans. Paris 1668 und Paris 1672
Pley, J. De lanae in antiquorum ritibus usu. Gießen 1911 (= RVV XI, 2)
Plinius Secundus, C. Naturali historiae Libri I–XXXVII, hrsg. von C. Mayhoff. 5 Bde. Leipzig 1892–1908
Pogatscher, H. Von Schlangenhörnern und Schlangenzungen vornehmlich im 14. Jahrhundert, in: Römische Quartalschrift für christliche Altertumskunde 12, 1889, 162–215
Pommerol La main dans les symbols et les superstitions, in: Association franç. pour l'avancement des sciences, XIXe session, 2^{e} partie 1890 (Paris 1891)
Pradel, F. Griechische und süditalienische Gebete, Beschwörungen und Rezepte des Mittelalters. Gießen 1907 (= RVV III, 3)
Praetorius, J. Philologemata abstrusa de police, in quibus singularia animadversa vom Diebesdaumen et manu: item de patibulo, virgula Mercuriali, alruna usw. Leipzig 1677
Preisendanz, K. Papyri Graecae Magicae. Leipzig / Berlin 1928–1931
Prodinger, F. Perchtenbilder aus dem 18. Jahrhundert, in: Salzburger Museum Carolino Augusteum. Jahresschrift 1958, 123–140
Pseudo-Magriti siehe »Picatrix«

Quiring, H. Die Herkunft der deutschen Kaiserkrone und ihre Edelsteine, in: Carinthia II, 1953, 14ff.

Ränk, G. Die Schlange als Schwellenschutz in der schwedischen Volksüberlieferung, in: Ethnos 21, 1956, 57–72
Rahner, H. Symbole der Kirche. Die Ekklesiologie der Väter. Salzburg 1964
Ramon y Fernandez, J. Amuletos lunares en

Cáceres, in: Revista de Dialectologia y Tradiciones Populares. 8 Madrid 1952, 407–424
RANTASALO, A. V. Einige Zaubersteine und Zauberpflanzen im Volksaberglauben der Finnen. Helsinki 1958 (= FF Communications No 176)
RATSCHOW, C. H. Magie und Religion. Gütersloh 1955
REICHELT, J. De amuletis. Argentorati 1671
–, Exercitatio de amuletis aenis figuris illustrata. Argentorati 1676
REISNER, G. A. Amulets (Cataloque général des antiquités égyptiennes du Musée du Caire, Bd. 28) Kairo 1907
REITZENSTEIN, R. Poimandres. Studien zur griechisch-ägyptischen und frühchristlichen Literatur. Leipzig 1904
–, Die hellenistischen Mysterienreligionen. Darmstadt 1956
RENARD, M. Poteries à masques prophylactiques. A propos des vases »planétaires«, in: Latomus 14, 1955, 202–240
RETTENBECK, L. Zur Phänomenologie des Votivbrauchtums, in: BJV 1952, 75–78
–, »Feige« Wort – Gebärde – Amulett. München 1955
RICHEL, B. Speculum Humanae Salvationis. Basel 1476
RICHTER, E. Riechschnecke als Pestschutzamulett, in: Deutsche Gaue 44, 1952, 82–87
–, Vom Heiltum der Menschenhautamulette, in: Deutsche Gaue 47, 1955, 57–60
–, Die »andächtige Beraubung« geistlicher Toter als volksglaubenskundliches Phänomen, in: BJV 1960, 82–104
RICHTER, J. M. Ungegründete Furcht und Vertrauen der Menschen. Das ist: Deutliche Fürstellung und Verwerffung des Aber-Glaubens. Leipzig 1702
RIEDINGER, U. Die Heilige Schrift im Kampf der griechischen Kirche gegen die Astrologie. Von Origenes bis Johannes von Damaskus. Innsbruck 1956
RIEMSCHNEIDER, M. Rad und Ring als Symbol der Unterwelt, in: Symbolon. Jahrbuch für Symbolforschung 3, 1962, 46–63
RIESS s. v. »amuletum« in: Pauly-Wissowa-Kroll, Realencyclopädie der klass. Altertumswissenschaft
RITTER, H., und PLESSNER, M. siehe» Picatrix«
RITZ, G. Hochschichtliches Amulett: Natternzungenbäume, in: Bayerisches Jahrbuch für Volkskunde 1951, 17ff.
–, Die christliche Gebetszählschnur. Ihre Geschicht-Erscheinung – ihre Funktion. Diss. München 1955
ROCHNA, O. Hallstattzeitlicher Lignit- und Gagat-Schmuck. Zur Verbreitung, Zeitstellung und Herkunft, in: Fundberichte aus Schwaben, NF 16, 1962, 44–83
ROSCHER, W. H. Die Sieben- und Neunzahl im Kultus und Mythus der Griechen. Leipzig 1904
ROSE, H. J. A blood-staunching amulet, in: The Harvard Theological Review 44, 1951, 59–60
ROSE, V. Aristoteles De Lapidibus und Arnoldus Saxo, in: Z. f. dtsche Altertumskunde NF 6 (XVIII.) 1874 (hrsg. 1875) 321–455
ROSENZWEIG, A. Das Auge in Bibel und Talmud. Berlin 1892
ROSTOWZEW, M. Fische als Pferdeschmuck, in: Opuscula Archaeologica Oscari Montelio Septuagenario. Holmiae 1913, 223–231
ROTERMUND, H. M. Untersuchungen zu Rembrandts Faustradierung, in: Oud-Holland 72, 1957, 151–168
RÜCKERT, R. Das Nachlaßinventar der bayerischen Herzogin Jacobäa (1580/81), in: Münchner Jahrb. d. bild. Kunst 16, 1965, S. 121–148
RÜHMANN, H. Amulette im Sexualleben der Naturvölker, in: Ethnos 14, 1949, 183–187
RUSKA, J. Das Steinbuch aus der Kosmographie des Muhammad ibn Mahmud al Kazwini. Beilage zum Jahresbericht der Oberrealschule Heidelberg. 1895–1896
–, Das Steinbuch des Aristoteles. Heidelberg 1912
SAINTYVES, P. L'éternuement et le bâillement dans la magie, l'ethnographie et le folklore médical. Paris 1921
–, Pierres magiques: bétyles, haches, amulettes et pierre de Pondre. Paris 1936
SALILLAS, R. La Fascinación en España. Madrid 1905
SANTINI DE RIOLS, E. N. Les Parfumes magiques. Paris 1903
SARTORI, P. Der Schuh im Volksglauben, in: ZVV 4, 1894
SCHADE, H. Dämonen und Monstren. Gestaltungen des Bösen in der Kunst des frühen Mittelalters. Regensburg 1962

SCHEFTELOWITZ, J. Das Schlingen- und Netzmotiv im Glauben und Brauch der Völker. Gießen 1912 (= RVV XII, 2)

SCHEIBLE, J. Kleiner Wunder-Schauplatz der geheimen Wissenschaften, Mysterien, Theosophie, göttlichen und morgenländischen Magie, Naturkräfte, hermetischen und magnetischen Philosophie, Kabbala und ander höheren Kenntnisse, Divination, Offenbarung, Vision, Combination und schwer begreiflichen Thatsachen. 9. Teil. Stuttgart 1855

SCHLOSSER, J. v. Die Kunst- und Wunderkammern der Spätrenaissance. Ein Beitrag zur Geschichte des Sammelwesens. Leipzig 1908

SCHMIDT, B. Der böse Blick und ähnlicher Zauber im neugriechischen Volksglauben, in: Neue Jb. f. d. klass. Altertum 31, 1913

SCHMIDT, L. Der Männerohrring im Volksschmuck und Volksglauben mit besonderer Berücksichtigung Österreichs. Wien 1947

–, Zum Amulettcharakter der Hirschkranln, in: Blätter für Heimatkunde 22, Graz 1948, 66–69

SCHMIDT, L. Die Schneckenmaskierung, in: Rheinisches Jahrbuch f. Volksk. 2, 1951, 118–163

–, Gestaltheiligkeit im bäuerlichen Arbeitsmythos. Wien 1952

–, Heiliges Blei in Amuletten, Votiven und anderen Gegenständen des Volksglaubens in Europa und im Orient. Wien 1958 (= Leobener Grüne Hefte 32)

–, Hexenabwehr am Georgitag im Burgenland, in: Burgenländ. Heimatblätter 22, 1960, 127ff.

–, Der gordische Knoten und seine Lösung, in: Antaios 1, 1960, 305–318

SCHMIDT, PH. Der Teufels- und Dämonenglaube in den Erzählungen des Caesarius von Heisterbach. 1926

–, Talisman und Zauberwahn. Köln/Einsiedeln 1936

–, Edelsteine. Ihre Wesen und ihr Wert bei den Kulturvölkern. Bonn 1948

SCHNEIDER, J. D. Eröffnung der vortrefflichsten Geheimnüsse in der Arzney-Kunst. Dresden 1696

SCHNEIDER, W. Lexikon alchemistisch-pharmazeutischer Symbole. Weinheim 1962

SCHÖNBERGER, G. Narwal – Einhorn. Studien über einen seltenen Werkstoff, in: Städel-Jahrbuch 9, 1935/36, 167–247

SCHOLEM, G. Ursprung und Anfänge der Kabbala. Berlin 1962 (= Studia Judaica Bd. 3)

SCHRAMM, P. E. Vom Kronenbrauch des Mittelalters, in: Festschrift für Will-Erich Peuckert, Berlin 1955, 68–78

–, Herrschaftszeichen u. Staatssymbolik. 3 Bde. Stuttgart 1956

–, Sphaira, Globus, Reichsapfel. Wanderung und Wandlung eines Herrschaftszeichen von Caesar bis zu Elisabeth II. Stuttgart 1958

SCHREGER, O. Hausbüchlein, worinnen unterschiedliche sowohl geistliche als weltliche Hausmittel sonderlich wie sich ein Hausvater gegen Gott, gegen seinen Nächsten, und gegen sich selbst, wie auch in seinen Hausgeschäften verhalten solle. 5. Auflage, Baierdiessen 1770

SCHREIBER, W. L. Die Kräuterbücher des 15. u. 16. Jh. München 1924

SCHULZ, F. T. Die deutschen Reichskleinodien. Leipzig 1938

SCHULZ, H. Die Äbtissin Hildegard von Bingen, Ursachen und Behandlung der Krankheiten (causae et curae). München 1933

SCHURTZ, H. Das Augenornament und verwandte Probleme. Abh. d. K. S. Gesell. d. Wissen. Philolog. Hist. Classe 15. Leipzig 1895, Nr. 2

–, Amulette und Zaubermittel, in: Archiv f. Anthropologie 22, 1894

SCHWEIZER, B. Die Geschichte der Kleinzinngießerei. Dießen 1930

SEEL, O. Der Physiologus. Zürich–Stuttgart 1960

SELIGMANN, K. Das Weltreich der Magie. Stuttgart 1958

SELIGMANN, S. Der böse Blick und Verwandtes. Ein Beitrag zur Geschichte des Aberglaubens aller Zeiten und Völker. 2 Bde. Berlin 1910

–, Die Zauberkraft des Auges und Berufen. Hamburg 1922

–, Die magischen Heil- und Schutzmittel aus der unbelebten Natur mit besonderer Berücksichtigung der Mittel gegen den bösen Blick. Eine Geschichte des Amulettwesens. Stuttgart 1927

SEUL, G. J. OSMA Y Catálogo de azabaches compostelanos. Madrid 1916

SIEBOURG, M. Ein gnostisches Goldamulett aus Gellep, in: Bonner Jahrbücher des Vereins von

Altertumsfreunden im Rheinlande 103, 1898, 123–153

SILVA RIBEIRO, L. DA Amuletos Terceirenses, in: Açoreana-Boletim da Sociedade Afonso Chaves 4, 1948, 218–235

SITTL, K. Die Gebärden der Griechen und Römer. Leipzig 1890

SMITH, K. F. Greek and Roman Magic, in: J. Hastings, Encycl. of Relion and Ethics, Bd. 8, 1910, Neudruck 1957

SOKOLORO, M. Apokryphes Material zur Erklärung der Amulette, welche Katzenpfötchen (Engelsblümchen) genannt werden, in: Zurnal ministerstva narodnago prosvjescenija, Petersburg t. CCL XIII, 1889, 339–368

SPAMER, A. Das kleine Andachtsbild. München 1930

–, Zur Aberglaubensbekämpfung des Barock. Ein Handwörterbuch deutschen Aberglaubens von 1721 und sein Verfasser (Georg Christoph Zimmermann) in: Miscellanea Academica Berolinensia, Berlin 1950, 133–159

–, Romanusbüchlein. Historisch-philologischer Kommentar zu einem deutschen Zauberbuch. Aus seinem Nachlaß. Bearbeitet von Johanna Nickel. Berlin 1958 (= Veröffentlichungen des Instituts für deutsche Volkskunde Band 17)

STARICIUS, J. New-reformirt und vermehrter Heldenschatz. 1679

STEGEMANN, V. Planeten, Sterndeutung, Sterne, Sternbilder, in HDA 7 und 9, 596–782

STEINBUCH siehe VOLMAR, LAMBEL

STEINGRÄBER, E. Alter Schmuck. München 1956

STEINLEITNER, F. Mittel aus dem Tierreich zum Anhexen der Impotenz und Heilen der angezauberten Mannesschwäche, in: ZV NF 4, 1933, 146–163

STEINSCHNEIDER, M. Apollonius von Thyana (oder Balinas) bei den Arabern, in: ZDMG 45, 1891, 439ff.

STEMPLINGER, E. Sympathieglaube und Sympathiekuren im Altertum und Neuzeit. München 1919

–, Antiker Aberglaube in modernen Ausstrahlungen. Leipzig 1922

–, Antiker Volksglaube. Stuttgart 1948

STORNAIOLO Piombo magico, in: Atti dell' Accad. rom. di arch. 14, 1880, LXVIII

STENTZELIUS, CHR. G. Dissertatio medico-juridica de philtris examinandis et diiudicandis. Von Liebes-Tränken quam praeside ... eruditorum exponit disquistioni Joannes Fridericus Wolffius. Wittenberg 1726

STIERLING, H. Der Silberschmuck der Nordseeküste hauptsächlich in Schleswig-Holstein. Neumünster 1935

STONE, A. L. The story of phallicism. Chicago 1927

STUHLFAUTH, G. Das Dreieck. Die Geschichte eines religiösen Symbols. Stuttgart 1937

–, Neuschöpfungen christlicher Sinnbilder, in: Brauch und Sinnbild, Eugen Fehrle zum 60. Geburtstag. Karlsruhe 1940, 230–246

SUDHOFF, K. Pestschriften aus den ersten 150 Jahren nach der Epidemie des »schwarzen Todes« 1348, in: Archiv für Geschichte der Medizin 8, 1915, 175–215, 236–289

TANDLER, T. Dissertatio de Fascino et incantatione. Wittenberg 1606

THEOPHRASTUS De lapidibus (Περὶ λιθῶν), hrsg. John Hill, London 1746

THIERS, J. B. Traité des superstitions selon l' Écriture sainte, les décrets des consiles et les sentiments de saint Pères et des théologiens. Paris 1679

THORNDIKE, L. A history of magic and experimental science during the first 13 centuries of our era. 5. Auflage New York 1951 bis 1958

THURNEYSSER, L. Hermaeneia. Das ist ein Onomasticum, Interpretation über die frembden und unbekannten Wörter, Caracter und Namen ... in den Schriften des Paracelsi gefunden. Berlin 1574

–, Historia und Beschreibung Influentischer Elementischer und Natürlicher Wirckungen. Aller fremden und Heimischen Erdgeweckssen auch jrer Subtiliteten sampt warhafftiger und Künstlicher Conterfeitung derselbigen auch aller teiler Innerlicher und Eüsserlicher glider am Menschlichen Cörper nebend fürbildung aller zu der Extraction deutlichen Instrumenten.

–, Μεταλή Χυμιά vel Magna Alchymia. Das ist ein Lehr von Mixturen, Arten und Eigenschaften. Berlin 1583

–, Kräuterbuch, Berlin 1578 bei Michael Hentzke

–, Reise- und Kriegs-Apotheken, Darinnen nicht

allein die Beschwerlichsten Kranckheiten an des Menschen Leibe / so ausser und innerhalb Krieges / die Menschen zubefallen pflegen / vermeldet / Sondern auch die geheimen und fürtrefflichsten Medicamenta Chimica . . . durch Agapetum Kotzerum, Leipzig 1602

TORRES, J. F. Marfiles y azabaches españoles. Madrid 1928

TOSCHI, P. Arte popolare italiana. Roma 1960

TRAUBE, L. Nomina Sacra. 1907

TROESCHER, G. Studien zu frühen Landkirchen im Tübinger Raum, in: ZfK 15, 1952, 17–39

TROESCHER, G. Keltisch-germanische Götterbilder an romanischen Kirchen?, in: ZfKunstgeschichte 16, 1953, 1–42

UNGER, E. Apotropäische Ziegelmarken in mecklenburgischen Backsteinkirchen und babylonischen Bauten, in: Wiss. Z. d. Ernst-Moritz-Arndt-Unio. Greifswald, Ges. u. sprachwiss. Reihe 4, 1954/55, 103–108

URTEL, H. Beiträge zur portugiesischen Volkskunde. Hamburg 1928

VALENTINI, M. B. Museum Museorum oder vollständige Schaubühne aller Materialien und Specereyen. 2 Bde. Frankfurt 1714

VALVERDE, J. F. Azabaches compostelanos del Museo de Pontevedra y Nuevas azabaches del mismo, in: El Museo del Pontevedra 2, 1944, 7–22; 3, 1945, 65–68

VECK, W. Die durchbrochenen Bronzezierscheiben aus Reihengräberfeldern Württembergs, in: Ipek, Jahrbuch für prähistorische und ethnographische Kunst 1929

VICTORIUS, FR. De vetus et forma monogrammatis Jesu. Rom 1747

VILLIERS, E. und PACHINGER, A. M. Amulette und Talismane und andere geheime Dinge. München 1927

VILKUNA, A. Die Ausrüstung des Menschen für seinen Lebensweg. Helsinki 1959 (= FF Communications No 179)

VINTLER, H. Die pluemen der tugent, Hrsg. von Ignaz v. Zingerle. Innsbruck 1874

VOLBACH, F. Ein mittelalterlicher Türsturz aus Ingelheim, in: Mittlgen d. Oberhess. Geschichtsvereins NF 44, 1960, 15–19

VOLMAR Steinbuch, hrsg. von Hans Lambel. Heilbronn 1877

VORWAHL, H. Deutsche Volksmedizin in Vergangenheit und Gegenwart. Dresden-Leipzig 1939 (= Studien zur religiösen Volkskunde Heft 9)

WACH, J. Religionssoziologie. Tübingen 1951

–, Vergleichende Religionsforschung. Stuttgart 1962

WAGNER, M. L. Il Malocchio e credenze affini in Sardegna, in: Lares 2, 1913, 129–150

–, Phallus, Horn u. Fisch. Lebendige und verschüttete Vorstellungen und Symbole, vornehmlich im Bereich des Mittelmeerbeckens, in: Donum Natalicum Carolo Jaberg. Zürich 1937, 77–130

WATTECK, N. Geschnitztes Steinbockhorn – ein vergessener Zweig des Salzburger Kunsthandwerkes, in: alte und moderne Kunst 58/59, 27 bis 31

WEDELIUS, G. W. Disputatio medica inauguralis de morbis a fascino . . . exponit Fridericus Käseberg. Jena 1682

WEGNER, W. Die Faustdarstellung vom 16. Jahrh. bis zur Gegenwart. Amsterdam 1962

WEINHOLD, K. Die mystische Neunzahl bei den Deutschen, in: Abhandlungen d. K. Preuß. Akad. d. Wissenschaften zu Berlin 1897, 1–67

WEISER-AALL, L. Bruk av amuletter som legemidler in nyere tid, in: By og bygd. Norsk folkemuseums arbok, 9, Oslo 1954, 157–163

–, Der Männerohrring in Norwegen, in: Festschrift für Will-Erich Peuckert, Berlin 1955, 100–115

WEISSENBERG, S. Südrussische Amulette, in: Z. f. Ethnol. 1897, 367–369

WELLMANN, M. Der Physilogos, eine religionsgeschichtlich - naturwissenschaftliche Untersuchung, in: Philologus, Supplementband XXII, 1, Leipzig 1930

WENTZEL, H. Bergkristall, in: Reallexikon der deutschen Kunstgeschichte

WERBOW, ST. N. Martin von Amberg »Der Gewissensspiegel«. Berlin 1958

WERNER, J. Tiergestaltige Heilsbilder und germanische Personennamen, in: D. Vierteljahresschrift f. Lit. u. Geistesgesch. 37, 1963, 377–383

–, Die langobardischen Fibeln aus Italien. Berlin 1950

–, Das alamannische Fürstengrab von Wittislingen. München 1950

WIEDEMANN, A. Über babylonische »Talismane«. Stuttgart 1881

–, Die Amulette der alten Ägypter, in: Der alte Orient 3, 1910

WIESNER, J. Grab u. Jenseits. Untersuchungen im ägäischen Raum zur Bronzezeit u. frühen Eisenzeit. Berlin 1938 (= RVV XXVI)

WILDHABER, R. Zum Symbolgehalt und zur Ikonographie des Eies, in: Festschrift für Wilhelm Fraenger zum 70. Geburtstag 1960, 77 bis 84

–, Kirke und die Schweine, in: SAV 47, 1950/51, 233–261

KAISER WILHELM II. Studien zur Gorgo. Berlin 1936

WILLIGER, E. Hagios. Untersuchungen zur Terminologie des Heiligen in den hellenischen Religionen. Gießen 1922 (= RVV XIX, 1)

WINKLER, H. A. Siegel und Charaktere in der muhamedanischen Zauberei. Berlin 1930

–, Die Aleph-Beth-Regel. Eine Beobachtung an sinnlosen Wörtern im Kinderversen, Zaubersprüchen und Verwandtem, in: Orientalische Studien. Enno Littmann zu seinem 60. Geburtstag. Hrsg. von R. Paret. Leiden 1935, 1–24

WINCKELMANN, J. Das Geheimnis der Talismane und Amulette. Freiburg 1955

WISSOWA, G. Religion und Kultus der Römer. 2. Auflage 1912

WISTRAND, P. G. Svenska Folkdräkter. Stockholm 1907

WITTICH, E. Liebesbrauch und Liebesamulette der Zigeuner, in: Schweizerisches Archiv für Volkskunde 18, 1914, 25ff.

WITTICHIUS, J. Bericht von den wunderbaren Bezoardischen Steinen. Leipzig 1589

WOLFF(IUS), J. Curiosus amuletorum scrutator, in quo de natura et attributis illorum, uti et plurimis illis, quae passim in usum tam in theoria quam praxi vocari sueverunt, ac in specie de Zenechtis, vel quae pesti opponuntur agitur; superstitiosa atque illicita notantur, rejiciuntur et utilia illustrantur theologis, jurisconsultis, medicis, physicis, philosophis ac quibuscumque in specie curiosis. Francofurti 1692 (1690)

WOLFRAM, R. Das Radmähen, in: Der Schlern 1947, 237–240

WOLTERS, P. Faden und Knoten als Amulett, in: Arch. f. Religionswissensch. 8, Leipzig 1905, Beiheft 1–22

WRIGHT, A. E. und LOVETT, E. Specimens of modern mascots and ancient amulets of the British Isles. Folk-Lore 19, 1918

WÜNSCH, R. Sethianische Verfluchungstafeln aus Rom. Leipzig 1898

–, Antikes Zaubergerät aus Pergamon, in: Jahrbuch des Kaiserlich Deutschen archäologischen Instituts, Ergänzungsheft VI, Berlin 1905

WUNDERLICH, E. Die Bedeutung der roten Farbe im Kultus der Griechen und Römer. Gießen 1925 (= RVV XX, 1)

WUNDT, W. Völkerpsychologie. Eine Untersuchung der Entwicklungsgesetze von Sprache, Mythus und Sitte. 4. Bd. Mythus und Religion. 1. Teil Leipzig 1910

WUTTKE, A. Der deutsche Volksaberglaube der Gegenwart. 3. Auflage. Berlin 1900

ZACHARIAE, TH. Abergläubische Meinungen und Gebräuche des Mittelalters von den Predigten Bernardinos von Siena, in: ZVV 22, 1912, 113 bis 134, 225–244

ZAEHNER, R. C. Das religiöse Element im Marxismus, in: Antaios 1, 1950, 566–579

ZIMMERMANN, W. Weihkräuterbüschel aus Baden und bei Banater Badenern, in: Brauch und Sinnbild, Eugen Fehrle zum 60. Geburtstag, Karlsruhe 1940, 271–288

ZINGERLE, O. Segen- und Heilmittel aus einer Wolfsthurner Handschrift des XV. Jahrhunderts, in: ZVV 1, 1891, 172–177, 315–324

ZINK, TH. Zur »rätselhaften Inschrift« in Geinsheim, in: Pfälzisches Museum 23, 1906, 71–77, 95–101, 117–124, 152–156, 167–171, 179–183

Ergänzung zur Literatur

ABEL, Othenio Vorzeitliche Tierreste im Deutschen Mythus, Brauchtum und Volksglauben, Jena 1939

ARRHENIUS, Birgit Zum symbolischen Sinn des Almandin im frühen Mittelalter, in: Frühmittelalterliche Studien 3, 1967, 47–59

AUMÜLLER, Stephan Das Kreuz als magisches Zeichen im südlichen Burgenland, in: Burgenländische Heimatblätter 33, 1971, 18–30

BARB, Alphons A. Lapis adamas – Der Blutstein, in: Hommages à Marcel Renard I, Bruxelles 1969, 66–82 (= Collection Lotanus 101)

BRÜCKNER, Wolfgang Bildnis und Brauch. Studien zur Bildfunktion der Effigies, Berlin 1966

–, Jungfernpergament. Gestaltungskräfte und historische Schichten in Magie und Volksglauben, in: Bay. Jb. Vk. 1969, 85–112

Catalogo de azabaches compostelanos precedido de apuntes sobre los muletos contra el aojo, las imagénes del apostol-Romero y la Corfradia de los azabacheros de Santiago. Madrid 1916

CORN, R. Anweisung, alle magischen Quadrattafeln zu verfertigen, Glücksburg 1787

DANNHEIMER, H. Ein frühmittelalterliches Pilgerandenken aus Bayerisch-Schwaben, in: Zeitschrift f. bayerische Kirchengeschichte 35, 1966, 1–6

–, Ein spätmerowingischer Eulogienbehälter aus Walda, in: Germania 44, 1966, 338–354

DEUCHLER, K. Über die Entwicklung des Meraner Saltnerhutes, in: Der Schlern 45, 1971, 107–111

DINKLER, E. Kreuzzeichen und Kreuz, in: Jb. f. Antike und Christentum 5, 1962, 93–112

DJORDJEVIĆ, T. R. Zle oči u verovanju Južnih Slavena – Der Böse Blick bei den Südslawen (Srpski Etnografski Zbornik, 1938)

DÖLGER, F. J. Ichthys. Das Fischsymbol in frühchristlicher Zeit, 5 Bd. 1910 ff

EIBL-EIBELSFELDT, I. und WICKLER, W. Die ethologische Deutung einiger Wächterfiguren auf Bali, in: Zeitschrift f. Tierpsychologie 25, 1968, 719–726

ENDRES, F. C. Mystik und Magie der Zahlen, Zürich, 3. Aufl. 1951

ETTINGHAUSEN, Richard The Unicorn, Washington 1950 (= Studies in Muslim Iconography, Vol. I)

FINK, H. Zauberkräftige und heilbringende Amulette, Pfennige und Talismane, in: Der Schlern, 44, 1970, 347–351

FOTI, L. Amulettes en forme de porc dans la collection ègyptienne, in: Bulletin du Musée hongrois des Beaux-Arts 40, 1973, 3–48

FRIESS, Gerda. Edelsteine im Mittelalter, Diss. Wien 1968

FUCHS, H. Die Herkunft der Satorformel, in: SAV 47, 1951, 28–54

FÜHNER, H. Lithotherapie. Historische Studien über die medizin. Verwendung der Edelsteine. 2. Aufl. Ulm 1953

Geramb, Viktor v. Über den Kummetkamm, in: Volkswerk, Jb. d. staatl. Museums f. Deutsche Volkskunde, Jena 1942, 227 ff

GRABNER, Elfriede. Kontinuätsfragen in der Volksmedizin des Ostalpenraumes, in: Alpes Orientales V, Ljubljana 1969, 257–266

–, Die Koralle in Volksmedizin und Volkskunde, in: Zeitschrift für Volkskunde 65, 1969, 183–195

–, Martinisegen und Martinigerte in Österreich, Eisenstadt 1968 (= Wissenschaftliche Arbeiten aus dem Burgenland, Heft 39)

–, Der Mensch als Arznei, in: Festschrift für Oskar Moser, Klagenfurt 1974, 81–95

–, »Menschenfett« und »Mumie« als Heilmittel, in: Neue Chronik zur Geschichte und Volkskunde der Innerösterreichischen Alpenländer, 64, Graz 1961

–, Die »Transplantatio morborum« als Heilmethode in der Volksmedizin, in: ÖZV, N.S. 21, 1967, 178–195

GRILLMEIER, Aloys Der Logos am Kreuz. Zur christologischen Symbolik der älteren Kreuzigungsdarstellungen, München 1956

HAMPP, J. Sigilla Salomonis. Eine »Zauberrolle« aus dem 17. Jh. in: Zauberei und Frömmigkeit, Tübingen 1966, 101–116 (= Volksleben 13)

HARMENING, Dieter. κηρὸς παρθένος – Jungfernwachs, in: ZV 64, 1968, 30–31

HARTER, H. Giebelzeichen. Form, Verbreitung, Entwicklung, Diss. Graz, 1951

HERBER, J. La main de Fathma, in: Hespéris, Archives Berbères et Bulletin de l'Institut des Hautes-Etudes Marocaines 7, 1927, 207–219

Hermann, A. Ein Amulett gegen Ertrinken, in: Jb. f. Antike u. Christentum 1, 1958, 116–118

Hörmann, K. Stara hamajlija iz Livna – Alte Amulette aus Livno (Glasnik Zemaljskog muzeja u Bosni i Hercegovini, 1899)

Horschik, J. Die deutsche Terra – Sigellata – Gefäße des 17. und 18. Jhs. und ihre Siegelmarken, in: Keramos 33, 1966, 3–35

Jacquiot, J. Le talisman offert à Louis XIV et le carré magique au 17e siècle, in: Acad. des inscriptions et belles-lettres. Comptes rendus des séances 1969, 18–34

Jaeger, W. Augenmotive. Votivgaben, Votivbilder, Amulette. Heidelberg 1974

Johansons, Andrejs Der Schirmherr des Hofes im Volksglauben der Letten. Studien über Orts-, Hof- und Hausgeister, Stockholm 1964 (= Acta Universitatis Stockholmiensis)

Jungclaussen, H. P. Heilszeichen und Runen im Fachwerk des niedersächsischen Bauernhauses, in: Jahrbuch der Heimatgemeinschaft des Kreises Eckernförde, 20, 1962, 87–99

Kauffmann, H. F. Das Fadenkreuz, sein Zweck und seine Bedeutung, in: Ethnologica IV, Beiträge zur Völkerkunde Südostasiens und Ozeaniens, 1968

Kretzenbacher, Leopold. Der Hahn auf dem Kirchturm, in: Rhein. Jb. f. Vk. 9, 1958, 194–206

–, Modekette und Zauberschmuck, in: Serta Slawica in memoriam Aloisii Schmaus, München 1971, 402–407

–, Rezension von »Amulett und Talisman«, in: Südostforschung 25, 1966, 417–420

Küppers-Sonnenberg, G. A. Flechtwerk, Knotenband und Knotendrachen, in: Carinthia I, 158, 1968, 479–601

Kuhar, B. und Stare, V. und Štrukel j. P. Vražjeverje na Slovenskem (Od mlajše kamene dobo do amuletov 20. stoletja) – Aberglauben in Slowenien (Von der Jüngeren Steinzeit bis zu den Amuletten des 20. Jhs.) Ljubljana 1963/64 (= Ausstellungskatalog)

Lang, Josef. Die Satorformel, in: Die Oberpfalz 46, 1958, 67 f

Langosch, K. Kompositionen und Zahlensymbolik in der mittelalterlichen Dichtung, in: Methoden in Wissenschaft und Kunst des Mittelalters, Berlin 1970 (= Misc. Mediaevalia Bd. 7)

Lechner, M. Der Devotionalienfund von Neumarkt-St. Veit, in: Bay. Jb. f. Vk. 1963, 63–70

Lechner, M. L. Das Ei im deutschen Brauchtum, Freiburg/Schweiz 1953

Lipp, Franz. Neue Bildquellen zum Kulttanz aus Oberösterreich, in: Volkskunde und Volkskultur, Wien 1968, 231–237 (= Festschrift für Richard Wolfram)

Llompart, G. Una Santa Faz, in: Boletin del Seminario de Estudios de Arte y Arqueològía 34/35, 1969, 231–237

Lommel, A. Motive und Variationen, München 1962 (= Ausstellungskatalog des Staatlichen Museums für Völkerkunde München)

Mang, H. Heilige Längen, in: Der Schlern 10, 1929, 429–432

Menestrier, C. F. La philosophie des images énigmatiques, ou il est traité des énigmes, hiéroglyphiques, oracles centuries de Nostradamus de la buguette. Par le P.C.F.M. Lyon 1694

Moschkau, R. Mythische Häupter als Heilszeichen im Architekturbilde Leipzigs, in: Altmärkisches Museum Stendhal-Jahresgabe XVIII, 1963, 33–55

Paulsen, Peter. Drachenkämpfer, Löwenritter und die Heinrichssage, Köln/Graz 1966

Perusini, G. Amuletti Ittici, in: Bollettino dell'Atlante Linguistico Mediterraneo 10–12, 1968–1970, 283–306

Pitra, J. B. Spicilegium Solesmense, Paris 1855

Rusic, B. Stichwort »amajlija« (Amulett), in: Enciklopedija Jugoslavije I, Zagreb 1955, 87 f.

Ruska, J. Das Steinbuch des Aristoteles mit literaturgeschichtlichen Untersuchungen nach der arabischen Handschrift der Bibliothèque Nationale, Heidelberg 1912

Sälzle, K. Tier und Mensch, Gottheit und Dämon. Das Tier in der Geistesgeschichte der Menschheit. München 1965

Sayles, H. A. General Notes on Magic Squares, in: Monist, 1918, 141–158

Schmitt, Günther. Das Menschenopfer in der Spätüberlieferung der deutschen Volksdichtung, Diss. Mainz 1958

SCHOUTEN, Jens The Pentagram as a Medical Symbol, Nieuwkoop 1968

SCHRIRE, Theodore Hebrew Amulets, London 1966

SCHUSTER, C. Genealogical Patterns in the Old and New World, in: Revista do Museu Paulista, N.F. Vol. 10, Sao Paulo 1956–1958, 7–123

SHEPARD, Odell The Lore of the Unicorn, London 1967 (= Nachdruck von 1930)

STEININGER, H. Die Kummetkämme im Niederösterreichischen Landesmuseum in Wien, in: ÖZV 69, 1966, 81–102

STEINSCHNEIDER, Moritz. Die hebräischen Übersetzungen des Mittelalters und die Juden als Dolmetscher, Berlin 1893, Nachdruck Graz 1956

TILL, Wolfgang Schuh- und fußförmige Anhänger und Amulette, Diss. München 1970

VANGGARD, Thorhil Phallós, Gyldendal 1969

VOLZ-KINZLER, U. Zähne als Amulett, Fetisch und Talisman, Diss. Düsseldorf 1969

WEHRHAHN-STAUCH, Liselotte Christliche Fischsymbolik von den Anfängen bis zum hohen Mittelalter, in: Zeitschrift f. Kunstgeschichte 35, 1972, 1–68

WOLFRAM, Richard Die gekreuzten Pferdeköpfe als Giebelzeichen, Wien 1968 (= Veröffentlichungen des Instituts für Volkskunde an der Universität Wien, 3)

ZAMMIT-MUEMPEL, G. The Evil-Eye and Protective Cattle Horns in Malta, in: Folklore 79, 1968, 1–16

ZISCHKA, Ulrike. Zur sakralen und profanen Anwendung des Knotenmotivs als magisches Mittel, Symbol und Dekor, Diss. München 1977

Register

Verwendete Abkürzungen: Ebf. = Erzbischof; Kfst. = Kurfürst; K. = Kaiser; K.in = Kaiserin

Abbildungen außerhalb des Textes:

Seite 4: Tarantel und Tarantella als heilende Musik aus Valentini »Museum Museorum« 1701. Seite 5: Vignetten zum Inhaltsverzeichnis: Schlüssel vgl A 511; Stein vgl A 7; Wunderrübe in Menschengestalt aus Valentini »Museum Museorum« 1701; Einhorn und Hirsch, Kupferstich des »Meister der Spielkarten« 2. H. 15. Jh; Siegel vgl A 336; Hocker vgl A 704; Schlangenring mit Perlenanhänger, italien. Ornamentstich 16./17. Jh; Gelehrter mit Büchern aus dem »Hortus sanitatis« Meydenbach, Mainz 1491. Seite 6: Die Väter der »Chymischen Künste«. Idealporträts vom Titelkupfer der »Symbola aureae mensae duodecim nationum« von Michael Maier, Frankfurt 1617